特岗教师招聘考试

真题大全 教育理论基础

|题本|

山香教育考试命题研究中心　主　编

图书在版编目(CIP)数据

特岗教师招聘考试真题大全. 教育理论基础 / 山香教育考试命题研究中心主编. -- 北京 : 首都师范大学出版社, 2024.3

ISBN 978-7-5656-8044-1

Ⅰ. ①特… Ⅱ. ①山… Ⅲ. ①教育理论－教师－聘用－资格考试－习题集 Ⅳ. ①G451.1-44

中国国家版本馆CIP数据核字(2024)第010460号

特岗教师招聘考试真题大全. 教育理论基础

山香教育考试命题研究中心　主　编

策划编辑　张文强

责任编辑　安晓东　曹亮亮　　封面设计　山香教育

首都师范大学出版社出版发行

地　　址　北京市海淀区西三环北路105号

邮　　编　100048

电　　话　010-68418523(总编室)　010-68982468(发行部)

网　　址　http://cnupn.cnu.edu.cn

印　　刷　河南黎阳印务有限公司

经　　销　全国新华书店

版　　次　2024年3月第1版

印　　次　2024年3月第1次印刷

开　　本　787mm×1092mm　1/16

印　　张　44

字　　数　1281千

定　　价　79.00元

前言

特岗教师招聘考试是我国教育部门依据“凡进必考”原则公开招聘教师的选拔性考试，其目的是为教育行政部门录用教师提供参考。各地依据考生的笔试成绩，结合面试情况，按照已确定的招聘计划，从教师应有的职业素养、专业水平、教育技能等方面进行考核，择优录取。

教育理论基础(考试公告中有的称教育公共基础、教育综合知识等)作为特岗教师招聘考试的常考内容，有单独进行考查的，也有与学科专业知识或公共基础知识结合起来进行考查的。本书主要收录教育理论基础部分试题，有些试卷包含公共基础知识。

在对全国各省市特岗教师招聘考试真题的整理中我们发现：不同省份之间的真题存在重合现象；另外，即使是同一省份的真题，当年的考试命题人也可能会参考往年的真题。因此，做真题并不是只需要做本省的，往年的考题也不是不会再出现。只有熟悉和了解各省市真题和往年真题，才能达到“他山之石，可以攻玉”的目的。据此，我们编制了本套试卷。

本套试卷具有以下鲜明特点：

★真题荟萃　纵横兼顾★

本套试卷收录了2019年至2023年全国各省市特岗教师招聘考试中颇具代表性的真题，横跨河南、河北、安徽、四川、贵州、黑龙江、云南、吉林、湖北、江西等多个省份。真题跨越多个年份，覆盖众多省份，有利于考生准确、科学地把握当前特岗教师招聘考试的命题趋势，了解考试题型，洞悉考点变化，达到全面复习的目的。

★权威解析　深刻有道★

本套试卷的答案解析由山香教育考试命题研究中心的实力派老师精心编制而成。解析深入浅出、透彻易懂，并延伸分析了考查方向，使考生在参考解析的过程中触类旁通，掌握题目的延伸考点，提高备考效率。此外，解析方式灵活多变，能够有效针对真题设置的“障碍”，切实让考生明白“哪里错”“哪里对”，真正做到答疑解惑。

限于时间及水平，本套试卷难免会有疏漏之处，衷心希望各位专家、学者及读者朋友们批评指正。

编　者

目录

2023年河南省特岗教师招聘考试真题试卷(一)

(满分150分　时间120分钟)

本套试卷共50小题,包括单项选择题25小题、多项选择题10小题、判断题10小题、案例分析题2小题、论述题1小题、教学设计题1小题、教育写作1小题。

一、单项选择题(请在每小题的四个选项中选出一个正确答案,并将正确选项的字母写在括号内。不选、错选或多选者,该题无分。本大题共25小题,每小题1分,共25分)

1. 党的二十大报告指出,中国的问题必须从中国基本国情出发,由中国人自己来解答。这体现出开辟马克思主义中国化时代化新境界(　　)

A. 必须坚持人民至上　　B. 必须坚持自信自立

C. 必须坚持守正创新　　D. 必须坚持问题导向

2. 教育部印发的《关于加强中小学地方课程和校本课程建设与管理的意见》指出,中小学地方课程和校本课程要强化系统设计,增强地方课程、校本课程与国家课程的有效配合,形成课程育人合力。这遵循的原则是(　　)

A. 整体设计,协同育人　　B. 因地制宜,体现特色

C. 以管促建,提升质量　　D. 以评促建,提升质量

3. 初二学生李某品学兼优,因为拒绝参加班主任介绍的培训班,期末操行评定被评为D等。班主任这种行为侵犯了李某的(　　)(常考)

A. 人身自由权　　B. 隐私权

C. 人格尊严权　　D. 受教育权

4. 教师在课堂教学、日常管理中,对违规违纪情节较为轻微的学生,可以当场实施的教育惩戒方式是(　　)

A. 由学校德育工作负责人予以训导　　B. 暂停校外集体活动

C. 一节课堂教学时间内的教室内站立　　D. 承担校内公益服务任务

5. 教师应该理解学生的情感,包容学生的缺点。这体现的教师职业道德规范是(　　)

A. 爱国守法　　B. 关爱学生

C. 终身学习　　D. 为人师表

6. 某市豫剧团在多所学校开展"戏剧进校园"活动。这体现了影响学校教育的因素是(　　)

A. 政治　　B. 经济　　C. 文化　　D. 科技

7. 家长一门心思把孩子送进名校或名师班级。这种现象表明家长过度重视(　　)

A. 遗传因素　　B. 环境因素　　C. 家庭因素　　D. 主观因素

8. 根据学生评价调整学校教育发展方向,改善教育活动。这体现了学生评价的(　　)(易错)

A. 诊断功能　　B. 管理功能　　C. 激励功能　　D. 发展功能

9. 师生关系类型多样,其中最基本的关系是(　　)

A. 社会关系　　B. 教育关系　　C. 心理关系　　D. 伦理关系

10. 课堂教学中教师引导学生模拟科学家发现知识的过程,以学生为主体,一步一步揭示和总结问题的答案。这属于新课改倡导的(　　)

A. 自主学习　　B. 合作学习　　C. 探究学习　　D. 综合学习

11. 教师用动画片、故事等学生喜闻乐见的形式导入新课。这种导入形式体现了(　　)

A. 导入要有针对性　　B. 导入要有趣味性

C. 导入要有厚重感　　D. 导入要有"度"的把握

12. 下列选项中,作者和教育名著对应不正确的是(　　)(易混)

A. 洛克——《教育漫话》　　B. 第斯多惠——《德国教师培养指南》

C. 乌申斯基——《人是教育的对象》　　D. 保罗·朗格朗——《学会生存》

13. 虚拟仿真技术是20世纪末兴起的一门综合性信息技术,近年来逐渐引发了教育教学的深刻变革。虚拟仿真技术引发的变革不包括(　　)

A. 引发学生学习环境的变化　　B. 推动学生学习方式的革新

C. 取代学生学习体验的发生　　D. 促进学生学习习惯的改变

14. 教师为了帮助学生加深理解本节课所学习的知识,根据课程内容设置了具有一定延伸意义和高层次的作业。这种作业是(　　)(易混)

A. 预习型作业　　B. 巩固型作业　　C. 拓展型作业　　D. 综合型作业

15. "出自造物主之手的东西都是好的,而一到了人的手里,就全变坏了。"这句话蕴含的教育思想是(　　)

A. 自然主义　　B. 经院主义

C. 理性主义　　D. 要素主义

16. "一手画方,一手画圆"体现的注意品质是(　　)

A. 注意广度　　B. 注意分配

C. 注意分散　　D. 注意转移

17. 快速播放静止的图片，让人看到连续运动的场景，这是利用了(　　)

A. 视觉后像　B. 感觉对比　C. 视觉适应　D. 感觉补偿

18. 人类记忆结构由三个不同的子系统构成，短时记忆能转化为长时记忆的有效方法是(　　)

A. 复述　B. 编码　C. 注意　D. 提取

19. 学生因上课专心听讲而受到老师表扬，逐步养成良好的听课习惯，其理论依据是(　　)(易混)

A. 经典性条件反射　B. 联结反应

C. 操作性条件反射　D. 习惯成自然

20. 根据埃里克森的心理发展理论，小学阶段学生的主要发展任务是(　　)

A. 获得勤奋感、克服自卑感　B. 获得主动感、克服内疚感

C. 获得亲密感、避免孤独感　D. 获得完善感、避免失望

21. 下列选项中，不属于训练学生创造性思维的常用方法是(　　)

A. 自我设计训练　B. 推测与假设训练

C. 发散思维训练　D. 评价与反思训练

22. 在操作技能形成中，动觉控制起主导作用的阶段是(　　)

A. 操作定向　B. 操作模仿　C. 操作整合　D. 操作熟练

23. 教师在教学活动中表现出观察敏锐、语言流畅、思维严谨等多种能力，说明其具有(　　)(易错)

A. 教学天才　B. 教学艺术　C. 教学才能　D. 教学智慧

24. 学生掌握了哺乳动物的特征是“哺乳”和“胎生”，与生活在水里、陆地没有关系，对于学生来说这个概念是(　　)

A. 具体概念　B. 人工概念

C. 抽象概念　D. 日常概念

25. 下列选项中，属于影响态度与品德学习的外部条件的是(　　)

A. 态度定势　B. 道德认知　C. 认知失调　D. 同伴群体

二、多项选择题(每小题的五个选项中至少有两个选项是正确的，请将正确选项的字母写在括号内。不选、错选、少选或多选者，该题无分。本大题共10小题，每小题2分，共20分)

1. 下列选项中，体现了“爱岗敬业”的教师职业道德规范的有(　　)

A. 对成绩差的学生进行课外辅导　B. 用综合性标准对学生进行评价

C. 注重培养学生良好的品行　D. 积极寻找学生身上的闪光点

E. 立志在三尺讲台建功立业

2. 中小学校防治学生欺凌和暴力的直接责任人有(　　)

A. 校长　B. 年级主任　C. 班主任　D. 学生家长

E. 分管法治教育副校长

3. 设计校本课程的教学目标应遵循的原则有(　　)

A. 发展性原则　B. 整体性原则　C. 可行性原则　D. 可操作性原则

E. 阶段性原则

4. 从角色特点来看，班主任对于学生全面发展负有的责任包括(　　)

A. 教育的责任　B. 培养的责任　C. 发现的责任　D. 宣传的责任

E. 激活的责任

5. 说课是教学研究工作的重要形式。说课的主要内容包括(　　)

A. 说教材　B. 说学情　C. 说教学过程　D. 说教学目标

E. 说教法

6. 中小学教师学习教育学知识的价值包括(　　)

A. 反思日常教育经验　B. 科学解释教育问题

C. 沟通教育理论与实践　D. 培植坚定的教育信念

E. 促进教师成为研究者

7. 下列选项中，与意志坚持性相反的意志品质有(　　)(易错)

A. 独立性　B. 独断性　C. 盲从　D. 执拗性

E. 动摇性

8. 学习迁移是一种学习对另一种学习的影响。下列选项中，属于学习迁移的有(　　)

A. 原型启发　B. 触类旁通　C. 闻一知十　D. 举一反三

E. 聪明过人

9. 根据皮亚杰的认知发展阶段理论，学生在具体运算阶段思维的主要特点有(　　)(常考)

A. 可逆性　B. 守恒　C. 自我中心性　D. 不可逆性

E. 去自我中心性

10. 心理现象包括心理过程和个性心理两个方面。下列选项中，属于心理过程的有(　　)

A. 认知过程　B. 行动过程　C. 学习过程　D. 意志过程

E. 情感过程

三、判断题(判断下列命题的正误，正确的请在题后的括号内打“√”，错误的打“×”。本大题共10小题，每题1分，共10分)

1.《关于构建优质均衡的基本公共教育服务体系的意见》指出，完善交流轮岗保障与激励机制，将

到乡村学校或办学条件薄弱学校任教3年以上作为申报高级职称的必要条件。 ( )

2. 未成年学生对学生伤害事故负有责任的，由其监护人依法承担相应的赔偿责任。 ( )

3. 孟子“扩充四端”的人性教育论和荀子“化性起伪”的人性教育论都属于外铄论。(常考) ( )

4. 自觉性是学生主观能动性的最高表现。 ( )

5. 讲授法的优点是有助于充分发挥学生的主动性和积极性。 ( )

6. 教学评价的价值在于运用它来探明、改善和提高教学活动。 ( )

7. 根据 A>B、B>C，推出 A>C，这种思维是发散思维。 ( )

8. 学生的学习动机水平越高，学习效果越好。 ( )

9. 不同气质类型的人做同样一件事情，其行为方式和情绪反应有所不同。 ( )

10. 在教学过程中，教师对教学活动进行不断的自我认识和反思的能力是教学监控能力。( )

第3题

第8题

四、案例分析题(本大题共2小题，每小题10分，共20分)

1. 阅读材料，回答问题。

小王考取了某地的特岗教师，一开始他的工作热情很高。但是一学期之后，小王不想继续在农村任教，便向学校提出辞职。学校考虑到小王的聘任合同尚未到期，且小王突然辞职，其所担任课程无人接替，就暂未同意他的辞职申请，劝其继续在校任教。小王认为学校是故意为难自己，就经常迟到、早退，违反教学纪律。班上的同学因成绩不好而十分苦恼，小王老师也漠不关心，甚至对学生进行挖苦、讽刺。

请结合材料，运用教师职业道德和教育法律法规知识分析：

(1)小王老师违背了《新时代中小学教师职业行为十项准则》中的哪些准则？(6分)

(2)小王老师违反了哪些教育法律法规？(4分)

2. 阅读材料，回答问题。

语文课上，李老师为了让学生们理解并记住“家”字，先展示了“家”字的演变过程，然后根据甲骨文讲解了“家”字的真正含义，“家”字上面的“宀”与房屋有关，最早的房子是用来祭祀祖先或家族开会的地方，下面的“豕”指猪，是当时难得的祭品，用于最隆重的祭祀。通过这种方法，学生明白了“家”是人们遮风挡雨、团聚栖息的港湾。学生们觉得用这种方法易学好记，对生字的字形、字义都有了深刻的认识。

请结合材料，运用心理学知识分析：

(1)李老师是运用什么识记类型帮助学生记忆的？(2分)

(2)教学中如何运用这种识记提高学生的学习效果？(8分)

五、论述题(本大题共15分)

结合实践论述劳动教育如何与德育、智育、体育、美育相融合。

六、教学设计题(本大题共20分)

请根据下面提供的教学材料和相关情况,按要求完成教学设计。

教学材料:统编本七年级语文教材综合性学习板块——“天下国家”。

“天下国家”是一个古老的话题,在两千多年前的战国时期,人们就经常讨论。孟子说:“人有恒言,皆曰‘天下国家’。天下之本在国,国之本在家,家之本在身。”

请你根据上述材料完成该主题的综合性学习教学设计,写出设计的理念、目标与实施过程。

七、教育写作(本大题共40分)

阅读下面的材料,根据要求写作。

你们在信中说,走进乡土中国深处,才深刻理解什么是实事求是、怎么去联系群众,青年人就要“自找苦吃”,说得很好。新时代中国青年就应该有这股精气神。党的二十大对建设农业强国作出部署,希望同学们志存高远、脚踏实地,把课堂学习和乡村实践紧密结合起来,厚植爱农情怀,练就兴农本领,在乡村振兴的大舞台上建功立业,为加快推进农业农村现代化、全面建设社会主义现代化国家贡献青春力量。

——习近平总书记给中国农业大学科技小院的同学们的回信

你对以上材料有哪些联想和思考?请从农村特岗教师的角度,写一篇文章。要求:选准角度,确定立意,明确文体,自拟标题,不要套作,不得抄袭。不得泄露个人信息,不少于600字。

2023年河北省特岗教师招聘考试真题试卷(二)

(满分150分　时间120分钟)

本套试卷共36小题,包括单项选择题15小题、填空题10小题、辨析题5小题、简答题3小题、案例分析题2小题、写作题1小题。

一、单项选择题(在下列每小题列出的四个选项中只有一个是最符合题意的,请将其代码填在括号内。错选、多选或未选均不得分。本大题共15小题,每小题2分,共30分)

1.《中华人民共和国义务教育法》在我国教育法律体系中属于(　　)(易错)

A. 教育基本法　　B. 部门教育法

C. 教育行政法规　　D. 地方性教育法规

2. 马老师总能对课堂突发事件迅速而准确地做出判断,并采取恰当的措施有效解决问题。这种职业素养反映了教师的(　　)

A. 教育教学设计能力　　B. 激励与评价能力

C. 组织与实施能力　　D. 沟通与合作能力

3. 在中外教育史上,首次系统阐述教育思想的著作是(　　)(常考)

A.《学记》　B.《大教学论》　C.《普通教育学》　D.《中庸》

4. 下列哪一观点是典型的遗传决定论的观点(　　)(常考)

A.“发展等于遗传与环境之和”

B.“严师出高徒”“棍棒底下出孝子”

C.“人类之所以千差万别,就是由于教育之故”

D.“龙生龙,凤生凤,老鼠生来会打洞”

5. 在古代中国,德育是统治者“齐风俗,一民心”的工具。这里体现的德育功能主要是(　　)

A. 社会性功能　　B. 个体性功能

C. 教育性功能　　D. 发展性功能

6. 在我国中小学,课程的一般结构包括(　　)

A. 课程方案、课程标准、教科书　　B. 课程目标、课程方案、课程标准

C. 课程体制、课程标准、课程内容　　D. 课程目标、课程内容、教科书

7. 在教学活动中,学生的学习离不开教师这样有经验的人的指导。这说明教学过程具有(　　)

A. 间接性　　B. 引导性

C. 反复性　　D. 简捷性

8. 在教学中尊重学生的个体差异,让每一个学生在自己具体条件的基础上获得适宜性发展。这体现的教学原则是(　　)

A. 循序渐进原则　　B. 启发性原则

C. 因材施教原则　　D. 巩固性原则

9. 教学工作的中心环节是(　　)

A. 备课　B. 上课　C. 作业的布置与批改　D. 课外辅导

10. 被称为“建设社会主义和共产主义的预备队”的群团组织是(　　)(常考)

A. 工会　B. 共青团　C. 少先队　D. 民主同盟

11. 下列关于学习动机的表述不正确的一项是(　　)

A. 学生的自身需要影响学习动机

B. 学生的学习动机不受其成熟度的影响

C. 教师可以成为激发学生学习动机的榜样

D. 社会要求会通过家庭对学生的学习动机产生影响

12. 在皮亚杰的理论中,个体经过组织而形成的思维以及行为的方式被称为(　　)

A. 图式　B. 适应　C. 同化　D. 顺应

13. 儿童身心发展的顺序性特点要求教师在教育过程中必须(　　)

A. 抓住关键期　　B. 因材施教

C. 关注个性发展　　D. 循序渐进

14. 在教学中,学生通过自己进行的活动“发现”其中的基本概念和一般原理。这种教学活动属于(　　)

A. 接受学习　B. 发现学习　C. 合作学习　D. 被动学习

15. 某六年级学生在学习了英语语法后,加深了对以前学习的中文语法的理解。这种现象属于(　　)(常考)

A. 逆向迁移　　B. 顺向迁移

C. 负向迁移　　D. 垂直迁移

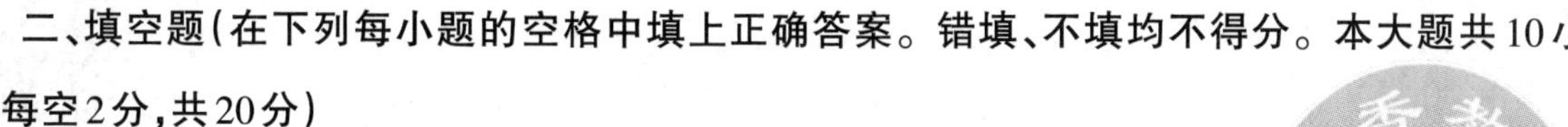

二、填空题(在下列每小题的空格中填上正确答案。错填、不填均不得分。本大题共10小题,每空2分,共20分)

16. 党的二十大报告指出,________、科技、人才是全面建设社会主义现代化国家的基础性、战略性支撑。

17. 党的二十大报告指出,深入开展社会主义________宣传教育,深化爱国主义、集体主义、社会主义教育,着力培养担当民族复兴大任的时代新人。

18.《中华人民共和国教师法》明确指出，教师是履行教育教学职责的________人员。

19. 教师最基本的职业权利是进行________活动，开展教育教学改革和实验。

20. 在中国古代，记述孔子教育思想的著作是________。

21. 目前，我国普遍采用的教学组织形式是________。

22. 教育与生产劳动相结合属于________教育学流派的观点。(常考)

23.《基础教育课程改革纲要(试行)》提出，为保障和促进课程适应不同地区、学校、学生的要求，实行国家、地方和________三级课程管理体制。

24. 在回答闭卷考试中的选择题时，学生主要依靠的是记忆活动中的________。

25. 学生受父母离异的冲击而出现情绪消沉、人际退缩、无法专心学习等状况，学校心理咨询师对其进行心理辅导。这属于________干预。(常考)

三、辨析题(判断正误并说明理由。本大题共5小题，每小题2分，共10分)

26. 进行德育、智育、体育、美育和劳动技术教育的全面教育，一定要分清主次和先后。(易错)

27. 只要进行教育，就会对儿童发展产生积极作用。

28. 智育与教学具有交叉关系。

29. 心理定势对问题解决既有积极作用，也有消极作用。(常考)

30. 在人的各种气质类型中，抑郁质是最差的一种气质类型。

四、简答题(本大题共3小题，每小题10分，共30分)

31. 简述现代教育的主要特征。

32. 简述在教学中贯彻启发性原则的基本要求。(常考)

33. 简述学校心理健康教育的主要途径。

五、案例分析题(本大题共2小题，每小题15分，共30分)

34. 林老师是小学低年级的语文老师，有一次给学生布置了“笔的起源与笔的世界”这个话题，并说要通过课上分组的方式进行讨论学习。上课当天，林老师带了一支毛笔走进教室，并把教学分为两个活动环节。

第一个环节：

林老师展示毛笔，让班上的同学分组观察并讨论以下几个问题：(1)笔杆是什么做的，笔头是什么做的？(2)对照这支毛笔，看“笔”字是由什么构成的，结构上有什么特点。(3)在书写“笔”字时，各部分的笔画与字形是否有变化？

各组同学在观察的基础上展开热烈讨论。林老师在各组巡视和倾听，根据情况与个别小组讨论并给予指导。各组讨论后在班上分享自己组的发现，林老师也做了总结和点评。

第二个环节：

林老师提出新问题让学生们进一步讨论：(1)你们还知道哪些笔？(2)不同的笔有什么不同的用途？(3)你们知道哪些关于笔的成语或历史故事？

学生们根据林老师的话题引导，开展小组讨论，然后在班上交流，最后林老师总结、点评。

同学们觉得这次课特别有意思，不仅了解了很多关于“笔”的知识，还在生生、师生互动中学会了如何思考问题，也体验了小组合作的乐趣。

问题：

(1)从教学方法角度看，林老师在这次课上主要运用了哪种教学方法？(3分)

(2)这种教学方法的优点是什么？(6分)

(3)结合案例，分析运用这种教学方法的基本要求。(6分)

35. 某小学五年级德育课李老师为了更好地开展教学和营造良好学习风气，想摸清楚学生心里的想法。于是他找了个时间，对学生说：“每人拿出一张纸，写上自己的姓名和心里想说的话，交给老师，以便老师了解每位同学的真实想法，咱们共同寻找解决的办法。”看到有的同学有顾虑，李老师又说：“大家不用担心，我不会指名道姓说是某个同学的问题。特殊问题，咱们可以私下单独解决。”同学们听老师这样说，都认真地写了心里话并亲自交到老师手里。其中有一名女生在父母离婚后，跟着妈妈一起生活。她非常内向且自尊心强，在所写的心里话中，她说自己特别羡慕有爸爸的女生，有时候在大街上见到四十岁左右和蔼可亲的男士，心里就会产生一种“想上前叫一声‘爸爸’并希望依偎在他怀里撒娇”的冲动。后来，李老师上课时以她的想法为例子，给大家讲解单亲子女如何面对现实。尽管李老师没有说出是谁写的，但同学们都能猜出来且不时用眼睛的“余光”瞟向这名女生。这名女生感受到了欺骗，甚至有被侮辱的感觉，头几乎埋进桌子里，不敢面对大家。

问题：

(1)你如何看待李老师在整个事件中的做法。(6分)

(2)请结合上述案例，谈谈在面对情绪困扰的儿童时，教师应该怎么做。(9分)

六、写作题(本大题共30分)

36. 请根据以下材料，写一篇不少于800字的论述文，题目自拟。

材料：“内卷”一般意味着，当资源无法满足所有人的需求时，人往往会通过强烈甚至无序的竞争来争抢资源。简单来说，就是一种无实质意义的内向消耗，表现为与预期的目标严重偏离、被动地应对、低水平地模仿、将简单问题复杂化、限制创造力的内部竞争、无意义的精益求精等。

目前，教育领域的“内卷”也比较严重，比如有的学校教师或家长明明知道“双减”政策的益处，但现实中难以落实，甚至不得不层层加码，作业量不减，课外辅导繁多，导致学生身心劳累，运动时间减少，好奇心、想象力和创造性受到压抑。另外，学区房、补课费、资料费等也屡禁不止。

2023年安徽省特岗教师招聘考试真题试卷(三)

本套试卷包括教育综合知识和学科专业知识两部分,目前仅收录教育综合知识部分的试题。该部分共23小题,包括单项选择题12小题、判断题8小题、简答题2小题、材料分析题1小题。

一、单项选择题(下列每小题列出的四个选项中只有一个选项符合题意,将其选出并把其标号写在括号内。错选、多选或未选均不得分。本大题共12小题,每小题1分,共12分)

1.《中华人民共和国义务教育法实施细则》规定:“学校和教师不得对学生实施体罚、变相体罚或者其他侮辱人格尊严的行为;对品行有缺陷、学习有困难的儿童、少年应当给予帮助,不得歧视。”这是通过法律保护学生的(　　)

A. 生存权利　　B. 安全权利

C. 受教育的权利　　D. 受尊重的权利

2.《安徽省中职中小学教师职业道德考核办法(试行)》(2013年)规定,教师应“遵循教育规律,实施素质教育。循循善诱,诲人不倦,因材施教。注重学思结合,激发学生创新精神和实践能力,促进学生全面发展”。这表明教师应当(　　)

A. 教书育人　　B. 终身学习

C. 为人师表　　D. 关爱学生

3. 下列选项中,最接近内发论思想的是(　　)(易混)

A. 生而同声,长而异俗,教使之然也

B. 人的身心发展是内外因素在个体实践活动中相互作用的结果

C. 蓬生麻中,不扶自直

D. 仁义礼智,非由外铄我也,我固有之也,弗思耳矣

4. 教育能够把潜在的劳动力转化为现实的劳动力,这体现的教育功能是(　　)(常考)

A. 人口功能　　B. 经济功能　　C. 政治功能　　D. 文化功能

5. 主张课程评价的重点从“课程的预期结果”转向“课程的实际效果”的课程评价模式是(　　)

A. 目标评价模式　　B. 外观评价模式

C. 目标游离评价模式　　D. CIPP评价模式

6.《义务教育课程方案(2022年版)》强调素养导向,要求准确把握课程要培养的学生核心素养,明确教学内容和教学活动的素养要求,培养学生(　　)

A. 知识、技能和方法

B. 正确价值观、必备品格和关键能力

C. 情感、态度和价值观

D. 思维品质、解题方法和技巧

7. 科尔伯格将儿童的道德认知发展分为前习俗水平、习俗水平和后习俗水平。每个水平又包含两个阶段。若儿童道德判断以“寻求认可”“遵守法规”为主要取向,则表明他们的道德判断水平达到(　　)

A. 第一、二阶段　　B. 第二、三阶段

C. 第三、四阶段　　D. 第五、六阶段

8. 正在认真听老师讲课的同学被窗外突发的吵闹声所吸引,这种现象属于(　　)

A. 无意注意　　B. 有意注意

C. 注意分配　　D. 有意后注意

9. 久别的老同学偶然相遇时,从前在一起生活、学习的情景都仿佛浮现在自己的眼前。这些情景是(　　)

A. 表象　　B. 感觉

C. 知觉　　D. 注意

10. 遗忘进程的规律是(　　)(常考)

A. 先慢后快　　B. 先快后慢

C. 不快不慢　　D. 快慢起伏

11. 问题解决的影响因素中,“将某种物体赋予某种特定的作用”称作(　　)

A. 无关信息　　B. 思维定势

C. 功能固着　　D. 动机和情绪

12. 强调人的价值和尊严比获取知识更重要的学习理论是(　　)

A. 联结学习理论　　B. 认知结构学习理论

C. 掌握学习理论　　D. 人本主义学习理论

二、判断题(判断下列各题的正误,并在题后的括号内填“√”或“×”。本大题共8小题,每小题1分,共8分)

13. 我国现行教育方针中的“全面发展”指的是人在各个方面平均发展。(　　)

14. 根据我国当前关于教育惩戒的相关规定,严禁教师对违纪学生采取“罚站”这一惩戒手段。(　　)

15. 师生关系本质上是一种社会关系,因此,师生关系只能用法律来调节。(　　)

16. 隐性课程包括学校建筑等物质层面的内容、师生之间的交往等行为层面的内容、学校管理体制等制度层面的内容、校风校纪等观念层面的内容等等。(　　)

17. 教学过程是一种特殊的认识过程。（ ）

18. 气质没有好坏之分，不决定人的社会价值，也不直接具有社会道德评价含义。（ ）

19. 学习动机越强，学习效果越好。（ ）

20. 强化既能塑造良好行为，也能形成不良行为。（ ）

三、简答题（本大题共2小题，每小题5分，共10分）

21. 简述《义务教育课程方案（2022年版）》中，为落实培养目标，义务教育课程应遵循的基本原则。

22. 简述情绪的概念和功能。

四、材料分析题（本大题共10分）

23. 阅读材料，回答问题。

上课时，王老师在给学生讲授"磁铁"前先演示了一个魔术：一盆水中游着一只塑料小鹅，王老师手中拿着一块面包吸引小鹅，小鹅就紧紧地跟着面包转。学生们感到很惊奇。王老师边演示边问："你们想知道这是为什么吗？"学生们异口同声地回答："想!"这时，王老师就从小鹅的嘴里取出一块铁片，又从面包中间拿出一块磁铁。然后他向学生们演示了磁铁的作用，让学生观察、讨论，并总结出磁铁的特性。接着，王老师进一步追问学生日常生活中还有哪些物品运用了磁铁，并让学生思考磁铁在实际生活中的具体应用。学生纷纷举手抢答。

（1）依据上述材料，分析王老师在教学过程中主要遵循了哪些教学原则？（4分）

（2）结合上述材料，谈谈教学原则确立的主要依据。（6分）

2023年四川省特岗教师招聘考试真题试卷(四)

(满分100分　时间120分钟)

本套试卷共43小题,包括单项选择题30小题、判断简析题6小题、简答题5小题、论述题1小题、案例分析题1小题。

一、单项选择题(在下列每小题列出的四个选项中只有一个是最符合题意的,请将其代码填在括号内。错选、多选或未选均不得分。本大题共30小题,每小题1分,共30分)

1. 下列关于古代教育和现代教育的发展特点,说法不正确的是(　　)(易错)

A. 古代教育是封闭的,现代教育是开放的

B. 古代教育是制度化教育,现代教育是非制度化教育

C. 古代教育与生产劳动相分离,现代教育与生产劳动相关联

D. 古代教育多采用个别教学,现代教育多采用班级授课

2. "为了使年青一代在与大自然的可怕威力的斗争中不致牺牲,为了使人不变为野兽,便产生了进行教育的必要性。"从教育的起源来看,这是(　　)

A. 生物起源说　B. 心理起源说　C. 劳动起源说　D. 神话起源说

3. 下列关于实用主义教育学的说法,错误的是(　　)

A. 教育即生活　B. 忽视了知识的传授

C. 代表人物是杜威、克伯屈　D. 教育即个体经验持续不断的增长

4. 美国的教育努力培养"民主社会"中能适应生活需要的理想公民,而英国着重培养品行以养成绅士风范。这说明(　　)

A. 文化影响教育目的　B. 文化影响教育内容

C. 政治决定教育性质　D. 生产力发展水平影响教育目标

5. 教育的影响具有迟效性(滞后性),因此教师的劳动具有(　　)

A. 创造性　B. 复杂性　C. 灵活性　D. 长期性

6. 一个好的教师要拥有专业知识、专业技能和(　　)

A. 专业信念　B. 专业精神　C. 专业理想　D. 专业情意

7. 把教育的社会目的绝对化,完全割裂人与社会的关系,极易导致教育对人的培养只见社会不见人。这意味着(　　)

A. 个人价值高于社会价值　B. 满足个人需要是教育的根本价值

C. 个人本位的价值取向才是正确的　D. 教育应重视人的价值、个性发展及其需要

8. 指导整个课程编制最为关键的准则是(　　)

A. 课程目标　B. 教学目标　C. 课程计划　D. 教学计划

9. 当学生违反学校规章制度时,教师在适当批评、处分的同时,还要讲明道理、疏通思想。这体现的德育原则是(　　)

A. 发挥积极因素与克服消极因素相结合原则　B. 正面疏导与纪律约束相结合原则

C. 集体教育与个别教育相结合原则　D. 严格要求与尊重信任相结合原则

10. 重视创设情境的教学模式是(　　)(易错)

A. 程序教学模式和发现教学模式　B. 发现教学模式和暗示教学模式

C. 发现教学模式和掌握学习教学模式　D. 掌握学习教学模式和暗示教学模式

11. 在1903年出版《教育心理学》,正式确立了教育心理学独立学科地位的心理学家是(　　)

A. 桑代克　B. 华生　C. 杜威　D. 巴甫洛夫

12. 对事物颜色、大小、声调等个别属性和特性的认识属于(　　)

A. 感觉　B. 知觉　C. 直觉　D. 认知

13. 根据皮亚杰的认知发展观,个体通过自我调节机制使认识的发展从一个状态向另一个较高状态过渡的过程,皮亚杰称之为(　　)

A. 图式　B. 同化　C. 顺应　D. 平衡

14. 根据加涅对学习的分类,能识别多种刺激的异同之处,并做出对应反应的学习是(　　)(常考)

A. 刺激—反应学习　B. 连锁学习　C. 言语联结学习　D. 辨别学习

15. 罗杰斯的教学观被称为(　　)

A. 随机通达教学　B. 支架式教学　C. 非指导性教学　D. 情境式教学

16. 某学生为了获得同学的认可而勤奋努力,这个学生的学习动机类型是(　　)

A. 内部学习动机　B. 正确的学习动机　C. 外部学习动机　D. 直接性学习动机

17. 马斯洛将人的需要分为匮乏性需要和发展性需要,下面不属于发展性需要的是(　　)(常考)

A. 自我实现的需要　B. 尊重需要

C. 审美需要　D. 求知需要

18. 意义或观念的最小单元是(　　)

A. 命题　B. 概念　C. 表象　D. 图式

19. 学生学会了加法、减法和乘法运算后会促进除法运算的学习。这种现象属于(　　)(常考)

A. 特殊迁移　B. 正迁移　C. 垂直迁移　D. 负迁移

20. 教师头脑中掌握着与教室有关的信息(包括学生、黑板、课桌、讲台等),能够预想到整个教室

的布置和上课时的情境。这体现的知识表征形式是(　　)

A. 表象　　B. 图式　　C. 产生式　　D. 命题网络

21. 在动作技能的学习中,部分学生学到一定阶段会出现进步暂时停顿的现象。在心理学上,这种现象被称为(　　)

A. 起伏现象　　B. 高原现象　　C. 抑制现象　　D. 挫折现象

22. 下列选项中不属于资源管理策略的是(　　)

A. 时间管理策略　　B. 努力管理策略

C. 认知结构管理策略　　D. 学业求助策略

23. 下面关于创造性与智力关系的表述不正确的是(　　)(易错)

A. 高创造性者智力一定很高　　B. 低智力者创造性一定低

C. 高智力者创造性可高可低　　D. 低创造性者智力可高可低

24. 一些缺乏良好纪律习惯的学生,在严肃的集体气氛中会被迫遵守纪律。这种现象叫做(　　)

A. 从众现象　　B. 服从现象　　C. 认同现象　　D. 信奉现象

25. 现代社会中,教育权的组成部分包括(　　)

A. 家庭教育权、学校教育权、教师教育权　　B. 学校教育权、社会教育权、学生教育权

C. 国家教育权、社会教育权、教师教育权　　D. 国家教育权、家庭教育权、社会教育权

26. 根据《中华人民共和国教育法》的规定,下列选项中属于设立学校应当具备的基本条件的是(　　)

A. 有固定的办学场所　　B. 有稳定的财政收入

C. 有合格的教师　　D. 有先进的理念

27. 某老师为了掌握学生的最新动向,多次翻看学生书包,这位老师的做法(　　)

A. 不合理,侵犯了学生的财产权　　B. 不合理,侵犯了学生的隐私权

C. 合理,教师有管理学生的权利　　D. 合理,教师有教育学生的权利

28. 某学校要求教师暑假加班两周,并扣发不加班老师的部分工资。对于该学校做法,判断正确的是(　　)

A. 侵犯了教师专业发展权　　B. 履行了教师管理权

C. 侵犯了教师带薪休假权　　D. 履行了自主办学权

29. 某老师对待工作十分负责,课前认真备课,课后认真批改作业、辅导学生。这表明该老师(　　)

A. 做到了爱国守法　　B. 践行了爱岗敬业

C. 做到了终身学习　　D. 践行了为人师表

30. 某班主任认为,学校教育与家庭教育应当同向同行。所以每次学生犯错,他都会联系家长,并严厉批评家长失职。该老师的做法(　　)

A. 不正确,应以严厉批评学生为主　　B. 正确,教育孩子是父母的责任

C. 不正确,这是不尊重家长的行为　　D. 正确,有利于形成教育合力

二、判断简析题(判断下列各题的正误,在题后括号内打"√"或"×"。无论正误,均要说明理由。本大题共6小题,每小题4分,共24分)

31. 接受学习是机械学习,发现学习是有意义的学习。(常考)　　(　　)

32. 学习动机强度越高,学习效果不一定就越好。　　(　　)

33. 在期末复习时,学生采用将课本内容以列结构提纲、画网络图的方法来帮助记忆,这种学习策略属于精加工策略。　　(　　)

34. 智力是创造性的充分条件。　　(　　)

35. 师德的灵魂是立德树人。(常考)　　(　　)

36. 教师如果从事"有偿家教"就违背了严谨治学的职业道德。　　(　　)

三、简答题(本大题共5小题,每小题5分,共25分)

37. 简述教育促进个体社会化的功能。

38. 简述教师个体专业发展的具体内容。

39. 简述奥苏贝尔的有意义学习的条件。

40. 简述科尔伯格的道德发展阶段理论。

41. 简述教育法律关系的构成要素。

四、论述题(本大题共10分)

42. 试述如何构建良好的师生关系。

五、案例分析题(本大题共11分)

43. 王某作为应届毕业生参加了当年的高考,毕业前她曾获市教育委员会(以下简称市教委)授予的市级“优秀学生干部”称号。按有关规定,她可享受高考加分奖励。但市教委有关人员在办理过程中,把王某的“优秀学生干部”改成了“三好学生”,并加盖了市教委的印章。而“三好学生”是不加分的,结果王某以2分之差失去了进入她期望的一所重点大学的机会。王某的身心因此受到重创,其家人多次找市教委希望寻求解决,均未得到满意答复。随后王某家人将市教委告上法院。法院经审理判决,市教委工作人员因过错行为,致使王某在报考某大学的录取中未能享受到市级“优秀学生干部”加分投档的待遇,丧失了可能被录取的期待权,对王某造成了经济和精神损失,构成了对王某的侵权,判决市教委以书面形式向王某赔礼道歉,并在其高考档案中做出书面更正,赔偿王某经济损失1万元,精神损失费3万元。

结合案例回答以下问题:

(1)市教委侵害了学生王某的哪些权利?(5分)

(2)本案例呈现的侵权类型主要有哪些表现?(6分)

2023年贵州省特岗教师招聘考试真题试卷(五)

本套试卷包括教育综合知识和学科专业知识两部分,目前仅收录教育综合知识部分的试题。该部分共13小题,包括单项选择题10小题、简答题2小题、案例分析题1小题。

一、单项选择题(下列每小题列出的四个选项中只有一个选项符合题意,将其选出并把其标号写在括号内。错选、多选或未选均不得分。本大题共10小题,每小题1分,共10分)

1. "学而时习之""温故而知新"反映的教学原则是( )

A. 启发性原则　B. 直观性原则　C. 巩固性原则　D. 思想性原则

2. "拔苗助长"违背了人的身心发展的( )

A. 不平衡性　B. 顺序性　C. 阶段性　D. 个别差异性

3. 下列不是以语言传递为主的教学方法的是( )(常考)

A. 讲授法　B. 读书指导法　C. 谈话法　D. 演示法

4. "教育有法而教无定法",这反映的教师劳动的特点是( )

A. 示范性　B. 长期性　C. 创造性　D. 连续性

5. 李刚同学成功解决一道题后产生的自豪愉悦感属于( )

A. 理智感　B. 道德感　C. 成就感　D. 美感

6. 在低年级识字过程中,有人按字母发音归类,有人按偏旁结构归类,这属于( )

A. 复述策略　B. 精加工策略　C. 元认知策略　D. 组织策略

7. 小云每次测验取得好成绩,老师都会予以表扬和奖励,这种做法符合桑代克学习律中的( )

A. 准备律　B. 练习律

C. 效果律　D. 动机律

8. 体操运动员比赛时想选择有挑战性的动作,但又担心失败,他面临的心理冲突是( )

A. 双趋冲突　B. 双避冲突　C. 多重趋避冲突　D. 趋避冲突

9. 教师职业道德区别于其他职业道德的显著标志是( )(易错)

A. 为人师表　B. 爱岗敬业　C. 清正廉洁　D. 团结协作

10. 我国法律认为教师职业是一种( )

A. 私人职业　B. 专门职业

C. 附属职业　D. 附加职业

二、简答题(本大题共2小题,每小题5分,共10分)

11. 简述长善救失德育原则的内涵及要求。(常考)

12. 简述奥苏贝尔提出的有意义学习的条件。

三、案例分析题(本大题共10分)

13. 张老师教学死板僵硬,日常对待学生简单粗暴,没有做到公平对待每一位学生,学生都很害怕张老师,见到张老师不打招呼,在课堂上扰乱秩序,张老师为此经常发脾气,学生们都很不喜欢他。

从教师角度出发,写出维护良好师生关系的途径和方法。

2023年黑龙江省小学特岗教师招聘考试真题试卷(六)

(满分200分　时间180分钟)

本套试卷共73小题,包括判断题30小题、单项选择题15小题、多项选择题15小题、简答题6小题、论述题4小题、案例分析题2小题、情境分析题1小题。

一、判断题(判断下列各题的正误,并在题后的括号内打"√"或"×"。本大题共30小题,每小题1分,共30分)

1. 国家实行教育与宗教相分离。任何组织和个人不得利用宗教进行妨碍国家教育制度的活动。(　　)

2. 学校的国有资产属于学校所有。(　　)

3. 发生违反我国《义务教育法》的重大事件,妨碍义务教育实施,造成重大社会影响的,负有领导责任的人民政府或者人民政府教育行政部门负责人应当引咎辞职。(　　)

4. 受到剥夺政治权利或者故意犯罪受到有期徒刑以上刑事处罚的,改造好的人还可以取得教师资格。(　　)

5. 中小学教师资格由国务院或者省、自治区、直辖市教育行政部门认定。(　　)

6. 班主任在日常教育教学管理中,有采取适当方式对学生进行批评教育的权利。(　　)

7. 人的全面发展学说主张所有人在各方面都能达到最高水平。(易错)(　　)

8. 共同生活的其他成年家庭成员,应当协助未成年人的父母或者其他监护人抚养、教育和保护未成年人。(　　)

9. 教育法的基本特点之一是法律后果的特殊性。(　　)

10.《中华人民共和国义务教育法》的立法依据是《中华人民共和国未成年人保护法》。(　　)

11. 课外辅导是对课的补充和延伸,是课堂教学的继续,是上课必要的补充,可以弥补课堂上的不足。(　　)

12. 教育目的是指一定社会培养人的总要求,培养目标是对各级各类学校的具体培养要求,教育目的与培养目标没有实质性的区别,只是概括程度不同。(易错)(　　)

13. 探究性学习模式是指利用计算机网络以及多媒体等技术,由多个学习者针对同一学习内容彼此交互和协作,以达到对教学内容深入理解和掌握的学习模式。(　　)

14. 班级目标管理模式是以学生自我管理为主要手段来完成教育教学目标的管理方法。(　　)

15. 问题式板书是由词语、语句组成的,这种板书更能激发学生学习的动机。(　　)

16. 任何想象都有创造性。(常考)(　　)

17. 格塞尔认为人的心灵犹如一块白板,它本身没有内容,可以任人涂抹,外部的力量决定了人的发展状况。(　　)

18. 由生理成熟和先天反应倾向导致的变化是学习。(　　)

19. 皮亚杰认为同伴协作在儿童道德发展过程中起重要作用。(　　)

20. 儿童焦虑症的产生与儿童的焦虑性人格特质无关。(　　)

21. "耶克斯—多德森定律"告诉我们,学习动机与学习效率之间成倒U型曲线关系。(　　)

22. 皮亚杰研究儿童的道德发展采用的方法是两难故事法。(　　)

23. 战国末期法家学说的集大成者是韩非,其思想集中体现在《韩非子》一书中。(　　)

24. 特洛伊战争的最后,迈锡尼将领阿伽门农采取"木马计"取得战争胜利。(　　)

25. 九章算术的出现,标志着以筹算为基础的中国古代数学体系的正式形成。(　　)

26. 桐城派是清代重要的散文流派,方苞、姚鼐、归有光被合称为"桐城三祖"。(　　)

27. 明海、小英子是作家莫言笔下的经典形象。(　　)

28. 莎士比亚的四大悲剧包括《哈姆雷特》《麦克白》《奥赛罗》《罗密欧与朱丽叶》。(　　)

29. 位于北京西郊海淀附近的颐和园,被西方称为"万园之园"。(　　)

30. 前提和结论之间没有蕴含关系的推理叫做或然性推理,而或然性推理依据推理进程的不同,又可分成为演绎推理和类比推理。(　　)

二、单项选择题(在下列每小题列出的四个选项中只有一个是最符合题意的,请将其代码填在括号内。错选、多选或未选均不得分。本大题共15小题,每小题2分,共30分)

31. 教师职业道德具有纠正人的行为和指导实际活动的能力,这体现了教师职业道德的(　　)

A. 调节作用　　B. 教育作用　　C. 榜样作用　　D. 促进作用

32. 各级各类学校在其自身的职责范围内,依照法律法规的规定对在校的未成年学生进行保护,这种保护是(　　)

A. 家庭保护　　B. 学校保护　　C. 社会保护　　D. 司法保护

33. 福勒和布朗根据教师的需要和不同时期所关注的焦点问题,把教师的成长划分为三个发展阶段。这三个发展阶段不包括(　　)(常考)

A. 关注生存阶段　　B. 关注情境阶段

C. 关注学生阶段　　D. 关注自我阶段

34. 评价教师专业性的核心因素是(　　)

A. 专业知识　　B. 专业信念　　C. 专业人格　　D. 专业能力

35. 学生小徐在上体育课时,按照要求上双杠进行练习,不慎摔落在地,由于练习场地未铺设防护

垫，导致小徐落地后上臂肿胀。在此事件中，应当依法承担相应责任的是(　　)

A. 体育老师　　B. 学生　　C. 学校　　D. 学生家长

36. 下列关于教育的构成要素描述不正确的是(　　)

A. 学校教师是教育者的主体，在整个教育过程中起主导作用

B. 受教育者是教育的对象，是学习的主体

C. 教育影响从内容上说就是教育手段、教育方法等

D. 教育者、受教育者、教育影响，三个要素既相互独立，又相互联系

37. 下列关于隐性课程的说法，错误的是(　　)(常考)

A. 杜威首次提出隐性课程一词

B. 隐性课程通常体现在学校和班级的情境之中

C. 隐性课程具有潜在性

D. 隐性课程也称隐蔽课程

38. 根据学习的定义，下列选项中属于学习的是(　　)

A. 蜘蛛结网　　B. 模仿榜样的行为

C. 膝跳反射　　D. 望梅生津

39. 根据反应时间与精确性，可将认知方式划分为(　　)

A. 场独立型与场依赖型　　B. 沉思型与冲动型

C. 灵敏型与沉稳型　　D. 辐合型与发散型

40. 红红已经学了一段时间钢琴，现在她已经可以一边弹琴，一边唱歌了，她表现出的注意品质是(　　)

A. 注意的稳定性　　B. 注意的转移

C. 注意的分配　　D. 注意的广度

41. 被称为"外科圣手"，创造了"五禽戏"的东汉医学家是(　　)

A. 扁鹊　　B. 李时珍　　C. 张仲景　　D. 华佗

42. 法国大革命爆发的时间为(　　)

A. 1783. 7. 4　　B. 1798. 7. 14　　C. 1738. 7. 4　　D. 1789. 7. 14

43. 在中国古代科举考试制度中，乡试第一名被称为(　　)

A. 秀才　　B. 解元　　C. 会元　　D. 状元

44. 小说《组织部来了个年轻人》的作者是(　　)

A. 陈忠实　　B. 王蒙　　C. 余华　　D. 路遥

45. 细胞的发现者是(　　)

A. 虎克　　B. 巴斯德　　C. 屠呦呦　　D. 李斯特

三、多项选择题(下列每小题列出的四个选项中至少有两个是正确的，请将其代码填在括号内。错选、多选、少选或未选均不得分。本大题共15小题，每小题2分，共30分)

46. 依据《中华人民共和国教育法》，学校的权利包括(　　)

A. 组织实施教育教学活动　　B. 对受教育者实施奖励或处分

C. 聘任教师及其他职工　　D. 维护教师的合法权益

E. 以适当的方式为家长了解学生的学业成绩提供便利

47. 教师职业态度要求教师必须做到(　　)

A. 要有教师的责任感与使命感

B. 要有肯于吃苦的精神

C. 要虚心接受批评，勇于自我批评，善于改正错误

D. 要对学生负责

E. 要有从事教育劳动的光荣感与自豪感

48. 下列可以反映教师劳动复杂性的有(　　)

A. 教师是学生成长的导师和引路人　　B. 教师本人既是劳动者又是劳动手段

C. 教师劳动的对象，年龄不同，个性迥异　　D. 教师的工作无上下班的明显界限

E. 教师工作的过程是促进学生全面发展的过程

49. 教师语言行为规范强调(　　)

A. 教师要正确使用普通话　　B. 教师的课堂用语、语法要规范

C. 语义要明确，表达要清楚　　D. 语句要完整，上下连贯，有逻辑性

E. 边远地区的教师可以使用方言、土语进行教学

50. 保证有差异学生的共同发展需要关注(　　)

A. 学生的性别差异与共同发展　　B. 学生身心发展水平的差异与共同发展

C. 学生家庭背景的差异与共同发展　　D. 学生的地域差异与共同发展

E. 学生的民族差异与共同发展

51. 教师为了深入了解和研究学生，要做到(　　)

A. 深入密切接触每个学生　　B. 仔细观察每个学生

C. 及时查阅个别学生的日记　　D. 准确评价每个学生

E. 全面分析每个学生

52. 20世纪以后，教育的改革与发展呈现出新特点，包括(　　)(常考)

A. 教育终身化　　B. 教育全民化

C. 教育民主化　　D. 教育世俗化

E. 教育多元化

53. 少先队活动的特点有(　　)

A. 组织性　B. 自主性　C. 趣味性　D. 教育性

E. 实践性

54. 前运算阶段儿童的认知特点有(　　)

A. 自我中心　B. 思维单一性　C. 思维不可逆性　D. 思维缺乏守恒

E. 泛灵论

55. 品德的心理构造包括(　　)

A. 道德认识　B. 道德情感　C. 道德形象　D. 道德行为

E. 道德意志

56. 下列人物属于建安七子的有(　　)

A. 孔融　B. 陈琳　C. 刘伶　D. 徐干

E. 王戎

57. 下列作品不属于老舍的有(　　)

A.《茶馆》　B.《四世同堂》　C.《受戒》　D.《随想录》

E.《龙须沟》

58. 三一律是法国古典主义文学的创作规则。它规定戏剧必须保持一致的要素有(　　)

A. 情节　B. 时间　C. 人物　D. 地点

E. 语言

59. 多媒体课件的设计与开发中,课件设计的原则有(　　)

A. 教育性原则　B. 启发性原则　C. 科学性原则　D. 艺术性原则

E. 技术性原则

60. 议论文常用的论证方法有(　　)

A. 例证法　B. 白描法　C. 类比法　D. 对比法

E. 引证法

四、简答题(本大题共6小题,每小题5分,共30分)

61. 常见的学生权利被侵犯的表现有哪些?(常考)

62. 如何理解终身学习是教师职业的必然要求?

63. 简述组织小学班级活动的要求。

64. 简述培养小学生学习兴趣的方法。

65. 简述小学生品德发展的基本特征。

66. 如何培养小学生的思维能力?

五、论述题(本大题共4小题,每小题10分,共40分)

67. 论述素质教育背景下,新课改带来的教学转变。(常考)

68. 请你谈谈对“德育为先,五育并举”的理解。

69. 论述小学教育科学研究的一般过程。

70. 结合教育教学实际，谈谈在教学中如何培养学生的迁移能力。

六、案例分析题（本大题共2小题，每小题10分，共20分）

71. 下面是一段对全国教书育人楷模李红霞的描述。

李红霞认为，中学生不能只顾着学习，要多了解社会，培养责任感。与文化成绩相比，李红霞更关注学生的全面成长。2009年起，她带领学生搞社会实践。2019年，李红霞创新教学模式，开辟了思政育人新阵地，让学生通过参与体验人大代表履职过程，亲身感受"人民当家作主"，增强制度自信。对于学不懂、学不会、学不明白的学生，她给予悉心帮助。李红霞先后同河北师范大学、河北科技大学进行大中小思政衔接专题研究，提升本校思政课教师们的理论水平。连续多年，李红霞放弃节假日，带着学校教师无数次深入到山区学校，送教下乡。由于患有腰椎间盘突出，李红霞最怕走山路，腰被颠得疼痛难忍，就随手抄起杯子、瓶子往腰上抵。在自己走进大山的同时，李红霞还带着大家走出大山。李红霞还启动"种子教师培养计划"，为山区学校培训学科带头人，解决老师们日常集体备课和课堂教学中遇到的问题。

请结合案例，运用教师职业道德的相关知识评析李红霞老师的教育行为。

72. 乐乐是一名九岁的小学四年级学生，性格胆小自卑。妈妈对乐乐的要求特别苛刻，她总是站在自己的认知程度里去要求乐乐，乐乐达不到她的标准就打骂乐乐。乐乐最近情绪很低落，上课走神，也经常完不成作业。老师在询问原因时，他回答说："老师，你让我回家吧！我不想上学了。"说完就背上书包回家了，家长多次劝说，然而乐乐反应更加强烈，说："如果你再逼我上学，那我就不活了！"

(1)案例中乐乐的主要问题是什么？(2分)

(2)乐乐产生这一问题的主要原因有哪些？(8分)

七、情境分析题（本大题共20分）

73. 下面是某班主任沈老师对班内一名学生的描述。

小美同学是我们班有名的爱哭孩子，入学以来，我无时无刻不被她的哭声所困扰。沈老师，怎么办？我忘记带回执啦，哇哇哇。这道题我不会，哇哇哇。他挡住我回座位了，哇哇哇……

请结合以上描述回答以下问题。

如果你是小美的班主任，你准备如何解决小美爱哭的问题？

2023年云南省中小学特岗教师招聘考试真题试卷(七)

本套试卷仅收录小学和中学试卷中的教育学、教育心理学知识部分的试题。小学试卷中该部分共3小题,包括简答题2小题、论述题1小题。中学试卷中该部分共3小题,包括简答题2小题、论述题1小题。

小　学

一、简答题(本大题共2小题,每小题5分,共10分)

1. 简述学校体育的措施。

2. 简述自我效能感的含义及其主要影响因素。

二、论述题(本大题共10分)

试论述我国常用的教学原则以及教师在实际教学工作应该如何做。(常考)

中　学

一、简答题(本大题共2小题,每小题5分,共10分)

1. 简述美育的内涵和目标。

2. 简述加里培林的心智技能形成阶段理论。

二、论述题(本大题共10分)

试论述生产力、政治经济制度及文化对教育的影响。(常考)

2023年吉林省特岗教师招聘考试真题试卷(八)

本套试卷仅收录考查思想政治素质、教育政策法规、教育基本理论的真题,共24小题,包括判断题10小题、单项选择题10小题、简答题2小题、论述题1小题、案例分析题1小题。

一、判断题(判断下列各题的正误,并在题后的括号内打"√"或"×"。本大题共10小题,每小题1分,共10分)

1. 中共中央办公厅、国务院办公厅印发的《关于进一步减轻义务教育阶段学生作业负担和校外培训负担的意见》(中办发〔2021〕40号)要求,小学三至六年级书面作业平均完成时间不超过90分钟。 ( )

2.《中华人民共和国义务教育法》规定,义务教育是国家统一实施的所有健康适龄儿童、少年必须接受的教育,是国家必须予以保障的公益性事业。 ( )

3. 在我国,教育方针由国家制定,具有权威性,规定了教育目的。 ( )

4. 素质教育必须面向全体学生,致力于提高每个学生的素质。 ( )

5. 发散思维具有独创性、流畅性和平衡性三个特点。 ( )

6. 流体智力是指需要经过教育培养,掌握社会文化经验而获得的智力。(常考) ( )

7. 维果斯基认为高级心理机能以符号系统为中介。 ( )

8. 一般来说,材料中首尾部分的内容最容易记住,不易遗忘,而中间部分则容易遗忘。 ( )

9. 动机和工作效率之间的关系呈"U"形曲线。 ( )

10. 情绪在人际之间具有传递信息、沟通思想的功能。 ( )

二、单项选择题(下列每小题列出的四个选项中只有一个是最符合题意的,请将其代码填写在括号内。错选、多选或未选均不得分。本大题共10小题,每小题1分,共10分)

11.《关于加强和改进新时代师德师风建设的意见》中指出,严格考核评价,落实( )第一标准。

A. 师风　　B. 师德

C. 育人质量　　D. 立德树人

12. 中华人民共和国教育部印发的《义务教育课程方案(2022年版)》规定,义务教育课程包括________、________、________三类。( )

①国家课程　②学科课程　③综合课程　④地方课程　⑤实践课程　⑥校本课程

A. ①④⑤　　B. ①④⑥　　C. ②③⑤　　D. ②④⑤

13. 下列选项中,属于狭义的教育概念范畴的是( )

A. 社会教育　　B. 家庭教育

C. 学校教育　　D. 生活教育

14. 无论是知识技能的学习,还是思想品德的发展,都应由浅入深、由简到繁、由易到难、由少到多、由具体到抽象。这句话体现的人的身心发展规律是( )(常考)

A. 阶段性　　B. 不平衡性

C. 个体差异性　　D. 顺序性

15. 刘老师在班会中经常结合现实生活提醒学生讲文明、懂礼貌、助人为乐、爱护公物、保护环境、遵纪守法,其主要目的在于提高学生的道德认识,培养其道德情感,锻炼其道德意志,最终规范他们的( )

A. 道德判断　　B. 道德选择　　C. 道德行为　　D. 道德偏好

16. 长时间注视夜空中的星星,会发现它们看起来好像在不停地眨眼。这属于( )(易混)

A. 真动知觉　　B. 诱导运动

C. 动景运动　　D. 自主运动

17. 符号所代表的新知识和学习者认知结构中已有的适当概念建立的非人为的、实质的联系,这种学习是( )

A. 有意义学习　　B. 发现学习

C. 接受学习　　D. 机械学习

18. 小明体育测试总是不及格,他把这归因于运动能力差,这属于( )的归因方式。(常考)

A. 内部、稳定、不可控　　B. 内部、稳定、可控

C. 内部、不稳定、不可控　　D. 外部、稳定、可控

19. 小明先学习打羽毛球,再学习打网球,但网球的学习效率反而不高,这属于( )

A. 顺向正迁移　　B. 逆向负迁移

C. 顺向负迁移　　D. 逆向正迁移

20. 元认知策略不包括( )

A. 计划策略　　B. 组织策略

C. 监视策略　　D. 调节策略

三、简答题(本大题共2小题,每小题4分,共8分)

21. 作为一名教师,应该如何上好一堂课?

22. 简述注意的品质。

四、论述题(本大题共6分)

23. 论述建立良好师生关系的方法。

五、案例分析题(本大题共6分)

24. 李老师扎根农村教育30余年,始终坚持"学高为师,身正为范"的原则;始终勤恳工作,经常帮助有需要的学生进行无偿辅导;始终重视学业与品德并重,结合学生年龄特征和身心特点,帮助学生健康成长。工作期间,李老师一直遵守各项规章纪律,获得学校领导、同事、学生、家长的一致好评。

请结合《新时代中小学教师职业行为十项准则》,进行作答。

(1)李老师的行为,是如何体现"潜心教书育人"原则的?(3分)

(2)除了遵循潜心教书育人原则外,教师还应遵守哪些原则?(3分)

2023年湖北省中小学教师公开招聘考试
综合知识真题试卷(九)

(满分100分　时间90分钟)

本套试卷共41小题,包括单项选择题40小题、材料作文题1小题。

一、单项选择题(下列每小题列出的四个选项中只有一个是最符合题意的,请将其代码填在括号内。错选、多选或未选均不得分。本大题共40小题,每小题1.5分,共60分)

1. 我国社会主义法律体系的核心是(　　)

A. 宪法　　B. 法治

C. 依宪治国　　D. 依法执政

2. 2023年2月13日,中央一号文件《中共中央 国务院关于做好2023年全面推进(　　)重点工作的意见》发布。

A. 农民增收　　B. 农业增产

C. 农村安宁　　D. 乡村振兴

3.《中共中央关于党的百年奋斗重大成就和历史经验的决议》指出,培养造就大批堪当时代重任的接班人,要坚持用(　　)凝聚人。

A. 习近平新时代中国特色社会主义思想　　B. 中华民族伟大复兴历史使命

C. 社会主义核心价值观　　D. 党的理想信念

4. 党的二十大报告指出,(　　)是全面建设社会主义现代化国家的基础性、战略性支撑。

A. 教育、科学、文化　　B. 创新、创业、创造

C. 教育、科技、人才　　D. 科教、人才、创新

5. 中国古代科举制度中,一般被称为"秋闱""秋试"的是(　　)

A. 院试　　B. 乡试　　C. 会试　　D. 殿试

6.《全国青少年学生读书行动实施方案》提出,中小学阶段要重视引导学生加强(　　)等方面的阅读。

A. 文学、历史、哲学、艺术

B. 文学、历史、自然、社会

C. 历史文化、理工农医、法律制度、医疗卫生

D. 历史文化、科普知识、法律常识、卫生健康

7. 2023年3月23日,在教育部举行的新闻发布会上,教育部高等教育司副司长武世兴介绍推进构建高质量高等教育体系的有关情况。他表示,在深化卓越人才、紧缺人才培养机制融合创新方面,我国支持高校增设碳储科学与工程、生物育种科学、可持续能源等31种国家战略和民生急需的"四新"专业。此处,"四新"专业是指(　　)

A. 新工科、新理科、新农科、新文科

B. 新工科、新医科、新农科、新理科

C. 新理科、新医科、新农科、新文科

D. 新工科、新医科、新农科、新文科

8. 2023年全国教育工作会议指出,要持续办好更加公平、更高质量的基础教育,学前教育、特殊教育突出"普惠发展",义务教育突出"(　　)",高中阶段学校突出"多样化",继续把"双减"摆在突出位置来抓。

A. 优质均衡　　B. 资源平衡

C. 免试就近　　D. 公平免费

9. 2023年2月13日,世界数字教育大会在北京开幕,大会的主题是(　　)

A. 数字变革与教育未来　　B. 数字教育与人类未来

C. 数字教育改变世界　　D. 数字革命改变教育

10.《学记》上说:"不陵节而施",这句话体现了(　　)(常考)

A. 循序渐进的教学原则　　B. 启发性教学原则

C. 因材施教的教学原则　　D. 巩固性教学原则

11. 孟母三迁的故事中,孟母采用的德育方法是(　　)

A. 奖惩法　　B. 榜样法

C. 陶冶法　　D. 说服法

12. 最早倡导终身教育的学者是法国教育家(　　)

A. 布鲁纳　　B. 斯金纳　　C. 朗格朗　　D. 赞科夫

13. 王老师在新单元教学开始前,总是通过小测验、问卷调查、个别谈话等形式,对学生的知识掌握程度进行评价,目的是弄清学生的知识基础和能力水平。这种评价方式是(　　)(易混)

A. 诊断性评价　　B. 形成性评价

C. 终结性评价　　D. 问题性评价

14. 李老师是九(3)班物理老师,上物理课时,学生积极性不高。于是李老师就对课堂情况进行记录,以便分析学生兴趣不高的原因。下列有关李老师运用的这种研究方法的说法中,错误的是(　　)

A. 这种方法在研究对象人数多且分散时,应用困难

B. 这种方法只能说明"为什么",不能说明"有什么"和"是什么"

C. 由于教育现象复杂且不断变化,因此这种研究方法会影响研究的信度

D. 这种方法往往取样小,观察资料琐碎,不易系统化,因此普遍性的程度不高

15. 教学的教育性主要体现在教学过程的(　　)中。(易混)

A. 间接经验和直接经验相结合的规律

B. 教师主导作用与学生主体作用相统一的规律

C. 掌握知识和发展智力相统一的规律

D. 传授知识与思想品德教育相统一的规律

16. 初中生在解决问题时已出现抽象思维,这种现象在皮亚杰的认知发展阶段理论中属于(　　)

A. 感知运动阶段　　B. 前运算阶段

C. 具体运算阶段　　D. 形式运算阶段

17. 考试后,学生分析考试成败的原因,并做出下一步计划和安排,这属于(　　)(易混)

A. 精加工策略　　B. 元认知策略

C. 组织策略　　D. 复述策略

18. 下列文教政策与朝代的对应中,不正确的一项是(　　)

A. 宋朝:兴文教,抑武事　　B. 唐朝:尊孔崇儒,兼重佛道

C. 汉朝:推明孔氏,抑黜百家　　D. 元朝:兴文教,崇经术,以开太平

19. 教师在教学中教会学生学习“going”的“ing”,再教学生学习“playing”“coming”,就能达到事半功倍的效果,可以解释这种学习现象的是(　　)

A. 共同要素说　　B. 形式训练说

C. 概括化理论　　D. 实质训练说

20. 上好课的先决条件是(　　)

A. 了解学生　　B. 融洽的师生关系

C. 先进的教学设备　　D. 备好课

21. 下列有关“幼儿园教师”角色的说法中,不正确的是(　　)

A. 儿童生活照料者　　B. 活动环境提供者

C. 活动管理者　　D. 儿童监护人

22.《中华人民共和国教育法》第六条提出,教育应当增强受教育者的社会责任感、创新精神和(　　)

A. 思维能力　　B. 实践能力

C. 自我管理能力　　D. 解决问题能力

23. 下列有关教育与社会发展的关系的描述不正确的是(　　)(易错)

A. 教育发展的规模由文化决定

B. 教育具有自身发展的传统

C. 教育促进文化的传播与交流

D. 教育对社会发展具有能动作用

24. 以下关于隐性课程的说法中,不正确的一项是(　　)

A. 隐性课程具有非预期性

B. 隐性课程独立于学校课程建设之外

C. 隐性课程的作用可能是积极的,也可能是消极的

D. 校园文化所蕴含的审美精神会对人产生影响,因此算是一种隐性课程

25. 下列哪种情况下造成的学生伤害事故,学校应当承担责任(　　)(常考)

A. 在学生自行上学、放学、返校、离校途中发生的

B. 学生或者其监护人知道学生有特异体质,或者患有特定疾病,但未告知学校的

C. 学生行为具有危险性,学校、教师已经告诫、纠正,但学生不听劝阻,拒不改正的

D. 学校组织学生参加校外活动,未对学生进行相应的安全教育,并未在可预见的范围内采取必要的安全措施的

26. 某日,学校八(5)班第三、四节是数学课。第三节课时,学生李毅举手说“头疼”,数学老师熊老师让他趴在桌子上休息一下。下课后,因有学生问问题,熊老师就没有询问李毅的病情。第四节课上了几分钟后,李毅又举手说“头疼难受”,熊老师说:“等我把这道题讲完。”又过了几分钟,李毅突然倒在地上,熊老师见状马上将李毅背到自己的私家车上送至医院,李毅经抢救无效死亡。对于本案,下列说法正确的是(　　)

A. 李毅的死亡是其自身原因造成,应由他自己承担责任

B. 熊老师对李毅有救助义务但救助不及时,应承担部分责任

C. 李毅、熊老师和学校都有过错,应由三方共同承担

D. 熊老师救助不及时的责任应由学校承担

27. 李某担任某县高一历史教师期间通过了硕士研究生入学考试,学校以李某服务期未满、学校历史老师不足为由不予批准李某在职学习。李某欲以学校剥夺其参加进修为由提出申诉,受理申诉的机构应当是(　　)

A. 当地县教育局　　B. 当地县人民政府

C. 当地市教育局　　D. 省教育厅

28. 下列有关文学常识的表述,不正确的是(　　)

A.《史记》是由司马迁撰写的我国第一部纪传体通史

B.“卧薪尝胆”这个成语源于春秋末期越国国君勾践

C. 词是诗的别体,又称曲子词、长短句、诗余

D. 陶渊明,号五柳先生,著名诗作有《归园田居》《醉翁亭记》等

29. 中国古代记载物理学知识，其中包括杠杆原理和浮力理论、声学和光学知识的著作是(　　)

A.《梦溪笔谈》　　B.《天工开物》

C.《营造法式》　　D.《墨子·墨经》

30. 下列有关古代发明创造的表述，正确的是(　　)

A. 东汉华佗被誉为“医圣”，他发明的麻沸散是世界上最早的全麻药物，适用于外科手术

B. 制造候风地动仪测量地震的中国古代天文学家是张衡

C. 东汉时杜诗发明的水排有效解决了水流从低处往高处灌溉的问题

D. 秦朝最先修建长城，其与明代最后修建长城的目的都是阻止北方游牧民族南下

31. 下列有关救护知识的说法中，正确的是(　　)

A. 烧烫伤应迅速使用牙膏涂抹皮肤

B. 体温过高发生惊厥应立即喂水喂药

C. 鱼刺卡喉可以吞咽馒头或喝醋解决

D. 果冻误吸入气道可使用海姆立克急救法

32. 关于宇宙的起源，最具代表性、影响最大的理论是(　　)

A. 黑洞理论　　B. 大爆炸理论

C. 暗物质学说　　D. 能量守恒定律

33. 下列关于医学知识的说法，不正确的是(　　)

A. 疟疾的发生与蚊子有关

B. 中风主要是指脑血管阻塞

C. 人体的正常脉搏是60～100次/分

D. 甲肝和乙肝主要是通过血液途径传播

34. 占人体细胞干重50%以上的有机化合物是(　　)

A. 糖元　　B. 蛋白质　　C. 脂肪　　D. 核酸

根据以下资料回答第35～37题。

2022年，国民经济保持较快增长，某地区实现国内生产总值3478亿元，同比增长11.84%；共批准外商投资43200个，其中外商直接投资占83.4%，同比增长24%；利用外资规模基本稳定，实现利用外资460亿元，占全国的11.4%；进出口贸易总额达886亿元，占全国的18.7%。

某地区的商业服务网点共1740个，比去年增加了240个；就业人员0.7万人，同比增加了1.6倍。城乡人民的生活水平继续提高，在消费品零售额中，日用品类占26.7%，同比增加14个百分点；服装类占19.3%，同比增加4个百分点；文化娱乐类占34%，同比增加12个百分点；其他类占20%。

35. 2021年，某地区的就业人员是(　　)

A. 0.479万　　B. 0.157万　　C. 0.269万　　D. 0.43万

36. 假如该地区共吸引外商投资967亿元，则外资的实际利用率约为(　　)

A. 40%　　B. 48%　　C. 56%　　D. 61%

37. 下列说法中，不正确的是(　　)

A. 2021年，在消费品零售额中，其他类占50%

B. 2022年，我国进出口贸易总额约为4738亿元

C. 2022年，全国利用外贸约4035亿元

D. 2021年，在所占消费品零售额的比重中，日用品所占比重高于服装类所占比重

根据以下材料回答第38～40题。

Now custom has not been commonly regarded as a subject of any great moment. The inner workings of our own brains we feel to be uniquely worthy of investigation, but custom, we have a way of thinking, is behaviour at its most commonplace. As a matter of fact, it is the other way around. Traditional custom, taken the world over, is a mass of detailed behaviour more astonishing than what any one person can ever evolve in individual actions, no matter how aberrant. Yet that is a rather trivial aspect of the matter. The fact of first-rate importance is the predominant role that custom plays in experience and belief, and the very great varieties it may manifest.

No man ever looks at the world with pristine eyes. He sees it edited by a definite set of customs and institutions and ways of thinking. Even in his philosophical probings he cannot go behind these stereotypes; his very concepts of the true and the false will still have reference to his particular traditional customs. John Dewey has said in all seriousness that the part played by custom in shaping the behaviour of the individual, as against any way in which he can affect traditional custom, is as the proportion of the total vocabulary of his mother tongue against those words of his own baby talk that are taken up into the vernacular of his family. When one seriously studies the social orders that have had the opportunity to develop autonomously, the figure becomes no more than an exact and matter-of-fact observation.

The life history of the individual is first and foremost an accommodation to the patterns and standards traditionally handed down in his community. From the moment of his birth, the customs into which he is born shape his experience and behaviour. By the time he can talk, he is the little creature of his culture, and by the time he is grown and able to take part in its activities, its habits are his habits, its beliefs his beliefs, its impossibilities his impossibilities. Every child that is born into his group will share them with him, and no child born into one on the opposite side of the globe will ever achieve the thousandth part. There is no social problem it is more incumbent upon us to understand than this of the role of custom. Until we are intelligent as to its laws and varieties, the main complicating facts of human life must remain unintelligible.

38. What does the word “trivial” (Line 5. Para 1) most probably mean(　　)

A. Important　　B. Serious　　C. Ordinary　　D. Considerable

39. According to the passage, which of the statements is not correct(　　)

A. It is impossible to observe the world without any preconceived notions.

B. Custom plays a major part in experience and belief, and the enormous variety in which it can appear, is extremely important.

C. The primary complex aspects of human life must remain inexplicable until we are aware of its laws and variety.

D. The individual's life story is primarily a modification to the patterns and norms that have been passed down orally in his neighbourhood.

40. According to John Dewey, ________ (　　)

A. traditional custom practiced all over the world, is a mass of intricate behaviour that is more amazing than anything that one person could ever evolve in their own peculiar actions

B. the figure is reduced to nothing more than precise and objective observation when one carefully examines the social orders that have had the chance to emerge independently

C. every child born into his group will share the function of tradition with him, and no child born into one on the other side of the world will ever reach the thousandth part

D. when one first learns to speak, he is already a tiny member of his society. When he is older and able to participate in its activities, his culture's customs, beliefs, and impossibilities become his own

二、材料作文题(本大题共40分)

请阅读以下材料,根据要求写作。

习近平总书记强调,“我们要坚持教育优先发展、科技自立自强、人才引领驱动,加快建设教育强国、科技强国、人才强国,坚持为党育人、为国育才,全面提高人才自主培养质量,着力造就拔尖创新人才,聚天下英才而用之”。这为我们在新时代新征程上实施科教强国建设和高质量人才培养提供了根本遵循和行动指南。

人才培养、科学研究和社会服务是高等教育发展的“三驾马车”。但在高等教育发展的不同阶段,“三驾马车”所起的作用完全不同。尽管从理论上说“三驾马车”是并驾齐驱,并以人才培养为中心,但从实践层面看,有时并不能形成有效的合力,甚至是各自发力,从而在不断撕裂着高等教育的人才培养职能,并且越是研究型大学,这一现象越是严重。

与西方发达国家高等教育发展任务相比,在我国高等教育大众化进程中,不仅要解决人民群众对于上大学的美好愿望,还需要解决高等教育发展的水平问题。这两个主要矛盾决定了我国高等教育在规模扩张的同时,也产生了诸如“211工程”“985工程”之类的赶超工程项目。在我国高等教育大众化教育进程中,高校发展一是靠办学规模扩张的思路,二是靠获得工程项目的思路,尤其后一思路不仅削弱了人才培养职能,强化了科研职能,使高等教育从以往以教学为中心转向以科研为中心、再进入到教学科研并重的双中心,由此形成高等教育内外部非常纠结的评价导向,进而破坏了高等教育文化生态。需要强调,人才培养是高等教育本质职能,科研是高等教育衍生职能,社会服务是高等教育反哺职能。但在一定发展阶段,以牺牲高等教育人才培养质量为代价而迅速提升高等教育竞争力是具有一定时代性的产物,但在今天我国高等教育进入高质量发展新阶段时,显然高等教育应该要做的不是沿袭以往的发展思路,而是以坚守人才培养为核心,恢复高等教育生态环境,科研和社会服务都是高校人才培养的手段,而不是目的。精英教育不只是满足高质量的就业,不只是强调人数的少而精,而是聚焦社会进步的优而强。尤其是精英大学,应该主动承担起这个责任,如降低规模和生师比,改进急功近利的评价方式。当前,党中央把立德树人的成效作为检验学校一切工作的根本标准,与其说这是对过去一段时间高等教育人才培养职能被忽视或弱化的纠偏,毋宁说是国家对未来高等教育人才培养职能偏离中心的另一种“预警”。

写作要求:请结合实际,围绕“坚守人才培养为核心”这一主题,自拟题目,写一篇议论文,字数1000~1200字。

2023年江西省中小学教师招聘考试真题试卷(十)

(满分100分 时间120分钟)

本套试卷共66小题,包括单项选择题40小题、多项选择题20小题、辨析题5小题、案例分析题1小题。

一、单项选择题(在下列每小题的四个选项中,只有一个是最符合题意的,将其选出并把它的标号写在括号内。错选、多选或未选均不得分。本大题共40小题,每小题1分,共40分)

1. 关于教育,下列表述错误的观点是( )

A.“教也者,长善而救其失者也”。其中,“教”意指培养人的活动

B.亚里士多德认为,教育形成人的理性,从而使天性、习惯和理性协调统一

C.偶尔对学生的身心发展产生影响的人,亦可称为教育者

D.凡是为提高自身素质而处于学习状态的人,都是学习者

2. 关于古代社会的教育,下列表述的观点错误的是( )(常考)

A.春秋战国时期,建立了“政教合一、学在官府”的教育体制

B.唐朝时期,建立了完备的“二馆六学”官学体系

C.隋朝时期,开始采取科举考试制度

D.明代时期,出现科举考试“八股文”的固定格式

3. 关于中国古代著名教育家的思想,下列表述正确的观点是( )

A.“子以四教”的教学内容由孟子提出

B.“因材施教”这四个字由孔子提出

C.“人人都先天具有仁、义、礼、智四个善端”的观点由孟子提出

D.“素丝说”由荀子提出

4. 关于教育与社会发展,下列表述错误的观点是( )(易错)

A.教育对科学技术的再生产是一种高效率的再生产

B.从“我要上学”到“我要上好学”体现了人口对接受学前教育的诉求

C.“为政在人”“人存则政举,人亡则政息”。这说明教育对政治具有反作用

D.“吾日三省吾身”体现了文化传统影响教育方法

5. 我国的“五四运动”和“一二·九运动”首先发端于学校,而后扩展到社会,进而形成全国性的政治运动。这说明( )

A.教育能促进政治民主化　　B.教育具有培养政治人才的责任

C.教育通过培养人才为政治服务　　D.教育能够形成政治舆论

6. 关于人身心发展的动因,下列表述错误的观点是( )(易混)

A.“万物皆备于心”属于内发论观点

B.荀子属于外铄论的代表人物

C.多因素相互作用论,强调主观能动性对人发展的决定作用

D.外铄论强调教育的价值,对教育的作用持悲观的态度,关注的重点在修身

7. 关于教育目的,下列表述错误的观点是( )

A.教育目的的评价功能集中体现在现代教育评估或教育督导行为中

B. 2018年新修正的《中华人民共和国教育法》首次以教育法的形式明确了劳动教育在全面发展教育中的重要地位

C.卢梭主张要把儿童培养成“自然人”,而不是培养成社会的“公民”

D.教育目的是针对所有受教育者提出的,培养目标是针对特定的教育对象提出的

8. 关于教师职业,下列表述错误的观点是( )(易错)

A.“学在官府,以吏为师”表明教师职业处于非职业化阶段

B.中世纪的僧院学校和教会学校多以牧师为师,这表明教师职业处于职业化阶段

C.师范教育的产生,使教师的培养走向专业化的发展道路

D.“教师教育大学化”表明教师职业开始走上专业化的发展道路

9. 关于教师,下列表述错误的观点是( )

A.“一把钥匙开一把锁”体现了教师劳动的创造性

B.学生学习的促进者是教师角色的核心特征

C.教师专业理想、专业情感、专业技能、专业风格形成的关键是自我教育

D.教育理论知识属于教师的本体性知识,主要解决“如何教”的问题

10. 关于学制,下列表述正确的观点是( )

A.2021年,我国高等教育毛入学率达到57.8%,迈入了世界公认的大众化阶段

B.癸卯学制是我国正式实施的第一个学制,最大的特点是修业年限长

C.西欧双轨学制的两轨是相通的,有利于教育普及

D.我国现行学制是由双轨学制发展而来的分支型学制

11. 关于我国义务教育的实施,下列表述正确的观点是( )

A.“壬子癸丑学制”明确规定初等小学三年为义务教育

B.解决经费保障和合理使用问题是1986年颁布的《中华人民共和国义务教育法》最大亮点

C.德国成为世界上推行义务教育最早的国家

D.义务教育是所有公民的教育,是一种平等的、公平的、不均衡发展的教育

12. 关于课程,下列表述错误的观点是(　　)

A.泰勒被誉为“课程理论之父”

B.校本课程原则上应该编写教材

C.古希腊智者派创立的“三艺”课程是国外最早的学科课程

D.核心课程又称为问题课程

13. 关于综合实践活动,下列表述错误的观点是(　　)

A.义务教育阶段的综合实践活动每周不少于1课时

B.课程开发应面向学生的个体生活和社会生活

C.军训是综合实践活动的方式之一

D.综合实践活动的主题应该来自学生学习情境

14. 关于教学,下列表述错误的观点是(　　)(易混)

A.教学是学校进行教育的一个基本途径

B.小学和中学低年级教学经常采用综合式课型

C.集体备课主要解决教材的重点、难点和教学方法等问题

D.教学的首要任务是引导学生掌握基础知识和形成良好的思想品德

15. 关于教学原则,下列表述正确的观点是(　　)

A.对中小学生来说,教师可以传授部分尚有争议的观点和学说

B.教师运用直观教具的时候,不必进行相关讲解

C.可接受原则的观点依据是“最近发展区”理论

D.建立有序、严肃的课堂教学氛围是启发教学的主要条件

16. 关于教学组织形式,下列表述正确的观点是(　　)

A.个别辅导可以采用分组教学的方式进行

B.美国教育家克伯屈主张废除班级授课制

C.班级授课制中学生座位安排不可以采用会议式的形式

D.小班化教学将成为教学的基本形式

17. 关于德育,下列表述错误的观点是(　　)

A.我国德育是培养学生思想、政治、道德、法治和心理品质的教育

B.《道德与法治》中“我们的国土我们的家园”属于家国情怀教育

C.个体思想品德的发展会出现暂时倒退的过程

D.德育目标与受教育者之间的矛盾是学生思想内部的主要矛盾

18. 关于德育原则,下列表述错误的观点是(　　)(易混)

A.对学生正面赏识,是贯彻疏导性原则的要求

B.引导学生正确评价自己,是贯彻长善救失原则的要求

C.在学生原有基础上提出合理的要求,是贯彻严格要求与尊重信任学生相结合的原则的要求

D.把某一位后进生放入一个优秀的班集体中进行教育是贯彻因材施教原则的要求

19. 关于班集体,下列表述错误的观点是(　　)(易错)

A.“废科举、兴学堂”之后,全国普遍采用班级授课制

B.班级管理有助于锻炼学生能力,学会自治自理

C.平行管理就是通过个人的管理去直接影响集体,又通过集体的管理去直接影响个人

D.班级学生干部固定化容易让学生形成“干部作风”

20. 关于班集体的培养,下列表述正确的观点是(　　)

A.班主任工作的中心环节是提高班级学生的成绩

B.班级目标由班主任和班干部共同讨论确定

C.善于发现并大胆使用积极分子,是建立班集体的领导核心

D.接手一个教育基础较差的班级时首先要做好的工作就是培养正确的舆论

21. 关于教师职业素养,下列说法错误的是(　　)

A.教师职业道德是教师职业素养中的关键素养

B.教师的教学能力是衡量教师水平的第一标准

C.先进的教育理念最集中反映在教师的学生观、教师观、教育观

D.学科知识是教师知识结构的核心

22. 关于教育与人的发展,下列表述错误的观点是(　　)

A.所有学校教育都能对人的身心发展起主导作用

B.学校教育活动对人的身心发展并非都是正向的

C.环境影响人的身心发展水平

D.人的主观能动性是通过人的活动表现出来的

23. 关于教师职业道德,下列表述错误的观点是(　　)

A.王老师在家里训斥打骂自己的孩子,其行为与师德无关

B.教师职业道德体现的是公德,教师道德体现的是私德

C.教师职业理想体现了教师职业道德的本质

D.敬业精神的好坏决定着教师职业作风的优劣

24. 关于教师职业道德,下列表述错误的观点是(　　)(易混)

A.对学生实施心理惩罚,违背了教师职业道德的人道主义原则

B.师德评价标准的“一票否决制”,彰显了教师职业道德境界的高尚性

C.教师劳动内容的特殊性与学生具有向师性特点决定了教师的人格示范性

D.教书育人是教师与“教书匠”区分开来的根本标准

25. 关于教师违反职业道德行为的处理，下列表述中错误的是(   )

A.向学生或家长推销学习用品和教辅资料，情节较轻的给予警告或记过处分

B.教师受处分期间暂缓教师资格定期注册

C.对教师的处理决定和处理解除决定都应完整存入人事档案及教师师德师风信用系统

D.教师对处分决定不服的可以自该处分决定之日起60日内向学校主管部门申请复核

26. 关于教育法律法规，下列表述错误的是(   )

A.《中华人民共和国教育法》是中国教育工作和依法治教的根本大法

B.教师单方面毁约应该承担教育行政法律责任

C.盗用、冒用他人身份，已经成为公职人员的，依法给予开除处分

D.国家实行学前教育、初等教育、中等教育、高等教育的学校教育制度

27. 关于学习的分类，下列表述中错误的是(   )

A.巴甫洛夫的经典性条件反射属于信号学习

B.操作性条件反射属于刺激—反应学习

C.各种动作技能的形成都离不开连锁学习

D.把鲸鱼、狗等概括为哺乳动物属于命题学习

28. 关于学习理论，下列表述中错误的是(   )

A.完形—顿悟学说由苛勒提出

B.建构主义认为知识是对现实的准确表征

C.康布斯的理论是实施情感教育的理论依据

D.布鲁纳主张，教学的最终目标是促进学生对学科基本结构的一般理解

29. 关于归因理论，下列表述中错误的是(   )(易错)

A.美国心理学家韦纳把行为结果的归因分为三个维度

B.韦纳认为，工作难度属于稳定、不可控制、外在的归因

C.韦纳认为，运气属于稳定、可控制、外在的归因

D.运用归因理论了解学习动机，对改善学生学习行为有一定的作用

30. 关于耶克斯—多德森定律，下列表述中错误的是(   )(常考)

A.在学生学习较复杂的任务时，应尽量创设轻松的氛围

B.不论学习任务难易都应保持同样的动机水平

C.在学生学习较容易的任务时，应尽量使学生紧张一些

D.动机水平与学习效率之间呈倒U型曲线关系

31. 主题班会上，教师对拾金不昧的学生公开表扬，这样做可以对其他同学起到(   )

A.正强化作用　　B.负强化作用

C.替代强化作用　　D.自我强化作用

32. 关于态度与品德的形成，下列表述错误的是(   )

A.情感成分是态度的核心成分

B.稳定的态度与品德的形成发生在内化阶段

C.社会学习理论认为，个体的行为得到他人赞许会被强化，从而产生积极的情感体验

D.条件反应法就是利用经典性条件反应和操作性条件反应的原理来进行品德培育的方法

33. 关于教师心理，下列表述错误的是(   )

A.留下美好的第一印象是教师获得威信的重要捷径

B.罗森塔尔效应启示教师对学生良好的期望会使其进步得更快，发展得更好

C.教师的教学效能感对学生的学习成绩有很强的预测力

D.玛勒斯认为职业倦怠的三个核心成分是去个性化、情绪耗竭、教学效能感低

34. 关于知识的学习，下列表述错误的是(   )

A.三角形的内角和等于180度，这属于陈述性知识

B.教师在讲课过程中被要求声音洪亮，其依据的感知规律是强度律

C.在实际教学中，教师使用PPT演示，属于模像直观

D.画思维导图，属于精加工策略

35. 以下属于智力技能的是(   )

A.运算技能　　B.打羽毛球技能　　C.打字技能　　D.弹钢琴技能

36. 关于创造力，下列表述错误的是(   )

A.创造力的培养与个性的塑造关联不大

B.创造性思维的核心是发散思维

C.头脑风暴训练是教授创造性思维的策略之一

D.发散性思维的特征主要包括流畅性、变通性、独创性

37. 关于问题解决，下列表述错误的是(   )

A.提出假设属于问题解决的首要环节

B.功能固着是一种特殊类型的定势

C.检验假设的方法包括直接检验和间接检验

D.问题情境中刺激信息的呈现方式不同会影响问题的解决

38. 关于学习迁移，下列表述错误的是(   )(常考)

A.形式训练说以官能心理学为基础　　B.产生式迁移理论由安德森提出

C.举一反三、闻一知十属于重组性迁移　　D.概括化理论由贾德提出

39. 下列表述中，属于垂直迁移的是(　　)

A.阅读技能的掌握有助于写作技能的形成

B.角的概念的掌握影响锐角、直角概念的掌握

C.语文学习中形成的认真审题的态度会影响数学学科学习中的审题态度

D.英语学习中将已掌握的字母重新组合形成新的单词

40. 关于课堂管理，下列表述错误的是(　　)

A.维持功能是课堂管理的基本功能

B.权威型领导方式容易引起学生高焦虑

C.教师能设身处地从学生的角度去体察其心情，这是微波效应

D.有些学生上公开课就认真听讲、踊跃发言，这是社会助长作用

二、多项选择题(在下列每小题列出的选项中至少有两个是正确的，请将其代码填在括号内。错选、多选或未选均不得分。本大题共20小题，每小题1分，共20分)

41. 被誉为教育史上的"三大里程碑"的著作是(　　)(常考)

A.卢梭《爱弥儿》　　B.柏拉图《理想国》

C.杜威《民主主义与教育》　　D.洛克《教育漫话》

42. 关于教育与社会发展的关系，以下理解表述正确的观点是(　　)

A.在社会主义国家，超阶级或超政治的教育是不存在的

B.教育是推动政治民主化的重要力量

C.教育发展的规模和速度与社会生产力发展水平成正比

D.教育可以使人口城乡结构趋于合理

43. 关于人的发展，以下理解表述错误的观点是(　　)

A.人的身心发展顺序较少颠倒，发展阶段较少逾越，更少逆向发展

B.身心发展的互补性要求教育工作者采用补课形式对个别学生进行特殊培养

C.现代个体生理成熟的年龄提前，使得人的身心发展的不均衡性表现不明显

D.大脑各区的成熟顺序为：运动区→体觉区→视觉区→听觉区

44. 关于教师，以下理解表述错误的观点是(　　)

A."我的课学生喜欢吗?"傅乐认为该教师处于教学前关注阶段

B.师生关系紧张和僵化时，老师应主动与学生沟通

C.民主型师生关系表现为教师对班级中的活动都采取专制的作风，事事亲力亲为，承担全部责任

D.教师与学生关系僵化，大多表现为与差生或后进生之间关系较差，这其中的一个重要原因是教师未能树立以人为本的学生观，特别是教师未能把学生当作发展中的人看待

45. 关于学制，下列说法正确的是(　　)(易混)

A.我国古代学制萌芽于西周，到清末时期才比较完备

B.我国参照美国的六三三学制所制定的学制是壬戌学制

C.我国教育史上第一个具有资本主义性质的学制是壬子癸丑学制

D.癸卯学制标志着中国封建传统学校的结束

46. 关于基础教育课程改革，下列观点表述正确的是(　　)

A.确立培育"整体的人"的课程目标

B.义务教育阶段的语文、艺术、美术学科加强写字教学

C.科学、综合实践活动开设起始年级提前至二年级

D.关注学生的道德生活和人格养成

47. 关于教学下列观点表述错误的是(　　)(易错)

A.发挥教师的主导作用是学生简捷有效地学习知识的充分条件

B.教学以书本知识为主，是由教学过程中学生认识规律决定的

C.教师教会学生学习的基本方法是讲授法

D.感知教材是领会知识的关键，是教学的中心环节

48. 关于新时代思政课，下列观点表述正确的是(　　)

A.高中思想政治课程由必修、选择性必修和选修三部分组成

B.道德与法治注重关注儿童的经验

C.将核心素养的培育作为教学的出发点和落脚点

D.将党和国家重大实践和理论创新成果有选择性地引入课堂

49. 关于班主任工作，下列观点表述正确的是(　　)

A.一个优秀的班主任应该具有家长的情怀

B.班主任对班级的领导影响力，必须在职权影响力的范围内实施

C.大学之教也，时教必有正业，退息必有居学。其中，"居学"指自习课

D.组织开展班级春游活动是班主任工作职责之一

50. 关于课程，下列观点表达正确的是(　　)(易混)

A.义务教育阶段每学年教学时间为39周

B.课程标准是教材编写、教学、评估和考试命题的参考依据

C.义务教育阶段可以参照使用境外教材

D.义务教育的课程类别分为国家课程、地方课程和校本课程

51. 关于学生，下列观点表述错误的是(　　)

A.现代学生观认为，学生是具有独立意义的人

B.劝退"差生",侵犯了未成年学生的受保护权

C.承认学生的独立性,就是要求老师少管学生

D.《儿童权利公约》中的发展权主要表现为受教育权

52. 关于态度与品德,以下观点表述正确的是(　　)

A.费斯廷格认为,认知失调是态度改变的先决条件

B.态度的行为成分依据态度中的认知成分推测

C.个人品德是社会道德在个体身上的具体表现

D.品德的内容来自道德

53. 关于科尔伯格道德发展阶段的论述,表述错误的是(　　)

A.按行为的后果带来的赏罚来定行为的好坏,属于惩罚与服从的道德定向阶段

B.服从团体规范,尊重法律权威,属于后习俗水平

C.朴素的利己主义定向阶段属于前习俗水平

D.缺乏是非善恶观念,只是因为恐惧并避免惩罚而去服从,属于遵守法律取向阶段

54. 关于群体心理,以下描述错误的是(　　)

A.工作任务简单,群体会起到社会抑制作用,反之,群体会起到社会促进作用

B.学生进行群体活动还是独立活动,要按活动的性质和学生个人技巧的熟练程度来组织

C.去个性化是个体自我意识高的表现,其实质是在群体中个人的责任感下降

D.责任分散既是影响去个性化的因素,也是群体极化的原因之一

55. 下列现象,不属于负惩罚的是(　　)(易错)

A.杀鸡儆猴　　B.当孩子犯错时,拿走他最喜欢的玩具

C.孩子完成作业后,看半小时电视　　D.孩子表现不好就饿他一会儿,表现好才给吃的

56. 以下关于智力与创造性的说法,正确的是(　　)(常考)

A.二者相互独立,在一定条件下又有相关的非线性关系

B.高智力不是高创造性的充分条件,但却是高创造性的必要条件

C.低创造性者的智力可高可低

D.高创造性者必须有高于一般水平的智力

57. 关于学生的心理发展,以下说法正确的是(　　)

A.维果斯基认为,儿童的心理发展主要是儿童和社会环境相互作用的结果

B.皮亚杰认为,前运算阶段中儿童的认知活动具有相对具体性

C.按照个体心理活动的倾向性,性格类型可分为独立型和顺从型

D.根据问题解答的速度和准确性可将问题解决风格分为辐合型和发散型

58.《中华人民共和国预防未成年人犯罪法》中规定属于严重不良行为的是(　　)

A.参与赌博、变相赌博,或者参加封建迷信、邪教等活动

B.多次旷课、逃学

C.传播淫秽的读物、音像制品或者信息等

D.殴打、辱骂、恐吓,或者故意伤害他人身体

59. 关于知识的学习,下列说法正确的是(　　)

A.认知心理学认为,学科知识通常以命题网络的形式储存在短时记忆中

B.加强词与形象的配合,有利于增强知识的直观效果

C.教材编写分章节,其依据是感知规律中的差异律

D.配合运用正例和反例,是提高知识概括的重要方法

60.《中小学教师职业道德规范》(2008年修订)包括六个师德条目。其中,爱岗敬业的内容包括(　　)

A.忠诚于人民教育事业,志存高远,勤恳敬业,甘为人梯,乐于奉献

B.循循善诱,诲人不倦、因材施教

C.对工作高度负责,认真备课上课,认真批改作业,认真辅导学生

D.保护学生安全,关心学生健康,维护学生权益

三、辨析题(判断正误并说明理由。本大题共5小题,每小题5分,共25分)

61. 小明上课说话被李老师罚到教室后面站一节课,小明家长为此向校长提出抗议。请对李老师的教育行为做出判断。

62. 通过学科教学对学生实施德育渗透,就是通过各个学科上课来实施渗透。(易错)

63. 张老师自觉抵制有偿家教,较好地遵循了教书育人的师德规范。

64. 谐音联想法属于有意义学习,在日常教学中教师要指导学生用好这种精加工策略。(易错)

65. 认知内驱力和自我提高内驱力是青春期学生学习的主要内部动机。

四、案例分析题(本大题共15分)

66. 李老师在某城镇小学任教30年,他性格暴躁,情绪控制力差,对学生要求严格,容易与学生家长、同事产生矛盾。李老师认为自己快退休了,经常借故不参加学校组织的政治学习和业务培训活动。以前,他经常随意训斥和打骂学习成绩差的同学,其他老师提醒他要注意教育方法,李老师却认为,自己打骂学生是为了学生好,否则就不管学生了!再说,他生来就这种性格,改不了。

三年前,李老师担任一个新生班的班主任兼数学老师。小强同学是李老师班上的一名单亲家庭学生。一年级的时候,小强同学性格孤僻,因为父母离异,自卑心理严重,导致学习习惯差,学习兴趣不高。二年级刚开学,李老师了解到小强同学的家庭情况后,根据小强做事细心、责任心较强等特点,

让他担任了班干部。期间,小强特别喜欢上李老师的课,课堂上能够比较好地遵守纪律,爱举手发言,也经常得到李老师的表扬与肯定。小强的学习进步比较大,性格开朗了许多。

进入三年级以来,小强课堂上经常举手,但没有被李老师关注。后来李老师发现小强上课经常不认真听讲,要么和同桌讲话,要么睡觉,要么玩卡片,成绩下降明显,又成了"后进生"。李老师非常生气,认为小强是在故意破坏课堂纪律,骂他无可救药,对小强失去了信心。有一天上午,李老师心情不好,恰巧发现小强又在课堂上讲话。李老师情绪激动,为了维护自己的权威和课堂纪律,当场打了小强两个耳光,踢了小强两脚。

(1)运用教师职业道德相关知识,阐述李老师应如何提高自己的职业道德修养?(4分)

(2)运用教育学相关知识阐述李老师是如何做"后进生"小强转化工作的?(5分)

(3)运用教育学心理学相关知识,阐述李老师应如何维持课堂纪律?(6分)

2022年河北省特岗教师招聘考试真题试卷(十一)

(满分150分　时间150分钟)

本套试卷共36小题,包括单项选择题15小题、填空题10小题、辨析题5小题、简答题3小题、案例分析题1小题、材料分析题1小题、教育写作1小题。

一、单项选择题(在下列每小题列出的四个选项中只有一个是最符合题意的,请将其代码填在括号内。错选、多选或未选均不得分。本大题共15小题,每小题2分,共30分)

1. 我国教育法律法规的基本法是(　　)

A.《中华人民共和国宪法》　B.《中华人民共和国教育法》

C.《中华人民共和国义务教育法》　D.《中华人民共和国教师法》

2. 二年级语文教师张某因健康原因请假半年,半年后身体恢复,要求重新回工作岗位,但学校以已有其他老师接任课程为由,让他待岗,学校侵犯了张老师的(　　)

A. 管理学生权　B. 教育教学权

C. 学术自由权　D. 民主管理权

3. "爱岗敬业"属于教师职业素养中的(　　)

A. 道德素养　B. 能力素养

C. 心理素养　D. 知识素养

4. 李老师经常在数学课堂上通过发小红花、奖状等方式对学生进行鼓励或表扬,从课程角度看,这种方式属于(　　)

A. 显性课程　B. 隐性课程　C. 学科课程　D. 活动课程

5. 以下属于马克思主义教育学观点的是(　　)(易混)

A. 学校教育是造成社会差别和对立的根源

B. 教育即儿童经验之改造

C. 教育研究必须采用精神科学的方法进行

D. 教育起源于生产劳动

6. 有的家长为了孩子上学,不顾家庭经济条件也要在优质学校附近买学区房,从儿童的发展角度看,这倾向于(　　)

A. 遗传决定论　B. 学生主体论

C. 环境决定论　D. 辐合论

7. 现代学校的最基本职能是(　　)

A. 培养现代社会的劳动者和各级各类专门人才

B. 提高受教育者素质

C. 文化的传承与创新

D. 开展科学研究

8. 我国教育目的的表述中,对"为谁培养人"和"培养什么样的人"做出明确规定,这说明教育目的具有(　　)

A. 定向功能　B. 调控功能

C. 激励功能　D. 评价功能

9. 教师在课堂中通过视频,让学生详细地了解、认识某种动物。这位教师采用的教学原则是(　　)(常考)

A. 循序渐进原则　B. 直观性原则

C. 启发性原则　D. 因材施教原则

10. 数学老师孙老师在学期末考核结束后,为部分学生发进步奖奖状,这种评价方法是(　　)

A. 相对评价　B. 绝对评价

C. 个体内差异评价　D. 形成性评价

11. 人在感知、思维、记忆或想象等智力方面的发展存在不同的关键期,这说明人的身心发展具有(　　)

A. 顺序性　B. 阶段性

C. 不平衡性　D. 个别差异性

12. 某学生情绪消沉、无法专心学习且人际退缩,若得不到及时帮助,可能会进一步产生学习压力和抑郁心理等,于是学校咨询人员对其进行心理咨询,这属于(　　)

A. 缺陷矫正　B. 危机干预

C. 问题预防　D. 发展指导

13. 去过几次亲戚家,就能画出具体的路线图,认知发展最低到哪一阶段的儿童能做到这种程度(　　)(常考)

A. 感知运动阶段　B. 前运算阶段

C. 具体运算阶段　D. 形式运算阶段

14. 科尔伯格认为道德判断发展的最高阶段是(　　)

A. 惩罚和服从阶段　B. 维护权威或秩序定向阶段

C. 社会契约定向阶段　D. 良心或原则定向阶段

15. 有的学生参加考试胡乱答完试卷，早早离开考场，这种情况下学生具有（　　）的心理障碍。

A. 焦虑　　B. 恐惧　　C. 抑郁　　D. 强迫

二、填空题（在下列每小题的空格中填上正确答案。错填、不填均不得分。本大题共10小题，每空2分，共20分）

1. 习近平指出，________是人类传承文明和知识、培养年轻一代、创造美好生活的根本途径。

2. 习近平指出：优秀________是一个国家、一个民族传承和发展的根本，如果丢掉了，就割断了精神命脉。

3. 教师对学校或者其他教育机构侵犯其合法权益的，可以向教育行政部门提出申诉，教育行政部门应当在接到申诉的________内，作出处理。

4. 义务教育是国家统一实施的所有适龄儿童、少年必须接受的教育，是国家必须予以保障的________事业。

5. 教育必须与________和社会实践相结合。

6. “不愤不启，不悱不发”体现的是________原则。（常考）

7. “不以分数作为评价学生的唯一标准”是教师职业道德规范中________的要求。

8. ________是教育活动的起点和终点，也是检验教育活动成功与否的最根本标准。

9. 现代认知心理学一般依据知识的不同表征方式和作用，将知识划分为陈述性知识、程序性知识和________。

10. 思维可以分成动作思维、形象思维和________。

三、辨析题（判断正误并说明理由。本大题共5小题，每小题2分，共10分）

1. 教师考核可以由学校自主进行。

2. 劳动教育就是让青少年进行家务劳动。（易错）

3. 人的全面发展和全面发展教育是辩证统一的。

4. 面向多数学生的发展性需求，主要在心理咨询室进行辅导。

5. 注意转移等于注意分散。

四、简答题（本大题共3小题，每小题10分，共30分）

1. 简述教师职业道德规范中“关爱学生”的内涵。（常考）

2. 简述学校德育的途径。

3. 简述品行不良学生的矫正措施。

五、案例分析题(本大题共15分)

齐老师要求学生衣冠整洁、谈吐有度,但自己在教学过程中对不同学生不同对待,对有的学生表扬、赞赏,对有的学生则言语侮辱、谩骂,他说这是恨铁不成钢。他不考虑不同学生不同的水平,按照自己的想法教学,还有,他认为乱扔粉笔头可以显示自己很有魅力或很有风度,反正觉得自己很有范儿。

问题:请结合班主任工作的基本要求,对上述内容进行分析。

六、材料分析题(本大题共15分)

数学课后,几名初中学生围在一起交谈,平时学习成绩好的小红说:"我发现平面几何学得好,再学习立体几何就简单得多。"她的同桌小莲连忙点头说:"我也感觉到了。就连弹琴也是这样,学会弹电子琴之后,学钢琴也比较快。"旁边的小强说:"也不都是吧。你看一个人会骑自行车,再学骑三轮车,反倒不如不会骑自行车的人学得快。"小林听了大家的话进行总结:"这就是奇妙的学习。"

(1)上述学生的交谈涉及哪种学习理论或现象,学生们所谈内容又涉及这一现象的哪些具体类型?(7分)

(2)在教学中应用这种原理应该遵循哪些原则?(8分)

七、教育写作(本大题共30分)

根据以下材料,写一篇不少于800字的论述文,题目自拟。

两位小学语文老师,在每次期末考试阅卷时,一位老师阅卷只要符合题意,就给分,对每张试卷根据卷面整洁给1到10分的卷面分,她认为小学阶段应以鼓励为主,让学生开开心心上学,高高兴兴回家。另一位老师阅卷只要不符合答案或语意,就不给分,也没有卷面分,他认为要在小学阶段对学生严格教育,这样以后进行纠正就不需要付出更多努力了,也不影响其他方面的发展。

2022年河南省特岗教师招聘考试真题试卷(十二)

(满分150分　时间120分钟)

本套试卷共41小题,包括单项选择题20小题、判断题15小题、案例分析题3小题、论述题1小题、教学设计题1小题、教育写作1小题。

一、单项选择题(请在每小题的四个选项中选出一个正确答案,并将正确选项的字母写在括号内。不选、错选或多选者,该题无分。本大题共20小题,每小题2分,共40分)

1. 2021年3月,教育部等六部门印发了《义务教育质量评价指南》,其中,"践行为党育人、为国育才使命,坚持正确政绩观和科学教育质量观,促进义务教育公平发展和质量提升"体现的基本原则是(　　)

A. 坚持正确方向　B. 坚持育人为本　C. 坚持问题导向　D. 坚持以评促建

2. 2021年7月,中共中央办公厅、国务院办公厅印发了《关于进一步减轻义务教育阶段学生作业负担和校外培训负担的意见》,要求初中书面作业平均完成时间不超过(　　)(常考)

A. 60分钟　B. 70分钟　C. 80分钟　D. 90分钟

3. 李老师在学生做实验时到室外接听电话,几个学生趁机乱扔实验用品导致实验室失火,所幸没有造成人员伤亡。李老师的这种行为(　　)

A. 侵犯了学生的健康权　B. 属于不作为侵权

C. 侵犯了学生的受教育权　D. 属于意外教学事故

4. 小明上课时不好好听课还干扰别人,王老师就令其本节课站到教室最后面反省,王老师的这种行为属于(　　)

A. 变相体罚　B. 因材施教　C. 教育惩戒　D. 教学管理

5. 根据《学生伤害事故处理办法》的规定,学校对未成年学生不承担(　　)

A. 安全教育职责　B. 自救教育职责　C. 法定监护职责　D. 安全管理职责

6. 习近平总书记提出的"四有好老师"主要体现了对教师的(　　)

A. 专业素养要求　B. 政治素养要求　C. 知识结构要求　D. 能力结构要求

7. 提出"使无业者有业,使有业者乐业"教育思想的是(　　)(易混)

A. 黄炎培　B. 陈鹤琴　C. 蔡元培　D. 陶行知

8. 学校通过组织"我为父母洗脚"的活动,培养学生的感恩之心,这种德育方法属于(　　)

A. 说服法　B. 榜样法　C. 锻炼法　D. 陶冶法

9. "古之王者,建国君民,教学为先"体现了教育目的价值取向上的(　　)(常考)

A. 个人本位论　B. 科学本位论

C. 教育无目的论　D. 社会本位论

10. 王老师课堂上鼓励学生质疑,以讨论、协商的方式解决问题,该教学管理类型是(　　)

A. 权威型　B. 民主型　C. 放任型　D. 专制型

11. 下列选项中,对形成性评价的功能描述不正确的是(　　)

A. 有利于强化学生的学习　B. 有利于确定学生的学习进度

C. 有利于给教师提供反馈　D. 有利于检查学生的学习准备程度

12. 教师在课堂上经常对学生进行鼓励性反馈,给予积极的期待,增强学生学习的内部动力,该教学方法属于(　　)

A. 愉快教学法　B. 情境教学法　C. 尝试教学法　D. 成功教学法

13. 学生在阅读课文时发现某段语句没读懂,就放慢阅读速度,重新仔细地进行阅读,其使用的学习策略是(　　)(常考)

A. 复述策略　B. 资源管理策略

C. 元认知策略　D. 精加工策略

14. 为了帮助学生区分"燥""躁"二字,教师把两字不同的偏旁部分标成红色,这符合知识感知的(　　)

A. 强度律　B. 差异律　C. 活动律　D. 组合律

15. 小轩在老师上课提问时,经常没有弄清题意,便抢先回答。他的认知风格属于(　　)(常考)

A. 冲动型　B. 场独立型　C. 沉思型　D. 场依存型

16. 学生的学习目的不明确,在家长的督促下才能完成作业,应着重培养其意志品质的(　　)(易错)

A. 自制性　B. 自觉性　C. 果断性　D. 坚持性

17. 通过写诗作画让自己摆脱失去亲人的痛苦,这种情绪调节的方法是(　　)

A. 系统脱敏法　B. 强化法　C. 幽默法　D. 升华法

18. "先天下之忧而忧,后天下之乐而乐"体现的情感是(　　)

A. 道德感　B. 理智感

C. 愉悦感　D. 热爱感

19. 阳阳的数学成绩比语文成绩好,他学数学的积极性更高,这符合桑代克学习理论的(　　)

A. 准备律　B. 练习律　C. 效果律　D. 强化律

20. 教师利用榜样的作用使学生产生见贤思齐的上进心而不断完善自我,这种学习属于(　　)

A. 直接学习　B. 替代学习　C. 自主学习　D. 参与学习

二、判断题(判断下列命题的正误,正确的请在题后的括号打“√”,错误的打“×”。本大题共15小题,每小题1分,共15分)

21. 2022年3月,教育部印发的《义务教育课程方案和课程标准(2022年版)》从有理想、有本领、有担当三个方面,明确义务教育阶段时代新人培养的具体要求。 ( )

22. 学校在事先告知家长的情况下,可以给予违规违纪情节严重的小学高年级学生停课一周的教育惩戒。 ( )

23. 学校不能把教师考核结果作为受聘任教、实施奖惩的依据。 ( )

判断-24

24. 教师若持有“性恶论”人性假设,其教育方法会更加注重“外铄”。 ( )

25. 数学、化学、生物等学科内容缺乏美的元素,教师很难在相应课程教学中开展美育。 ( )

26. 招聘、升学等选拔性考试通常采用目标参照评价。(易错) ( )

27. 教育目的要反映生产力和科技发展对人才的需求。 ( )

28. “人生的扣子从一开始就要扣好”,强调的是价值观教育。 ( )

29. 个案研究法是在某一时间点,针对某一个体、某一群体或某一组织进行调查,从而研究其行为的一种研究方法。 ( )

30. 创造力是一种特殊的智力品质,智力越高的人,创造力水平也越高。 ( )

判断-32

31. “仁者见仁,智者见智”是人的心理主观性的体现。 ( )

32. 斯金纳的操作性条件作用理论不仅适用于塑造新行为,也适用于改变不良习惯。 ( )

33. 良好的师生关系及和谐的课堂气氛,是维持学生学习动机的基本条件。 ( )

34. 格赛尔“双生子爬梯实验”的结果表明,家庭教育在儿童发展中的作用更显著。 ( )

35. 萌萌听老师讲《猴子捞月》的故事,头脑中就产生了小猴子调皮、淘气的形象,这属于创造想象。(常考) ( )

三、案例分析题(本大题共3小题,每小题10分,共30分)

36. “出彩河南人”2021最美教师——元建周。元建周是河南省首批特岗教师,他扎根乡村,潜心教育十余年,诠释了一名教师对人民教育事业的忠诚。他生活节俭,从微薄的工资中拿出一部分来接济贫困学生,不让一个学生辍学,被学生亲切地称为元大哥。他利用业余时间不断充电,2015年取得教育硕士专业学位。他教育学生懂得感恩、美言善行,有的学生成才后,已经开始捐助社会困难群体。他先后被评为安阳市优秀教师、优秀班主任等。新华社以《太行深处最情牵》为题对他的事迹进行了报道。

请结合材料,运用教师职业道德相关知识对该案例进行分析。

37. 一位教师曾表示,在现代信息技术条件下,学生获取知识的途径更加开放、多元、便捷,可以随时通过互联网获取需要的知识,学生对基本知识的掌握已经越来越不重要了。他还举例说,即便是最强人类大脑的记忆,也很难比得上一个普通电脑的存储能力。因此,教师已经没有必要让学生去掌握基本知识,只要培养学生的相应的能力即可。

请结合材料,运用教育学相关知识对案例进行分析。

38. 1968年美国著名的心理学家罗森塔尔及其团队做了一个实验,研究者从小学每个年级中随机抽出部分学生进行了一个非言语智力测验,并告诉教师这个测验能预测学生未来的智力发展。之后,研究者又从中随机抽取了20%的学生,告诉教师这些学生是有发展潜力的。8个月后,重新测试,发现那些被告知有发展潜力的学生在各方面都获得了更大的进步,成绩提高更明显。

请结合材料,运用心理学相关知识对该案例进行分析。

四、论述题(本大题共10分)

39. 请结合某一学科,论述如何在教学中对学生进行思想政治教育。

五、教学设计题(本大题共15分)

40. 请根据所提供的教学材料和学生情况,按一节课的要求完成教学设计。

教学材料:某版本小学六年级《道德与法治》教科书中编排了“爱护地球 共同责任”单元,其中一节是“应对自然灾害”,主要内容如下:我国是世界上遭受自然灾害最严重的国家之一,主要的自然灾害有旱灾、台风、洪涝、地震、滑坡、泥石流、病虫害等。自然灾害不仅会造成资源破坏、直接经济损失和人员伤亡,还会带来各种间接损失,甚至会影响社会稳定和可持续发展。除了自然的原因外,人类在生产、生活中不合理的行为也会诱发或加重自然灾害。面对自然灾害,人们不断探寻科学、有效的方法抗击灾害,从而提高抗灾能力。自然灾害始终伴随着人类的生活,人类也一直在与自然灾害进行着斗争。正是在这一过程中,人们形成了不屈不挠、团结互助的抗灾精神。尽管自然灾害还会发生,但是我们会尽最大的力量,全国上下形成减灾共同体,共同预防、减少自然灾害对我们的伤害。

学生情况:教学对象为某农村小学六年级学生,班级人数为46人。

请设计本节课的教学目标及教学过程。

六、教育写作(本大题共40分)

41. 阅读下面材料,根据要求写作。

教师要成为大先生,做学生为学、为事、为人的示范,促进学生成长为全面发展的人。

——习近平

(希望教师)当好学生成长的引路人,为培养德智体美劳全面发展的社会主义建设者和接班人、全面建设社会主义现代化国家不断作出新贡献。

——习近平

结合材料,深入思考,自拟题目,写一篇不少于600字的议论文。

2022年贵州省特岗教师招聘考试真题试卷(十三)

本套试卷仅收录教育综合知识部分的真题,该部分共13小题,包括单项选择题10小题、简答题2小题、案例分析题1小题。

一、单项选择题(本大题共10题,每小题1分,共10分。在每小题的四个备选答案中选出一个正确答案,并将正确答案的序号填入括号内。错选、多选或未选均不得分)

1. 在人的发展的关键期内,采取相应的教育措施,这遵循了人的发展的(　　)

A. 阶段性　　B. 不均衡性　　C. 顺序性　　D. 个体差异性

2. 下面属于陶行知的教育思想的是(　　)(易混)

A. 学校即社会　　B. 社会即学校

C. 教育即劳动　　D. 劳动教育

3. 根据观察法的记录方式,随时记录某种有价值的行为,不受任何时间和条件的限制,也不需要做特别的编码分类,该记录方式属于(　　)

A. 行为核对法　　B. 轶事记录法

C. 日记描述法　　D. 事件取样法

4. 在家庭教育中,当孩子犯错,出现“爹打娘护”的现象,这违背了(　　)原则。

A. 发扬积极因素,克服消极因素　　B. 尊重信任与严格要求相结合

C. 教育影响的一致性和连贯性　　D. 正面教育与纪律约束相结合

5. 学生看到天上的白云,对老师说白云是草原上的羊群变的,体现了学生的(　　)

A. 形象思维　　B. 抽象思维　　C. 动作思维　　D. 实践思维

6. 小强喜欢以告状的方式引起刘老师的关注,为了减少这一行为的发生,刘老师对其采取了不理会的方式,这属于(　　)(常考)

A. 正强化　　B. 负强化　　C. 惩罚　　D. 消退

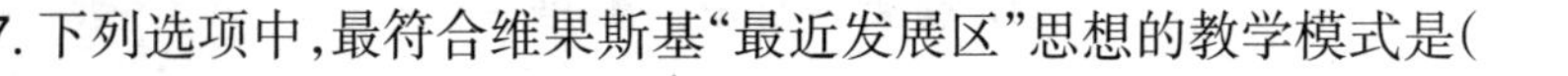

7. 下列选项中,最符合维果斯基“最近发展区”思想的教学模式是(　　)

A. 同伴合作　　B. 交互式教学

C. 教学支架　　D. 学徒制

8. 体育课上,王老师组织的跳高活动,未采取任何安全措施,致使候小瑞同学脚趾骨折。在这一事故中应承担责任的是(　　)

A. 小瑞　　B. 王老师

C. 学校　　D. 王老师和学校

9. 对学生的不良行为视而不见、不问不管或对学生讽刺挖苦、实施体罚或变相体罚,该现象违背了教师职业道德规范中的(　　)

A. 关爱学生　　B. 爱岗敬业　　C. 终身学习　　D. 为人师表

10. 在课程设计中,课程目标为“听故事,谈谈自己的想法,并用自己喜欢的方式表达对故事的感受”,这属于(　　)

A. 生成性目标　　B. 行为性目标

C. 表现性目标　　D. 普遍性目标

二、简答题(本大题共2小题,每小题5分,共10分)

11. 简述培养创造力的策略。

12. 简述教学过程的基本规律。(常考)

三、案例分析题(本大题共10分)

13. 君君同学有一句口头禅:“不跟你玩了。”他经常用这句话对待他不喜欢的小朋友,陈老师并未在意。后来,西西的家长给陈老师反映,君君经常约其他小朋友对西西说“我不跟你玩了”。导致西西不想上学。于是,陈老师第二天一见到君君就直接训斥他,并让他保证改正错误。不久,在一次体育活动中,陈老师又听到君君说“我不跟你玩了”。那一刻,陈老师非常生气,大声吼道:“谁稀罕和你玩,你太讨人嫌了。”并当着全班同学的面训斥他,还号召其他小朋友不跟君君玩。过了几天,君君变老实了,但也沉默了。

结合材料,请从学生观的角度评价陈老师对君君同学的教育行为。

2022年陕西省小学特岗教师招聘考试真题试卷(十四)

(满分100分　时间120分钟)

本套试卷共63小题,包括单项选择题50小题、多项选择题10小题、论述题2小题、材料分析题1小题。

一、单项选择题(在下列每小题列出的四个选项中只有一个是最符合题意的,请将其代码填在括号内。错选、多选或未选均不得分。本大题共50小题,每小题1分,共50分)

1. 教育史上传统教育派与现代教育派的代表人物是(　　)

A. 凯洛夫　赫尔巴特　　B. 杜威　赫尔巴特

C. 赫尔巴特　杜威　　D. 夸美纽斯　杜威

2. 有听力障碍的儿童,通过发展口型变化的精细感知能力来促进交流能力的发展。这体现了个体身心发展规律中的(　　)

A. 顺序性　　B. 不平衡性

C. 互补性　　D. 个体差异性

3. 教育目的是一个国家的教育的总的要求,而(　　)是具体要求,是教育目的的具体化,是根据国家的教育目的和自己学校的性质及任务对培养对象提出的特定要求。

A. 教育方针　　B. 培养目标

C. 课程目标　　D. 教学计划

4. 教育发展的规模和速度是由(　　)决定的。(常考)

A. 政治经济制度　　B. 社会文化

C. 生产力发展水平　　D. 社会人口

5. 教师通过展示实物、示范性实验,指导学生获得、巩固知识的教学方法是(　　)(常考)

A. 演示法　　B. 实验法　　C. 练习法　　D. 讲授法

6. 采用(　　)班级管理方式的教师善于倾听学生意见,不以直接的方式进行管理,而是采用间接的方式引导学生。

A. 权威型　　B. 民主型　　C. 放任型　　D. 强制型

7. 我国第一个颁布并且实施的近代学制是(　　)

A. 壬寅学制　　B. 癸卯学制

C. 壬戌学制　　D. 壬子癸丑学制

8. (　　)将教育心理学开创为一门独立学科。

A. 冯特　　B. 卡普捷列夫　　C. 桑代克　　D. 杜威

9. 埃里克森在人格发展阶段理论中认为6～12岁的儿童所面临的人格矛盾为(　　)

A. 自主与羞怯　　B. 主动与内疚

C. 勤奋与自卑　　D. 自我同一性与角色混乱

10. 学生在测验中获得进步与好成绩,沈老师都会对其进行表扬、奖励,这遵循的是桑代克学习律中的(　　)(常考)

A. 准备律　　B. 练习律　　C. 动机律　　D. 效果律

11. 物理老师设置问题,指导学生做实验,学生通过独立探索获得力学原理,这种学习属于(　　)

A. 发现学习　　B. 接受学习　　C. 机械学习　　D. 观察学习

12. "知人所不知,见人所不见"体现了创造性的(　　)特征。

A. 流畅性　　B. 变通性　　C. 独创性　　D. 集中性

13. 韦纳的归因理论中,任务难度属于(　　)

A. 外部、不稳定、可控　　B. 内部、稳定、不可控

C. 外部、稳定、不可控　　D. 内部、不稳定、可控

14. 已经获得的知识、动作技能、情感态度对新学习产生影响属于学习(　　)

A. 迁移　　B. 动机　　C. 策略　　D. 技巧

15. 皮亚杰关于道德认知的研究方法是(　　)

A. 道德两难故事法　　B. 守恒实验

C. 沙盘游戏　　D. 对偶故事法

16. "人心不同,各如其面"体现的人格特征是(　　)

A. 独特性　　B. 稳定性　　C. 综合性　　D. 功能性

17. 品德不良的矫正要经历的阶段为(　　)

A. 执拗—醒悟—转变　　B. 醒悟—再犯—顿悟

C. 醒悟—转变—自新　　D. 转变—自新—醒悟

18. 学生用列提纲、画图形、列表格的方式复习功课,这是采用了(　　)(常考)

A. 精加工策略　　B. 组织策略

C. 复述策略　　D. 资源管理策略

19. 罗森塔尔效应中指出(　　)对学生产生影响。

A. 教师人格特点　　B. 教师的教学水平

C. 教师对学生的期望　　D. 教师威信

20. 标准化测验的优势表现在(　　)、计划性和可比性。

A. 客观性　B. 有效性　C. 公平性　D. 可靠性

21. 教师在教育活动过程中所应遵循的行为规范和所应具备的道德品质称为(　　)

A. 师风　B. 师德　C. 德行　D. 品德

22. 在教师职业道德体系中居于主导地位，作为整个教师职业道德体系核心和精髓的是(　　)

A. 教师职业道德原则　B. 教师职业道德准则

C. 教师职业道德规范　D. 教师职业道德标准

23. 俄国作家托尔斯泰曾说："理想是指路的明灯，没有理想就没有坚定的方向。"这要求教师应该树立(　　)

A. 职业良心　B. 职业义务

C. 职业理想　D. 职业公正

24. 下列不属于教师自觉履行义务的做法是(　　)

A. 做学生信任的教师　B. 做家长满意的教师

C. 做对社会发展有贡献的教师　D. 做得过且过、不思进取的教师

25. 教师正确对待学生的态度是(　　)

A. 关注成绩好的学生　B. 关注成绩差的学生

C. 关注全体学生　D. 关注品德高尚的学生

26. 下列不符合爱岗敬业践行要求的是(　　)

A. 忠于人民教育事业，志存高远　B. 当一天和尚撞一天钟

C. 甘为人梯，自觉提升精神境界　D. 勤恳敬业，高度负责

27. 学生遇到困难时，教师热情鼓励；学生遭遇挫折时，教师亲切微笑。这体现了教师(　　)

A. 关爱学生　B. 爱岗敬业

C. 爱国守法　D. 敬业乐业

28. 李老师对犯错的学生绝不姑息，但了解情况后仍对学生热心帮助。这是教师(　　)的具体体现。

A. 团结友爱　B. 因材施教　C. 严慈相济　D. 循序渐进

29. 教师事事处处都能率先垂范，起到表率作用，做他人学习的榜样。这体现的教师职业内在要求是(　　)(常考)

A. 尊重学生　B. 为人师表　C. 内外兼修　D. 勤俭节约

30. 李老师穿着拖鞋去上课，这种行为违背了(　　)的要求。

A. 衣着得体，举止文明　B. 关心集体，团结协作

C. 尊重同事，尊重家长　D. 坚守高尚情操，知荣明耻

31. 王老师已经是省级教学名师，但还坚持学习，不断提高自己的专业素养和教学水平。这说明王老师具有(　　)(常考)

A. 终身学习的意识　B. 爱护学生的情怀

C. 乐于奉献的精神　D. 不断创新的理念

32. 教师职业道德培养的意义不包括(　　)

A. 教师队伍建设的需要　B. 教师实现自身价值，完善人格的需要

C. 学生健康成长的需要　D. 教师提高生活品质的需要

33. 下列不属于教师职业道德评价功能的是(　　)

A. 评定功能　B. 导向功能　C. 激励功能　D. 惩戒功能

34. 下列属于教师职业道德评价内在形式的是(　　)

A. 学生评价　B. 自我评价

C. 他人评价　D. 社会评价

35.《中华人民共和国教育法》规定"教育活动必须符合国家和社会公共利益"这体现了教育的(　　)原则。

A. 平等性　B. 公共性　C. 终身性　D. 教育性

36. 下列属于教育单行法的是(　　)

A.《中华人民共和国宪法》　B.《扫除文盲工作条例》

C.《中华人民共和国职业教育法》　D.《中小学校园环境管理的暂行规定》

37. 我国于1980年颁布的第一部教育法律是(　　)

A.《中华人民共和国教师法》　B.《中华人民共和国职业教育法》

C.《中华人民共和国学位条例》　D.《中华人民共和国高等教育法》

38.《中华人民共和国教育法》第五条规定了我国的教育方针是：教育必须为社会主义现代化建设服务，必须与(　　)相结合，培养德、智、体等方面全面发展的社会主义事业的建设者和接班人。

A. 劳动实践　B. 教育实践

C. 生产活动　D. 生产劳动

39. 根据分级管理、分工负责的原则，中等及中等以下教育在国务院领导下，由(　　)管理。

A. 地方人民政府　B. 教育行政部门

C. 地方人大　D. 地方司法机关

40. 某小学拖欠教师工资和奖金津贴，该行为侵犯了教师的(　　)

A. 进修培训权　B. 获取报酬权

C. 民主管理权 D. 教育教学权

41. 教师擅自拆开学生的信件并当众阅读,该行为侵犯了学生的(　　)(常考)

A. 隐私权 B. 财产权

C. 名誉权 D. 姓名权

42. 我国《未成年人保护法》规定未成年人是指未满(　　)

A. 十八周岁的公民 B. 十六周岁的公民

C. 十二周岁的公民 D. 十四周岁的公民

43. 学校及其他教育机构具备法人条件的,可自批准设立或者(　　)之日起取得法人资格。

A. 审核审查 B. 登记注册

C. 正式成立 D. 提交申请

44. 我国《宪法》规定,中华人民共和国公民有(　　)的权利和义务。

A. 参加教学活动 B. 完成教育培训

C. 受教育 D. 遵守学生守则

45. 教育法律责任可以分为(　　)、民事法律责任和刑事法律责任。

A. 法律救济责任 B. 教育行政责任

C. 行政法律责任 D. 教育教学责任

46. 下列行为不适合实施教育惩戒的是(　　)(易混)

A. 打骂、欺凌同学 B. 吸烟、饮酒

C. 扰乱学校秩序 D. 因不会做题而未完成作业

47. 教师应当预见自己的行为可能发生危害社会的结果,因为疏忽大意而没有预见,或者已经预见而轻信能够避免,而导致学生事故的发生。该行为属于(　　)

A. 过失 B. 故意 C. 过错 D. 侵犯

48. 李老师因对学校不满,故意多次缺课,造成不良影响。学校可以依法给予(　　)(常考)

A. 罚款处理 B. 行政处分

C. 取消教师资格 D. 拘留

49. 中小学教师资格由县级以上的(　　)教育行政部门认定。

A. 地方人大 B. 地方的政协机关

C. 地方人民政府 D. 地方司法机关

50. 徐老师因学生违反班规,将学生的手机从三楼扔下摔坏,该行为侵犯了学生的(　　)

A. 隐私权 B. 财产权

C. 名誉权 D. 姓名权

二、多项选择题(下列各题的选项中有两个或两个以上是符合题意的,请将其代码填在括号内。多选、少选或错选均不得分。本大题共10小题,每小题2分,共20分)

51. 教育的文化功能包括(　　)

A. 传递保存文化 B. 传播交流文化

C. 选择提升文化 D. 更新创造文化

52. 素质教育是依据人的发展和社会发展的需求,以全面提高学生的基本素质为根本目的的教育,其基本观点是(　　)

A. 以提高国民素质为根本宗旨

B. 强调面向全体学生,促进学生的全面发展

C. 促进学生的个性发展

D. 以培养学生的社会责任感、创新精神、实践能力为重点

53. 培养学生主体性的措施有(　　)(常考)

A. 建立民主和谐的师生关系,重视学生自学能力的培养

B. 重视学生主体参与课堂,获得经验

C. 尊重学生的个性差异,进行针对性教育

D. 教育目标要反映社会发展需要

54. 程序教学的基本原则包括(　　)

A. 积极反应原则 B. 小步子原则

C. 及时反馈原则 D. 自定步调原则

55. 认知策略是学习者加工信息的方法和技术,是根据作用于信息加工过程的不同阶段,理解和保持知识的策略,主要包括(　　)

A. 复述策略 B. 精细加工策略

C. 组织策略 D. 时间监督策略

56. 教师良心在教师职业道德行为中的作用包括(　　)

A. 指导作用 B. 监控作用

C. 评价作用 D. 规范作用

57. 教书育人的素质要求包括(　　)

A. 知识系统,扎实有效 B. 遵循规律,方法得当

C. 探究出新,追求卓越 D. 关注分数,自私自利

58. 教师职业道德规范内化的条件包括(　　)(易错)

A. 社会道德教育　　B. 个人道德修养

C. 职业道德评价　　D. 法律法规约束

59. 教育法律关系的客体一般包括(　　)

A. 物质财富　　B. 非物质财富

C. 行为　　D. 个人

60. 设立学校及其他教育机构必须具备的基本条件有(　　)

A. 组织机构和章程

B. 合格的教师

C. 符合规定标准的教学场所和设施、设备

D. 必备的办学资金和稳定的经费来源

三、论述题(本大题共2小题,每小题10分,共20分)

61. 论述作业布置的要求。(常考)

62. 从个性的角度谈谈如何培养学生的创造性。

四、材料分析题(本大题共10分)

63. 李老师在教"圆"这个概念时,一开始就问学生:"车轮是什么形状?"同学们觉得这个概念太简单,便笑着回答:"圆形。"李老师又问:"为什么车轮要做成圆形呢?难道不能做成别的形状?比如说,做成三角形、四边形等。"同学们一下子被逗乐了,纷纷回答:"不能!""它们无法滚动!"李老师再问:"那就做成这样的形状吧!(老师在黑板上画了一个椭圆)行吗?"同学们开始茫然,继而大笑起来:"这样一来,车子前进中就会一会儿高,一会儿低。"李老师再进一步发问:"为什么做成圆形就不会一会儿高,一会儿低呢?"同学们议论纷纷,最后终于找到了答案:"因为圆形的车轮上的点到轴心的距离是相等的。"至此,李老师自然地引出"圆"的定义。

(1)案例中,李老师在教学过程中用了什么教学方法?该方法在实践中的要求是什么?(6分)

(2)案例中,李老师在教学过程中用了哪些教学原则?在实际工作中如何践行这些原则?(4分)

2022年陕西省中学特岗教师招聘考试真题试卷(十五)

(满分100分　时间120分钟)

本套试卷共63小题,包括单项选择题50小题、多项选择题10小题、论述题2小题、材料分析题1小题,目前已收录62小题。

一、单项选择题(下列每小题列出的四个选项中只有一个是最符合题意的,请将其代码填在括号内。错选、多选或未选均不得分。本大题共50小题,每小题1分,共50分)

1. 科举选士制度始于(　　)

A. 两汉时期　　B. 魏晋时期

C. 隋唐时期　　D. 宋元明清时期

2. 某中学开设茶道社团、国画社团等,这体现了教育的(　　)

A. 政治功能　　B. 经济功能　　C. 科技功能　　D. 文化功能

3. 孔子提出的"以身作则"、韩愈提出的"以身立教"的主张,体现了教师职业的(　　)(常考)

A. 复杂性特点　　B. 创造性特点

C. 示范性特点　　D. 长效性特点

4. 学科中心课程理论的代表人物是(　　)

A. 布鲁纳　　B. 罗杰斯　　C. 赞可夫　　D. 杜威

5. 郭老师在音乐欣赏课上现场弹奏古筝,其做法体现的教学原则是(　　)(常考)

A. 直观性原则　　B. 启发性原则

C. 巩固性原则　　D. 循序渐进原则

6. 为纪念中国共产党诞辰100周年,某中学在7月1日举办歌咏比赛。该活动属于(　　)

A. 科技活动　　B. 文娱、体育活动

C. 劳动技术活动　　D. 社会活动

7. 教育史上重视思维训练、轻视知识传授的教育理论是(　　)

A. 现代教育理论　　B. 传统教育理论

C. 形式教育理论　　D. 未来教育理论

8. 第一个系统论述教育心理学思想并被誉为"现代教育心理学之父"的心理学家是(　　)

A. 桑代克　　B. 布鲁纳　　C. 斯金纳　　D. 奥苏伯尔

9. 在实验教学过程中,知识直观的方式主要有实物直观、模像直观和(　　)

A. 言语直观　　B. 形象直观　　C. 感知直观　　D. 表象直观

10. 短时记忆保存的最长时间是(　　)

A. 5秒　　B. 30秒　　C. 大约1分钟　　D. 大约1小时

11. 创造问题情境,引导学生提出假设、验证假设并得出结论的教学策略是(　　)

A. 合作教学　　B. 发现教学　　C. 程序教学　　D. 活动教学

12. 缺

13. "杯弓蛇影"的成语故事告诉我们,决定情绪体验差异的主要因素是(　　)

A. 感知觉　　B. 记忆表象　　C. 语言加工　　D. 认知评价

14. 面对重大选择时,有人深思熟虑,当机立断,有人瞻前顾后,犹豫不决,这反映了意志的(　　)特征。

A. 坚韧性　　B. 果断性　　C. 持久性　　D. 自制力

15. 场依存型学生判断客观事物依据的线索是(　　)(常考)

A. 内部线索　　B. 外部线索　　C. 内、外部线索　　D. 以上都不对

16. 根据科尔伯格的道德认知发展理论,认为法律是判断行为对错的唯一标准,其所处的道德认知发展水平是(　　)

A. 前习俗水平　　B. 习俗水平　　C. 后习俗水平　　D. 以上都不对

17. 教师在呈现新内容前给学生讲有关的故事,这里应用的行为主义学习规律是(　　)

A. 练习律　　B. 准备律　　C. 效果律　　D. 强化律

18. 程序性知识解决的问题是(　　)(常考)

A. "是什么"　　B. "为什么"　　C. "怎么办"　　D. 都不对

19. 教师在教育活动中所应遵循的行为规范和所应具备的道德品质称为(　　)

A. 师风　　B. 师德　　C. 德行　　D. 品德

20. 在教师职业道德体系中居于主导地位,作为整个教师职业道德体系核心和精髓的是(　　)

A. 教师职业道德原则　　B. 教师职业道德准则

C. 教师职业道德规范　　D. 教师职业道德标准

21. 俄国作家托尔斯泰说过:"理想是指路的明灯,没有理想就没有坚定的方向。"这要求教师树立(　　)

A. 职业良心　　B. 职业义务　　C. 职业理想　　D. 职业公正

22. 下列不属于教师自觉履行职业义务的做法是(　　)

A. 做学生信任的老师　　B. 做家长满意的老师

C. 做对社会发展有贡献的老师　　D. 做得过且过、不思进取的老师

23. 教师正确对待学生的态度是(　　)

A. 关注成绩好的学生　　B. 关注成绩差的学生

C. 关注全体学生　　　　D. 关注品德高尚的学生

24. 下列不属于爱岗敬业践行要求的是( )

A. 忠于人民教育事业,志存高远　　　　B. 当一天和尚撞一天钟

C. 甘为人梯,自觉提升精神境界　　　　D. 勤恳敬业,高度负责

25. 当学生遇到困难时,教师热情鼓励;学生遭受挫折时,教师亲切微笑。这体现了教师( )

A. 关爱学生　　B. 爱岗敬业　　C. 爱国守法　　D. 敬业乐业

26. 李老师对犯错的学生绝不姑息,但了解情况后仍对学生热心帮助。这是教师( )的具体体现。

A. 团结友爱　　B. 因材施教　　C. 严慈相济　　D. 循序渐进

27. 教师事事处处都能率先垂范,起到表率作用,做他人学习的榜样。这体现的教师职业内在要求是( )(常考)

A. 尊重学生　　B. 为人师表　　C. 内外兼修　　D. 勤俭节约

28. 有偿家教的危害不包括( )

A. 违背教育公平　　B. 影响教育整体形象　　C. 冲击学校工作　　D. 缓解教师间的矛盾

29. 李老师穿着拖鞋上课,该行为违背了( )的要求。

A. 衣着得体,举止文明　　　　B. 关心集体,团结协作

C. 尊重同事,尊重家长　　　　D. 坚守高尚情操,知荣明耻

30. 王老师已经是省级教学名师,但还坚持学习,不断提高自己的专业素养和教学水平。这说明王老师具有( )

A. 终身学习的意识　B. 爱护学生的情怀　　C. 乐于奉献的精神　　D. 不断创新的理念

31. 教师职业道德培养的意义不包括( )

A. 教师队伍建设的需要　　　　B. 教师实现自我价值,完善人格的需要

C. 学生健康成长的需要　　　　D. 教师提高生活品质的需要

32. 下列不属于教师职业道德评价功能的是( )

A. 评定功能　　B. 导向功能　　C. 激励功能　　D. 惩戒功能

33. 下列属于教师职业道德评价内在形式的是( )

A. 学生评价　　B. 自我评价　　C. 他人评价　　D. 社会评价

34. 教师职业道德规范内化条件不包括( )(易错)

A. 社会道德教育　　B. 个人道德修养　　C. 职业道德评价　　D. 法律法规约束

35.《中华人民共和国教育法》规定:教育活动必须符合国家和社会的公共利益,这体现了教育的( )原则。

A. 平等性　　B. 公共性　　C. 终身性　　D. 教育性

36. 下列属于教育单行法的是( )

A.《中华人民共和国宪法》　　　　B.《扫除文盲工作条例》

C.《中华人民共和国职业教育法》　　　　D.《中小学校园环境管理的暂行规定》

37. 我国于1980年颁布的第一部教育法律是( )

A.《中华人民共和国教师法》　　　　B.《中华人民共和国职业教育法》

C.《中华人民共和国学位条例》　　　　D.《中华人民共和国高等教育法》

38.《中华人民共和国教育法》第五条规定了我国的教育方针是:教育必须为社会主义现代化建设服务、为人民服务,必须与( )和社会实践相结合,培养德智体美劳全面发展的社会主义建设者和接班人。(易混)

A. 劳动实践　　B. 教育实践　　C. 生产活动　　D. 生产劳动

39. 根据分级管理,分工负责的原则,中等及中等以下教育在国务院领导下,由( )管理。

A. 地方人民政府　　B. 教育行政部门　　C. 地方人大　　D. 地方司法机关

40. 某中学拖欠教师工资和奖金津贴,该行为侵犯了教师( )

A. 进修培养权　　B. 获取报酬权　　C. 民主管理权　　D. 教育教学权

41. 教师擅自拆开学生的信件并当众阅读,该行为侵犯了学生的( )

A. 隐私权　　B. 财产权　　C. 名誉权　　D. 姓名权

42. 我国《未成年人保护法》规定未成年人是指未满( )

A. 18周岁的公民　　B. 16周岁的公民　　C. 12周岁的公民　　D. 14周岁的公民

43.《中华人民共和国教育法》第三十二条规定:"学校及其他教育机构具备法人条件的,自批准设立或者( )之日起取得法人资格。"

A. 审核审查　　B. 登记注册　　C. 正式成立　　D. 提交申请

44. 我国《宪法》规定,中华人民共和国公民有( )的权利和义务。

A. 参加教学活动　　B. 完成教育培训　　C. 受教育　　D. 遵守学生守则

45. 教育法律责任可以分为( )、民事法律责任和刑事法律责任。

A. 教育救济责任　　　　B. 教育行政责任

C. 行政法律责任　　　　D. 教育教学责任

46. 下列行为不适合实施教育惩戒的是( )

A. 打骂、欺凌同学　　　　B. 吸烟、饮酒

C. 扰乱学校秩序　　　　D. 因不会做题而未完成作业

47. 教师应当预见自己的行为可能发生不良后果,因疏忽大意而未能预见,或已预见但轻信能避免,从而导致学生伤害事故的发生。该行为属于( )(易错)

A. 过失　　B. 故意　　C. 过错　　D. 侵权

48. 李老师因对学生不满，故意多次缺课，造成不良影响，学校可依法给予(　　)

A. 罚款处理　B. 行政处分　C. 取消教师资格　D. 拘留

49. 中小学教师资格由县级以上的(　　)教育行政部门认定。

A. 地方人大　B. 地方政协机关　C. 地方人民政府　D. 地方司法机关

50. 徐老师因学生违反班规，将学生的手机从三楼扔下摔坏。该行为侵犯了学生的(　　)

A. 隐私权　B. 财产权　C. 名誉权　D. 姓名权

二、多项选择题(下列各题的选项中有两个或两个以上是符合题意的，请将其代码填在括号内。多选、少选或错选均不得分。本大题共10小题，每小题2分，共20分)

51. 行动研究法的优点包括(　　)

A. 适应性与灵活性　B. 评价的持续性和反馈的及时性

C. 较强的实践性与参与性　D. 多种研究方法的综合使用

52. 课程评价的方法包括(　　)

A. 观察法　B. 讨论法　C. 实验法　D. 纸笔测试

53. 教学的基本环节包括(　　)

A. 备课　B. 上课　C. 作业检查与批改　D. 课外辅导

54. 影响问题解决的因素包括(　　)

A. 问题表征　B. 心理定势与功能固着

C. 迁移　D. 原型启发

55. 认知策略主要包括(　　)(常考)

A. 复述策略　B. 精加工策略　C. 组织策略　D. 组块化策略

56. 下列易导致学生心理挫折的冲突主要有(　　)

A. 期望与现实的冲突　B. 社会理想与现实生活的冲突

C. 独立与依赖的冲突　D. 自尊与自卑的冲突

57. 教师职业良心的具体要求包括(　　)

A. 恪尽职守　B. 自觉工作　C. 爱护学生　D. 团结执教

58. 教书育人的素质要求包括(　　)

A. 知识系统，扎实有效　B. 遵循规律，方法得当　C. 探究出新，追求卓越　D. 关注分数，自私自利

59. 教育法律关系的客体一般包括(　　)

A. 物质财富　B. 非物质财富　C. 行为　D. 个人

60. 设立学校及其他教育机构，必须具备的基本条件有(　　)

A. 组织机构和章程　B. 合格的教师

C. 符合规定标准的教学场所及设备　D. 必备的办学资金和稳定的经费来源

三、论述题(本大题共2小题，每小题10分，共20分)

61. 结合我国教育发展改革的实际，论述作为一名专业教师应具备的基本素养。

62. 论述学生学习动机培养的方法和策略。

四、材料分析题(本大题共10分)

63. 在主题为“沙尘暴”的教学活动中，王老师在线将问题“沙尘暴的发生”发送给全体学生进行集体讨论，然后将学生查到的大量图片发送给各个学习小组，进行合作学习。当这种讨论与合作学习告一段落时，王老师又切换到个别化的教学，继续进行个体尝试交互式学习，完成人—机、人—书、师—生、生—生之间的交互沟通。王老师说：“我简直是在和学生赛跑。一开始我对沙尘暴的知识甚少，在和学生一起研究的过程中，我学习了许多原来不会的东西。网络的开放和便捷，使我和学生处在同一起跑线上，我不能有一丝懈怠。”

(1)结合上述案例，简述信息技术的应用对传统课堂教学带来了哪些影响。(4分)

(2)结合上述案例，请论述实践教学中教师应如何面对这些挑战。(6分)

2022年黑龙江省中学特岗教师招聘考试真题试卷(十六)

(满分200分　时间180分钟)

本套试卷共73小题,包括判断题30小题、单项选择题15小题、多项选择题15小题、简答题6小题、论述题4小题、案例分析题2小题、情境分析题1小题。

一、判断题(判断下列各题的正误,并在题后的括号内打"√"或"×"。本大题共30小题,每小题1分,共30分)

1. 表明将素质教育上升为国家意志的文件是2001年6月教育部印发的《基础教育课程改革纲要(试行)》。(　　)

2. 人的全面发展中的"全面"主要指人的各项个性因素的全面养成和提高。(　　)

3. 教师树立终身学习的理念主要靠外部的灌输。(易错)(　　)

4.《中华人民共和国教育法》中规定,国家对教育经费的筹集以财政拨款和其他多种渠道筹措并重。(　　)

5.《中华人民共和国教师法》适用于在各级各类学校和其他教育机构中工作的所有人员。(　　)

6. 预防违法犯罪的未成年人重新犯罪的最根本原则是"教育、感化、挽救"和"坚持教育为主、惩罚为辅"。(　　)

7. 教师必须在完成自己教育教学工作的前提下参加各种进修活动。(　　)

8. 教师可以对违纪的学生适当罚款。(　　)

9. 教育平等权是公民受教育权的重要内容之一。(　　)

10. 教师为了了解中学生的交友情况,可以查阅学生的网络账户信息。(　　)

11. 西方教育史上第一本专门的教育论著是柏拉图的《理想国》。(　　)

12. 原始社会的教育内容与生产生活相分离。(易混)(　　)

13. 学校教育在个体身心发展中起主导作用。(　　)

判断-12

14. 对学生进行思想品德教育最有效、最经常、最基本的途径是班主任工作。(　　)

15. 为促进新教师的成长,可以对他们进行专门化的教学决策训练。(　　)

16. 人格是社会的人所特有的。(　　)

17. 幻想是创造想象的特殊形式。(　　)

判断-16

18. 思维定势对问题的解决总是起妨碍的作用。(　　)

19. 中学生思维发展的特点是从具体形象思维向抽象逻辑思维过渡。(易混)(　　)

20. "月明星稀"是一种联觉。(　　)

判断-18

21. 一切有意义的学习必然包括迁移。(　　)

22. 场独立型者独立自觉学习,由内在动机支配。场依存型者易受暗示,学习动力由外在动机支配,这两种认知风格没有孰优孰劣。(　　)

23. 荀子是我国儒家学派的集大成者之一。他提出了天道有其内在规律性,不因人的意志而改变。(　　)

24.《夏小正》是中国最早的历书,也是中国现存最古老的历法学文献。(　　)

25. 天干地支,简称"干支",甲、乙、丙、丁、戊、己、庚、辛、壬、癸被称为"十天干"。(　　)

26. 汪曾祺的作品《随想录》共五集,分别是《随想录》《探索集》《真话集》《病中集》《无题集》。(　　)

27.《俄狄浦斯王》是古希腊三大悲剧作家之一的索福克勒斯的作品。(　　)

28. 顾恺之,西晋画家,多才艺,工诗赋、书法,尤精绘画,有"才绝、画绝、诗绝"之称。(　　)

29. 搜索引擎按照工作方式不同分为全文搜索引擎、目录索引类搜索引擎、元搜索引擎和大数据搜索。(　　)

30.《诗经》分为《风》《雅》《颂》三部分,运用赋比兴的艺术手法,反映当时的政治、经济、文化等状况。(　　)

二、单项选择题(在下列每小题列出的四个选项中只有一个是最符合题意的,请将其代码填在括号内。错选、多选或未选均不得分。本大题共15小题,每小题2分,共30分)

31. 根据教师职业发展三阶段理论,教师成长的初始阶段是(　　)

A. 关注自我阶段　　B. 关注生存阶段

C. 关注情境阶段　　D. 关注学生阶段

32. 教师队伍建设的核心目标是(　　)

A. 师德修养的提高　　B. 科研能力的培养

C. 反思能力的培养　　D. 现代教学手段的掌握

33. 根据我国《义务教育法》规定,在义务教育管理工作中起主管作用的部门是(　　)

A. 国务院　　B. 省、自治区、直辖市人民政府

C. 县级人民政府　　D. 乡镇级人民政府

34.《学生伤害事故处理办法》的颁布者是(　　)

A. 全国人民代表大会　　B. 全国人民代表大会常务委员会

C. 教育部　　D. 卫生部

35. 小明因为迟到被老师赶出教室,该老师的做法侵犯了小明的(　　)

A. 人格尊严权　　B. 身体健康权

C. 人身自由权　　D. 受教育权

36. 普通中小学的中心工作是(　　)

A. 教学　　B. 生产劳动　　C. 课外活动　　D. 班级建设

37. 社会道德要求转化为个人内在品质的首要环节是(　　)

A. 道德意志　　B. 道德情感　　C. 道德认识　　D. 道德实践

38. 提出"最近发展区"概念的是(　　)

A. 巴甫洛夫　　B. 维果斯基　　C. 斯腾伯格　　D. 弗洛伊德

39. 读完《沁园春·雪》后,脑海中浮现出"千里冰封,万里雪飘"的景象,这是(　　)

A. 知觉　　B. 记忆　　C. 思维　　D. 想象

40. 老师通过编口诀的方式帮助学生记忆,这种学习策略属于(　　)(常考)

A. 精加工策略　　B. 元认知策略　　C. 资源管理策略　　D. 组织策略

41. (　　)是我国古代建筑工程家,被建筑工匠称为"祖师"。

A. 墨子　　B. 鲁班　　C. 李冰　　D. 李春

42. 寒食节又称"冷节""禁烟节",是清明节的前一日或二日,它起源于(　　)

A. 周朝　　B. 汉朝　　C. 唐朝　　D. 秦朝

43. 元杂剧《西厢记》的作者是(　　)

A. 白朴　　B. 马致远　　C. 王实甫　　D. 关汉卿

44. 1905年,揭开中国人摄制影片历史序幕的电影是(　　)

A.《猪八戒吃西瓜》　　B.《歌女红牡丹》

C.《难夫难妻》　　D.《定军山》

45. 下面选项中,有世界上第一次对哈雷彗星的确切记录的是(　　)

A.《史记》　　B.《春秋》　　C.《三国志》　　D.《汉书》

三、多项选择题(下列每小题列出的四个选项中至少有两个是正确的,请将其代码填在括号内。错选、多选、少选或未选均不得分。本大题共15小题,每小题2分,共30分)

46. 实施素质教育的途径有(　　)

A. 德育为先,五育并举　　B. 新课程改革

C. 学校管理　　D. 课外教育活动

E. 班主任工作

47. 教师专业发展的途径主要包括(　　)(常考)

A. 教师职前培训　　B. 教师课外辅导

C. 教师入职辅导　　D. 教师在职培训

E. 教师自我教育

48. 教育法的本质属性有(　　)

A. 由国家制定或认可　　B. 是一种行为规范

C. 以国家强制力保证实施　　D. 社会团体协商

E. 公民自觉遵守维持

49. 正确处理教师集体中的人际关系要做到(　　)

A. 尊重和关心每个同事　　B. 善于合作,共同进取

C. 正确地开展竞争　　D. 教师之间相互妥协

E. 克服文人相轻

50. 我国《教师法》规定取得教师资格的条件有(　　)

A. 中国公民　　B. 遵守法律

C. 热爱教育事业　　D. 具备本法规定的学历

E. 有教育教学能力

51. 杜威提出的现代教育的"三中心"包括(　　)(易混)

A. 教师中心　　B. 儿童中心

C. 活动中心　　D. 经验中心

E. 课堂中心

52. 下列选项中属于汤显祖"临川四梦"的有(　　)

A.《紫钗记》　　B.《老残游记》

C.《南柯记》　　D.《牡丹亭》

E.《邯郸记》

53. 下列选项中属于雕塑大师罗丹的作品的有(　　)

A.《沉思者》　　B.《青铜时代》

C.《圣徒约翰》　　D.《自由引导人民》

E.《巴尔扎克》

54. 类比推理的种类包括(　　)

A. 性质类比　　B. 肯定类比

C. 否定类比　　D. 中性类比

E. 关系类比

55. 现代学制的主要类型有(　　)

A. 双轨学制　　B. 单轨学制

C. 分支型学制　　D. 多轨学制

E. W型学制

56. 下列属于人格的有(　　)

A. 感知　　B. 能力　　C. 气质　　D. 性格

E. 思维

57. 马斯洛的需要层次理论中的缺失性需要包括(　　)

A. 生理需要　　B. 安全需要

C. 尊重需要　　D. 归属与爱的需要

E. 自我实现的需要

58. 下列选项中,属于徐志摩作品的有(　　)(常考)

A.《雨巷》　　B.《云游》

C.《猛虎集》　　D.《罗盘》

E.《秋》

59. 中国四大名绣包括(　　)

A. 苏绣　　B. 湘绣　　C. 蜀绣　　D. 杭绣

E. 粤绣

60. 缺

四、简答题(本大题共6小题,每小题5分,共30分)

61. 简述教师职业的特点。

62. 简述教育法律责任的归责条件。

63. 简述生产力对教育的制约作用。(常考)

64. 简述中学生的学习特点。

65. 简述巩固记忆效果的方法。

66. 简述加涅的学习结果分类。

五、论述题(本大题共4小题,每小题10分,共40分)

67. 论述如何实施全面发展教育。

68. 论述学校如何开展未成年人保护工作。

69. 论述我国基础教育课程改革的内容。

70. 论述促进学习迁移的策略。

六、案例分析题(本大题共2小题,每小题10分,共20分)

71~72. 缺

七、情境分析题(本大题共20分)

73. 李宏老师为了上好《两栖动物的生殖与发育》一课,精心制作了课件,并准备了挂图和标本等教具。课上,李老师把标本摆放好,挂好图片进行课件演示,但标本太小了,后面的同学甚至伸长脖子也看不清,李老师不断地翻着课件,但是并没有做适当的讲解,直到下课铃响了,课件还没有翻完。课后学生们反映,课堂上他们忙着看这看那,老师讲什么都没听清,而且课件中有些内容模糊不清,学习效果不佳。

问题:

(1)李宏老师在教学中主要运用了哪条教学原则?(10分)

(2)分析李宏老师应如何正确运用这条原则?(10分)

2022年四川省特岗教师招聘考试真题试卷(十七)

(总分100分　时间120分钟)

本套试卷共43小题,包括单项选择题30小题、判断简析题6小题、简答题5小题、论述题1小题、分析说明题1小题。

一、单项选择题(本大题共30小题,每小题1分,共30分。在下列每小题列出的四个选项中只有一个是最符合题意的,请将其代码填在括号内。错选、多选或未选均不得分)

1. 教育的根本功能是(　　)

A. 提高教育教学质量　　B. 为了一切学生

C. 促进人的成长与全面发展　　D. 为社会输送合格人才

2. 法国社会学家利托尔诺认为,教育活动不仅存在于人类社会之中,而且也存在于人类社会之外,甚至存在于动物界。这种理论是(　　)(常考)

A. 教育的神话起源说　　B. 教育的生物起源说

C. 教育的心理起源说　　D. 教育的劳动起源说

3. 我国传统教育中处于中心位置的是(　　)

A. 教师　　B. 学生

C. 教材　　D. 教师和学生

4. 下列选项中,不属于教育的基本要素的是(　　)

A. 教育者　　B. 学习者

C. 教育法律　　D. 教育影响

5. "橘生淮南则为橘,生于淮北则为枳",这句话将影响人发展的因素归结为(　　)

A. 遗传　　B. 环境　　C. 教育　　D. 自我能动性

6. 教育过程本身通过对不同文化的学习,如对异域的文化进行判断和选择,对本土的文化进行变革和改造,进而整合成新的文化。这是教育的(　　)

A. 文化保存功能　　B. 文化选择功能

C. 文化创造功能　　D. 文化融合功能

7. 中国正式颁布的第一个现代学制是(　　)(常考)

A. 壬寅学制　　B. 癸卯学制

C. 壬子癸丑学制　　D. 壬戌学制

8. 教师职业在国家或民族的政治生活中所处的地位和所起的作用反映了(　　)

A. 教师职业的政治地位　　B. 教师职业的经济地位

C. 教师职业的法律地位　　D. 教师职业的专业地位

9. 我国教育目的的理论基础是(　　)

A. 素质教育　　B. 马克思主义关于人的全面发展学说

C. 应试教育　　D. 陶行知的生活教育学说

10. 班级管理规定属于(　　)(易混)

A. 观念性隐性课程　　B. 物质性隐性课程

C. 制度性隐性课程　　D. 心理性隐性课程

11. 无视学生的个别差异,以僵硬的对策为基础,只给予统一强制的指导,或一味地斥责、威胁的班主任领导方式属于(　　)

A. 管理型　　B. 专制型　　C. 放任型　　D. 民主型

12. 学前儿童的思维继承着婴儿动作思维的特点,但形象思维也开始发展起来;小学中、低年级儿童的思维以形象思维为主,但又有了抽象思维的发展。这主要说明儿童的心理发展具有(　　)(易混)

A. 阶段性　　B. 连续性

C. 不平衡性　　D. 个别差异性

13. 格塞尔著名的"双生子爬梯"实验支持了个体发展的(　　)

A. 遗传决定论　　B. 环境决定论

C. 二因素论　　D. 交互决定论

14. 在良好的班级氛围中,某学生自发产生的积极行为被肯定,他良好的行为习惯逐渐形成。能很好地解释这一现象的理论是(　　)

A. 经典性条件反射理论　　B. 操作性条件反射理论

C. 精神分析学习理论　　D. 符号学习理论

15. 学生自发组织的足球运动小组属于(　　)(常考)

A. 积极型正式组织　　B. 消极型正式组织

C. 积极型非正式组织　　D. 消极型非正式组织

16. 在学习菱形的概念时,学生将新的概念与原有的平行四边形的概念建立起实质性的联系。这种学习是(　　)

A. 联结学习　　B. 意义学习　　C. 发现学习　　D. 机械学习

17. 关于“如何做”的知识称为(　　)

A. 陈述性知识　B. 程序性知识　C. 感性知识　D. 言语知识

18. 在教学过程中,张老师运用了歌谣口诀法教学生学习,这种学习策略属于(　　)(常考)

A. 组织策略　B. 复述策略　C. 精加工策略　D. 资源管理策略

19. 下列关于瞬时记忆的说法正确的是(　　)

A. 记忆容量大　B. 进行组块化加工

C. 发生了意义识别　D. 也称短时记忆

20. 有孩子认为,因急事闯红灯违反了交通规则,扰乱了社会秩序,是不对的。这个孩子的道德发展水平处于(　　)

A. 前习俗水平　B. 习俗水平　C. 后习俗水平　D. 前道德水平

21. 合理的观念导致健康的情绪,不合理的观念导致负向、不稳定的情绪。持这种观点的心理疗法可能是(　　)

A. 系统脱敏法　B. 认知疗法　C. 行为塑造法　D. 来访者中心疗法

22. 马斯洛所说的基本需要不包括(　　)(易错)

A. 尊重的需要　B. 认知的需要　C. 归属与爱的需要　D. 安全需要

23. 喜欢与人有联系的情境,愿意选择与人有关的社会工作,这类人的认知风格是(　　)

A. 场依存型　B. 场独立型　C. 整体性策略　D. 系列性策略

24. 教室外汽车的鸣笛声引起了学生的“注意”。这一注意是(　　)

A. 有意注意　B. 无意注意　C. 有意后注意　D. 转移注意

25. 某教师请求学校解除聘任合同的行为属于(　　)

A. 招聘　B. 续聘　C. 解聘　D. 辞聘

26. 从教育法规的纵向层次看,《中华人民共和国教师法》属于(　　)(常考)

A. 教育基本法　B. 教育单行法

C. 教育行政法规　D. 教育行政规章

27. 某校校长因违纪受到记过处分,这属于(　　)

A. 行政处分　B. 行政处罚　C. 民事处罚　D. 刑事处罚

28. 我国义务教育的年限是(　　)

A. 5年　B. 9年　C. 10年　D. 12年

29. 依据《中华人民共和国教师法》的规定,下列选项中不属于教师权利的是(　　)

A. 进行教育教学活动　B. 从事科学研究

C. 参加学术会议　D. 遵守规章制度

30. 以下关于学校与学生之间关系的说法错误的是(　　)

A. 中小学校应无条件接收所有残疾适龄儿童随班就读

B. 学校具有教育、管理学生的权利

C. 学生具有遵守学校管理制度的义务

D. 学校与学生之间是管理与被管理的关系

二、判断简析题(判断下列各题的正误,在题后括号内打“√”或“×”。无论正误,均要说明理由。本大题共6小题,每小题4分,共24分)

31. 贯穿整个教学过程的评价是终结性评价。(　　)

32. 皮亚杰认为顺应是儿童认知发展的量变过程。(　　)

33. 埃里克森提出了认知发展的八阶段理论。(　　)

34. 前摄抑制是正迁移,倒摄抑制是负迁移。(　　)

35. 教学过程是教书和育人紧密结合的过程,教书和育人两者不可分割。(　　)

36. 古人云:“安其学而亲其师,乐其友而信其道。”这说明了友好的师生关系是思想道德教育获得成效的保证。(　　)

三、简答题(本大题共5小题,每小题5分,共25分)

37. 简述农业社会教育的特征。

38. 简述教师要如何构建良好的师生关系。

39. 简述学习效果与学习动机的关系。(易错)

40. 简述品德的形成过程。

41. 简述教育法规的主要社会职能。

四、论述题(本大题共10分)

42. 试述20世纪末教育学的新特征。

五、分析说明题(本大题共11分)

43. 学生王某,男,9岁,某小学五年级学生,父母均在镇上做生意。王某自小学习成绩就比较优秀,深受老师喜爱。上五年级后,同桌李某因爱好玩电脑游戏,经常怂恿王某和他去街上网吧玩游戏,王某渐渐地玩上了瘾,经常和李某逃课出去玩电脑游戏。王某的父母由于生意上事情忙,没有对王某进行必要的管教。学校有的任课老师向该班班主任张老师反映过,但张老师认为现在的学生不好管,而且学校也不指望每个学生都有好成绩,就对王某逃课睁一只眼闭一只眼,听之任之。

这样一个学期下来,王某的成绩一落千丈。后来,王某的父母才得知王某学习成绩下降的原因,这才对王某严加看管,每天上下学由父母轮流接送。但由于王某沉溺于电子游戏太深,难以控制自己,仍然偷偷溜出学校玩游戏,晚上在家时,精神不振,无精打采,不但功课不想做,而且身体也一天天地差下去。其父母为此专门带王某去看过几次心理医生,花费不少。王某的父母觉得,要是学校早点将王某逃课的情况向他们反映,好让他们早日管教,那王某也不至于落到现在这个地步,他们认为学校应当为此负责。于是他们找到学校,要学校为王某补上落下的功课,并赔偿为王某花去的心理咨询费。学校认为他们只负责教育在校内的学生,学生出了校门,他们管不着。双方争执不下,王某父母于是将学校诉至法院。

(1)学校是否应当承担相应责任?请说明理由。(4分)

(2)王某的父母是否应承担相应责任?请说明理由。(7分)

2022年安徽省特岗教师招聘考试真题试卷(十八)

本套试卷包括教育综合知识和学科专业知识两部分,目前仅收录教育综合知识部分的试题。该部分共23小题,包括单项选择题12小题,判断题8小题,简答题2小题,材料分析题1小题。

一、单项选择题(下列每小题列出的四个选项中只有一个选项符合题意,将其选出并把其标号写在括号内。错选、多选或未选均不得分。本大题共12小题,每小题1分,共12分)

1.《中共中央 国务院关于全面加强新时代大中小学劳动教育的意见》指出,加强政府统筹,拓宽劳动教育途径,整合家庭、学校、社会各方面力量。其中,学校主要起到(　　)

A. 基础作用　　B. 主导作用

C. 支持作用　　D. 协调作用

2.《深化新时代教育评价改革总体方案》指出,国家通过改进中小学校评价促进义务教育优质均衡发展。但改进中小学校评价的主要措施不包括(　　)

A. 制定义务教育学校办学质量评价标准

B. 完善义务教育质量监测制度

C. 公布考试成绩和升学率,鼓励学校竞争

D. 加强监测结果运用

3.《关于进一步减轻义务教育阶段学生作业负担和校外培训负担的意见》指出,小学三至六年级和初中书面作业平均完成时间分别不超过(　　)分钟。(常考)

A. 30和60　　B. 60和90

C. 90和120　　D. 120和150

4. 下列关于教育的基本要素的叙述错误的是(　　)

A. 教育者是教育活动的主导者,是构成教育活动的支撑性要素

B. 学习者是教育的对象,是构成教育活动的驱动性要素

C. 教育内容是教育活动中师生共同认识的客体

D. 教育手段是影响教育活动成效的决定性因素

5. 从教学工作的基本环节的角度看,"凡事预则立,不预则废"所指的教学环节主要是(　　)

A. 备课　　B. 上课

C. 课后辅导　　D. 学业成绩评定

6. 学校长期注重校园及班级墙壁文化环境建设。学生在耳濡目染的过程中,既丰富了情感体验,又重塑了道德情操。该过程运用的德育方法是(　　)

A. 陶冶教育法　　B. 榜样示范法

C. 角色扮演法　　D. 实际锻炼法

7."不愤不启,不悱不发""道而弗牵,强而弗抑,开而弗达""产婆术"体现的教学原则是(　　)(常考)

A. 直观性原则　　B. 巩固性原则

C. 理论联系实际原则　　D. 启发性原则

8. 为了了解学生的学习准备状态及影响学习的因素而进行的评价属于(　　)

A. 终结性评价　　B. 过程性评价

C. 诊断性评价　　D. 形成性评价

9. 对相关历史知识的学习深化了学生对之前学习的某篇古文的理解,这种迁移属于(　　)(常考)

A. 顺向正迁移　　B. 顺向负迁移

C. 逆向负迁移　　D. 逆向正迁移

10. 记忆的第一个环节是(　　)

A. 识记　　B. 保持　　C. 再认　　D. 回忆

11. 班级中有的学生做事认真,有的学生粗心大意,这种差异主要是由于个体的(　　)不同。

A. 能力　　B. 性格　　C. 需要　　D. 意志

12. 小丽在阅读时,发现其中有段话没读懂,就放慢了阅读速度,重新对这段话进行阅读,她使用的学习策略是(　　)(常考)

A. 资源管理策略　　B. 记笔记策略

C. 元认知策略　　D. 组织策略

二、判断题(判断下列各题的正误,并在题后的括号内填"√"或"×"。本大题共8小题,每小题1分,共8分)

13. 教育信息化的基本特征是开放、共享、交互和协作。　　(　　)

14. 文献法是人们有目的、有计划地通过感官和辅助仪器,对处于自然状态下的客观事物进行系统考察,从而获取经验事实的一种科学研究方法。(易混)　　(　　)

15.《中华人民共和国教师法》指出,关心、爱护全体学生,尊重学生人格,促进学生在品德、智力、体质等方面全面发展,这属于教师享有的权利。　　(　　)

16. 把两个或两个以上年级的学生编在一个班里,由一位教师在同一节课里,针对不同年级的学生,采取直接教学和自动作业交替的办法进行教学的组织形式是现场教学。　　(　　)

17. 教学方法是为教学目标和教学内容服务的。 ( )

18. 感觉适应既可引起感受性的降低,也可引起感受性的提高。 ( )

19. 动作技能达到自动化水平一般需要长期的实践。 ( )

20. 道德感不受社会历史条件的制约。 ( )

三、简答题(本大题共2小题,每小题5分,共10分)

21. 简述人的身心发展的规律。

22. 简述教师培养学生想象力的措施。

四、材料分析题(本大题共10分)

23. 阅读材料,回答问题。

冯老师非常热爱自己的职业,努力学习,刻苦钻研,不断提高专业素养和教育教学水平。在日常工作中,冯老师注重自身的言行举止,深知自身的学识修养等因素会影响每位学生的成长,能够根据不同学生的性格特点和发展需求实施有针对性的教育。

小敏是一位有思想、有个性的学生,但对听课的热情不高,在学习时注意力不够集中,于是冯老师便通过阐明学习目标,呈现新颖的教学内容,组织生动有趣的教学活动吸引其注意力,还经常在课堂上强调学好课程的重要意义。当小敏能排除干扰,专心投入学习时,冯老师便及时在班上对其予以表扬。两个月后,小敏学习的专注度有了明显的提高。

小艺有自我中心倾向,遇事常从自身利益考虑,常与同学闹矛盾。冯老师便常与小艺谈心,使其逐步认识到自身的问题,并与小艺的父母进行密切的沟通和交流,经过半年多的努力,小艺与同学的关系有了很大的改善。

(1)从教师职业道德的角度,对冯老师的做法进行评析。(5分)

(2)结合材料,谈谈教师在课堂教学中如何引起和保持学生的有意注意。(5分)

2022年云南省中小学特岗教师招聘考试真题试卷(十九)

本套试卷仅收录小学和中学试卷中的教育学、教育心理学知识部分的试题。小学试卷中该部分共3小题,包括简答题2小题、论述题1小题。中学试卷中该部分共3小题,包括简答题2小题、论述题1小题。

小 学

一、简答题(本大题共2小题,每小题5分,共10分)

1. 简述“个体个性化”的内涵及教育促进个体个性化的表现。(常考)

2. 简述小学生易产生的心理障碍。

二、论述题(本大题共10分)

根据“五育”并举,论述劳动教育的内涵和意义。

中 学

一、简答题(本大题共2小题,每小题5分,共10分)

1. 什么是“个体社会化”?教育促进个体社会化的表现有哪些?

2. 简述学习动机的相关理论。(常考)

二、论述题(本大题共10分)

教师应该怎样认识教材和使用教材?

2022年湖北省中小学教师公开招聘考试综合知识真题试卷(二十)

(满分100分　时间90分钟)

本套试卷共41小题,包括单项选择题40小题、材料作文题1小题。

一、单项选择题(下列每小题列出的四个选项中只有一个是最符合题意的,请将其代码填在括号内。错选、多选或未选均不得分。本大题共40小题,每小题1.5分,共60分)

1. 2022年2月22日,中央一号文件《中共中央 国务院关于做好2022年全面推进(　　)重点工作的意见》发布。

A. 乡村振兴　B. 农业生产　C. 农村发展　D. 农民收入

2.《中共中央关于党的百年奋斗重大成就和历史经验的决议》指出,培养造就大批堪当时代重任的接班人,要坚持用(　　)培育人。(常考)

A. 习近平新时代中国特色社会主义思想　B. 中华民族伟大复兴历史使命

C. 社会主义核心价值观　D. 党的理想信念

3. 2022年《政府工作报告》提出:"推动义务教育优质均衡发展和城乡一体化,依据(　　)配置教育资源,保障适龄儿童就近入学,解决好进城务工人员子女就学问题。"

A. 经济发展水平　B. 常住人口规模　C. 当地生源结构　D. 学校分布状况

4. 2022年《政府工作报告》指出,2022年工作要坚持稳字当头、稳中求进。面对新的下行压力,要把(　　)放在更加突出的位置。

A. 保就业　B. 稳增长　C. 调结构　D. 推改革

5. 2022年3月,山东省淄博市临淄区齐都镇小徐村西,齐国故城小城西门的外建筑基址群,正式被确认为中国"最早的大学"——(　　)遗址。

A. 太学　B. 郡国学　C. 国子寺　D. 稷下学宫

6. 2022年,《关于深入推进世界一流大学和一流学科建设的若干意见》印发,其中强调的"双一流"建设的导向不包括(　　)

A. 坚持科技创新　B. 培养一流人才

C. 争创世界一流　D. 服务国家战略需求

7. 2022年湖北省义务教育工作的重点任务是(　　)

A. 扩大义务教育范围　B. 扩大普惠性学前教育资源

C. 义务教育"双减"全面启动　D. 落实义务教育阶段"双减"政策

8.《教育部2022年工作要点》指出,实施教育数字化战略行动。下列有关教育数字化战略,说法错误的是(　　)

A. 构建基于数据的教育治理新模式

B. 将数字化作为教育发展的第一资源

C. 是信息技术与教育教学融合的必要要求

D. 教育数字化也意味着要通过教育培养数字人才

9. "七一勋章"获得者张桂梅老师说:"只要还有一口气,我就要站在讲台上,倾尽全力、奉献所有,九死亦无悔!"这最能体现出的教师职业道德是(　　)

A. 关爱学生　B. 为人师表

C. 爱岗敬业　D. 终身学习

10. 下列说法中,体现环境对人的教育影响的是(　　)(常考)

A. 不登高山,不知天之高也　B. 非学无以广才,非志无以成学

C. 省察于将发之际,省察于已发之后　D. 染于苍则苍,染于黄则黄

11. 下列教育家与其教育思想对应错误的是(　　)(易混)

A. 赫尔巴特——强调教师的权威作用和教师的中心地位

B. 裴斯泰洛齐——主张教育与生产劳动相结合,将这一理论付诸实践

C. 夸美纽斯——创建班级授课制,认为教育是学生经验持续不断的增长

D. 卢梭——主张让儿童通过体验其过失的不良后果去认识错误,反对惩罚

12. 下列选项中,能够体现科学技术促进教育发展的一项是(　　)

A. 教育能完成科学知识的再生产

B. 教师利用多媒体为学生生动展现病毒传播的全过程

C. 教师要求学生们掌握通过计算机搜索信息的能力

D. 学生们通过互联网能随时随地与朋友们取得联系

13. 王老师与学生讨论"Birthday"这个话题时,要求学生回家后问清家人的生日,目的是让学生学会尊敬长辈,关心长辈。这体现的是(　　)

A. 疏导性原则　B. 理论联系实际原则

C. 启发性原则　D. 科学性与思想性相结合原则

14. 根据知觉受外界环境影响的程度,知觉类型可以划分为场依存型与场独立型。下列关于场独立型学生的特征描述错误的是(　　)(常考)

A. 内在动机更强　B. 更偏好于结构严密的教学

C. 大多理科成绩比文科成绩更好　D. 对客观事物作出判断时,常常利用内在参照

15. 下列关于学习动机与学习效果的关系,说法正确的是(　　)

A. 学习动机相同的学生,学习效果也会相同

B. 动机水平与行为效率的关系呈倒U形曲线

C. 进行较易的学习活动时,动机强度的最佳水平会低些

D. 学习动机与学习效果之间的关系与学习者的个性无关

16. 李想同学可以从两种甚至两种以上的角度来思考问题,根据皮亚杰的观点,这一特征是儿童认知发展水平达到(　　)的重要标志。

A. 感知运动阶段　　B. 前运算阶段

C. 具体运算阶段　　D. 形式运算阶段

17. 下列例子中,属于元认知策略的是(　　)

A. 学生考试之后能准确预测出自己的分数

B. 学生在考试时会监视自己的速度和时间

C. 学生在考试后与同学沟通交流解答思路

D. 学生在考试前选择安静的地方背诵课文

18. "在教授活动中,教师是活动的主体,是整个活动计划的设计者、实施者和控制者。学生和教材是活动的客体。"在学习活动中"体现学生的主体地位,特别是学生观察、思考与实践活动,使他们处于主动自由的地位"。这两句话体现的师生关系学说是(　　)

A. 教师中心说　　B. 学生中心说　　C. 主导主体说　　D. 复合主客体说

19. 在上地理课时,陈老师先将全班同学分为四个小组,然后让他们讨论公路、铁路、航空、水路运输的优劣,最后将他们的答案集中呈现并对各组的表现进行讲评。陈老师运用的这种教学模式属于(　　)

A. 社会互动模式　　B. 程序教学模式

C. 信息加工模式　　D. 非指导性教学模式

20. 下列有关课堂教学本质的认识中,不同于其他三项的是(　　)

A. 教学是教师教、学生学的统一活动

B. 教学是一个复合体,教和学不可分割,教为学而存在,学又靠教来引导

C. 教学是一个教师与学生相互交往的过程。没有这种相互交往,就没有教学

D. 教学是教的人指导学的人进行学习的活动,进一步说,指的是教和学相结合或相统一的活动

21. 下列有关民国时期我国教育家及其教育思想的说法中,正确的是(　　)

A. 梁漱溟提出大职业教育思想　　B. 黄炎培提出乡村教育思想

C. 陶行知提出平民教育思想　　D. 陈鹤琴提出儿童教育思想

22. 我国《宪法》规定:"中华人民共和国公民有受教育的权利和义务"。对于这句话的理解,下列观点正确的是(　　)(易错)

A. 公民有受教育权,因此中小学不得开除未成年学生

B. 我只要初中毕业,就是对国家履行了受教育的义务

C. 公民受教育的权利终生享有,受教育的义务终生履行

D. 公民只有在接受教育的时候才享有该权利,同时也在履行该义务

23. 下列有关现代教学技术对教学影响的说法不正确的是(　　)

A. 现代教学技术条件下人工智能将最终取代课堂上教师所发挥的作用

B. 现代教学技术条件下学生可以在家里上课,"课"的概念正在发生变化

C. 现代教学技术条件下课程的重点是如何获取信息、重组信息及使用信息

D. 现代教学技术条件下教师是学习活动的"指导者""参谋"和"组织者"

24. 高中生小强16岁、小刚15岁。一日,小强骑一辆共享电动车带着小刚回家吃午餐,经过一个十字路口时不慎将过斑马线的老人秦某撞伤,导致秦某损失共计12000元。对于本案,下列说法正确的是(　　)

A. 秦某的损失应由小强、小刚共同承担

B. 秦某的损失应由经营共享电动车的法人承担

C. 秦某的损失应由小强承担,由小强的监护人代偿

D. 秦某的损失应由小强、小刚和经营共享电动车的法人共同承担

25. 某校三(3)班段老师晚自习时有事离开教室,学生潘某和赵某因琐事争斗,潘某用三角尺将赵某的脸颊划伤,段老师得知后立即将赵某送去医院治疗,赵某治伤花去医药费1000余元。对于本案的处理,下列做法正确的是(　　)

A. 当地主管教育行政部门应赵某的监护人的书面请求,有权对本案进行调解

B. 潘某的监护人、赵某的监护人和学校都同意调解,则任何一方在调解结束前不得向法院起诉

C. 调解协议生效后,潘某的监护人不愿履行协议,则只有赵某的监护人有权向法院起诉要求履行该协议

D. 调解期内,赵某的监护人向当地法院起诉,法院应当受理,判决潘某的监护人和学校承担连带损害赔偿责任

26. 甲为某校初二(2)班学生乙的监护人。一日,应乙的班主任要求,甲到校协商乙的转学事宜。在校门口,该校聘请的保安丙以学校有规定,上课期间外人不得进校为由拒绝甲进校。甲说明情况后,丙仍然不许甲进校。双方发生争执推搡,甲用力过猛,将丙推倒在地,导致其手腕骨折,花去医药费3000余元。对于丙的损失,下列说法中正确的是(　　)

A. 学校负责。丙受到的伤害是因履行职责、执行学校规定导致的

B. 甲负责。丙受到的伤害是因为甲用力推搡而导致的

C. 甲和丙负责。甲是应班主任要求来校，甲和丙二人都有过错

D. 学校、甲和丙共同负责。对于丙受到的伤害，三方都有过错

27. 下列有关元代文学的说法正确的是（　　）

A. 诗歌占据了文坛的主导地位

B. 文学以戏曲和散曲为代表，共同创造了元代文学的辉煌

C. 文学的对象更多地从勾栏瓦舍里的听众和观众转向案头的读者

D. 出现了关汉卿、王实甫、马致远等一大批忠于正统的文人作家

28. 二氧化硫作为一种食品添加剂，可以作为漂白剂、防腐剂、抗氧化剂在食品中进行使用。以下食品中，最可能用二氧化硫作防腐剂的是（　　）

A. 面包　　B. 干果　　C. 葡萄酒　　D. 酸奶

29. 下列有关中国古代数学发展情况的说法中，正确的是（　　）

A. 中国人在唐朝时已开始使用阿拉伯数字

B. 夏商周时期，中国在数学上已确立了十进位制

C. 秦汉时期的数学著作《九章算术》确定了中国现代的数学体系

D. 元代的徐光启和利玛窦合作翻译了古希腊欧几里德的《几何原本》

30. 以下关于急救常识的说法，错误的是（　　）（易错）

A. 洪水来袭时，如果来不及逃生可以向高处转移等待救援

B. 轻度低血糖患者病发时可以吃几粒糖果，缓解低血糖症状

C. 误食水银后，可以喝蛋清或牛奶，使汞与蛋白质结合，减少汞吸收

D. 踝关节扭伤后，停止继续行走，用热毛巾敷在患处，帮助消肿止痛

31. 欧洲文艺复兴时期，发现行星运动三大定律的科学家是（　　）

A. 开普勒　　B. 哥白尼　　C. 伽利略　　D. 布鲁诺

32. 某高中学生对我国古代农学十分感兴趣，老师知晓后，最可能为他推荐的书籍是（　　）

A.《缀术》　　B.《齐民要术》　　C.《黄帝内经》　　D.《梦溪笔谈》

33. 收入再分配是政府进行宏观经济调控、维持社会公平的重要手段。以下不属于收入再分配的是（　　）（易混）

A. 房产税　　B. 最低生活保障

C. 医疗保险　　D. 最低工资保障

34. DNA双螺旋结构模型的提出是生物学史上划时代的事件，它宣告了分子生物学的诞生。对提出DNA双螺旋结构模型作出了主要贡献的科学家是（　　）

A. 萨顿　　B. 魏格纳　　C. 巴登　　D. 沃森

根据以下资料回答第35～37题。

统计局数据显示，2022年1—2月份，社会消费品零售总额74426亿元，同比增长6.7%，比2021年12月份加快5个百分点，比2021年两年平均增速加快2.8个百分点。其中，除汽车以外的消费品零售额67305亿元，同比增长7.0%，扣除价格因素，1—2月份社会消费品零售总额同比实际增长4.9%，比上年12月份明显回升。

国家统计局新闻发言人付凌晖称，今年以来，市场销售在春节消费和冬奥因素带动下明显改善，增速出现了回升。付凌晖分析，社会消费品市场回升主要有以下几方面因素：一是春节和冬奥消费的带动比较明显；二是大宗商品销售和升级类商品销售在加快；三是网上零售额助力作用比较明显。

按经营单位所在地分：1—2月份，城镇消费品零售额64593亿元，同比增长6.7%；乡村消费品零售额9833亿元，增长7.1%。

按消费类型分：1—2月份，商品零售66708亿元，同比增长6.5%；餐饮收入7718亿元，同比增长8.9%。商品零售中，同比涨幅最大的是石油及制品类，涨25.6%，其次是金银珠宝类，涨19.5%，近期市场避险情绪升温，油价和金价大涨。另外，同比下跌最多的是家具类，跌6%。

按零售业态分：1—2月份限额以上零售业单位中的超市、便利店、百货店、专业店和专卖店零售额同比分别增长3.0%、12.8%、2.1%、10.3%和5.3%。1—2月份，全国网上零售额19558亿元，同比增长10.2%。其中，实物商品网上零售额16371亿元，增长12.3%，占社会消费品零售总额的比重为22.0%。在实物商品网上零售额中，吃类、穿类和用类商品分别增长12.7%、3.9%和15.1%。

35. 2022年1—2月份社会消费品零售总额比2021年12月份增长（　　）

A. 6.7%　　B. 5%　　C. 2.8%　　D. 7%

36. 从商品零售情况看，2022年1—2月份同比涨幅最大的商品类是（　　）

A. 餐饮收入　　B. 石油及制品类　　C. 家具类　　D. 用类商品

37. 根据所给资料，以下关于2022年1—2月份说法正确的是（　　）

A. 汽车零售额67305亿元，同比增长7%

B. 乡村消费品零售额9833亿元，增长6.7%

C. 实物商品网上零售额比全国网上零售额同比增长幅度大

D. 限额以上零售业单位中，超市零售额同比增长幅度最小

根据以下材料回答第38～40题。

It is easy to miss amid the day-to-day headlines of global economic recession, but there is a less conspicuous kind of social upheaval（剧变）underway that is fast altering both the face of the planet and the way human beings live. That change is the rapid acceleration of urbanization. In 2008, for the first time in human history, more than half the world's population was living in towns and cities. And as a recently published paper shows, the process of urbanization will only accelerate in the decades to come—with an enormous impact on biodiversity and potentially on climate change.

As Karen Seto, the lead author of the paper, points out, the wave of urbanization isn't just about the migration of people into urban environments, but about the environments themselves becoming bigger to accommodate all those people. The rapid expansion of urban areas will have a huge impact on biodiversity hotspots and on carbon emissions in those urban areas.

Humans are the ultimate invasive species—when they move into new territory, they often displace the wildlife that was already living there. And as land is cleared for those news cities—especially in the dense tropical forests—carbon will be released into the atmosphere as well. It's true that as people in developing nations move from the countryside to the city, the shift may reduce the pressure on land, which could in turn be good for the environment. This is especially so in desperately poor countries, where residents in the countryside slash and burn forests each growing season to clear space for farming. But the real difference is that in developing nations, the move from rural areas to cities often leads to an accompanying increase in income—and that increase leads to an increase in the consumption of food and energy, which in turn causes a rise in carbon emissions. Getting enough to eat and enjoying the safety and comfort of living fully on the grid is certainly a good thing, but it does carry an environmental price.

The urbanization wave can't be stopped—and it shouldn't be. But Seto's paper does underscore the importance of managing that transition. If we do it the right way, we can reduce urbanization's impact on the environment. "There's an enormous opportunity here, and a lot of pressure and responsibility to think about how we urbanize," says Seto. "One thing that's clear is that we can't build cities the way we have over the last couple of hundred years. The scale of this transition won't allow that." We're headed towards an urban planet no matter what, but whether it becomes heaven or hell is up to us.

38. What issue does the author try to draw people's attention to(　　)

A. The shrinking biodiversity worldwide.　　B. The rapid increase of world population.

C. The ongoing global economic recession.　　D. The impact of accelerating urbanization.

39. In what way is urbanization in poor countries good for the environment(　　)

A. More land will be preserved for wildlife.

B. The pressure on farmland will be lessened.

C. Carbon emissions will be considerably reduced.

D. Natural resources will be used more effectively.

40. What can be done to minimize the negative impact of urbanization according to Seto(　　)

A. Slowing down the speed of transition.　　B. Innovative management of the process.

C. Appropriate management of the process.　　D. Enhancing people's sense of responsibility.

二、材料作文题(本大题共40分)

请阅读以下材料,并根据要求写作:

【材料一】2022年3月5日,李克强总理在政府工作报告中明确提出"发展在线教育"。

【材料二】由于疫情影响,为了保障学生的健康安全,多地教育部门迅速作出反应,要求中小学和幼儿园落实"停课不停学"政策,开启线上教学,保证正常教学进度。

【材料三】2022年3月15日,某镇中心小学召开线上教学工作部署会议。会上,校长传达了省市县各级关于当前疫情防控及线上教学的相关通知精神,并宣布立即启动《防疫应急预案》和《线上教学实施方案》,全体学生居家学习,教师线上授课。

教研室主任对线上教学工作进行了详细的部署和安排,要求各校迅速建立线上教学平台,通过共享优秀课例资源等形式进行线上授课;同时要迅速摸排不能参加线上学习的学生情况,采取相应措施保证不落下一名学生。要实行学科责任制,为每所学校派驻一名教研员,具体负责线上教学的指导和协调工作。

会后,校长和教研室主任深入全镇七所学校,进一步了解了各校线上教学开展的具体情况,并对发现的问题进行了反馈和指导。

【材料四】很多家长非常担忧疫情会对孩子的健康造成影响,因此他们非常支持学生停课。但是一听说要开启线上教学,却忧心忡忡。他们认为,学生在家进行"线上教学",家长还要继续上班,没有人督促孩子学习,孩子会更无所顾忌地玩手机,尤其是对于自制力差的孩子,网课时间就是玩手机游戏的时间。玩游戏不仅会让孩子的脾气变得暴躁,学习成绩直线下降,甚至还会使孩子产生厌学情绪。所以很多家长不希望孩子在家上网课。

有家长建议,如果怕学生的成绩下滑,可以将现在学生因为疫情停课在家的这段时间当成学生们的假期。等到学生返校之后,再利用周末和假期时间来给学生补课,这样也会更有效率。

【材料五】调查显示,大多数小学生在上网课时格外认真,可能是因为相较于传统课堂教学,线上教学比较新颖,而小孩子一般都喜欢新奇的东西,所以对于这种创新的教学模式比较感兴趣。同时,他们对老师存在一定的敬畏,有所敬畏才能认真听讲,才能保证一定的学习效果。

初中生正处于叛逆期,玩心较大,上网课比较随意,他们对线上教学的接受程度不是很高,要让他们在屏幕前坐几个小时认真听讲,难度较大,能让他们专心地听完整节课就已经很不错了。

绝大部分高中生每节网课都会听得特别认真,生怕错过一个细节。记录笔记也是他们普遍的习惯,同时有不懂的问题他们会及时请教老师。

请阅读以上材料,自选角度,自拟题目,写一篇1000字左右的议论文谈谈你对"线上教学"的看法。

2022年辽宁省沈阳市特岗教师招聘考试真题试卷(二十一)

(满分100分　时间90分钟)

本套试卷共100小题,包括单项选择题70小题、多项选择题20小题、判断题10小题。

一、单项选择题(在下列每小题列出的四个选项中只有一个是最符合题意的,请将其代码填在括号内。错选、多选或未选均不得分。本大题共70小题,每小题0.96分,共67.2分)

1.“在世界教育史上,他是最早提出反对体罚的教育家”“他著有《雄辩术原理》一书,主要论述了雄辩家的培养和教育”。上述提到的“他”最可能指的是(　　)

A.布鲁纳　B.柏拉图　C.昆体良　D.苏格拉底

2.随着教育实践的深入,人们认识到了建立新学制的重要性。1902年,清政府颁布了(　　),这是我国教育史上第一个比较完整的学制体系,也是现代学制建立的肇始。(易混)

A.癸卯学制　B.壬寅学制

C.壬戌学制　D.壬子癸丑学制

3.随着网络技术的发展,机器人制造应用学、编程以及3D打印等新型学科接连产生。这一变化体现了(　　)

A.生产力发展水平对教育内容的制约　B.社会政治经济制度对教育性质的制约

C.文化传统对教育传统的制约　D.教育对经济基础的制约

4.内发论强调内在因素,强调人的身心发展的力量主要源于人自身的内在需要,身心发展的顺序也是由身心成熟机制决定的。下列内发论的代表人物与其观点对应不正确的是(　　)

A.弗洛伊德——人的本能是最基本的自然本能,它是推动个体发展的潜在的、无意识的、最根本的动因

B.霍尔——一两的遗传胜过一吨的教育

C.孟子——人的本性是善的,万物皆备于我心

D.高尔顿——只要通过环境和训练,人便可以被塑造成任何你想塑造的样子

5.自古以来,教育就发挥着十分重要的作用。《礼记·学记》中有“古之王者,建国君民,教学为先”,言明教育乃是治国安邦的关键,能“化民成俗”。这主要体现了教育的(　　)(常考)

A.人口功能　B.环境功能

C.经济功能　D.政治功能

6.下列有关教育目的的说法,有误的是(　　)

A.教育目的不具有意识性和预期性　B.教育目的一般由国家或国家教育行政部门制定

C.教育目的对教育活动具有质的规定性　D.教育目的具有社会性和时代性

7.黄老师为了研究教师教学风格对学生学习的影响,分别选取了学生学业基础、人数基本一致的甲、乙两个班。在甲班采用严格、传统、保守的执行型教学风格;在乙班采用幽默风趣、以学生为中心的开放式教学风格。期末测验显示两个班的学生成绩有显著差异。黄老师采取的教育研究方法属于(　　)

A.教育实验法　B.调查研究法　C.行动研究法　D.叙事研究法

8.下列教师最可能处于创造性教学阶段的是(　　)

A.宁老师在历史课堂上常常介绍一些有趣的历史小知识,同学们都非常喜欢上他的课

B.赵老师课后不断总结其他老师的教学经验,然后对常规的教学方式进行灵活运用,探索了一套不同的教学方法

C.钟老师严格按照教学计划进行课堂教学,并在讲课的过程中突出重点、难点

D.熊老师从教以来,习惯于模仿自己所敬佩的某位教学专家的教学设计方案,很少自己写教案

9.下列与课程标准有关的说法,有误的是(　　)

A.课程标准等同于教学大纲,是对内容的具体规定

B.课程标准是教材编写、教学、评估和考试命题的依据

C.国家课程标准属于基本标准或最低标准

D.国家课程标准是衡量教育水平的准则

根据以下材料,回答10~12题。

甲校校园里的宣传橱窗特别多,教室内外的墙壁上贴满了宣传标语、各类活动宣传资料和优秀学生光荣榜,还有学生优秀错题集展示、学生奋斗目标、学生励志语录等。该校校长说:“让每一个橱窗说话,让每一面墙壁育人,我们的目的是让校园环境育人无处不在。”

10.根据课程的呈现形态划分,甲校在教室内外的墙壁上张贴的宣传标语、学生励志语录等属于(　　)

A.活动课程　B.地方课程　C.显性课程　D.隐性课程

11.甲校通过校园里的宣传橱窗育人。这主要使用了德育方法中的(　　)(常考)

A.陶冶法　B.实践锻炼法　C.说服法　D.讨论法

12.学生小李看到同桌小张因成绩优秀而上了优秀学生光荣榜,小李希望自己也能上光荣榜,于是更加努力地学习。该案例体现了(　　)

A.自我强化　B.替代强化　C.直接强化　D.负强化

13. 在教学中，李老师根据教学内容，通过幻灯片、投影、视频等多媒体手段，对教学内容进行图形、数字、动画乃至声音、背景等方面的综合处理，把抽象的理论和知识点化虚为实、化静为动、化无声为有声，以活跃课堂气氛，调动学生学习的积极性和主动性。李老师遵循的教学原则是(　　)

A. 直观性原则　B. 启发性原则　C. 理论联系实际原则　D. 因材施教原则

14. 在课堂提问时，某学生因为回答时间过长，导致张老师计划中的一个教学环节没有实施，于是张老师在下课铃响后拖堂把课完整地上完。张老师的做法(　　)

A. 恰当，因为这是学生的原因导致的　B. 不恰当，漠视了学生的学习效果

C. 恰当，教师要确保每个教学环节都不落下　D. 不恰当，忽视了学生的学习风格

根据以下案例，回答15～18题。

在教授《亲人》一课时，刘老师首先根据教材重点提问："本课的课题是'亲人'，按理说是写自己的父母或兄弟姐妹等，为什么课文写的却是邻居?"随后，他便把这个学习任务分配到学习小组，学生的思维因疑而动，各抒己见。最后终于明白了作者与邻居老奶奶之间不是亲人胜似亲人的关系，从而明白了为什么用"亲人"做题目。在整个过程中，学生以积极高昂的状态参与到合作中，每个同学都在合作学习中享受到成功的喜悦。

15. 刘老师采用的这种课堂导入方法是(　　)

A. 故事导入　B. 情境导入　C. 直接导入　D. 悬念导入

16. 刘老师通过提问，让学生的思维因疑而动，激发了学生的学习兴趣，促使学生产生(　　)

A. 外在远景动机　B. 认知内驱力　C. 自我提高内驱力　D. 附属内驱力

17. 刘老师让学生们针对问题各抒己见，其运用的教学方法是(　　)(常考)

A. 讲授法　B. 谈话法　C. 练习法　D. 讨论法

18. 小组合作学习是目前普遍采用的一种富有创意的教学理论与方略。下列关于小组合作学习的说法中，不正确的是(　　)

A. 有利于培养学生的自主性和独立性

B. 培养了学生善于听取别人意见的好品质

C. 不利于提高学生学习的正确率

D. 为学生提供了更多的锻炼机会，促进了学生的全面发展

19. 课堂上，教师对注意力不集中的同学发出"重复式"的提问可强化有意注意，变学生消极、被动的听讲为积极、主动的参与。这主要体现了课堂提问具有(　　)

A. 开阔思路功能　B. 思维发展功能　C. 信息反馈功能　D. 组织调控功能

20. 吴老师是某学校语文教研组的组长，他所任教的年级的语文月考试题都由他编写。吴老师编写的试题无论是定期反复使用还是以不同的方式使用都能得到大致相同的结果，这说明吴老师编写的试题具有较高的(　　)

A. 信度　B. 效度　C. 难度　D. 区分度

21. 下列选项中，表明学生的身心发展具有不均衡性的是(　　)(常考)

A. 学生思维的发展是从具体思维到抽象思维

B. 学生在感知、记忆、想象上都存在不同的关键期

C. 相同年龄的学生具有不同的能力和准备状态

D. 学生是整体的人，以其整个身心投入教学活动

22. 孙老师为做好班主任的建设和管理工作，决定采取一些做法来丰富班级管理角色，以合理地确定学生在班级中的角色位置。下列做法中，不妥的是(　　)

①增设管理岗位　②让学生自己决定自己的班级管理角色　③实行班干部轮换制

A. 仅①　B. 仅②　C. 仅③　D. ①②③

23. 小李加入少先队后，他常常以少先队的纪律作为自己的行为准则，并观察其他少先队员的行为，以此来决定自己的行为。小李表现出的纪律类型是(　　)(易混)

A. 教师促成的纪律　B. 自我促成的纪律

C. 任务促成的纪律　D. 集体促成的纪律

24. 有调查显示，在校园暴力受害人中，女学生的比例更高，而且她们遭受性骚扰、性侵害的比例也比较高。还有一些不符合"主流"性别气质或性倾向的群体，如男性气质不强的男生，往往也更容易成为校园暴力的对象。这体现了校园暴力具有(　　)特征。

A. 行为的普遍性　B. 行为的非均衡性

C. 形式多样性　D. 行为的难以判断性

25. 同校的老师偶尔会调侃张老师为"教书匠"，因为他像课程的"消费者"，总是循规蹈矩地按照专家对课程的"使用说明"来实施教学。可见，张老师在课程实施时偏向于(　　)

A. 忠实取向　B. 相互适应取向　C. 创生取向　D. 经验取向

26. 学生小张在图书馆查询了大量室内设计资料，设计出了某健身房的室内装修方案，以改善该健身房当前色彩搭配混乱、格局设计不合理等问题。按照布卢姆的"教学目标分类法"，这一任务对应的认知要求是(　　)

A. 知识　B. 理解

C. 评价　D. 综合

27. 在班主任马老师的带领下，七年级(1)班有了明确的、共同认可的奋斗目标，班干部们可以独立主持班务工作，班里学生的自我教育能力较强，整个班级都在良好的氛围中向前发展。以上说明七

年级(1)班发展到了(　　)阶段。(易混)

A. 松散群体　B. 合作群体　C. 成熟群体　D. 自发群体

28. 对于下图中教师的做法，下列说法正确的是(　　)

A. 不恰当，忽视了学生的主动发展　B. 不恰当，忽视了学生的全面发展

C. 恰当，注重学生的可持续发展　D. 恰当，因材施教，注重学生的个性发展

29. 思维可视化是指运用一系列图示技术把原本不可视的思考方法和思考路径呈现出来，使其清晰可见的过程。被可视化的“思维”更有利于理解和记忆，因此可以更有效地加工和传递信息。在实际中，下列可实现“思维可视化”的有(　　)

①思维导图　②学科规律模型　③流程图　④漫画　⑤考试规律模型

A. 仅①③　B. 仅②⑤　C. 仅①②③⑤　D. ①②③④⑤

30. 某学校将教室改为各科作业室，废除课堂讲授，把各科学习内容制成分月的作业大纲，由教师与学生订立学习公约，由学生自己支配时间，按兴趣在各作业室自学，教师仅作为顾问，提供咨询和检查进度。该校的这种教学组织形式最可能是(　　)(常考)

A. 协调教学　B. 道尔顿制　C. 导生制　D. 特朗普制

31. 新课改提倡构建新型师生关系，促进学生更好地发展。良好的师生关系主要能够满足学生(　　)

A. 归属与爱的需要　B. 自我实现的需要

C. 生理的需要　D. 安全的需要

32. S小学举行了一场“写汉字”比赛，该比赛的规则为：在规定时间内写出含有“艹”字头的汉字，谁写出含有“艹”字头的汉字最多，谁就是冠军。该比赛考察了发散思维的(　　)

A. 变通性　B. 流畅性　C. 综合性　D. 独特性

33. 在英语学习中，当学完单词“book(书)”和“shop(商店)”后，再学习“bookshop(书店)”时，最可能产生(　　)(易混)

A. 逆向迁移　B. 纵向迁移　C. 一般迁移　D. 特殊迁移

34. 晓华同学知道践踏草坪是不对的行为，但是每次放学，他都忍不住抄近路从草坪上跑过。针对这种情况，班主任林老师应该注重培养晓华的(　　)

A. 道德认识　B. 道德感情　C. 道德意志　D. 道德情绪

35. 学生小智学习了负数以后，认识到数不仅有大小之分，而且有正负之分。这种陈述性知识获得的机制属于(　　)

A. 同化　B. 顺应　C. 抽象　D. 概括

36. 为了对一元一次方程“23+8x=12x+37”进行求解，教师首先需要让学生理解“移项”和“合并同类项”的概念和规则。此时学生最有可能正处于程序性知识学习阶段中的(　　)(易错)

A. 陈述性知识阶段　B. 转化阶段　C. 自动化阶段　D. 复述阶段

37. 下列属于加涅认为的智慧技能中的高级规则的是(　　)

A. 小华通过学习能够区别永、咏、泳、脉

B. 小夏能够将苹果、香蕉、梨归纳为水果

C. 小方学习了牛顿第一定律

D. 学习了三角形与长方形面积的公式之后，小斌能够推算出梯形的面积

38. 笑笑在音乐课上通过系统的学习，能准确而有节奏地用小提琴演奏一首曲子，这说明笑笑已达到(　　)水平的动作技能目标。

A. 知觉　B. 模仿　C. 操作　D. 连贯

39. 小琼在新学期开始时为自己设置了学期目标，并且根据课程表建立了自己的学习时间表。下课后，小琼会去安静的图书馆完成作业、预习课文。小琼的学习策略属于(　　)(常考)

A. 复述策略　B. 组织策略　C. 精加工策略　D. 资源管理策略

40. 在教学过程中，不少老师会因为某个学生调皮捣蛋，就觉得他不认真学习、成绩差。这种印象形成属于(　　)

A. 首因效应　B. 近因效应　C. 晕轮效应　D. 投射效应

41. 王老师上节课讲完了课本第二章的内容，这节课却直接跳过第三章讲第四章的内容，这让同学们措手不及。王老师的这一行为违背了桑代克三大学习定律中的(　　)

A. 准备律　B. 练习律　C. 效果律　D. 强化律

42. 下列选项中，属于操作性行为的是(　　)

A. 李佳听到上课铃声后快速回到座位上　B. 韩山迎着风骑车，风吹得他直掉眼泪

C. 吴浩完成一张试卷后奖励自己零食　D. 一阵刺鼻的味道传来，白燕直打喷嚏

43. 加涅认为，每个学习过程可以分解成八个阶段。其中，学习者在(　　)所学的东西进入了短时记忆，也就是对信息进行了编码和储存。

A. 动机阶段　B. 反馈阶段　C. 习得阶段　D. 保持阶段

44. 开发学生智力的最佳教学应从潜在水平开始，开发智力的教学就是开发(　　)的教学。

A. 已发展水平　B. 最远发展区　C. 特长　D. 最近发展区

45. 在音乐课上，孩子们想要弹一首流行歌曲，但对枯燥、单调的音节练习缺乏热情。在老师领着大家练习了几遍音节之后，有的学生不耐烦了，抗议说："老师，我不想练了。"这时，老师说："大家如果能准确地弹好这一小节，我们就弹一首流行歌曲。"同学们齐呼："好，我们练！"这位老师运用的是(　　)

A. 普雷马克原理　B. 自我效能感理论

C. 耶克斯—多德森定律　D. 成就目标理论

46. 小丽期末考试没考好，她告诉朋友这是运气不好导致的。依据韦纳的归因理论，这属于(　　)(常考)

A. 不稳定、外在、不可控归因　B. 稳定、外在、可控归因

C. 不稳定、内在、不可控归因　D. 稳定、内在、可控归因

47. 班长小兰遇事沉着、镇定，对于班级事务总是能冷静处理。但小兰处理事情时比较死板，不懂变通，班上的同学对她颇有微词。小兰的气质类型倾向于(　　)

A. 胆汁质　B. 多血质　C. 黏液质　D. 抑郁质

48. 不少家长会通过给儿童买食品或者玩具的方式来制止儿童在公共场合的哭闹行为，但这种方法往往适得其反。这是因为(　　)

A. 儿童通过哭闹而获得"奖励"的过程实际上属于强化的过程

B. 适当的惩罚才是制止儿童不合理行为的正确方式

C. 儿童在公共场合的哭闹行为是不可避免的

D. 家长给予的食品或者玩具还不够多

49. 在英语课堂上，不少学生把新学的英文单词"woman"，常常误发为汉语拼音的"我们"，造成这种干扰现象的原因是(　　)

A. 前摄抑制　B. 倒摄抑制　C. 消退抑制　D. 双向抑制

50. (　　)认为学生的学习主要是有意义的接受学习，他关注学生的课堂学习，并提出了先行组织者的教学策略。

A. 华生　B. 柏拉图　C. 沃尔夫　D. 奥苏贝尔

51. 教师将10个完全相等的正方体平均分成2行，每行5个。排列时第二行正方体彼此之间的间距较大，这时学生会认为第二行正方体的数量比第一行的多。依照皮亚杰的认知发展阶段理论，材料中学生的认知发展最可能处于(　　)(易错)

A. 感知运动阶段　B. 前运算阶段

C. 具体运算阶段　D. 形式运算阶段

52. 中学生静静很喜欢英语课程的学习，她觉得未来的自己应该是一名翻译官，但她又觉得自己记忆力不强，能力有限，目标遥不可及。根据埃里克森的人格发展阶段论，静静主要的发展任务是(　　)

A. 获得勤奋感　B. 克服内疚感　C. 避免孤独感　D. 建立同一性

53. 小美考试不及格，遭到同学的嘲笑，小美很尴尬但是依然维护自己的自尊心，说："我学习不好，但是我们家有家族企业，根本不担心以后找工作的事情。"小美的防御机制属于(　　)(易混)

A. 宣泄　B. 合理化　C. 升华　D. 补偿

54. 珊珊今年刚进入初中，她感觉周围的一切都是那么陌生，老师、同学、课本全部都是新的，她的学习成绩也从年级前列滑到了班级中游，宿舍的生活也让人心烦意乱。珊珊的老师给了她一些建议，以下建议不合适的是(　　)

A. 放宽心态，接纳新的事物，和同学、室友保持良好的关系

B. 接受独立的社会生活，学会自己照顾自己，逐渐减轻对父母的依赖

C. 通过回顾以前的成绩坚定信心，相信自己现在仍是年级前列的水平

D. 摸索适合自己的学习方法，养成自主学习的习惯

55. 青青与班上的乐乐是好朋友，乐乐经常会有做作业拖拉的情况，为此青青经常批评乐乐，而当青青出现错误时乐乐也会直接指出。在相互帮助下，两人逐渐改掉了许多坏毛病。两人的交往突出体现了交友原则中的(　　)

A. 广交好友　B. 乐交诤友　C. 不交损友　D. 忠诚待友

56. 婷婷为了扶体育课摔跤的同学去校医室，导致第二堂课迟到了5分钟。不清楚情况的老师以为婷婷是因为贪玩导致迟到，于是委婉地批评了她。婷婷因此认为，无论自己是否帮助了同学，最终结果是老师批评了自己，所以自己肯定是做错了。婷婷最可能处于道德认知发展的(　　)(常考)

A. 可逆性阶段　B. 自我中心阶段　C. 权威阶段　D. 公正阶段

57. 中学生小李是个完美主义者，他一直要求自己凡事必须做到尽善尽美，若出现小失误，他会十分沮丧。根据理性—情绪疗法原理，小李这种不合理信念属于(　　)

A. 绝对化要求　B. 过分概括化　C. 糟糕至极　D. 片面化

58. 学生小彭不敢拒绝其他同学无理的要求，在学校总受欺负。为使小彭勇敢地表达自己的意见和情感，最适合采用的行为演练方法是(　　)

A. 系统脱敏法　B. 肯定性训练　C. 自我控制疗法　D. 全身松弛训练

59. 李老师发现小吴在课堂上频频走神，完成学习任务的态度十分消极。经过询问，李老师得知，小吴认为读书是为了应付父母、老师的要求，读书对他而言是个"苦差事"。李老师随后对小吴进

行了学习辅导，帮助小吴建立了良好的学习动机。下列辅导策略中，李老师最不可能选择的是( )

A. 帮助小吴制定适当的、通过努力可以实现的学习目标

B. 运用奖赏尝试激发、培养小吴的学习兴趣

C. 教导小吴正确看待考试分数，减轻其心理负担

D. 加强学习目的的教育，激发小吴的学习热情

60. 小芳来自单亲家庭、性格孤僻，在平日的学习生活中总是独来独往，课堂小组讨论时一言不发，课外体育活动时也是一个人在操场默默玩耍。她不敢在公众场合讲话，也不敢与异性打交道。小芳的行为表现属于典型的( )

A. 抑郁症　　B. 恐惧症　　C. 焦虑症　　D. 强迫症

61. 相关部门应当遴选、推荐符合条件的在职工作人员担任法治副校长，下列不符合担任法治副校长条件的是( )

A. 政治素质好，品德优秀，作风正派，责任心强

B. 有较丰富的法律专业知识与法治实践经历，从事法治工作刚满一年

C. 身心健康，热心教育工作，了解教育教学规律和学生的身心特点，关心学生健康成长

D. 具有较强的语言表达能力、沟通交流能力和组织协调能力

62. 11岁的小梅因沉溺于手机产生了严重的厌学情绪，老师、家长多次与其谈话都没有效果，小梅仍执意辍学。小梅的父亲杨某是一名中学教师，觉得自己可以在家教小梅，于是同意小梅辍学，平时下班回家后自己给小梅上课。对此，下列说法正确的是( )(易错)

A. 杨某的行为是合法的，因为他是教师，有权自己在家教育孩子

B. 杨某的行为不合法，未成年人有依法接受规定年限义务教育的权利和义务

C. 杨某的行为不合法，应由小梅所在学校或上级教育部门决定小梅能否辍学

D. 杨某的行为是合法的，其尊重了孩子的主观意愿

63. 根据《面向中小学生的全国性竞赛活动管理办法》，下列说法错误的是( )

A. 竞赛应对符合条件的中小学生平等开放，不得设置任何歧视性条件

B. 竞赛以及竞赛产生的结果不作为中小学招生入学的依据

C. 竞赛各项工作由组织主体(主办方)及承办单位直接负责实施，必要时可以进行委托、授权

D. 竞赛应坚持公益性，不得以营利为目的

64.《新时代基础教育强师计划》中提到，完善交流轮岗激励机制，将到农村学校或薄弱学校任教1年以上作为( )的必要条件。

A. 申报高级职称　　B. 申报中级职称

C. 申报初级职称　　D. 选任中小学校长

65. 下列行为中，可以认定为构成校园欺凌的是( )

①身形高壮的学生张三给同班身体弱小的同学李四起外号，导致李四经常请假不上课

②高年级的小丽在学校论坛上散布低年级的小红身患传染性皮肤病的不实信息，导致其他同学不敢接近小红

③小王借了小刘10元后因生病请假一周，期间未将钱还给小刘

A. 仅①　　B. 仅②③　　C. 仅①②　　D. ①②③

66. 某学校校长夸赞一位老师是“四有”好老师，“四有”是指( )(常考)

①有理想信念　②有仁爱之心　③有扎实学识　④有道德情操　⑤有管理能力

A. ①②③④　　B. ①③④⑤　　C. ①②③⑤　　D. ②③④⑤

67. 某校数学老师与语文老师在暑假期间开设了为期一个月的补习班，并且向参加补习班的同学收取1200元的补习费。他们的做法( )

A. 侵犯了学生的受教育权

B. 体现了教师勤奋敬业的精神

C. 违反了教育局禁止乱补课、乱收费的规定

D. 符合按劳取酬、多劳多得的社会主义分配原则

68. 教师对学生的实际水平、理解和接受能力应有一个正确的估量，才能对学生提出符合他们实际情况、能为他们所接受的要求，在严格要求上，不能“一刀切”。这主要要求教师做到( )

A. 严而有理　　B. 严而有度

C. 严而有方　　D. 严而有恒

69. 当记者见到王老师时，他正在一边对照着教材，一边在备课本上密密麻麻地写着许多知识点。记者便问道：“您已是从教26年的老教师了，还需要这样备课吗？”王老师认真地回答：“从来没有不备课就能上好课的老师，我每上一节课前都要认真备课，这是一名教师最基本的工作。”以上内容体现了王老师遵循( )的职业道德规范。(常考)

A. 爱国守法　　B. 爱岗敬业

C. 关爱学生　　D. 为人师表

70. 艾老师发现明明同学说话十分不雅，在劝导无果后到明明家中进行家访发现明明的坏习惯来源于其父亲。针对这种情况，艾老师的以下行为中符合教师职业道德规范的一项是( )

A. 用轻蔑的语气向明明家长投诉明明在校用语不雅的行为

B. 用客观的语言告诉家长言传身教与文明用语的必要性

C. 严词抨击明明父亲的不雅用语对孩子的影响

D. 向明明母亲反映明明在校用语不雅的情况，然后就离开

二、多项选择题(下列每小题列出的四个选项中至少有两个是正确的,请将其代码填在括号内。错选、多选、少选或未选均不得分。本大题共20小题,每小题1.32分,共26.4分)

1. 选择学生答问时,要充分考虑学生的性格特点、思维水平等因素。下列学生中,教师可尽量多提问的有( )

A. 理解能力较强,但不愿当众发言的学生 B. 成绩较差,不善于表达的学生

C. 智力较差,又不愿思考的学生 D. 坐在教室后面和两边的学生

2. 李老师在上阅读理解课时,发现一名学生正在看与本节课无关的书,李老师没有中断上课,而是走向该名学生,将课外书合上放到学生的课桌上,同时继续讲课,李老师这样做既处理了学生的不恰当行为,又没有中断学生上课的进程,班里的其他学生也几乎没有注意到这件事情。李老师在处理课堂问题时,运用了( )方法。

A. 最小干预 B. 团体警觉 C. 一心多用 D. 进行参与式教学

3. 劳动教育是中国特色社会主义教育制度的重要内容,直接决定学生的( )

A. 劳动精神面貌 B. 劳动价值取向 C. 劳动技能水平 D. 脑力劳动成果

4. 实用主义教育学对20世纪整个世界的教育理论研究和教育实践发展产生了极大的影响。下列有关实用主义教育学的主张,说法正确的有( )(易错)

A. 课程组织应以学生的经验为中心,打破以学科为中心的课程体系

B. 教育的过程和生活的过程是合一的,都是为将来的某种生活做准备

C. 师生关系应以教师为中心,教师是学生成长的引领者,是教学关系的中心

D. 在教育教学过程中,要注重学生的创造性的发挥

5. 胡老师在给学生反馈作业的时候使用了如下言语,其中属于建设性反馈的有( )

A."每一组你都减得很正确,但是你忘了从十位借一"

B."为了完成这个作业,你真的努力了"

C."在写之前好好想想,下一次试着做得好一些"

D."每天晚上回忆一下所学内容,直到你对函数的知识了如指掌"

6. 最近小诺的学习成绩一落千丈,经询问得知小诺的妈妈沉迷短视频,经常带着小诺一起刷视频。对此,下列教师的做法正确的有( )

A. 责怪家长对孩子教育不负责 B. 在课下给予小诺足够的关注

C. 引导家长一同做好教育工作 D. 表示充分理解,等小诺自己发现问题

7. 下列关于间接经验和直接经验的说法,正确的有( )(常考)

A. 学生以学习直接经验为主

B. 学生学习间接经验要以直接经验为基础

C. 要重视系统知识的传授,也要关注直接经验的积累

D. 在教学过程中,要防止将直接经验和间接经验之间的联系割裂的倾向

8. 教学设计作为教学实施前的准备性活动,对教学有着重要的影响。下列有关教学设计的说法中,正确的有( )

A. 教学设计的主要功能是导教和促学

B. 教学设计是将教学诸要素进行系统性谋划的过程

C. 教学设计的结果是形成教和学的计划和方案

D. 教学设计应以教师为中心,选择适合教师的教学风格

9. 在回答问题时,小李总是经过深思熟虑后才给出答案,即使其他同学都已经给出了其他答案,小李还是不受他人影响,按照自己的思路进行作答。由此可知,小李的认知风格倾向于( )(常考)

A. 场独立型 B. 场依存型 C. 冲动型 D. 沉思型

10. 面对避免失败型学生,教师在教学中应当( )

A. 给予其竞争较少或竞争性不强的任务

B. 在其取得成功时及时表扬

C. 尽量避免在公共场合下指责其错误

D. 增加其趋向失败的倾向,使其因避免失败而感到满足

11. 我国学者根据学生在课堂上表现出来的注意状态、情感状态、意志状态、定势状态与思维状态,将课堂心理气氛分成积极的、消极的与对抗的三种类型。其中,对抗类型的具体表现有( )(易错)

A. 师生关系紧张

B. 学生常做小动作,情绪压抑

C. 学生的注意指向无关对象,而且常常故意这样做,教师被迫把注意力分散于课堂管理上

D. 学生的反应迟钝

12. 教育者若想真正地理解学生,就得变成小孩,就得用"学生的心灵"去感受、用"学生的大脑"去思考、用"学生的眼光"去看待、用"学生的情感"去体验……这说明教育者教育学生应做到( )

A. 关注学生的心理体验 B. 将心比心,设身处地

C. 深入学生的内心世界 D. 注重学生的情感而非学习

13. 下列选项中,体现了知觉恒常性特征的有( )

A. 无论距离远近,小红的身高在小宁眼里是不变的

B."万绿丛中一点红",赏景的人的目光一般在红花上

C. 室内的家具，在不同色光照明下，小贝对其颜色的知觉保持相对一致

D. 当看到“艹”这个部首时，有人想到的是“草”，有人想到的是“艺”

14. 小雅一直以来都不喜欢跑步，原因在于之前跑步姿势不正确导致小腿变粗。后来在同学的带动和引导下，她逐渐学会了正确的跑步动作，不再有之前的烦恼。从动作技能来看，跑步是一种(　　)(易错)

A. 粗大技能　　B. 精细技能　　C. 连贯技能　　D. 不连贯技能

15. 复习是学习的一种重要形式，对学习有重要的促进作用。良好的复习策略包括(　　)

A. 及时复习　　B. 分散复习　　C. 复习形式多样化　　D. 尝试背诵

16. 应激是指在出乎意料的紧迫情况下或压力情景下所引起的急速而高度紧张的情绪状态。下列能够体现应激的有(　　)(常考)

A. 小胡上台进行演讲时，手脚因为紧张而直打哆嗦

B. 小郎被老师表扬后，走在回家的路上感觉天格外蓝

C. 小肖面对突然驶来的车辆，呆立在原地，忘记了躲避

D. 小明得知自己考试又是全班倒数，一怒之下撕掉了试卷

17. 根据《关于进一步减轻义务教育阶段学生作业负担和校外培训负担的意见》，下列情形不符合有关规定的有(　　)

A. 甲小学的语文教师给所教的二年级学生布置家庭书面作业

B. 乙小学的数学教师给所教的五年级学生布置家庭书面作业，并要求家长批改作业

C. 丙中学为了提高中考录取率，要求教师每天给初三学生布置平均需要120分钟完成时间的书面作业

D. 丁中学利用资源优势，开展各种课后服务，同时引导学生自愿参加

18. 中共中央、国务院印发的《深化新时代教育评价改革总体方案》指出，要加快完善各级各类学校评价标准。具体到改进中小学校评价方面，提出义务教育学校要重点评价(　　)等情况。

A. 学业负担　　B. 促进学生全面发展　　C. 提升教育教学水平　　D. 保障学生平等权益

19. “坚持师德为先”是《新时代基础教育强师计划》中提出的一项基本原则。坚持师德为先，意味着要(　　)

A. 把教师思想政治和师德师风建设放在首要位置

B. 围绕落实立德树人根本任务，全面加强中小学教师思想政治建设

C. 提高教师的政治意识、政治能力

D. 突出全方位全过程师德养成，推动教师以德施教、以德立身

20. 学生家长是教师在教育学生过程中不可缺少的合作者，教师必须给予他们应有的尊重，做到(　　)

A. 要事无巨细地指导家庭教育

B. 当教育过程中发生困难时，要耐心和克制

C. 要虚心听取学生家长的意见

D. 要一视同仁地对待每一位家长

三、判断题(判断下列命题的正误，正确的选“A”，错误的选“B”。本大题共10小题，每小题0.64分，共6.4分)

1. 必修课程的主导价值在于培养和发展学生的共性，而选修课程的主导价值在于满足学生的兴趣、爱好，培养和发展学生的个性。(常考)　(　　)

A. 正确　　B. 错误

2. 生成型教学策略的主要优点是：信息加工深入，学习效果好，激发兴趣、动机，学习效果高度个性化。　(　　)

A. 正确　　B. 错误

3. 当学生出现课堂纪律问题时，教师可以将增加学生作业和考试扣分当作惩罚手段。　(　　)

A. 正确　　B. 错误

4. 发现学习包括一些较高层次的学习类型，如应用学习、解决问题学习和创造学习等。它不会在表征学习、概念学习和命题学习这些较低层次的有意义学习类型中发生。　(　　)

A. 正确　　B. 错误

5. 辩证逻辑思维是个体抽象逻辑思维发展的高级形式，是反映客观现实的辩证法。　(　　)

A. 正确　　B. 错误

6. 抽象记忆是人类所特有的，是个体保存经验最简便、最经济的方式。　(　　)

A. 正确　　B. 错误

7. 建构主义强调的是学习中意义的获得与生成，而这种意义的获得与生成，不仅要靠个人的新旧经验的双向作用，还要依赖他人经验的参与，包括教师、同伴的经验等。　(　　)

A. 正确　　B. 错误

8. 读到“霜叶红于二月花”的诗句时，头脑中出现了满山的枫叶在秋季红似春花的景象。这属于创造想象。(易混)　(　　)

A. 正确　　B. 错误

9. 根据教育部印发的《中小学班主任工作规定》，在绩效工资分配中，要向班主任倾斜。　(　　)

A. 正确　　B. 错误

10. 自律是指道德主体在接受道德的有关原则、规范和要求的过程中，处于被动、受动的位置，其意志受到外在因素的干扰和驱使，把追求道德之外的目的作为行为准则。　(　　)

A. 正确　　B. 错误

2022年辽宁省鞍山市岫岩满族自治县特岗教师招聘考试真题试卷(二十二)

(满分100分　时间120分钟)

本套试卷共100小题,包括单项选择题80小题、多项选择题10小题、判断题10小题。

一、单项选择题(在下列每小题列出的四个选项中只有一个是最符合题意的,请将其代码填在括号内。错选、多选或未选均不得分。本大题共80小题,每小题0.98分,共78.4分)

1. 习近平总书记指出:“我们将通过教育(　　),逐步缩小区域、城乡数字差距,大力促进教育公平,让亿万孩子同在蓝天下共享优质教育、通过知识改变命运。”

A. 信息化　B. 全民化　C. 终身化　D. 多元化

2. “六艺”是西周各级各类学校教育的基本学科。其教育内容既重视思想道德,也重视文化知识;既注意传统文化,也注意实用技能;既重视文事,也重视武备;既要符合礼仪规范,也要求内心情感修养。其中,(　　)教育是六艺教育的中心。

A. 礼乐　B. 射御　C. 书数　D. 算术

3. (　　)是洛克在其教育代表作《教育漫话》中提出的教育理论。这种教育思想是近代欧洲三大教育思潮之一,对英国的学校教育产生了重大影响。

A. “生活教育论”　B. “绅士教育论”　C. “泛智教育论”　D. “自然教育论”

4. 父母对孩子进行品格培养的最关键时期是婴幼期、少年期,在这段时期内一定要采取积极行动,否则会给孩子的成长造成难以弥补的缺憾。这是因为人的身心发展具有(　　)(常考)

A. 阶段性　B. 差异性　C. 顺序性　D. 不平衡性

5. 《论语·微子》:“子路从而后,遇丈人,以杖荷蓧。子路问曰:‘子见夫子乎?’丈人曰:‘四体不勤,五谷不分,孰为夫子?’”这里的“四体不勤,五谷不分”体现了当时的教育与(　　)相脱离。

A. 文化创新　B. 生产劳动　C. 经济发展　D. 政治发展

6. 孔子30岁左右开始办学,40多年不间断地从事教育活动,周游列国时,也随处讲学。有的学生品德较差,起点较低,屡犯错误,他也不嫌弃,而是耐心教导,帮助其成才。上述事迹主要体现了孔子(　　)的教育思想。

A. 教学相长　B. 学而不厌　C. 诲人不倦　D. 以身作则

7. 培根以提倡近代自然科学和科学教育而著名,被称为“近代实验科学鼻祖”,他提出的(　　)为科学发展,尤其是逻辑学的发展做出了贡献。

A. 演绎法　B. 辩证法　C. 归纳法　D. 还原法

8. 教授临床医学的邹老师对心理学非常感兴趣。通过读心理学的在职研究生、参加心理咨询技术的培训班等,邹老师已经可以胜任心理学的教学工作,于是他从临床医学院转到了心理学院,开始教授心理学课程。这体现了教育社会流动功能中的(　　)(易混)

A. 上下流动　B. 左右流动　C. 纵向流动　D. 横向流动

9. 教育目的要关注和把握人的精神世界、情感态度、审美情趣和人格品行等方面的发展,使人在生存发展中内心世界有所依托——“心有所属”。这属于(　　)教育目的的观点。

A. 价值性　B. 功用性　C. 内在　D. 外在

10. 美术课上,老师在向学生介绍凡·高的《星空》时,告诉学生需要感知的不只是充满运动和变化的星空,还有背后表达出来的创作者内心不被人理解的苦闷以及不向命运低头的精神。这体现了美育的(　　)

A. 形象性原则　B. 情感性原则　C. 活动性原则　D. 差异性原则

11. 小学数学和初中数学的课程目标都要求学生掌握数和计算、代数式、方程等内容,只是初中阶段的课程目标会进一步深化。这体现了课程目标的(　　)

A. 层次性　B. 时间性　C. 持续性　D. 导向性

12. 杨老师在讲“假分数”一课时,要求学生集中注意力进行深入思考,引导学生将“假分数”的概念同原来的概念结合起来。根据赫尔巴特的教学形式阶段论,杨老师的教学处于(　　)阶段。(易错)

A. 明了　B. 联合　C. 系统　D. 方法

13. 新课程标准的实施为各科教学带来了新的机遇与挑战。教师作为教学的重要实践者,应当积极践行新课程改革的核心理念——(　　),遵循教育教学规律和学生成长发展规律,勇于创新。

A. 使学生更快乐地学习　B. 促进学生的个性发展

C. 一切为了学生的发展　D. 培养学生的创新精神

14. 下列有关活动课程和学科课程的说法错误的是(　　)

A. 在课程假设上,学科课程强调知识本位;活动课程强调儿童本位

B. 在评价方面,学科课程强调终结性评价;活动课程重视过程性评价

C. 在教育与生活的关系上,学科课程强调教育即生活;活动课程强调教育为未来生活做准备

D. 在编排方式上,学科课程重视学科知识逻辑的系统性;活动课程强调各种有教育意义的学生活动的系统性

15. 某信息技术老师在教案中写道:“感受到信息价值的判断在整个信息获取过程中的重要性,提升学生准确判断信息价值的水平,提升学生的信息素养。”这属于新课程改革中提出的课程三维目

标中的(　　)目标。

A. 知识与技能　　B. 过程与方法

C. 认知与实践　　D. 情感态度与价值观

16. 某些有一定深度的复杂知识，本应在高一个教育阶段才能阐明其抽象原理，却必须在低一个教育阶段就借助感性经验、浅显示例等，以简单化的形式教授给学生，满足其将来在社会生产生活中应用知识的需要。这种学科课程内容组织的形式为(　　)(易错)

A. 螺旋式　　B. 直线式　　C. 并列式　　D. 循环式

17. 课堂上，学生能够看到教师所有的行为，听到他的每一句话，并评判着教师如何处理课堂中的事件，注意着教师如何对待别的学生，是否公正等。可见，课堂具有(　　)的特征。

A. 多维性　　B. 公开性　　C. 即时性　　D. 历史性

18. 某教师在表扬学生时有以下话语，其中最恰当的是(　　)

A. "你真聪明"

B. "你是个好孩子"

C. "你真不错，比小红强多了"

D. "老师很高兴，你今天把公共区域打扫得很干净"

19. 在教学中，对学生理想的行为要给予表彰和鼓励，还要尽量少采取惩罚的消极手段，只有强化正确的"反应"，消退错误的"反应"，才能取得预期的效果。这与(　　)的观点一致。

A. 社会学习理论　　B. 行为主义学习理论

C. 人本主义学习理论　　D. 认知主义学习理论

20. 学生在手机App里面学到的烹饪、造房子、制作手工的具体操作步骤，都属于(　　)

A. 条件性知识　　B. 概念性知识

C. 程序性知识　　D. 策略性知识

21. 语文老师课前做好的课件忘带了，于是灵机一动抛出两个问题，让学生以小组为单位进行合作交流、探讨式学习，结果该堂课取得了非常好的教学效果与学习反馈。这体现了教师劳动的(　　)(常考)

A. 复杂性　　B. 创造性　　C. 主体性　　D. 广延性

22. 王老师讲课深入浅出，条理清楚，层层剖析，环环相扣，论证严密，结构严谨，用思维的逻辑力量吸引学生的注意力。这说明王老师的教学风格最可能为(　　)

A. 幽默型　　B. 理智型

C. 自然型　　D. 技巧型

23. 备课的一般策略中，(　　)就是将备好的课进行实践，把实践所获得的反馈信息渗透到教案中，进行二次增、删、调整、修改，直至优化。

A. 结构性备课策略　　B. 反思性备课策略

C. 开放性备课策略　　D. 预设性备课策略

根据下列案例，回答24～27题。

以下是关于二年级课文《坐井观天》的教学片段：

师：同学们，小青蛙听到大家把井外的世界说得这么精彩，它真想跳出井口来看一看。(出示生动、有趣、直观的课件：青蛙跳出了井口)大家说说青蛙跳出井口后，将会怎么样呢？

生1：它会看到绿绿的小草，还有五颜六色的花儿。

生2：它会看到校园里开满了桂花，闻到了阵阵花香。

生3：它会看到果园里挂满了黄澄澄的梨子，红彤彤的苹果，一派丰收的景象！

生4：它会到处逛逛，看看美丽的风景，看看拔地而起的高楼大厦，明白了要开阔眼界，不能鼠目寸光。

(正当老师倾听学生对生活的赞美之言时，一位学生发表了不同的看法)

生5：老师，我觉得青蛙有可能没有看到这么美的景色。

师(充满好奇疑惑)：说说你是怎么想的？

生5：它会看到路边垃圾成堆，蚊蝇成群，闻到一阵阵很刺鼻的臭味。

(一石激起千层浪，学生众说纷纭)

生6：它会看到有些人往小河里倒垃圾，让我们喝有污染的水，导致我们生病，这些都是坏人。

生7：它会看到有人大量砍伐树木，鸟儿没有了家。

生8：它会看到捕捉牛蛙的人在大量捕捉牛蛙，并残忍地将其卖给酒店、酒楼做下酒菜。

生9：它会看到汽车不遵守交通规则在路上疯狂地跑，根本不注意行人，汽车排出的污气也让它窒息。

生10：它会感觉外面的世界并不像我们说得那么美，它想回到安全的井中去。

师：那么我们能不能用什么好办法来挽留小青蛙呢？让它安心快乐地和我们生活在一起。

(学生思考片刻，跃跃欲试，兴趣盎然)

生11：我们做个广告牌，上面写上"保护动物，人人有责"来告诉人们应该与动物成为好朋友。

生12：发现那些乱砍树、捕杀动物的人要报警，让警察来抓这些坏人。

生13：我们要保护好环境，不能破坏动物的家。

生14：我们不仅自己要知道环保知识，还要向同学、家人、朋友宣传爱护动物、保护环境的知识。

听完学生们的想法，老师感到很欣慰，也很惊喜，因为这堂课不仅使学生明白了学习和做事都要眼界开阔，不能目光短浅地预设目标，还额外完成了使学生明白环境保护的重要性的目标。

24. 上述教学片段中，教师采用的教学方法主要是(　　)

A. 演示法　　B. 讨论法　　C. 练习法　　D. 参观法

25. 案例中“使学生明白环境保护的重要性”的目标属于(　　)

A. 表现性目标　　B. 行为性目标

C. 生成性目标　　D. 普遍性目标

26. 下列有关上述案例中老师的做法，说法错误的是(　　)

A. 从与学生的关系看，老师进行提问扮演着学生学习的引导者角色

B. 从与课程的关系看，老师设计教学流程扮演着课程的建设者角色

C. 从教学手段上看，老师选择的教学媒介符合学生的身心发展特征

D. 从与研究的关系看，老师让学生自由发言是将教学研究者的角色交给了学生

27. 案例中生6说：“它会看到有些人往小河里倒垃圾，让我们喝有污染的水，导致我们生病，这些都是坏人。”根据科尔伯格的道德发展阶段理论，该生最可能处于(　　)(常考)

A. 惩罚与服从的道德定向阶段　　B. 相对功利的道德定向阶段

C. 社会习俗的定向阶段　　D. 普遍原则的道德定向阶段

28. 严老师是新晋语文教师，由于缺乏实际教学经验，他常常套用资深教师何老师的教案和教学模式。此时，严老师的教学风格处于(　　)阶段。

A. 形成教学艺术风格　　B. 创造性教学

C. 独立性教学　　D. 模仿性教学

29. 信度是教学研究中的一项重要数据，是编制测验必须考虑的基本要素。下列对信度的描述正确的是(　　)

A. 信度是指测验结果的可靠性或一致性的程度

B. 信度是指测验结果的准确性或有效性的程度

C. 在正规的测验中，信度可以达到100%

D. 一个有较高信度的测验，一定是有效度的测验

30. 按观察者是否直接介入被观察者的活动来划分观察的类型，教学督导通过不定期随堂听课，评价同一课程不同教师的教学效果，属于(　　)

A. 显性观察　　B. 隐性观察

C. 参与式观察　　D. 非参与式观察

31. 罗老师是一名化学老师，在平时的工作中，他信心十足、精神饱满，对化学教学工作充满热情。他认为，只要他认真做好教学工作，就可以使化学成绩落后的学生取得进步。这说明罗老师的(　　)较好。

A. 教学效能感　　B. 角色认同感

C. 教学监控能力　　D. 教学应变能力

32. 师生关系体系中，(　　)是最高层次的关系形式，对其他关系的形成具有约束和规范作用。

A. 社会关系　　B. 教育关系　　C. 心理关系　　D. 伦理关系

33. 张老师通过观察法记录下班里学生课堂注意力集中时间的数据，并通过整理这些数据，发表了相关的调查报告。根据教育文献的分类，该调查报告属于(　　)(易混)

A. 一次文献　　B. 二次文献　　C. 三次文献　　D. 四次文献

34. 一个真正的班集体，应该没有被冷落的“多余人”，没有被甩掉的“包袱”，没有被歧视的“嫌弃儿”。这主要体现了班集体的(　　)

A. 凝聚效应　　B. 驱动效应　　C. 泛化效应　　D. 同化效应

35. 关于班级教室的布置，下列说法不正确的是(　　)

A. 班训和班徽一般张贴在前墙黑板的正下方

B. 管理园地可以张贴《学生守则》《班级公约》等

C. 荣誉栏一般会张贴或悬挂班级荣获的各种奖状和奖牌

D. 墙报的设置要选择好设计版式、主题

36. 某中学的刘老师在教育工作中坚持传承红色基因，让“感党恩、听党话、跟党走”等爱国主义情感成为学生的自觉追求。根据道德情感的分类，爱国主义情感属于(　　)

A. 直觉的道德情感　　B. 想象的道德情感

C. 伦理的道德情感　　D. 感性的道德情感

37. 赵老师在与学生谈话时，面对自我意识强、独立感受力强、心理敏感的学生，常用暗示或名言、格言等激励他们，帮助他们明白某些道理。赵老师采用的谈话方式为(　　)

A. 点拨式谈话　　B. 批评式谈话　　C. 商讨式谈话　　D. 突击式谈话

38. 在学习完一篇课文后，李老师针对文中的字、词、句的意义对同学们进行了提问，帮助同学们巩固了本节课的内容。李老师所运用的评价方法是(　　)(常考)

A. 诊断性评价　　B. 形成性评价

C. 个体内差异评价　　D. 绝对性评价

39. 以呈现形态进行分类，学校文化可以分为显性文化与隐性文化两部分。以下属于校园隐性文化的是(　　)

①校风　②班风　③人际关系　④军训汇演　⑤校园场地布置　⑥开学典礼

A. ①②③　　B. ②③④　　C. ③④⑤　　D. ④⑤⑥

40. 行为失范是指学生在学校生活环境中各种不良适应的表现，学生失范行为产生的主要原因不包括(　　)

A. 社会生活环境中的问题，如社会规范失控、文化的商品化、城市化的影响等

B. 学校教育的失误问题，如学校教育指导思想的偏差等

C. 家庭生活环境中的问题，如父母的忽视等

D. 学生个人思想问题，如学生不热爱学习、学生素质差等

41. 化学课上，同学们先学习了化学家拉瓦锡的生平事迹，然后又学习了化学家门捷列夫的生平事迹，对化学家的故事有了更深入的了解。根据奥苏贝尔提出的认知同化过程，这是一种(　　)(易错)

A. 发现学习　　B. 组合学习　　C. 上位学习　　D. 下位学习

42. 期末复习时，为了便于学生对知识进行整体把握，钱老师将知识点整理成树状图。钱老师的做法符合教学活动中的(　　)原则。

A. 思考　　B. 结构　　C. 序列　　D. 反馈

43. 刘老师刚接手四年级(1)班，她希望在课堂上可以让学生将注意力集中于教师，提高教师对学生学习的控制力度，并且方便学生独立完成课堂作业，使学生更容易配对学习。则她可以将四年级(1)班的座位安排成(　　)

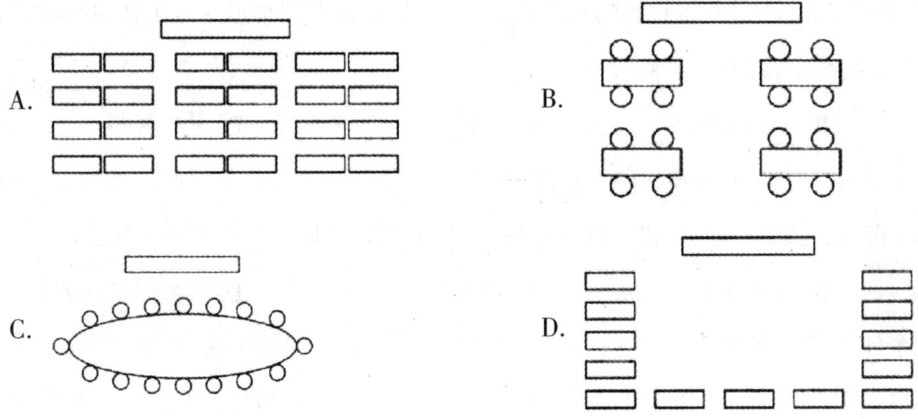

44. 语文教师在教授比较难的文言文时，会给学生提供大量的注释，然后让学生根据这些注释去理解文中的关键句子。一段时间后，教师给学生的注释慢慢减少，学生也逐渐能自己完成比较难的文言文阅读了。以上例子主要体现了在维果斯基理论的基础上发展出的(　　)

A. 情景教学　　B. 启发式教学

C. 参与式教学　　D. 支架式教学

45. 贾星瑶成绩中等，但是面对各种问题都能提出自己的观点。由于她不喜欢遵守规则，喜欢我行我素，成了老师眼里的“大麻烦”。根据斯腾伯格的三元智力理论，贾星瑶最可能属于(　　)的学生。

A. 分析性能力高　　B. 创造性能力高　　C. 实用性能力高　　D. 操作性能力高

46. 在学习诗词文章的时候，学生通常需要背诵整篇诗词，有时难免会出现背了上句忘下句的状况。这个时候，旁人稍微给出一点涉及关键词的小提示，学生就能马上想起来下面的内容。这种运用关键词记忆文章的学习策略属于(　　)

A. 复述策略　　B. 元认知策略　　C. 资源管理策略　　D. 精细加工策略

47. 学生在学习“山脉、高原、平原”等知识之前，应该先学习“地形”的概念，这更有助于学生理解各种地形。这个“地形”的概念就是一种(　　)(常考)

A. 强化　　B. 顺应　　C. 建构　　D. 先行组织者

48. 皮亚杰认为个体认知发展从不成熟到成熟一般要经历四个阶段，其中前运算阶段的儿童具有的思维特点不包括(　　)

A. 刻板性　　B. 不可逆性　　C. 具体形象性　　D. 同一性和重复性

49. 音乐教室里传出了动听的钢琴声，美妙的钢琴声引起了正在教室上数学课的学生的注意，学生此时的注意属于(　　)

A. 无意注意　　B. 有意注意　　C. 分散注意　　D. 有意后注意

50. 根据奥苏贝尔对成就动机的分类，下列属于附属内驱力的是(　　)

A. 小飞认为学习委员在班级很有地位，便积极参与竞选

B. 为了获得老师的支持和认可，小明在课堂上表现很好

C. 小晨十分热爱舞蹈，她喜欢用身体去表达内心的情感

D. 为了解决某一问题，小东查阅了许多繁芜丛杂的资料

51. 小野能熟练地和外教老师用英语进行交流，但在听写任务中却经常拼写错单词。根据学习者在感觉通道上的偏好，小野属于(　　)

A. 视觉学习者　　B. 动觉学习者　　C. 听觉学习者　　D. 发散学习者

52. 小袁在某小学度过了美好的校园时光，每当看到穿着母校校服的小学生时，他都会不自觉地想起自己欢乐的小学时光，心情也跟着愉悦起来。这种记忆属于(　　)(常考)

A. 语义记忆　　B. 逻辑记忆　　C. 声音记忆　　D. 情绪记忆

53. 小宋七年级开始就在校田径队训练跑步且进步很快，但她觉得自己最近进入了“瓶颈期”，进步速度缓慢，甚至倒退。这一现象可以用(　　)原理来解释。

A. 遗忘曲线　　B. 学习曲线　　C. 练习曲线　　D. 正态曲线

54. 在日常的学习生活中，方老师注重训练学生的思维。拿起粉笔时，她让学生尽可能说出粉笔

的多种用途;学习《司马光砸缸》一课时,她引导学生想一想司马光救人前后会想些什么。方老师的这种做法旨在培养学生的(　　)

A. 聚合思维　　B. 发散思维　　C. 常规思维　　D. 具体思维

55. 小明在解代数应用题时,通过自我提问的方式激活过去相关的解题经验、运算法则、解题方法等,他所使用的问题解决策略是(　　)

A. 爬山法　　B. 逆推法　　C. 联想法　　D. 类比法

56. 对于一块石头,奇石收藏者可以从其形态看出意趣和收藏价值,如东坡肉形石,小鸡出壳石等;而地质学家则可以分辨其种类和形成原因。这体现了知觉具有(　　)(易混)

A. 选择性　　B. 理解性　　C. 整体性　　D. 恒常性

57. 场依存型和场独立型是认知风格的两种类型。下列关于二者的说法不正确的是(　　)

A. 场依存型倾向于依赖外在客观事物　　B. 场独立型倾向于依赖内在主体感

C. 场独立型的人善于分析与组织　　D. 场依存型的人更擅长数学与自然科学

58. 树立一定的榜样,使学生有意无意地进行模仿,可以有效促进学生亲社会行为的形成与发展。该观点最可能是受到了(　　)的影响。

A. 桑代克　　B. 班杜拉　　C. 斯金纳　　D. 罗杰斯

59. 下列不属于建构主义观点的是(　　)

A. 知识是分布式的

B. 学习是一种协商性的社会建构

C. 在教学过程中应注重教师的主动性和权威性

D. 不同学生之间的合作、协同与对话,能够让学生更加全面地完成对知识的建构

60. 小诺在进行物理学习时,提出了"电子是否跟光一样存在波动性"的猜想,对此,物理老师不但允许小诺大胆假设,还鼓励他进行实验验证。物理老师的做法能够帮助小诺(　　)

A. 培养问题解决能力　　B. 学习社会规范

C. 养成良好品德　　D. 改善行为习惯

61. 学习者的动作对各种变化的条件表现出高度的灵活性、稳定性和准确性,各个动作之间的干扰消失、衔接连贯、高度协调,不再需要专门控制和有意识的活动,视觉注意范围扩大,心理消耗和体力消耗很低。这是动作技能处于(　　)阶段的表现。

A. 操作定向　　B. 操作模仿　　C. 操作整合　　D. 操作熟练

62. 某次考试后,小乐把自己成绩不理想的原因归结于自己脑子笨、没能力。根据韦纳的归因理论,小乐的归因属于(　　)

A. 内在的、稳定的、不可控的归因　　B. 外在的、不稳定的、可控的归因

C. 内在的、不稳定的、可控的归因　　D. 外在的、稳定的、不可控的归因

63. 虽然表扬和奖励对学习具有促进作用,但使用过多或不当也会产生消极作用。下列关于表扬的注意事项,说法错误的是(　　)

A. 最好有固定的话术和形式

B. 应明确学生的何种行为值得表扬

C. 应该指向学生努力的行为,让学生意识到投入恰当的努力,是可能成功的

D. 应真诚,体现教师对学生成就的关心

64. "直角三角形的两个锐角之和等于90°"属于有意义学习中的(　　)(常考)

A. 表征学习　　B. 概念学习　　C. 命题学习　　D. 方法学习

65. 在实际的教学过程中,为了便于学生概括出共同的规律或特征,教学时最好同时呈现若干(　　),以一个个的例子来说明。

A. 正例　　B. 反例　　C. 变式　　D. 比较

66. 刚升初中的小曼在课堂上经常坐得笔直端正,十分在意自己在其他同学和老师心目中的形象,希望大家都会喜欢她。根据科尔伯格的理论,该学生的课堂纪律发展处于(　　)

A. 反抗行为阶段　　B. 人际纪律阶段　　C. 自我服务行为阶段　　D. 自我约束阶段

67. 小雷上课经常迟到早退。班主任让他写检讨深刻认识自己的错误,小雷也保证从此再也不迟到早退。可是没坚持多久,小雷便将自己的承诺抛之脑后,又开始迟到早退。班主任对小雷进行思想品德教育时,应重点提高小雷的(　　)

A. 道德认知　　B. 道德情感　　C. 道德意志　　D. 道德行为

68. 小华有一次没有回答出来老师的课堂提问,她认为以后老师肯定会觉得她是差生,同学们也会笑话她,就心情沮丧,无法继续专心听讲。针对这种情况,最适合采取的心理辅导方法是(　　)

A. 系统脱敏法　　B. 来访者中心疗法　　C. 行为塑造法　　D. 理性—情绪疗法

69. 对于教师个体劳动的质量考评,有些"量"的指标好衡量,有些"量"的指标不好衡量。比如家访所涉及的具体内容和实际效果,很难简单地用时间的长短来计算。教师劳动的这一特征决定了教师职业道德应该具有(　　)

A. 意识的自觉性　　B. 境界的高层次性　　C. 影响的深远性　　D. 行为的典范性

70. 加强师德师风建设,需要完善师德师风考评监督机制,完善教职员工入职查询制度,建立健全(　　)六大制度,大力惩处违规行为。

A. 教育、宣传、考核、监督、奖励、惩处　　B. 培训、引导、考核、评价、奖励、惩处

C. 教育、完善、考核、监督、奖励、惩处　　D. 培训、推行、考核、评价、奖励、惩处

71. 陈老师是某学校新生班级的班主任。他在第一个学期严抓同学们上课的纪律和作业完成情况，但因同学们的表现总是达不到他的要求，到下学期时他便采取放任自流的态度，不太管班上的纪律。陈老师这样的做法主要不符合(　　)的要求。

A. 严而有理　　B. 严而有情　　C. 严而有恒　　D. 严而有方

72. 在教师职业道德培养的过程中，既要鼓励教师积极对自身教育行为进行调节，也要设置各种制度规范对教师行为进行制约。这体现了教师职业道德修养中(　　)的基本原则。

A. 坚持知行统一　　B. 坚持动机和效果的统一

C. 坚持自律和他律的结合　　D. 坚持继承和创新的结合

73. 王老师每节课上都声如洪钟，并不时用犀利的目光扫视每一个学生，讲到动情处，他会情不自禁地在讲台上轻轻跺上一脚，他激情四射的状态感染着每一个学生。这说明王老师践行了教师职业道德规范中的(　　)(易混)

A. 爱岗敬业　　B. 终身学习　　C. 为人师表　　D. 爱国守法

74. 根据《中华人民共和国家庭教育促进法》，未成年人的父母离异的，(　　)

A. 拥有抚养权的一方应履行家庭教育的主要责任，另一方为次要责任

B. 拥有抚养权的一方应全面履行家庭教育责任，另一方无须履行

C. 父母双方应相互配合履行家庭教育责任

D. 由未成年人的祖父母履行家庭教育责任

75. 某班级的学生张某，上课时不听课，爱打架，不做作业，且每次单元测试的成绩都很差。该班主任为了不让其拖后腿，通过"劝退"的方式让张某放弃参加期末考试。该班主任的行为侵犯了张某的(　　)

A. 发展权　　B. 荣誉权　　C. 健康权　　D. 受教育权

76. 小丽毕业后通过考编成为了一名教师，则小丽享有的权利不包括(　　)

A. 进行教育教学活动，开展教育教学改革和实验

B. 促进学生在品德、智力、体质等方面全面发展

C. 享受国家规定的福利待遇以及寒暑假期的带薪休假

D. 指导学生的学习和发展，评定学生的品行和学业成绩

77. 根据《中华人民共和国未成年人保护法》，下列做法正确的是(　　)

A. 某学校为应对意外事故配备相应设施并进行必要的演练

B. 某作家为小学生创作了一部有暴力导向的读物

C. 某网吧在暑假期间向小学生进行优惠开放

D. 某学校将学生的个人信件内容公开张贴在公告栏上

78. 刘洋在参加教师资格考试前准备不充分，于是决定铤而走险，将知识点抄写在自己的手心上，考试时其作弊行为被监考老师发现，成绩作废。按照相关规定，刘洋(　　)内不得再次参加教师资格考试。

A. 一年　　B. 三年　　C. 五年　　D. 十年

79. 根据《中华人民共和国义务教育法》，下列有关教科书的说法错误的是(　　)

A. 教科书应经济实用，保证质量

B. 未经审定的教科书，不得出版、选用

C. 教科书应根据国家教育方针和课程标准编写

D. 国家机关工作人员应当参与教科书的编写工作

80. 14岁的明明因与父母吵架，一气之下离家出走，在同学小亮家留宿。根据《中华人民共和国预防未成年人犯罪法》，小亮的父母应当(　　)

A. 及时向社区居委会报告　　B. 严格履行看护责任，禁止二人外出

C. 认真检查明明和小亮完成的家庭作业　　D. 及时联系明明的父母或其他监护人

二、多项选择题(在下列每小题列出的选项中至少有两个是正确的，请将其代码填在括号内。错选、多选、少选或未选均不得分。本大题共10小题，每小题1.31分，共13.1分)

81. 学校教育在一个国家的整个教育体系中是一种主导的教育形态。以下选项中属于学校教育特点的有(　　)

A. 职能的专门性　　B. 组织的严密性

C. 作用的全面性　　D. 手段的有效性

82. 教师要善于随时随地觉察课堂里每一位学生是否都在专心听讲，当发现学生有不良行为时，就要运用非言语线索加以制止。非言语线索包括(　　)

A. 目光接触　　B. 手势　　C. 身体靠近　　D. 触摸

83. 下列选项有助于构建"开放、多维、有序"的班级活动体系的有(　　)

A. 活动要贴近学生成长的实际　　B. 活动的开展应体现学生的全体参与和获益

C. 活动应强调形式主义　　D. 活动的形式要丰富且富有创意

84. 学习不是为了机械记住某些知识点，而是为了培养可迁移的能力，这就要求教师在教学设计中，结合实际设计具有挑战性的核心任务。下列核心任务具有挑战性的有(　　)

A. 语文老师让学生创作一首诗歌

B. 英语老师让学生观看带有字幕的美剧并跟着练习口语

C. 数学老师让学生通过三角形相似原理测量教学楼的高度

D. 美术老师让学生通过作品化的作业展现自己的学习成果

85. 根据耶克斯—多德森定律,下列有关动机与行为效果的说法正确的有(　　)(常考)

A. 动机水平与行为效果呈倒U形曲线

B. 最佳动机水平随任务难度的增大而上升

C. 最佳水平为中等强度的动机

D. 复杂任务的最佳动机水平相对于简单任务较低

86. 学习上的正迁移是一种学习对另一种学习的积极影响,下列属于正迁移的有(　　)

A. 擅长英语阅读的小莉英语写作也很好

B. 小文在学习素描后学习油画会觉得比较容易

C. 会骑三轮车的小关总是学不会骑自行车

D. 学习过汉语拼音的小朱难以记住英文字母

87. 教师威信是教师成功地扮演教育者角色,顺利完成教育使命的重要条件,建立教师威信的途径包括(　　)

A. 培养良好的认知能力

B. 培养良好的道德品质

C. 注重良好仪表、风度和行为习惯的养成

D. 发号施令,培养学生绝对服从的意识

88. 下列措施有利于推进师德师风建设的有(　　)

A. 完善学校师德师风建设制度体系,进一步明确师德要求,划定师德底线

B. 利用多种渠道加强师德师风教育,在实践教育中涵育师德修养

C. 完善教师荣誉表彰体系,定期开展师德标兵、优秀教师评选活动

D. 强化文化熏陶,打造卓越的校园文化,充分发挥文化涵养师德师风功能

89. 下列场所中,应当对教师、学生实行优待的有(　　)

A. 大型游乐场　　B. 市科技馆　　C. 博物馆　　D. 区图书馆

90.《中小学德育工作指南》提出,学校要完善党建带团建机制,加强共青团、少先队建设,在学校德育工作中发挥共青团、少先队的(　　)优势。

A. 思想性　　B. 先进性　　C. 自主性　　D. 实践性

三、判断题(判断下列各题的正误,并在题后的括号内打"√"或"×"。本大题共10小题,每小题0.85分,共8.5分)

91.《大中小学劳动教育指导纲要(试行)》规定,中小学每周课外活动和家庭生活中的劳动时间,小学1至2年级不少于2小时,其他年级不少于3小时。(　　)

92. 教育和教育学都是随着人类社会的出现便存在的一种社会现象。(　　)

93. 成语"才高八斗""学富五车"体现的是教师的道德形象。(易混)(　　)

94.《学记》说:"禁于未发之谓豫。"这主要体现了预防性原则。(　　)

95. 学生已经学习过"日"和"月",而后在原有经验不发生改变的情况下,把"日"和"月"重新组合,移用到另一个学习中,即学会了"明"。这属于一般迁移。(易错)(　　)

96. 根据加涅学习结果的分类,"知道什么是分数和小数"属于言语信息的学习。(常考)(　　)

97. 晕轮效应是指当人们认为某人具有某种特征时,就会对此人的其他特征作相似判断,例如爱屋及乌,情人眼里出西施。(　　)

98. 良好的师生关系是进行正常教学活动、提高教学效率的保证,和谐的师生关系是课程教学中一种无形的推动力。(　　)

99. 因地震、雷击、台风、洪水等不可抗的自然因素造成的学生伤害事故,不论学校是否履行职责,均无须承担法律责任。(　　)

100. 素质教育是对传统应试教育的否定,素质教育就是不要考试,尤其是不要百分制考试。(　　)

2022年重庆市特岗教师招聘考试真题试卷(二十三)

(满分100分　时间90分钟)

本套试卷共80小题,包括单项选择题60小题、多项选择题10小题、材料分析题10小题,目前已收录79小题。

一、单项选择题(下列每小题四个选项中只有一个最符合题意,请将其代码填在括号内。错选、多选或未选均不得分。本大题共60小题,每小题1分,共60分)

1. 学生在小学和初中阶段接受统一的基础教育,初中以后可以选择接受普通教育或职业教育。这种学制类型属于(　　)

A. 单轨学制　B. 双轨学制　C. 混合学制　D. 分支型学制

2. 教育发展要走在经济发展的前面,这表明教育具有(　　)

A. 依附性　B. 永恒性　C. 时代性　D. 相对独立性

3. 提出"精神助产术"的教育家是(　　)

A. 柏拉图　B. 亚里士多德　C. 苏格拉底　D. 昆体良

4. 教育活动中,师生共同认识的客体要素是(　　)

A. 教育环境　B. 教育手段　C. 教育内容　D. 教育方法

5. 赫尔巴特对教育学的科学化和独立做出了重要贡献,他的标志性著作是(　　)

A.《大教学论》　B.《爱弥儿》　C.《普通教育学》　D.《教育论》

6.《说文解字》对"教育"二字的阐释是:教,上所施,下所效也;育,养子使作善也。这体现了我们的祖先重视教师劳动的(　　)

A. 创造性　B. 复杂性　C. 示范性　D. 长效性

7. 李老师在给小学生开展防控新冠疫情主题班会的时候,不仅介绍了预防新冠感染的科学常识和方法,还介绍了以钟南山院士为代表的医务工作者不畏艰险援驰武汉、舍生忘死救助病人、争分夺秒研发疫苗的伟大事迹,同学们受到了极大鼓舞。王老师的教学主要体现了(　　)(常考)

A. 科学性和思想性相统一原则　B. 巩固性原则

C. 直观性原则　D. 因材施教原则

8. 我国教育目的的理论基础是(　　)(常考)

A. 核心素养理论　B. 新课程改革理论

C. 马克思关于人的全面发展学说　D. 素质教育论

9. 孔子曰:"上好礼,则民莫敢不敬;上好义,则民莫敢不服;上好信,则民莫敢不用情。夫如是,四方之民襁负其子而至矣,焉用稼?"这段话表明孔子时代的教育特征是(　　)

A. 重视生产劳动　B. 脱离生产劳动

C. 注重产教结合　D. 结合生产劳动

10. 提出"教育即生活、教育即生长、在做中学"教育观念的教育家是(　　)

A. 布鲁纳　B. 班杜拉　C. 杜威　D. 皮亚杰

11. 决定教育社会性质的根本因素是(　　)(易错)

A. 生产力发展水平　B. 政治经济制度

C. 科学技术　D. 文化传统

12. 从学校文化类型上看,中小学生行为准则属于(　　)

A. 物质文化　B. 制度文化　C. 精神文化　D. 行为文化

13. 人的身心在不同时期发展速度不同,在特定期内某一方面的发展特别迅速,而在其他方面相对缓慢。这体现了人身心发展的(　　)

A. 顺序性　B. 阶段性　C. 个别差异性　D. 不平衡性

14. 小明经常讲话干扰课堂,老师找他谈话,他说他也意识到自己的错误,也想改正,但总是管不住自己。在后续的教育中,老师应重点引导小明培养(　　)(常考)

A. 道德认知　B. 道德情感　C. 道德意志　D. 道德行为

15. 总体上规定学校课程设置、课程结构、课程顺序、课时安排的教育文件是(　　)

A. 课程方案　B. 教学设计方案

C. 课程标准　D. 考试大纲

16. 在编写中小学教材时,让课程内容前后多次反复出现,且后面内容相对前面内容进行深化拓展。这种教材内容编排方式是(　　)

A. 直线式　B. 螺旋式　C. 混合式　D. 交叉式

17. 在新课教学中,课堂教学的中心环节是(　　)

A. 激发学习动机　B. 领会知识

C. 巩固知识　D. 作业的布置

18. 我国古代教育中,"六艺"的内容是(　　)(易混)

A. 算术、几何、天文、音乐、文法、辩证法

B. 礼、乐、射、御、书、数

C.《诗经》《尚书》《礼记》《乐经》《易经》《春秋》

D.《大学》《中庸》《孟子》《论语》《学记》《尚书》

19. 我国现行的义务教育课程设置方式是(　　)

A. 六三分段设置　　B. 五四分段设置

C. 九年一贯整体设置　　D. 多种设置方式共存

20. 国家组织的各种选拔性考试,一般都不设定每科的最低分,只根据所有考生本次成绩排名,从高到低划定录取分数线。这种评价方式属于(　　)

A. 诊断性评价　　B. 绝对评价

C. 相对评价　　D. 个体内差异评价

21. 2018年全国教育大会上,习近平总书记发表的重要讲话中指出,教育要培养(　　)

A. 德智体等方面全面发展的社会主义建设者和接班人

B. 德智体美全面发展的社会主义建设者和接班人

C. 德智体美等方面全面发展的社会主义建设者和接班人

D. 德智体美劳全面发展的社会主义建设者和接班人

22. 教师以自己在教学实践中遇到的问题为研究对象,设定研究方案,在实践中不断解决问题,不断提出新的问题,循环往复,不断提高教学水平。这种研究方法是(　　)(常考)

A. 观察法　　B. 调查法　　C. 实验法　　D. 行动研究法

23. 人们解决问题时的轻松和愉悦感,发现问题时的怀疑感,百思不得其解的苦闷感都属于(　　)

A. 理智感　　B. 美感　　C. 责任感　　D. 道德感

24. 下列选项中,属于"水果"这一概念的内涵的是(　　)(易混)

A. 苹果　　B. 梨子　　C. 香蕉　　D. 能吃的果实

25. 下列选项中,不符合个体心理发展关键期含义的是(　　)

A. 关键期指的是0~3岁这个时期

B. 错过这个时期,个体获得这种能力变得困难

C. 不可逆转的时期

D. 某种能力获得的最佳时期

26. 在篮球比赛中,对于如何组织进攻、传球、上篮的记忆属于(　　)

A. 程序性记忆　　B. 语义记忆　　C. 陈述性记忆　　D. 情绪记忆

27. 根据视觉负后像原理,在注视任何一种颜色后,你会在白色背景上看到一个(　　)出现。

A. 相同颜色　　B. 相近颜色　　C. 相反颜色　　D. 无关颜色

28. 电影使一系列静止的拷贝画面连贯起来,前一幅画面的印象还没消失,下一幅画面又出现在视觉中,使观众在银幕上看到活动的场景,这是利用了(　　)

A. 对比的作用　　B. 适应的作用　　C. 后像的作用　　D. 联觉的作用

29. 德国心理学家艾宾浩斯研究发现,遗忘的进程是不均衡的。它表现为(　　)(常考)

A. 中间稍慢　　B. 中间稍快　　C. 先慢后快　　D. 先快后慢

30. 人们思考问题的时候,根据当前问题给定的信息和记忆系统中存储的信息,沿着不同的方向和角度思考,从多方面寻求多样性答案,这种思维活动属于(　　)

A. 聚合思维　　B. 集中思维　　C. 发散思维　　D. 常规思维

31. 小红活泼外向,灵活善变,适应环境很快,善于结交朋友。心理学家把类似于小红的气质称为(　　)

A. 黏液质　　B. 抑郁质　　C. 胆汁质　　D. 多血质

32. 短时记忆中的信息进入长时记忆的主要条件是(　　)

A. 注意　　B. 储存　　C. 输入　　D. 复述

33. 反应慢、但精确性高的认知方式属于(　　)

A. 冲动型　　B. 沉思型　　C. 系列型　　D. 同时型

34. 初次与某人交往,当得知他是一名知名学者时,马上断定他很有学问、有修养、性情温和。从心理学的观点看,此种现象属于(　　)

A. 首因效应　　B. 社会刻板效应　　C. 近因效应　　D. 马太效应

35. 人的性格(　　)

A. 都是坏的　　B. 都是好的　　C. 有好坏之分　　D. 无好坏之分

36. 某教师观察并记录学生课堂上参与讨论的情况,该教师运用的研究方法是(　　)

A. 观察法　　B. 自然实验法　　C. 访谈法　　D. 调查法

37. "人逢喜事精神爽"这种情绪状态是(　　)

A. 心境　　B. 应激　　C. 激情　　D. 理智感

38. 人们常常利用顺口溜、歌诀来帮助记忆一些材料,这种记忆方法是(　　)

A. 地点法　　B. 韵律法　　C. 笔记法　　D. 特征法

39. 晶体智力的发展(　　)

A. 在成年达到高峰　　B. 在20岁左右达到高峰

C. 随年龄增长而下降　　D. 在成年后仍然增长

40. 公安机关有时会使用测谎仪帮助鉴别犯罪嫌疑人,其使用原理主要是(　　)

A. 人在情绪反应时,常常伴随一定的生理唤醒

B. 情绪情感是一种主观体验

C. 情绪情感是一种自我察觉

D. 情绪产生时伴随外部表现

41. 人们在解决问题时，把每种可能性都试验一遍，直到成功为止，这种解决问题的方法是(　　)

A. 手段—目的分析法　　B. 算法式

C. 爬山法　　D. 逆向工作法

42. 小王擅长逻辑推理，但缺乏音乐才能；小李擅长写作，但在数学计算方面表现很差。这反映出不同个体的(　　)(易混)

A. 能力表现早晚的差异　　B. 能力类型的差异

C. 能力发展水平的差异　　D. 能力发展速度的差异

43. 早上出门发现路上是湿的，你不必亲眼看到或听到就知道昨天晚上下雨了。从心理过程上来说，这个过程属于(　　)

A. 感觉　　B. 思维　　C. 知觉　　D. 记忆

44. 下列选项中，不能说明学习的内涵的是(　　)

A. 学习会导致行为和行为潜能的变化

B. 学习导致的变化是相对持久的

C. 学习是主体积累经验、构建心理结构的过程

D. 学习是生理成熟引起行为变化的过程

45.《关于进一步减轻义务教育阶段学生作业负担和校外培训负担的意见》规定，小学一、二年级(　　)

A. 不布置课外活动　　B. 不布置课外阅读

C. 不布置家庭书面作业　　D. 不布置课堂练习

46.《中华人民共和国预防未成年人犯罪法》指出：未成年人实施的有刑法规定、因不满法定刑事责任年龄不予刑事处罚的行为是(　　)(易错)

A. 一般不良行为　　B. 不良行为

C. 较严重不良行为　　D. 严重不良行为

47.《中国教育现代化2035》提出要创新人才培养方式，在教学组织模式上推行(　　)

A. 课时制　　B. 走班制　　C. 导师制　　D. 复合制

48.《中共中央 国务院关于深化教育教学改革全面提高义务教育质量的意见》中对提高课堂教学质量提出：要精准分析学情，重视差异化教学和(　　)

A. 模块化指导　　B. 精细化指导　　C. 个别化指导　　D. 规范化指导

49.《中华人民共和国教育法》赋予了学校自主管理权，学校自主管理的直接依据是(　　)

A. 国家法律　　B. 政府规章

C. 学校章程　　D. 学校规章制度

50. 某小学违反规定向学生收取课外补习费，依照我国《教育法》的规定，除由教育行政部门责令退还所收费用外，对直接负责的主管人员和其他直接责任人员应依法(　　)

A. 给予行政处罚　　B. 给予处分

C. 追究民事责任　　D. 追究刑事责任

51. 下列选项中，属于我国《教师法》规定的教师义务的是(　　)

A. 参与学校的民主管理　　B. 指导学生的学习和发展

C. 抵制有害于学生健康成长的现象　　D. 评定学生的品行和学业成绩

52. 我国《教师法》规定，教师考核的具体内容主要包括(　　)(常考)

A. 政治思想、业务水平、工作态度、工作成绩

B. 政治思想、业务水平、工作成绩、学历层次

C. 政治思想、业务水平、工作成绩、身体素质

D. 政治思想、业务水平、身体素质、学历层次

53. 根据我国《义务教育法》的规定，学校不得分设(　　)

A. 走读班　　B. 重点班　　C. 托管班　　D. 课外兴趣班

54. 根据我国《义务教育法》的规定，义务教育的教师职务制度是(　　)

A. 一级职务、二级职务、三级职务　　B. 初级职务、中级职务、高级职务

C. 初等职务、中等职务、高等职务　　D. 一等职务、二等职务、三等职务

55. 我国《义务教育法》规定，在民族地区和边远贫困地区工作的教师才能享有的是(　　)

A. 特殊岗位补助津贴　　B. 生活补助津贴

C. 艰苦贫困地区补助津贴　　D. 特殊奉献补助津贴

56. 根据我国《未成年人保护法》的规定，有关国家机关和社会组织应当为未成年人的父母或者其他监护人提供(　　)

A. 基本教育条件　　B. 适当物质帮助

C. 家庭教育指导　　D. 无偿教育服务

57. 根据我国《未成年人保护法》的规定，在非特殊情况下，教师不得查阅未成年学生的(　　)

A. 教辅材料　　B. 书籍、作业

C. 家庭信息　　D. 信件、日记

58. 某中学要求教师不得擅自从事影响教育教学本职工作的兼职兼薪行为。这一要求贯彻了《新时代中小学教师职业行为十项准则》中的哪一项(　　)

A. 潜心教书育人　　B. 坚守廉洁自律

C. 规范从教行为　　D. 关心爱护学生

59. 某中学陈老师经常挖苦、羞辱回答问题出错的学生。根据《中小学教师职业道德规范》的规定,陈老师的行为违背了下列哪一项职业道德规范( )(常考)

A. 教书育人　　B. 爱岗敬业　　C. 关爱学生　　D. 为人师表

60. 小学教师何某担任班主任期间,参加了学生家长付费的旅游。根据《中小学教师职业道德规范》的规定,何老师的行为不符合下列哪一项职业道德规范的要求( )(常考)

A. 关爱学生　　B. 教书育人

C. 爱岗敬业　　D. 为人师表

二、多项选择题(下列各题有两个或两个以上正确答案,请将其代码填在括号内。错选、少选、多选或未选均不得分。本大题共10小题,每小题2分,共20分)

61. 以下内容,直接受遗传决定的是( )

A. 机体的结构　　B. 气质类型　　C. 性格　　D. 能力

62. 国家制定的正式的课程文本材料包括( )

A. 课程方案　　B. 课程标准　　C. 教科书　　D. 课后习题集

63.《大中小学劳动教育指导纲要(试行)》规定,劳动教育的主要类型是( )

A. 服务性劳动教育　　B. 日常生活劳动教育

C. 创造性劳动教育　　D. 生产劳动教育

64. 下列关于动机冲突的选项中,属于双趋冲突的有( )

A. 鱼我所欲也,熊掌亦我所欲也,二者不可得兼

B. 学生既怕考试不及格又怕吃苦

C. 学生既想考音乐学院,又想考设计学院

D. 学生既不想做家务,又不想被家长批评

65. 小红看了《水浒传》小说后,头脑中浮现出武松的人物形象,这种想象属于( )(常考)

A. 再造想象　　B. 有意想象　　C. 创造想象　　D. 幻想

66. 下列选项中,有助于引起学生无意注意的措施有( )

A. 增加刺激物的新颖性　　B. 培养间接兴趣

C. 加大刺激物的强度　　D. 加强对学习目的和任务的理解

67. 下列选项中,属于性格的态度特征的有( )

A. 优柔寡断　　B. 热爱集体

C. 大公无私　　D. 乐于助人

68. 按韦纳的归因理论,下列属于内部、不可控归因的有( )(常考)

A. 身体状态　　B. 努力程度　　C. 任务难度　　D. 能力水平

69. 根据《学生伤害事故处理办法》规定,学校需要承担相应责任的情况是( )

A. 学校向学生提供的药品、食品、饮用水等不符合国家或者行业的有关标准、要求

B. 学校提供给学生使用的学具、教育教学和生活设施、设备不符合国家规定的标准,或者有明显不安全因素

C. 学校的安全管理制度有明显疏漏

D. 学生行为具有危险性,学校、教师已经告诫、纠正,但学生不听劝阻、拒不改正

70.《中小学教师职业道德规范》中关于"终身学习"的具体要求有( )

A. 崇尚科学精神,树立终身学习理念　　B. 拓宽知识视野,更新知识结构

C. 潜心钻研业务,勇于探索创新　　D. 志存高远,勤恳敬业

三、材料分析题(在下列每小题列出的四个选项中至少有一个答案是符合题目要求的,请将其代码填在括号内。错选、多选、未选均不得分;少选且选择正确的,每个所选答案得0.5分。本大题共10小题,每小题2分,共20分)

阅读材料一,完成第71~73题。

初二(3)班班主任陈老师发现最近一段时间班上体育委员王闽总是迟到,而且上课也经常打不起精神,偶尔还趴在桌子上睡觉。陈老师没有批评他,而是找王闽谈话,问他最近为什么会这样。王闽说:"陈老师,我发现上初二后学习越来越吃力了,我各科成绩都不太好,我学习都没有劲头。陈老师语重心长地说:"学习肯定是要付出艰辛努力的,你是一个有毅力的人,为了班级篮球荣誉,你在场上摔伤流血,包扎好又继续战斗,你是我们班夺冠的大功臣,大家都很佩服你。"王闽不好意思地挠一挠头:"可是我在其他方面比大家差太多了。""你要相信自己,"陈老师接着说,"你要把带领大家夺冠的精气神用到各科学习上,你的基础也不差,你保证期中考试成绩比上学期不下降,好不好?""好的!"王闽肯定地点点头。从那以后,他不再迟到,课堂上也变得积极了。期中考试时,他的成绩不但没有下降,各科总成绩还比原来上涨了五十多分。他还被评为班上的"进步标兵"。

71. 本材料体现的德育方法有( )

A. 说服教育法　　B. 参观法

C. 实践锻炼法　　D. 品德评价法

72. 本材料体现的德育原则有( )

A. 发扬积极因素,克服消极因素原则　　B. 尊重信任与严格要求学生相结合原则

C. 教育影响的一致性和连贯性原则　　D. 疏导性原则

73. 本材料体现的德育途径有( )

A. 思想品德课　　B. 班主任工作

C. 学习实践　　D. 课外活动

阅读材料二，完成第74～76题。

郭老师在学生了解了王安石诗歌《泊船瓜洲》的基本大意后，就问同学们："关于这诗，你们有什么疑问吗？"张明同学举手说："请问老师，京口、瓜洲、钟山在地理上到底有什么关系啊？"同学们纷纷点头应和。"这是一个很关键的问题，老师先来给大家讲一讲！"于是郭老师打开电脑地图软件，通过PPT呈现了长江北岸扬州市瓜洲区、长江南岸镇江市京口区和西边的南京市钟山区的三角形位置，清晰形象地呈现了"京口瓜洲一水间，钟山只隔数重山"的场景关系。"谢谢老师，虽然这三个地方我都去过，过去不太清楚它们之间的关系，现在就非常明确了！"张明高兴地说。"我也有一个问题，"李洁举手说，"王安石的家乡是江西抚州，从诗歌的意思看他要回到百公里外的南京钟山，为什么不是回到更远的江西老家呢？"郭老师说："李洁同学很善于思考，同学们可以根据预习了解的背景知识来讨论交流一下这个问题吗？"各小组经过讨论，得出结论：王安石的老家虽然在江西，但是他的家人当时就住在南京，这体现了他急切盼望回家和家人团聚的心情。通过上述问答和交流，同学们更加深刻地理解了诗歌的背景和内涵。

74. 本材料中，郭老师运用的教学方法有（　　）

A. 讨论法　　B. 谈话法　　C. 演示法　　D. 作业法

75. 本材料体现了郭老师运用的教学原则有（　　）

A. 直观性原则　　B. 启发性原则

C. 巩固性原则　　D. 循序渐进原则

76. 本材料体现的教学过程的规律有（　　）

A. 教师主导与学生能动性相结合　　B. 间接经验与直接经验相结合

C. 掌握知识与发展智力相结合　　D. 掌握知识与思想教育相结合

阅读材料三，完成第77～78题。

中学生小红很喜欢美术，她从小的目标就是成为卓有成就的画家，她觉得如果她不能当上画家，人生就会非常失败。高中时，她决定报考美术学院，高一开始，她就找了美术老师辅导自己的绘画，她学习非常努力，进步也非常大。高三时，她更加刻苦勤奋练习，她太渴望考上心仪的美术学院了，做梦都会梦见自己在美术学院学习。在她的刻苦努力下，绘画能力进步神速，老师都觉得按她现在的水平，专业考试绝对会顺利通过。但随着专业考试的临近，她越来越紧张。她极度渴望有完美的表现，结果事与愿违，没有发挥出应有的水平，导致专业考试失利。这个结果让大家很诧异，她自己也无法接受，她甚至觉得自己根本就没有美术天赋，就不应该学美术。

77. 下列有关动机的理论中，最能解释小红考试失利的原因的是（　　）

A. 行为主义流派的强化理论　　B. 马斯洛的需要层次理论

C. 耶克斯—多德森定律　　D. 韦纳的归因理论

78. 下列选项中，可以有效帮助到小红的措施有（　　）

A. 当小红进步了，就给予奖励；退步了，就惩罚

B. 帮助小红树立正确的学习观、人生观

C. 适当降低小红的动机强度

D. 帮助小红正确归因

阅读材料四，完成第79～80题。

红红是一位初三学生，进入初三后，她有了自己的中考目标，她觉得考上市重点高中才是唯一的出路，中考如果失败了，只能考上普通高中或者职业高中的话，未来就没有前途可言。而且她认为，只要付出努力，自己就一定会成功。

但随着中考的临近，她压力越来越大，时常感觉心慌意乱，心跳加快，身体有一种不舒服的燥热，睡眠也非常的糟糕，有时甚至会整夜失眠。

课堂上她不能很好地集中注意力，思维不太受控制，记忆力也变差，老师叫她回答问题时，不管问题难不难，回答问题时总是语无伦次，声音发颤，很难消除胆怯紧张的心理。

考试之前，她会非常紧张。考试时，她心跳加速、头脑发胀、昏昏沉沉，不能认真审题，考试成绩也越来越差。

红红越来越苦恼，但她无力改变……

79. 下列选项中，符合红红情况的心理症状有（　　）

A. 成瘾症　　B. 强迫症　　C. 焦虑症　　D. 抑郁症

80. 缺

2021年河南省特岗教师招聘考试真题试卷(二十四)

(满分150分　时间120分钟)

本套试卷共41小题,包括单项选择题20小题、判断题15小题、案例分析题3小题、论述题1小题、教学设计题1小题、教育写作1小题。

一、单项选择题(请在每小题的四个选项中选出一个正确答案,并将正确选项的字母写在括号内。不选、错选或多选者,该题无分。本大题共20小题,每小题2分,共40分)

1. 习近平总书记在庆祝中国共产党成立100周年大会上指出,一百年来,中国共产党团结带领中国人民进行的一切奋斗、一切牺牲、一切创造,归结起来的一个主题是(　　)

A. 实现中华民族伟大复兴　　B. 全面建设小康社会

C. 带领人民创造美好生活　　D. 构建人类命运共同体

2. 2021年7月,中共中央、国务院印发的《关于新时代加强和改进思想政治工作的意见》中,把思想政治工作作为(　　)

A. 社会发展的根本任务　　B. 治党治国的重要方式

C. 学校工作的主要内容　　D. 教育学生的重要手段

3.《中华人民共和国义务教育法》规定,在民族地区和边远贫困地区工作的教师享有(　　)(易混)

A. 困难补助津贴　　B. 艰苦贫困地区补助津贴

C. 生活补助津贴　　D. 特殊岗位补助津贴

4. 初中三年级的班主任李老师为了不影响本班普通高中的升学率,要求学习不好的学生只能报考职业高中,李老师的这种行为(　　)

A. 属于职业生涯指导　　B. 体现了因材施教

C. 侵犯了学生的受教育权　　D. 侵犯了学生的人身自由权

5. 体育老师在课堂上发现某学生的动作很不规范,要求其反复练习5次,该老师的这种行为属于(　　)

A. 体罚　　B. 变相体罚

C. 正常的教学行为　　D. 教育机智

6. 教师在教育教学过程中,带头践行社会主义核心价值观,弘扬真善美,传递正能量。这体现了《新时代中小学教师职业行为十项准则》中的(　　)(易混)

A. 热爱教育事业　　B. 潜心教书育人

C. 坚持言行雅正　　D. 传播优秀文化

7. 某小学提出的培养目标是:培养勇于担当、乐于奉献、善于合作的现代小公民。这体现了教育的(　　)

A. 政治功能　　B. 文化功能

C. 人口功能　　D. 科技功能

8. 下列选项中,对教育名著认识不正确的是(　　)

A.《大教学论》首次系统论述了班级授课制

B.《爱弥儿》对绅士教育进行了全面论证

C.《民主主义与教育》提出了教育即经验的改组或改造

D.《普通教育学》标志着教育学的发展进入了科学化时期

9. 下列选项中,与个体发展的影响因素对应错误的是(　　)

A. 种瓜得瓜,种豆得豆——遗传决定

B. 出淤泥而不染——主体作用

C. 近朱者赤,近墨者黑——环境影响

D. 揠苗助长——因材施教

10. 某小学实施美育时,选用的京剧脸谱、豫剧服饰与民间泥塑等内容属于(　　)

A. 艺术美　　B. 社会美　　C. 自然美　　D. 科学美

11. 在课程目标取向中,强调通过学生、教师与教育情境的交互作用产生课程目标,而不是课程开发者和教师所强加的目标。这体现的是(　　)

A. 行为目标取向　　B. 教学性目标取向

C. 表现性目标取向　　D. 生成性目标取向

12. 某小学以"做非遗文化小传人"为主题,组织学生到当地非物质文化传承基地,开展优秀传统文化教育活动。这体现的德育原则是(　　)(常考)

A. 长善救失原则　　B. 尊重信任与严格要求相结合原则

C. 知行统一原则　　D. 正面教育与纪律约束相结合原则

13. 主张心理学研究应关心人的价值和尊严,促进人潜能发挥的心理学流派是(　　)

A. 行为主义心理学　　B. 机能主义心理学

C. 精神分析心理学　　D. 人本主义心理学

14. 学生把握问题的性质和关键信息,在头脑中形成问题空间的过程是(　　)

A. 理解问题　　B. 发现问题

C. 提出假设　　D. 验证假设

15. 古诗里所描写的"月儿弯弯照九州,几家欢乐几家愁"说明人的情绪具有(　　)

A. 主观性　　B. 感染性　　C. 两极性　　D. 客观性

16. 教师让学生尽可能多地写出曲别针的用途来训练学生的创造力。这种方法属于(　　)

A. 头脑风暴训练　　B. 发散思维训练

C. 推测与假设训练　　D. 自我设计训练

17. 小刘把考试取得好成绩归因于穿了"幸运服"、考场号正好是自己的"幸运数字"。按照动机的归因理论,小刘的归因模式属于(　　)

A. 内在不稳定型　　B. 内在稳定型

C. 外在不稳定型　　D. 外在稳定型

18. 小王违反课堂纪律,老师取消了他的"班级之星"称号。该老师的做法属于(　　)(常考)

A. 正强化　　B. 惩罚

C. 负强化　　D. 反馈

19. 个体在追求的目标失败时,以"失败乃成功之母"来达到心理平衡的心理效应是(　　)

A. 酸葡萄效应　　B. 首因效应

C. 甜柠檬效应　　D. 近因效应

20. 学生认为"社会法则应符合公众权益,否则就应该修改。"根据科尔伯格的理论,该生的道德发展属于(　　)

A. 社会契约取向阶段　　B. 惩罚与服从取向阶段

C. 普遍伦理取向阶段　　D. 维护权威或秩序取向阶段

二、判断题(判断下列命题的正误,正确的请在题后的括号打"√",错误的打"×"。本大题共15小题,每题1分,共15分)

1. 2021年4月,教育部办公厅发布《关于进一步加强中小学生睡眠管理工作的通知》,明确要求小学生每天睡眠时间不少于10小时。(　　)

2.《中华人民共和国教育法》规定,学校及其他教育机构中的教学辅助人员,实行教育职员制度。(　　)

3. 高等学校毕业生以志愿者的方式到农村地区缺乏教师的学校任教,其任教时间计入工龄。(　　)

4. 教育民主化作为现代教育最显著的特征,追求的是平等、高质量和适合个性特征的教育。(　　)

5. 中小学教师备课的主要任务是分析教材,吃透主旨,最终形成正式的教案。(常考)(　　)

6. 某语文老师在教学过程中为了了解学生对阅读知识和技能的掌握情况而进行的评价是诊断性评价。(　　)

7. 以马克思主义为指导,深入挖掘学科内容的思想性、教育性。这体现了教学的方向性原则。(　　)

8. 教师要加强作业管理,控制学生书面作业的总量与时长,严禁机械性、重复性和体罚性作业,提高作业育人质量。(　　)

9. 中小学教师通过描述自身的教育故事,对这些故事进行意义建构,在此基础上形成对教育活动的解释性理解。这种研究方法属于行动研究。(易错)(　　)

10. 教师在讲课时利用手势以增强学生感知的效果,其所依据的感知规律是强度律。(　　)

11. 对"榜样学习"的教育效应做出合理解释的心理学理论是班杜拉的观察学习理论。(　　)

12. 百米竞赛的预备信号与起跑信号相隔太长时间,会影响运动员的成绩,是由于注意起伏的影响。(　　)

13. 典型的事实和生动的例子是一门学科中最具有广泛迁移价值的材料。(　　)

14. 人们常说"北方人比较豪爽""军人严格自律",这体现的是人格的首要特质。(　　)

15. 课间休息有助于减少前后两节课记忆材料引起的前摄抑制和倒摄抑制。(常考)(　　)

三、案例分析题(本大题共3小题,每小题10分,共30分)

1. 2021年6月29日被颁授"七一勋章"的云南省丽江华坪女子高级中学党支部书记、校长张桂梅同志,扎根贫困地区40余年,看到不少山区女孩因贫困失学而深感痛心,2008年创办了全国第一所全免费女子高中。她坚持为党育人、为国育才,以党建统领教学、以革命传统立校、以红色文化育人,引导学生们感党恩、听党话、跟党走,做党的好女儿。她生活节俭,拿出自己绝大部分工资接济困难学生,把母亲般的慈爱全部献给学生,帮助近2000名贫困山区女孩圆大学梦。她先后荣获"全国十佳师德标兵""全国教书育人楷模"等荣誉称号。

请结合材料,运用教师职业道德的知识对该案例进行分析。

2. 班主任张老师为了在班级中开展富有特色的劳动教育活动,鼓励学生观察记录校内外劳动活动的过程,创编劳动故事。他还在教室里专门布置由学生自主设计与创作的劳动故事文化墙,并设立"我是小小发言人"岗位,由学生轮流负责自主创编讲解稿,为来访客人讲解文化墙的内容。学生大胆自信、风格迥异的解说给参观的客人留下了深刻印象。通过这项活动,原本内向的学生也变得活泼开朗、积极向上了。

请结合材料,运用教育学相关知识对该案例进行分析。

3. 李老师是一位教学经验丰富的语文教师,在教学生如何写“买”“卖”两个字时,李老师告诉学生“多了就卖,少了就买”,学生很快记住了这两个字。针对有的学生常常把“干燥”写成“干躁”,把“急躁”写成“急燥”的问题,李老师就教学生记住“干燥防失火,急躁必跺足”,学生从此不再混淆这两个字了。

请结合案例运用心理学相关知识分析。

(1)李老师采用了何种学习策略来帮助学生记忆?(5分)

(2)根据该学习策略的特点分析其在学习中的意义。(5分)

四、论述题(本大题共10分)

请结合实际,论述新任教师促进自身专业发展的主要途径。

五、教学设计题(本大题共15分)

请根据所提供的教学材料和相关情况,按要求完成教学设计。

教学材料:某版本小学五年级语文教科书中安排了综合性学习单元——“走进信息世界”。

学习任务:感受信息传递方式的快速发展,体会信息给我们的学习、工作和生活带来的影响,并学习搜集和处理信息,还可以利用获得的信息,写简单的研究报告。

活动板块:

板块一 “信息传递改变着我们的生活”,该板块安排了有关信息传递方式及对人类生活产生影响的五篇阅读材料。

板块二 “利用信息,写简单的研究报告”,该板块安排了两篇不同类型简单的研究报告《奇怪的东南风》和《关于李姓的历史和现状的研究报告》。

相关情况:授课对象为某乡村小学五年级学生,班级人数为40人。

请设计一则语文综合性学习活动方案,写出活动理念、目标和具体过程。

六、教育写作(本大题共40分)

阅读下面材料,根据要求写作。

说到老师,你会想到谁?可能会想到孔子、陶行知、苏霍姆林斯基,可能会想到于漪、张玉滚、李芳,也可能会想到在你求学历程中对你产生积极影响的某些老师。说到“好老师”,你会想到什么词语?可能是师德高尚、教书育人,也可能是严肃认真、学识渊博,可能是风趣幽默、民主亲和……

请结合上述材料,深入思考,确定立意,自拟题目,写一篇不少于600字的议论文。

2021年河北省特岗教师招聘考试真题试卷(二十五)

(满分150分　时间150分钟)

本套试卷共36小题,包括单项选择题15小题、辨析题5小题、填空题10小题、简答题3小题、材料分析题1小题、案例分析题1小题、教育写作1小题。

一、单项选择题(在下列每小题列出的四个选项中只有一个是最符合题意的,请将其代码填在括号内。错选、多选或未选均不得分。本大题共15小题,每小题2分,共30分)

1. 义务教育的基本内涵是:国家与社会有义务确保全体适龄儿童接受法定年限的学校教育、家长有义务送适龄子女接受法定年限的学校教育和(　　)(常考)

A. 学校有义务为适龄儿童提供公平的教育

B. 适龄儿童有义务接受法定年限的学校教育

C. 公共机构针对适龄儿童开放并进行教育的义务

D. 企事业单位和个人不得雇用学龄儿童

2. 教师因故主动向教育部门要求解除聘用合同,属于(　　)

A. 辞聘　　B. 解聘　　C. 弃聘　　D. 待聘

3. 提出"教学做合一"思想的是(　　)(常考)

A. 梁启超　　B. 蔡元培　　C. 陈鹤琴　　D. 陶行知

4. "其身正,不令而行;其身不正,虽令不从"体现的德育方法是(　　)

A. 说服教育法　　B. 情感陶冶法　　C. 榜样示范法　　D. 实际锻炼法

5. 教师主动学习心理学、教育学知识属于教师职业的(　　)素养。

A. 道德　　B. 能力　　C. 综合　　D. 知识

6. 孔子"弟子三千,贤者七十",他主要采用的教学组织形式是(　　)

A. 个别教学　　B. 小组教学　　C. 班级教学　　D. 复式教学

7. 灯是照明的工具,体现了思维的(　　)(常考)

A. 间接性　　B. 灵活性　　C. 概括性　　D. 敏捷性

8. 儿童发展中,儿童大脑先发育成熟,然后才是四肢逐渐发展灵活,这说明儿童发展具有(　　)

A. 不平衡性　　B. 阶段性

C. 差异性　　D. 顺序性

9. 老师让学生回家通过视频先学习,回学校再和同学老师一起讨论,这是(　　)

A. 翻转课堂　　B. 认知课堂　　C. 建构课堂　　D. 扭转课堂

10. (　　)是中国少年儿童的群众组织,是少年儿童学习中国特色社会主义和共产主义的学校,是建设社会主义和共产主义的预备队。

A. 少先队　　B. 共青团　　C. 共产党　　D. 共产主义学校

11. 我国现行的基础教育的管理有(　　)(常考)

A. 国家课程　　B. 地方课程

C. 学校课程　　D. 国家、地方和学校课程

12. 教师自编测验的命题类型有主观题和客观题,主观题包括问题解决和(　　)

A. 选择题　　B. 填空题　　C. 多选题　　D. 论文题

13. 一个人行动缓慢,情感情绪持续时间长,这表明其属于(　　)气质。

A. 胆汁质　　B. 多血质

C. 黏液质　　D. 抑郁质

14. 在课程中教师让学生围绕某一中心问题发表自己的看法或者见解,从而进行相互学习,这种教学方法属于(　　)

A. 讲授法　　B. 谈话法　　C. 讨论法　　D. 读书指导法

15. 学生因喜欢年轻老师时尚的穿着,于是喜欢她上的课,这属于(　　)(易混)

A. 社会刻板印象　　B. 晕轮效应

C. 皮格马利翁效应　　D. 罗森塔尔效应

二、辨析题(判断正误并说明理由。本大题共5小题,每题2分,共10分)

1. "我从这部电影中受到一次深刻教育"中的教育属于广义的教育。

2. 学校安全教育只是对学生进行安全教育。

3. 班级教学管理的内容只包括提高学生学习成绩。

4. 危机干预是在学生心理问题严重的时候进行干预。

5. 学校期末考试属于形成性评价。

三、填空题(在下列每小题的空格中填上正确答案。错填、不填均不得分。本大题共10小题,每空2分,共20分)

1. 习近平总书记说:加快推进教育现代化,建设教育强国,办好________的教育。

2. 中华民族伟大复兴中国梦的实现,归根到底靠人才,靠________。

3. 品德是个体依据一定的社会道德准则规范行动时表现出来的比较稳定的________。

4. 教师考核是对教师工作情况的一项评价机制,教师考核的内容包括政治思想、________、工作态度、工作成绩四方面。

5.《中华人民共和国义务教育法》规定,教师的平均工资水平应当________当地公务员的平均工资水平。(常考)

6. 学校和校外机构教师要取得________资格证。

7. 德育过程的构成要素:教育者、________、德育内容、德育方法。(常考)

8. 教师职业道德规范规定了教师的思想行为和________行为。

9. IQ是________,可通过斯坦福—比纳量表、韦克斯勒量表测量。

10. 为遵循《中小学教师职业道德规范》中为人师表的职业道德要求,老师应该自觉抵制________家教。

四、简答题(本大题共3小题,每小题10分,共30分)

1. 为什么说学校教育占主导地位?

2. 简述讲授法的要求。

3. 教师应如何指导学生应对考试焦虑?

五、材料分析题(本大题共15分)

某班学生的差别很大,数学学习上学生的差别尤其大。如果按优秀学生的水平教学,中等以下水平的学生听不懂。如果按中等学生的水平教学,优秀学生会感觉太简单。该班数学老师说,按照素质教育的要求,今后按照班上最低水平教学。

请从素质教育的角度,谈谈你对这位老师的看法。

六、案例分析题(本大题共15分)

最近,赵成比较郁闷,不愿意说话。于是,他找到了心理咨询室的老师,但是他在咨询室还是不愿意说话。咨询室的老师对他循循善诱,打开了他的心扉。赵成说:“我不开心,是因为老师不表扬我。”咨询室的老师对他说:“学习要靠内部动机。”并对他说会为他保密。随后,老师把自己的联系方式给了赵成。通过几次交流,赵成逐渐改变了自己的态度,重拾了学习的信心。

这个老师是如何落实心理咨询活动的基本原则的?

七、教育写作(本大题共30分)

2020年底,贫困县已纷纷脱帽,但这不是结束,而是新征程的开始。请以乡村振兴与乡村教育为主题写一篇议论文,立意为教育脱贫、振兴乡村教育等。

2021年贵州省特岗教师招聘考试真题试卷(二十六)

本套试卷包括学科专业知识和教育综合知识两部分,目前仅收录教育综合知识部分的试题。该部分共13小题,包括单项选择题10小题、简答题2小题、案例分析题1小题。

一、单项选择题(本大题共10题,每小题1分,共10分。在每小题的四个备选答案中选出一个正确答案,并将正确答案的序号填入括号内。错选、多选或未选均不得分)

1. 为了学生的全面发展,学校开展了一系列以“国家认同,国际理解”为主题的活动,该举措属于培养学生核心素养中的(　　)

A. 人文底蕴　　B. 健康生活　　C. 责任担当　　D. 实践创新

2.《中华人民共和国未成年人保护法》第七十条规定:“学校应当合理使用网络开展教学活动,未经学校允许,未成年学生不得将手机等智能终端产品带入课堂,带入学校的应当统一管理。”这个描述属于对未成年人的(　　)

A. 家庭保护　　B. 学校保护　　C. 社会保护　　D. 网络保护

3. 教师要遵循教育规律,实施素质教育;循循善诱,诲人不倦,因材施教;培养学生良好品行,激发学生创新精神,促进学生全面发展;不以分数作为评价学生的唯一标准。这说明了教师应该具有(　　)的职业道德。(常考)

A. 为人师表　　B. 教书育人　　C. 关爱学生　　D. 爱岗敬业

4. 说课要求教师不仅要说出“教什么”“怎么教”,还要说出“为什么要这样教”,这体现说课的(　　)特点。

A. 理论性　　B. 阐发性　　C. 演讲性　　D. 预见性

5. “授人以鱼,不如授人以渔”反映了教师在教学过程中应遵循(　　)的规律。(易混)

A. 间接经验与直接经验相统一　　B. 掌握知识和发展智力相统一

C. 传授知识与思想品德教育相统一　　D. 教师主导作用与学生主体作用相统一

6. “笑一笑,十年少。”这句话体现了情绪与情感的(　　)功能。

A. 组织　　B. 信号　　C. 感染　　D. 健康

7. 临睡前的学习效果一般较好,确切地说,这是因为该阶段的学习主要不受(　　)的干扰。

A. 前摄抑制　　B. 倒摄抑制

C. 单一抑制　　D. 多重抑制

8. 下列不属于迁移的是(　　)(易混)

A. 杯弓蛇影　　B. 见异思迁　　C. 惊弓之鸟　　D. 因噎废食

9. 教师在不同的成长阶段,所关注的问题不同,当教师把关注的焦点一味地投向讨学生喜欢时,

这说明教师的成长处于(　　)(常考)

A. 关注生存阶段　　B. 关注情境阶段　　C. 关注学生阶段　　D. 关注成长阶段

10. 周恩来在南开中学就读时,曾立下了“为中华之崛起而读书”的志向,这种学习动机属于(　　)

A. 内部的高尚动机　B. 内部的低级动机　　C. 外部的高尚动机　　D. 外部的低级动机

二、简答题(本大题共2小题,每小题5分,共10分)

11. 简述中小学教师选用教学方法时,需遵循的基本依据。

12. 简述中小学生焦虑症产生的原因。

三、案例分析题(本大题共10分)

13. 星期三上午,上课铃声响后,某年级(1)班的小敏手里拿着面包匆忙跑进教室。上数学课的李老师看见后,很不高兴地对小敏说:“站住!把手里的面包扔了,学习不咋地,就想着吃。”于是,小敏气冲冲地把没吃完的面包扔进垃圾桶,头也不回地走向座位。课堂上整节课,她好像心事重重,没有心思听课。

当天下午第一节课,该班的小凯也迟到了,一边啃着方便面,一边跑进教室。正在上语文课的王老师没有责怪小凯,而是拿出干净的纸巾,微笑地递给他:“拿着,把食物放在纸巾上,先上课,等下课后你再吃吧。下课后到我办公室坐着吃会更好。”于是,小凯安安静静地上完这节课,下课后带着一点羞涩走进王老师的办公室,王老师仍微笑着边给小凯泡泡面边问:“今天下午你迟到是什么原因呀?能不能告诉老师?”随后在与小凯的交流中,王老师了解到,原来小凯是因家里有急事帮妈妈照顾妹妹才迟到的。于是,王老师跟小凯交流应对特殊事情的解决方法后,小凯带着感激的心情高兴地回到了教室,从此小凯再也没有出现上课迟到的现象。

(1)从师生关系的角度分析案例中两位老师的行为,你认为哪位老师的做法更好,并说明你的理由。(8分)

(2)结合案例,写出体现王老师“教育机智”的句子。(1分)

(3)从德育的视角看,该案例中的王老师主要采用了哪种德育方法?(1分)

2021年海南省特岗教师招聘考试真题试卷(二十七)

(满分100分　时间90分钟)

本套试卷共50小题,包括单项选择题30小题、判断题10小题、多项选择题10小题,目前已收录46小题。

一、单项选择题(在下列每小题列出的四个选项中只有一个是最符合题意的,请将其代码填在括号内。错选、多选或未选均不得分。本大题共30小题,每小题2分,共60分)

1. 我国教育最鲜亮的底色是(　　)

A. 马克思主义　　B. 加快推进教育现代化

C. 坚持建设教育强国　　D. 办好人民满意的教育

2. 教师合作的理想模式是(　　)

A. 建立帮扶制　　B. 建立教师专业发展共同体

C. 结对子　　D. 自愿结合

3. 缺

4. 人对事物采取的态度是以该事物是否满足或符合自己的(　　)为中介的。

A. 动机　　B. 态度　　C. 需要　　D. 感觉

5. 缺

6. 教育工作者的真正威信在于他的(　　)

A. 权力　　B. 态度　　C. 威严　　D. 人格力量

7. 评价教学结果的最客观和可靠的标准是(　　)

A. 学生成绩　　B. 智力测验　　C. 期末评比　　D. 教学目标

8. 直观教学运用变式的主要目的是(　　)

A. 激发学习兴趣　　B. 引起有意注意　　C. 突出概念本质　　D. 丰富表象思维

9. 根据《中华人民共和国教师法》的规定,下列不属于学校解聘教师的情形的是(　　)(常考)

A. 故意不完成教育教学任务给教育教学工作造成损失的

B. 体罚学生,经教育不改的

C. 品行不良、侮辱学生,影响恶劣的

D. 与同事相处不融洽的

10. 高老师收到学生的一封来信,信中这样写道:"高老师,我今天很高兴,因为您终于给我回答问题的机会了,这可是我上四年级以来获得的第一次回答问题的机会呀!虽然这是您不经意的一次提问,但我心里有说不出的喜悦。就在这一次,老师,您终于注意到了我的存在,让我有了发表意见的机会。我真心地对您说一句——高老师,喊出每一个学生的名字吧!"这一现象表明了传统教学中存在的问题是(　　)

A. 只重认知　　B. 重结果轻过程　　C. 只注重情感　　D. 重教书轻育人

11. 学生马某未按规定完成作业,罗老师罚他站在教室外面。马某不服,嘴里一直嘟嘟囔囔。罗老师气急了,给了马某一耳光。马某回家后出现耳鸣、头疼和恶心的症状,经医院诊断为耳膜破裂。承担马某身体受伤的主要责任主体是(　　)

A. 学校　　B. 马某　　C. 罗老师　　D. 三方都有责任

12. 教师确定班会主题时不可依据(　　)

A. 时事热点、政策　　B. 学生中的突发事件　　C. 节令、纪念日　　D. 学生个人隐私

13. 课堂教学即时评价最适宜采取的方法是(　　)

A. 代币法　　B. 惩罚法　　C. 强化法　　D. 强制法

14. 有些教师为开展儿童模仿行为问题的研究,让学生进入舞厅、网吧或观看少儿不宜的图像。其研究违反了(　　)

A. 客观性原则　　B. 发展性原则　　C. 教育性原则　　D. 系统性原则

15. 学生走进教室时,并不是犹如一张白纸。这体现了哪种学习理论的教育启示(　　)(常考)

A. 行为主义学习理论　　B. 建构主义学习理论

C. 认知主义学习理论　　D. 人本主义学习理论

16. 教师专业发展和自我成长的核心因素是(　　)(常考)

A. 校本研修　　B. 专业引领　　C. 自我反思　　D. 同伴互助

17. 美国教育家杜威主张"附带学习"可能比正式学习来得更根本、更重要,即课程计划中未规定而又确实对学生产生一定影响的课程。这种"附带学习"主要属于(　　)

A. 地方课程　　B. 显性课程　　C. 隐性课程　　D. 选修课程

18. 无论使用何种乐器演奏《没有共产党就没有新中国》,人们都很容易辨识出其旋律。这体现的是知觉的(　　)

A. 理解性　　B. 恒常性　　C. 选择性　　D. 整体性

19. 教案是教师为某一节课拟定的上课计划,其主体部分是(　　)

A. 教学目的　　B. 教学方法　　C. 教学过程　　D. 板书设计

20. 缺

21. 年满14岁的初中生张某学习成绩不好,不想上学,父母让其辍学到城里务工,一家汽修厂安排张某当学徒。下列说法正确的是(　　)

A. 张某父母的做法合法,父母有责任帮助孩子成长

B. 张某父母的做法不合法,侵犯了张某的受教育权

C. 汽修厂的用工合法,张某已年满14岁

D. 汽修厂的用工不合法,违反了《中华人民共和国教育法》

22. 对儿童性格形成和发展具有特别重要影响的家庭因素是(　　)

A. 家庭结构　　B. 出生顺序

C. 家庭的贫富程度　　D. 父母对子女的教养方式和态度

23. “教学永远具有教育性”的意义在于强调(　　)

A. 传授知识与思想品德教育相统一　　B. 掌握知识与发展智力相统一

C. 教师主导作用与学生主体性相统一　　D. 直接经验与间接经验相统一

24. 人们将教师的教育教学劳动喻为“良心活”,这彰显了教师职业道德(　　)

A. 意识的自觉性　　B. 行为的示范性

C. 影响的深远性　　D. 标准的严格性

25. 教师与研究者密切协作,以教育实践中的某一问题作为研究对象,通过合作研究,再把研究结果应用到教育实践中。这种研究方法称为(　　)

A. 观察法　　B. 读书法　　C. 文献法　　D. 行动研究法

26. 小燕一提到学习就心烦意乱,一写作业就心神不宁,一到考试就心慌。她的心理问题可能是(　　)

A. 焦虑症　　B. 抑郁症　　C. 强迫症　　D. 精神衰弱症

27. 在信息化环境中,学生课前借助网络平台观看微视频,自主学习课程,课堂上,依托教师指导开展分组讨论和合作探究。这种新型教学组织形式称为(　　)

A. 在线课堂　　B. 网络课堂　　C. 翻转课堂　　D. 虚拟课堂

28. 个别教师不允许班上学习差的学生参加考试,随意占用学生的上课时间,指派学生参加一些与教育无关的商业庆典活动等。上述做法主要侵害了学生的(　　)(常考)

A. 身心健康权　　B. 名誉权　　C. 受教育权　　D. 隐私权

29. 一般而言,把学习成绩归因于(　　)对学习动机的激励作用最大。

A. 能力　　B. 努力　　C. 运气　　D. 工作难度

30. 德育过程是对学生知、情、意、行的培养提高过程,其进行的顺序是(　　)(常考)

A. 以意为开端,意知情行依次进行　　B. 以知为开端,知情意行依次进行

C. 以行为开端,行知情意依次进行　　D. 视具体情况,可有多种开端和顺序

二、判断题(判断下列各题的正误,并在题后的括号内填“√”或“×”。本大题共10小题,每小题1分,共10分)

31. 道德认识是个体品德的核心。(　　)

32. “近朱者赤,近墨者黑”,因此环境能够决定人的身心发展。(　　)

33. 基础教育的使命是奠定每一个儿童学力发展的基础和人格发展的基础。(　　)

34. 大中小学设置劳动周,以个体劳动为主,可在寒暑假期间和学年内自主安排。(　　)

35. 学校应当结合常见多发的未成年人犯罪,对不同年龄的未成年人进行有针对性的预防犯罪教育。(　　)

36. 教育内卷能促进学生之间的公平竞争。(易错)(　　)

37. 立德树人的成效是检验学校一切工作的根本标准。(　　)

38. 义务教育的特点包括强制性、基础性、普遍性。(　　)

39. 追求个人特有潜能的充分发挥以及理想和人的价值的完美实现是自我实现需要的满足。(　　)

40. “堂堂清、日日清”的教学方式,提高了课堂的教学效率,但也容易忽略学生的个别差异性。(　　)

三、多项选择题(下列每小题列出的选项中至少有两个是符合题意的,请将其选出并把它的标号填在括号内,错选、多选、少选或未选均不得分。本大题共10小题,每小题3分,共30分)

41. 习近平总书记强调,教师不能只做传授书本知识的教书匠,而要成为塑造学生(　　)的“大先生”。

A. 品行　　B. 品性　　C. 品格　　D. 品味

42. 终身学习的支柱包括(　　)

A. 学会共处　　B. 学会做事　　C. 学会生存　　D. 学会改变

43. 以下属于行为疗法的是(　　)

A. 合理情绪疗法　　B. 认知疗法　　C. 暂时隔离法　　D. 系统脱敏法

44. 《中共中央 国务院关于全面深化新时代教师队伍建设改革的意见》指出,把提高教师思想政治素质和职业道德水平摆在首要位置,把社会主义核心价值观贯穿教书育人全过程,突出全员全方位全过程师德养成,推动教师成为(　　)

A. 先进思想文化的传播者　　B. 教育实践创新的实践者

C. 党执政的坚定支持者　　D. 学生健康成长的指导者

45. 下列属于文献研究的优点的是(　　)

A. 没有时空限制　　B. 方便、经济、高效

C. 客观、真实　　D. 受到个人研究的局限性

46. 由于新冠肺炎疫情肆虐,在线教育应运而生,教育应对这一变革的举措有(　　)

A. 培养学生自主学习的能力　　B. 确立以师为本的理念

C. 建立网络教学平台　　D. 建立多元化评价体系

47. 教育活动要重视“三结合”,充分发挥教育合力。“三结合”指的三种教育是(　　)(常考)

A. 家庭教育　　B. 社会教育　　C. 学校教育　　D. 班级教育

48. 根据《中华人民共和国教师法》,以下属于教师的权利的是(　　)

A. 进行教育教学活动,开展教育教学改革和实验

B. 参加进修或者其他方式的培训

C. 指导学生的学习和发展,评定学生的品行和学业成绩

D. 制止有害于学生的行为或者其他侵犯学生合法权益的行为

49. 刘老师正在上课,学生吴明突然站起来指出刘老师讲解中的错误。刘老师板着脸说:“吴明,老师不如你,以后就由你来上课好了!”说完,刘老师若无其事地继续上课。下列对于刘老师教学行为的评价,正确的是(　　)

A. 维护了正常的教学秩序　　B. 漠视了学生的主体地位

C. 体现了教师的主导地位　　D. 挫伤了学生的积极性

50. 缺

2021年吉林省特岗教师招聘考试真题试卷(二十八)

本套试卷仅收录教育专业基础知识部分的试题。该部分共24小题,包括判断题10小题、单项选择题10小题、简答题2小题、论述题1小题、案例分析题1小题。

一、判断题(判断下列各题的正误,正确的打“√”,错误的打“×”。本大题共10小题,每小题1分,共10分)

1.《中华人民共和国教育法》规定,国家实行学前教育、初等教育、中等教育、高等教育的学校教育制度。( )

2.《中华人民共和国教师法》规定,取得教师资格的人员首次任教时,应当有试用期。( )

3.教育叙事研究属于定量研究。(易错) ( )

4.习近平总书记在全国教育大会上强调,要坚持把服务中华民族伟大复兴作为教育的重要使命。( )

5.人的心理是人脑对社会现实的客观反映。( )

6.“一心二用”是指注意的分散。(常考) ( )

7.功能固着是指个体在解决问题时只看到某种事物的通常功能,而看不到它的其他功能。( )

8.俗话说“江山易改,禀性难移”,所以人的性格是难以改变的。( )

9.个体被善或恶的社会现象所激起的情感状态称为理智感。( )

10.知识掌握得越多,智力就越高,创造力也越高。( )

二、单项选择题(下列每小题四个选项中只有一个符合题意,请将其代码填在括号内。错选、多选或未选均不得分。本大题共10小题,每小题1分,共10分)

11.下列选项中,不属于《新时代中小学教师职业行为十项准则》的是( )

A.传播优秀文化　　B.自觉爱国守法

C.坚守廉洁自律　　D.遵守学术规范

12.依据《中华人民共和国义务教育法》,下列表述不正确的是( )

A.凡年满六周岁的儿童,其父母或者其他法定监护人必须送其入学接受并完成义务教育

B.义务教育实行国务院领导,省、自治区、直辖市人民政府统筹规划实施,县级人民政府为主管理的体制

C.适龄儿童、少年免试入学

D.实施义务教育,不收学费、杂费

13.中小学生应具备的核心素养指的是适应终身发展和社会发展需要的( )

A.必备品格和关键能力　　B.健全人格和完善能力

C.创新精神和实践能力　　D.探究精神和行动能力

14.教学目标能够对教学系统内的其他要素进行优化、组合、协调,使教学系统发挥最佳的教学效果。这体现了教学目标的( )

A.导向功能　　B.激励功能

C.评价功能　　D.聚合功能

15.“四有”好老师是指有理想信念、有道德情操、有扎实学识和( )(常考)

A.有仁爱之心　　B.有创新精神

C.有实践能力　　D.有爱国情怀

16.下列属于第二信号系统条件反射的是( )(易混)

A.望而生畏　　B.谈梅生津

C.视而不见　　D.尝梅生津

17.提出观察学习概念的心理学家是( )

A.皮亚杰　　B.斯金纳

C.华生　　D.班杜拉

18.维果斯基认为教学与发展的关系应该是( )

A.发展要走在教学的前面　　B.发展和教学齐头并进

C.教学要走在发展的前面　　D.发展和教学相互决定

19.每个人都有被他人或群体接纳、爱护、关注、鼓励及支持的需要,这是( )

A.尊重需要　　B.归属与爱的需要

C.安全需要　　D.自我实现的需要

20.艾宾浩斯遗忘曲线表明,复习时主要应采取的方法是( )(常考)

A.过度学习　　B.多样化的复习方法

C.及时复习　　D.尝试回忆和反复阅读相结合

三、简答题(本大题共2小题,每小题4分,共8分)

21. 简述政治对教育的影响。

22. 简述意志行动中的动机冲突类型。(常考)

四、论述题(本大题共6分)

23. 论述新课程改革的具体目标。(常考)

五、案例分析题(本大题共6分)

24. 阅读下面的案例,回答问题。

王老师是初中二年级一班的班主任,他发现学生张轩因迷恋网络,无心学习,上课经常打瞌睡。通过与他谈话,王老师了解到张轩之所以天天上网,是为了成为像比尔·盖茨、马云、马化腾那样的人。于是,王老师和张轩讲了这几人的成长经历,让他认识到有理想是好的,但让理想成为现实,需要掌握科学文化知识,要有真才实学。此后,张轩在信息技术课上认真多了。王老师和信息技术老师沟通,让张轩当了课代表,使他体验到了学习的乐趣。一年后,张轩在市青少年互联网设计大赛中获得了一等奖。从此,他对学习其他课程的积极性也越来越高。最终,张轩如愿考入某重点高校的计算机专业。

请结合上述材料,分析王老师主要遵循了哪些德育原则,并阐明理由。

2021年陕西省小学特岗教师招聘考试真题试卷(二十九)

(满分100分　时间120分钟)

本套试卷共63小题,包括单项选择题50小题、多项选择题10小题、论述题2小题、案例分析题1小题,目前已收录60小题。

一、单项选择题(下列每小题列出的选项中只有一个是最符合题意的,请将其选出并把它的标号填在括号内,错选、多选或未选均不得分。本大题共50小题,每小题1分,共50分)

1. 第一位在中国系统传播马克思主义教育理论的学者是(　　)

A. 李大钊　B. 陈独秀　C. 杨贤江　D. 蔡元培

2. 世界上最早开始实施义务教育的国家是德国,颁布的法令是(　　)

A.《义务教育法》　B.《魏玛教育法令》　C.《初等教育法》　D.《学制令》

3. 现代信息技术的应用极大地提高了教育普及率和效率,这表明制约教育发展的主要因素是(　　)

A. 生产力水平　B. 政治经济制度　C. 文化　D. 人口

4. 六岁的小明被妈妈强迫学习高等数学,这种做法违背了人身心发展的(　　)

A. 顺序性　B. 可变性　C. 互补性　D. 差异性

5. 教育目的对学校教育的实施具有(　　)

A. 终身作用　B. 改造作用　C. 文化作用　D. 评价作用

6. 在小学阶段开设的道德与法治、科学等课程均属于(　　)

A. 学科课程　B. 综合课程　C. 探究性课程　D. 活动课程

7. 主张学校课程应以建造新的社会秩序为方向,这种课程理论是(　　)

A. 经验主义课程论　B. 社会改造主义课程论

C. 存在主义课程论　D. 学科中心课程论

8. 当我们走在校园内,会自动把某一事物作为知觉对象,与此同时把其他事物作为知觉的背景,这种现象说明知觉具有(　　)(常考)

A. 整体性　B. 选择性　C. 理解性　D. 恒常性

9. 教师上课时一边讲课,一边观察学生的表现,这属于(　　)

A. 分心　B. 注意的起伏

C. 注意的分配　D. 注意的转移

10. 我们游览过长城后,会在脑海中留下深刻印象。这种记忆属于(　　)

A. 形象记忆　B. 运动记忆　C. 情绪记忆　D. 逻辑记忆

11. 学生用抽象的概念进行判断和推理,从而解决数学问题的思维过程属于(　　)

A. 直观动作思维　B. 具体形象思维　C. 直觉思维　D. 抽象逻辑思维

12. 某学生既想参加活动为校争光,又怕影响学习,这属于意志行动中的(　　)

A. 双趋冲突　B. 双避冲突　C. 趋避冲突　D. 多重趋避冲突

13. 良好的师生关系和同学关系能满足学生的(　　)

A. 生理需要　B. 认知需要　C. 归属与爱的需要　D. 审美需要

14. 现有的知识和技能对学习新的知识和技能产生了阻碍作用,这属于(　　)(常考)

A. 逆向迁移　B. 负迁移　C. 正迁移　D. 一般迁移

15. 认为学习知识的最佳方式是发现学习的心理学家是(　　)

A. 布鲁纳　B. 奥苏贝尔　C. 斯金纳　D. 班杜拉

16. 根据皮亚杰的认知发展阶段理论,10岁学生的思维处于(　　)

A. 感知运动阶段　B. 前运算阶段　C. 形式运算阶段　D. 具体运算阶段

17. 小学生在执行某些任务时不能独立完成,需要在能力更强的老师和同学的帮助下完成,这样的任务范围被称为(　　)

A. 教学支架　B. 最近发展区　C. 先行组织者　D. 互动合作

18. 根据科尔伯格的道德发展阶段论,9岁以下儿童的道德判断水平主要处于(　　)

A. 后习俗水平　B. 习俗水平　C. 超习俗水平　D. 前习俗水平

19. 缺失

20. 下列不违背教师职业道德规范的做法是(　　)

A. 家有喜事时接受家长贺礼　B. 出于爱心对学生严厉责骂

C. 规定学生买大量辅导资料　D. 教师节接受学生自绘贺卡

21. 教师只有把教育当成一项事业,才能感受到职业的乐趣,并在学生的成就中获得愉悦与自豪感。这体现了教师职业的(　　)

A. 信念　B. 理想　C. 良心　D. 幸福

22. 教师公正的首要特点是(　　)

A. 教育性　B. 广泛性　C. 制约性　D. 影响性

23. 缺失

24. 习总书记勉励广大教师要做有理想信念、有道德情操、有扎实学识、有(　　)的"四有"好老师。(常考)

A. 创新精神　B. 孔颜乐处　C. 澄明之心　D. 仁爱之心

25.“通过教育,学生一定能够成才”“通过努力,我一定能教好我的学生”是指教师必须具有较高的( )

A. 教育境界 B. 教学效能感 C. 道德修养 D. 教育理想

26. 教师公正的核心是( )(常考)

A. 对领导的公正 B. 对家长的公正 C. 对同事的公正 D. 对学生的公正

27. 习近平总书记强调,广大教师要做学生锤炼品格的引路人,做学生学习知识的引路人,做学生创新思维的引路人,做学生( )的引路人。

A. 奉献祖国 B. 实践创新 C. 学会生活 D. 学会做人

28. 教师在课堂上不能仅关注小部分学生,而应照顾到每位学生。这是指教师在教学资源分配过程中要注意( )

A. 因材施教原则 B. 平等原则 C. 求真务实原则 D. 真善美统一原则

29. 缺失

30. 教师对学生实施教育惩戒后,应当注重与学生的沟通与帮扶,注重( )

A. 因材施教 B. 严格要求与尊重的统一

C. 公平与关怀的统一 D. 惩戒与教育效果的统一

31. 在教学过程中,教师的教学行为始终伴随着“四心”:对学生有爱心,对教学问题的处理有耐心和细心,对教学内容和方法有( )

A. 责任心 B. 恒心 C. 良心 D. 用心

32. 教师在教学过程中的动作、活动以及身体各部分所呈现的姿态,反映的是教师的( )

A. 礼仪规范 B. 教学举止 C. 着装打扮 D. 仪容仪表

33. 王老师拒绝了家长们精心准备的答谢宴和礼品。王老师的行为( )

A. 正确,体现了言行雅正 B. 正确,坚守了廉洁自律

C. 不合适,应体现家校合作 D. 错误,王老师的情商太低

34. 把师德认知转化为师德行为的媒介与内驱力是教师的( )

A. 职业道德信念 B. 职业道德规范 C. 职业道德行为 D. 职业道德范畴

35. 下列不属于教育单行法的是( )

A.《中华人民共和国义务教育法》 B.《中华人民共和国教师法》

C.《中华人民共和国教育法》 D.《中华人民共和国职业教育法》

36. 教育法规和教育政策发生矛盾时,应坚持( )优先原则。(易混)

A. 教育政策 B. 教育法规 C. 折中 D. 利益最大化

37. 下列属于教育法律关系的主体的是( )

A. 权利 B. 义务 C. 自然人 D. 物体

38. 1995年3月18日第八届全国人民代表大会第三次会议通过的教育法规是( )

A.《中华人民共和国义务教育法》 B.《中华人民共和国教育法》

C.《中华人民共和国高等教育法》 D.《中华人民共和国教师法》

39. 学生上课迟到,老师最恰当的做法是( )

A. 罚款 B. 让学生站在教室外面反省

C. 取消评优资格 D. 课后了解迟到原因

40.《中华人民共和国教师法》将教师身份界定为( )(常考)

A. 知识分子 B. 专业人员 C. 国家干部 D. 准公务员

41. 在民族地区和边远贫困地区工作的教师享有( )津贴。

A. 特殊岗位补助 B. 生活补助

C. 艰苦贫困地区补助 D. 特殊奉献补助

42. 下列不属于教师权利的是( )

A. 指导学生 B. 参加进修和培训

C. 获得报酬和享受福利待遇 D. 遵守宪法和法律

43. 教师在学校受到了不公正待遇,依据相关法律,可以优先采取的法律救济途径是( )

A. 教师申诉 B. 民事诉讼 C. 申请仲裁 D. 刑事诉讼

44. 学生享有的受教育权主要包括受完法定教育年限权、学习权和( )

A. 人格尊严权 B. 隐私权 C. 公正评价权 D. 荣誉权

45. 我国九年义务教育的学段是( )

A. 小学与初中 B. 小学与中学 C. 小学与高中 D. 学前与小学

46. 我国中小学校实行( )

A. 校长负责制 B. 书记负责制 C. 校长责任制 D. 民主集中制

47. 义务教育阶段的学生违反学校管理制度,学校应予以( )

A. 开除 B. 劝其退学

C. 勒令退学 D. 批评教育,不得开除

48. 教师将考试成绩名次靠后的学生安排到最后一排,教师的这种做法( )

A. 是激发学生学习的重要手段 B. 侵犯了学生的人格尊严权

C. 是班级管理的有效手段 D. 侵犯了学生的受教育权

49. 学校、其他教育机构或者教育行政部门不能给予教师行政处分或者解聘的情况是( )

A. 体罚学生,经教育不改的

B. 品行不良、侮辱学生,影响恶劣的

C. 故意不完成教育教学任务给教育教学工作造成损失的

D. 因不可抗力而给教育教学工作造成损失的

50. 班主任经常查阅学生的日记,这侵犯了学生的(　　)

A. 名誉权　　B. 受教育权　　C. 隐私权　　D. 荣誉权

二、多项选择题(下列每小题列出的选项中至少有两个是符合题意的,请将其选出并把它的标号填在括号内,错选、多选、少选或未选均不得分。本大题共10小题,每小题2分,共20分)

51. 班级管理的主要内容有(　　)

A. 学生的学习　　B. 学生的身心健康

C. 学生的课外活动　　D. 学校的校舍

52. 在小学教学中,以实际训练为主的教学方法有(　　)(常考)

A. 演示法　　B. 实验法　　C. 观察法　　D. 练习法

53. 小学德育工作应遵循的原则有(　　)

A. 知行统一原则　　B. 循序渐进原则

C. 导向性原则　　D. 一致性和连贯性原则

54. 下列属于人类高级社会情感的是(　　)

A. 理智感　　B. 道德感　　C. 应激　　D. 美感

55. 以下教师的做法属于正强化的是(　　)(常考)

A. 对遵守课堂纪律的学生给予表扬　　B. 给认真打扫卫生的学生奖励一朵小红花

C. 对不遵守课堂纪律的学生进行批评　　D. 对有迟到行为的学生进行批评

56. 学生受外部学习动机支配的行为有(　　)

A. 学生因为喜爱数学而认真学习数学　　B. 学生为了获得老师的表扬而认真学习

C. 学生为了考试取得好成绩而认真学习　　D. 学生为了赢得同学的尊重而努力学习

57. 教师职业良心的主要内涵包括(　　)

A. 恪尽职守　　B. 自觉工作　　C. 爱护学生　　D. 团结执教

58. 违反教师职业道德的行为有(　　)

A. 在教育教学活动中有损害党中央权威、违背党的路线方针政策的言行

B. 损害国家利益,或违背社会公序良俗

C. 在网络中散布虚假信息

D. 在教育教学活动中遇突发事件、面临危险时,不顾学生安危,擅离职守,自行逃离

59. 教师的职业权利包括(　　)(常考)

A. 教育教学权　　B. 科学研究权　　C. 管理学生权　　D. 进修培训权

60. 我国中小学的教师职务分为(　　)

A. 初级教师　　B. 中级教师　　C. 讲师　　D. 高级教师

三、论述题(本大题共2小题,每小题9分,共18分)

61. 阐述近年来我国小学教学改革的趋势。

62. 论述影响小学生人格发展的因素。

四、案例分析题(本大题共12分)

63. 陶行知在《师范生应有之观念》一文中论述:"教育者,乃为教养学生而设,全以学生为中心,故开办学校,聘请教师,无一非为学生也。若无学生,焉有学校?既无学校,焉有教师?然则教师与学生,焉可无同情耶?同情谓何?即以学生之乐为乐,以学生之忧为忧;学生之休戚即我之休戚,学生之苦恼即我之苦恼是也。"

结合上述材料,回答以下问题。

(1)阐述良好师生关系的标准。(4分)

(2)结合当前教育现状,谈谈如何建立良好师生关系。(8分)

2021年黑龙江省小学特岗教师招聘考试真题试卷(三十)

(满分200分　时间180分钟)

本套试卷共73小题,包括判断题30小题、单项选择题14小题、多项选择题16小题、简答题6小题、论述题4小题、案例分析题2小题、情境分析题1小题,目前已收录64小题。

一、判断题(判断下列各题的正误,并在题后的括号内打"√"或"×"。本大题共30小题,每小题1分,共30分)

1. 教育法律事件是教育法律关系产生、变更和消灭所需要的条件或根据。(　　)

2. 教师公正,教育必然公正,所以说二者是一回事。(　　)

3. 教育法律救济是为弱势群体实施的一种专业性的法律帮助。(　　)

4. 某学生家长故意隐瞒孩子患有严重疾病,造成学生在学校组织的活动中病发猝死,学校不承担法律责任。(　　)

5. 教师职业道德建设在教师队伍建设中具有首要和基础的作用。(　　)

6. 教师职业道德行为有着强烈的示范功能。(　　)

7. 存在违法行为是承担教育法律责任的前提。(　　)

8. 冒名顶替别人上大学,侵犯了别人的受教育权,也侵犯了别人的姓名权。(　　)

9. 教师职业道德依附于一定的生产力基础,所以说它没有自己的相对独立性。(　　)

10. 缺

11. 教学过程本质上是一种特殊的促进学生发展的过程。(　　)

12. 班级管理的主体是班主任,其他学科老师不参与管理。(　　)

13. 义务教育阶段的数学课程目标从知识技能、数学思考、问题解决、情感态度等四个方面加以阐述。(　　)

14. 1999年至今的第八次课程改革的特点是生成性、开放性、发展性和特殊性。(　　)

15. 缺

16. 学习引起的行为变化是暂时的。(　　)

17. 小学生常认为听父母和老师的话就是好孩子,说明其道德发展处于自我中心阶段。(　　)

18. 男女智力总体发展水平相当。(　　)

19. 学习迁移对于提高解决问题的能力具有直接的促进作用。(　　)

20. 学生为得到老师或父母的奖励而努力学习的动机是内部动机。(　　)

21. 个体身心发展的顺序性决定了教育、教学工作应该循序渐进。(常考)(　　)

22. 面对问题情境,儿童倾向于深思熟虑且较少出错的认知方式属于场独立型。(　　)

23. "赤壁之战"是指东汉末年孙权、曹操联军在赤壁一带打败刘备军队的一次著名战役。(　　)

24. 缺

25. "我思故我在"的提出者是牛顿。(　　)

26. 长揖是古代不分尊卑的相见礼,拱手高举,自上而下。(　　)

27. 陈忠实的第一部长篇小说《白鹿原》被称为"民族灵魂的秘史"。(　　)

28. 萨特是法国哲学家、作家,20世纪最重要的哲学家之一,也是第一位拒绝诺贝尔奖的人。(　　)

29.《步辇图》描绘的是文成公主远嫁松赞干布,汉藏和亲,作者是唐代阎立本。(　　)

30. 抗日救亡歌曲《青年进行曲》的作者是聂耳。(　　)

二、单项选择题(在下列每小题列出的四个选项中只有一个是最符合题意的,请将其代码填在括号内。错选、多选或未选均不得分。本大题共14小题,每小题2分,共28分)

31. 我国的教育基本法是(　　)(常考)

A.《中华人民共和国义务教育法》　B.《中华人民共和国教育法》

C.《中华人民共和国教师法》　D.《中华人民共和国未成年人保护法》

32. 某学校侵犯教师的合法权益,教师可以向(　　)提出申诉。

A. 当地人民政府　B. 当地人民法院　C. 当地检察院　D. 教育行政部门

33. 根据我国《未成年人保护法》,对犯罪的未成年人采取(　　)的保护措施。

A. 教育为主、惩罚为辅　B. 惩罚为主、教育为辅

C. 教育与惩罚并重　D. 开除学籍

34. 缺

35. 某小学规定,女教师必须在学校工作3年后方可怀孕,否则产假按事假对待,该规定(　　)

A. 合法,体现了学校的自主办学权利　B. 合法,保障了学校的正常教学秩序

C. 不合法,侵犯了女教师的人权　D. 不合法,侵犯了女教师的人身权

36~37. 缺

38. 关注人的价值、尊严与潜能是(　　)心理学派的基本观点。

A. 行为主义　B. 精神分析　C. 认知观点　D. 人本主义

39. 在学业成败归因中,内部的、可控的、不稳定的因素是(　　)(易混)

A. 能力高低　B. 运气好坏　C. 努力程度　D. 任务难度

40. 品德的心理结构中最具动力色彩的是(　　)

A. 道德意志　B. 道德行为　C. 道德情感　D. 道德认识

41. 我国古代最大的一部类书是(　　)

A.《永乐大典》　B.《四库全书》　C.《汉书》　D.《资治通鉴》

42~43. 缺

44.《昭明文选》的作者是(　　)

A. 王充　B. 山涛　C. 萧统　D. 嵇康

三、多项选择题(下列各题的选项中有两个或两个以上是符合题意的,请将其代码填在括号内。多选、少选或错选均不得分。本大题共16小题,每小题2分,共32分)

45. 设立学校及其他教育机构,必须具备的基本条件包括(　　)

A. 有组织机构和章程　B. 有优秀的教师

C. 有必备的办学资金和稳定的经费来源　D. 有稳定的生源

E. 有符合规定标准的教学场所及设施、设备等

46.《未成年人保护法》规定对学生权利保护包括(　　)

A. 家庭保护　B. 学校保护　C. 社会保护　D. 社区保护

E. 司法保护

47.《中华人民共和国义务教育法》的立法依据有(　　)

A.《中华人民共和国未成年人保护法》　B.《中华人民共和国教育法》

C.《中华人民共和国宪法》　D.《学生伤害事故处理办法》

E.《中华人民共和国预防未成年人犯罪法》

48. 我国义务教育具有(　　)

A. 强制性　B. 免费性　C. 义务性　D. 公益性

E. 平等性

49. 李某作为一名受教育者,依法享有的权利有(　　)(常考)

A. 参加教育教学活动　B. 使用学校图书资料

C. 按照国家有关规定获得奖学金　D. 获得教师的公正评价

E. 完成规定学业后获得相应学位证书

50. 缺

51. 对于未成年人的监护人的设定,包括(　　)

A. 法定监护　B. 指定监护　C. 委托监护　D. 代理监护

E. 代管监护

52. 小学综合实践活动的特征包括(　　)(常考)

A. 分散性　B. 实践性　C. 开放性　D. 自主性

E. 生成性

53. 义务教育阶段的数学课程是培养公民素质的基础课程,具有(　　)

A. 基础性　B. 普及性　C. 发展性　D. 抽象性

E. 操作性

54. 根据皮亚杰的认知发展阶段理论,具体运算阶段的儿童的思维特点包括(　　)(易错)

A. 可逆性　B. 守恒　C. 单一性　D. 泛灵论

E. 去自我中心性

55. 下面符合小学生观察特点的有(　　)

A. 观察缺乏精确性　B. 观察缺乏顺序性

C. 观察目的性较差　D. 观察缺乏深刻性

E. 观察缺乏果断性

56. 下列选项中,(　　)不属于班固的赋。

A.《两都赋》　B.《洛神赋》　C.《秋阳赋》　D.《阿房宫赋》

E.《二京赋》

57. 下列选项中,(　　)不属于张衡的赋。

A.《水萤赋》　B.《归田赋》　C.《四时赋》　D.《日观赋》

E.《灵乌赋》

58. 中国古代祭祀有着严格的等级规范:天子祭祀用太牢,诸侯祭祀用少牢。其中"少牢"指(　　)

A. 牛　B. 羊　C. 猪　D. 鸡

E. 鱼

59. 下列人物中不属于唐宋八大家的有(　　)(易错)

A. 辛弃疾　B. 王安石　C. 陆游　D. 曾巩

E. 苏轼

60. 叙述的方法有(　　)

A. 顺叙　B. 倒叙　C. 插叙　D. 补叙

E. 分叙

四、简答题(本大题共6小题,每小题5分,共30分)

61. 简述教师的职业权利。(常考)

62. 简述教师违法(侵权)行为的主要类型。

63. 简述我国教育目的的基本精神。

64. 简述影响个体身心发展的因素。(常考)

65. 简述小学生想象发展的特点。

66. 简述小学生学习的特点。

五、论述题(本大题共4小题,每小题10分,共40分)

67. 论述小学教师要处理好的几种关系。

68. 论述小学老师怎样做到依法执教。

69. 论述小学班主任的主要工作。

70. 如何利用注意规律组织教学?(常考)

六、案例分析题(本大题共2小题,每小题10分,共20分)

71. 案例一　张桂梅老师创办全免费女子高中,她勤恳敬业,教出了上千名大学生。在女子高中,张桂梅老师以身作则,和学生一起住宿舍,每天早上五点多起床,十二点后才休息。在学校,她是校长,是保安,每天检查水电安全、熄灯与否,赶走路上的蛇,拿着小喇叭催促学生起床、吃饭、做操,是严厉的批评者,也是和困难学生抱头痛哭的师长,十多年如一日。张桂梅老师还提出了"革命传统立校,红色文化育人"教育理念,在学校开展红色教育,每周组织红歌合唱、观看红色电影等。

结合案例,从教师职业道德的角度谈谈张老师的教学行为。

72. 案例二　美术课上,老师对同学们说:"今天我们要画风。"大家一听就懵了。风无影无踪,看不到摸不着,怎么画?看到大家一脸茫然,老师接着说:"同学们是不是觉得风不好画,让我们先来听一听风的声音,也许大家就知道该怎么画了。"老师打开播放器,教室里就响起了一阵阵风声:飓风、大风、狂风……"大家想一想,怎样画才能表达出风的力量呢?""老师,我画被风吹弯的烟可以吗?"老师点点头说:"很好啊!"教室里顿时活跃起来了。"我画飘扬的红旗""我画水面的浪花"……老师看到大家思路打开了,就对大家说:"下面大家开始画风,比比看谁画得又好又有创意。"快下课了,老师总结说,扬州八怪之一的李方膺画风很有名,但他只画了一幅《风竹图》,而你们都画出了几幅不同的风,将来一定能出现超过李方膺的大画家。

(1)该名老师的教学是否是成功的?请评价教师行为是否合理,为什么?(5分)

(2)如何培养学生的学习兴趣?(5分)

七、情境分析题(本大题共20分)

73. 课堂上,教师问学生:"一块铁块和一块木块放在水里,会出现什么情况?"

学生:"铁块沉下去,木块浮在水面上。"

教师:"为什么呢?"

学生:"因为铁重。"

教师:"钢铁制成的巨轮也很重,为什么却浮在水面上?"

这一问,学生的情绪一下子高涨起来,开始积极思考。之后,教师再引出"阿基米德原理"。

问题:

(1)小学常用的教学方法有哪些?(10分)

(2)材料中体现了哪种教学方法?说一说运用此种教学方法的要求。(10分)

2021年四川省特岗教师招聘考试真题试卷(三十一)

(满分100分　时间120分钟)

本套试卷共43小题,包括单项选择题30小题、判断简析题6小题、简答题5小题、论述题1小题、分析说明题1小题。

一、单项选择题(下列每小题列出的四个选项中只有一个是最符合题意的,请将其代码填在括号内。错选、多选或未选均不得分。本大题共30小题,每小题1分,共30分)

1. 在马克思历史唯物主义理论的指导下形成的教育起源说是(　　)(常考)

A. 神话起源说　　B. 生物起源说

C. 心理起源说　　D. 劳动起源说

2. 洛克在《教育漫话》一书中提出了(　　)

A. 泛智教育思想　　B. 自然主义教育思想

C. 独立形态的教育学　　D. 绅士教育理论体系

3. 以下不属于信息社会教育的主要特征的是(　　)

A. 学校将发生一系列变革

B. 教育的功能将进一步得到全面理解

C. 学校教育与生产劳动相分离

D. 教育的终身化和全民化理念成为指导教育改革的基本理念

4. 杜威所代表的学派称为(　　)

A. 实验教育学派　　B. 文化教育学派

C. 批判教育学派　　D. 实用主义教育学派

5. 从教育目的体现的范围看,可将它分为(　　)

A. 价值性教育目的和功用性教育目的

B. 终极性教育目的和发展性教育目的

C. 内在教育目的和外在教育目的

D. 正式决策的教育目的和非正式决策的教育目的

6. 我国在1922年颁布的壬戌学制,其借鉴蓝本是(　　)(易混)

A. 日本学制　　B. 美国学制

C. 苏联学制　　D. 英国学制

7. 教师拥有通过各种合法途径参与学校建设和管理的权利,这体现了(　　)

A. 教师职业的政治地位　　B. 教师职业的经济地位

C. 教师职业的法律地位　　D. 教师职业的专业地位

8. 由学校教师自己编制的课程属于(　　)

A. 国家课程　　B. 地方课程

C. 校本课程　　D. 特殊课程

9. 高考是典型的(　　)(易错)

A. 诊断性评价　　B. 过程性评价

C. 形成性评价　　D. 终结性评价

10. 某班班主任忽视班级生活的种种冲突,无意组织班级活动。该班主任的班级管理风格属于(　　)(常考)

A. 管理型　　B. 专制型　　C. 民主型　　D. 放任型

11. “一把钥匙开一把锁”体现了德育的(　　)

A. 导向性原则　　B. 疏导性原则

C. 一致性原则　　D. 因材施教原则

12. 不同社会文化背景下的儿童都要经历大致相同的、不可逆也不可逾越的几个时期,这说明儿童的心理发展具有(　　)

A. 顺序性　　B. 连续性　　C. 不平衡性　　D. 个别差异性

13. 格塞尔认为,儿童心理发展是由其内部所固有的不变的规律和顺序决定的,优生远胜过优育,这反映了他主张个体发展的(　　)

A. 环境决定论　　B. 遗传决定论

C. 二因素论　　D. 交互决定论

14. 小明学习进步很快,老师减少了他的家庭作业,他非常高兴。这里老师应用的是(　　)(常考)

A. 正强化　　B. 负强化　　C. 正惩罚　　D. 负惩罚

15. 学习获得了“认知地图”,但这个结果却不显示出来,托尔曼把这种学习叫(　　)

A. 联结学习　　B. 潜伏学习　　C. 观察学习　　D. 有意义学习

16. 在学习了“导体”这一概念后,再学习铁、铜等概念,这属于(　　)

A. 上位学习　　B. 下位学习

C. 并列结合学习　　D. 机械学习

17. 在过去经验的影响下,解决问题会带有倾向性,在这种问题解决中起作用的因素是(　　)

A. 问题情境　　B. 定势　　C. 功能固着　　D. 变式

18. 谐音记忆法属于(　　)

A. 组织策略　　B. 复述策略　　C. 精加工策略　　D. 资源管理策略

19. 下列关于短时记忆的说法正确的是( )

A. 记忆内容有限　　B. 按刺激的物理特征储存

C. 其内容未发生意识加工　　D. 其内容不能进入长时记忆

20. 小明认为道德就是要做别人喜欢的事，他的道德发展阶段属于( )

A. 前习俗水平　　B. 习俗水平

C. 后习俗水平　　D. 后道德水平

21. 某老师给表现好的同学发徽章，这是( )

A. 代币奖励法　　B. 行为塑造法

C. 系统脱敏法　　D. 惩罚法

22. 根据马斯洛的观点，以下属于成长需要的是( )(常考)

A. 审美需要　　B. 尊重需要

C. 安全需要　　D. 归属和爱的需要

23. 学生认为自己考试没有考好，主要是自己能力不行，该生的归因方式属于( )

A. 不可控、不稳定的归因　　B. 可控、不稳定的归因

C. 不可控、稳定的归因　　D. 可控、稳定的归因

24. 学生发现自己开小差主动将注意再次转向学习，主要体现注意的( )(易错)

A. 选择功能　　B. 保持功能　　C. 调节功能　　D. 分配功能

25. 教师随意翻看学生的QQ聊天记录，侵害了该学生的( )

A. 生存权　　B. 名誉权　　C. 荣誉权　　D. 隐私权

26. 从教育法规体系的纵向层次看，《中华人民共和国义务教育法》属于( )

A. 教育基本法　　B. 教育单行法

C. 教育行政法规　　D. 教育行政规章

27. 某教师因违纪受到警告处分，这属于( )

A. 行政处分　　B. 行政处罚　　C. 民事处罚　　D. 刑事处罚

28. 根据《中华人民共和国教师法》规定，初中教师必须具备的最低学历是( )

A. 中等专科　　B. 师范专科　　C. 师范本科　　D. 研究生

29. 根据《中华人民共和国教师法》规定，下列不属于教师权利的是( )

A. 教育教学改革　　B. 科学研究

C. 履行教师聘约　　D. 获得工资报酬

30. 学生平等接受教育的权利首先体现在( )

A. 学校平等　　B. 机会平等

C. 教师平等　　D. 教材平等

二、判断简析题(判断下列各题的正误，在题后括号内打"√"或"×"。无论正误，均要说明理由。本大题共6小题，每小题4分，共24分)

31. 陈述性知识就是有关"怎么办"的知识。 ( )

32. 埃里克森强调心理性欲对人格的影响。 ( )

33. "先行组织者"策略是布鲁纳对知识教学的独特贡献。 ( )

34. 前摄抑制是一种顺向迁移，倒摄抑制是一种逆向迁移。(易混) ( )

35. 教师威信最基本的是要能有效地管理学生。 ( )

36. 师生之间价值观念的对立是师生关系紧张的思想根源。 ( )

三、简答题(本大题共5小题，每小题5分，共25分)

37. 简述教育目的的主要功能。(常考)

38. 简述选择教学媒体应考虑的主要因素。

39. 简述知识学习的一般心理过程。

40. 简述有意义学习的条件。(常考)

41. 简述教育法规与教育政策的关系。

四、论述题(本大题共10分)

42. 班主任建设和管理班级组织的主要策略有哪些?

五、分析说明题(本大题共11分)

43. 张老师是某县初中教师,在教育战线上奋斗了20余载。由于他对工作认真负责,刻苦钻研业务,努力提高自己的教学科研水平,先后在教育报刊上发表论文若干篇,探讨教学方法的改进,其中一篇论文被评为教学论文二等奖。不仅如此,张老师还把自己的科研成果付诸实践,他利用自己的心得体会,在班上因材施教,对症下药。张老师以自己的言传身教在学生中树立了崇高的威信。由于张老师在工作中取得的成绩,2005年被评为县级"模范教师",获得县教育局颁发的荣誉证书和奖金500元。

2005年底,县教育局某位领导找到张老师,想让他的侄子进入张老师的班级,但由于该生成绩较差,张老师按照学校的规定委婉地拒绝了该领导的要求。时隔不久,县教育局突然撤销张老师所获得的"模范教师"称号,并收回所得奖金。理由是张老师撰写的论文哗众取宠,没有实际效果,而且教学模式老化,学生反映的意见很大,张老师不配获得"模范教师"称号。

张老师得知此事后大为吃惊,立即找县教育局交涉,要求县教育局承认自己的教学科研能力,保护自己辛苦得到的荣誉称号,但县教育局不予理睬。张老师所在的学校议论纷纷,人们都说张老师出了问题,不然怎么会被剥夺"模范教师"的称号?张老师为此精神恍惚,精神压力很大,以致住院月余,花去医疗费500余元。张老师向县人民法院提起诉讼,称县教育局非法剥夺自己的荣誉称号,给自己造成了精神损害和经济损失,要求人民法院判令县教育局返还荣誉证书及奖金,并在原有范围内消除影响,赔偿经济损失和精神抚慰金。

(1)案例中县教育局侵犯了张老师的哪些权利?(4分)

(2)本案例中县教育局侵犯张老师权利的具体内容是什么?(7分)

2021年安徽省特岗教师招聘考试真题试卷(三十二)

本套试卷包括教育综合知识和学科专业知识两部分,目前仅收录教育综合知识部分的试题。该部分共23小题,包括单项选择题12小题、判断题8小题、简答题2小题、材料分析题1小题。

一、单项选择题(下列每小题列出的四个选项中只有一个选项符合题意,将其选出并把其标号写在括号内。错选、多选或未选均不得分。本大题共12小题,每小题1分,共12分)

1.《中华人民共和国教育法》规定,国家实行(   )

A. 教师资格、职务、聘任制度　　B. 教师资格、职务、任命制度

C. 教师资格、职务、登记制度　　D. 教师资格、职务、注册制度

2.《中华人民共和国预防未成年人犯罪法》规定,未成年人的父母或者其他监护人,让不满16周岁的未成年人脱离监护单独居住的,由公安机关对未成年人的父母或者其他监护人予以训诫,责令其(   )

A. 择期改正　　B. 限期改正

C. 立即改正　　D. 延期改正

3.《中华人民共和国教师法》规定,寒暑假带薪休假属于(   )

A. 教师享有的权利

B. 教师应当履行的义务

C. 既是教师享有的权利,也是教师应当履行的义务

D. 既不是教师享有的权利,也不是教师应当履行的义务

4.《安徽省中小学办学行为规范(试行)》规定,学校选用的专题教育读本,必须(   )

A. 经国家中小学教材审定委员会审查通过

B. 经省中小学教材审定委员会审查通过

C. 经市中小学教材审定委员会审查通过

D. 经县中小学教材审定委员会审查通过

5. 我国现代史上第一部比较系统全面地阐述马克思主义教育理论的著作是(   )(常考)

A. 李大钊的《劳动教育问题》　　B. 陈独秀的《新教育的精神》

C. 杨贤江的《新教育大纲》　　D. 恽代英的《学术与救国》

6. 彰显数字化、网络化和智能化等技术特点,体现开放、共享、交互、协作等特征的教育发展趋势是(   )

A. 教育全民化　　B. 教育国际化

C. 教育终身化　　D. 教育信息化

7. 教师在对教育事业重大而深远意义的理解的基础上产生的从事教育事业的抱负和追求,属于(   )(易混)

A. 教师职业纪律　　B. 教师职业态度

C. 教师职业良心　　D. 教师职业理想

8. "不讽刺、挖苦、歧视学生,不体罚或变相体罚学生"属于《中小学教师职业道德规范》中的(   )

A. 爱岗敬业　　B. 教书育人

C. 关爱学生　　D. 为人师表

9. 丽丽的书法作品被学校悬挂在展览墙上,引来不少同学观看和称赞,于是琪琪也想练好书法,作品能被学校展览。这属于(   )

A. 负强化　　B. 替代强化

C. 直接强化　　D. 自我强化

10. 佑佑认为自己学习成绩好全是勤奋努力的结果。根据韦纳的成败归因理论,佑佑的归因属于(   )

A. 稳定的内部归因　　B. 稳定的外部归因

C. 可控的内部归因　　D. 可控的外部归因

11. 李伟勇敢果断,直率热情,但脾气暴躁,易冲动,他的气质类型属于(   )

A. 多血质　　B. 胆汁质

C. 黏液质　　D. 抑郁质

12. 学生解决难度大的问题和完成复杂任务时,最有利的动机水平是(   )

A. 中等偏下水平　　B. 中等水平

C. 中等偏上水平　　D. 高水平

二、判断题(判断下列各题的正误,并在题后的括号内填"√"或"×"。本大题共8小题,每小题1分,共8分)

13. 中小学劳动教育具有树德、增智、强体、育美的综合育人价值。　　(   )

14. 教师通过语言系统地向学生传授科学文化知识，并促进他们的智能与品德发展的教学方法是谈话法。（易错） （ ）

15. 重视学生的兴趣、需要、能力和阅历，以及学生在学习中的自我指导作用与内在动力的课程是活动课程。 （ ）

16. 根据皮亚杰的理论，在良好的外界环境下，学生的认知发展可以从前运算阶段直接跨越至形式运算阶段。 （ ）

17. 人在激情状态时，认知和自控能力就会减弱，所以总是会做错事。 （ ）

18. 沉思型的学生在解决问题时总会比冲动型的学生更占优势。 （ ）

19. 一般来说，师生在教育教学活动中是主导与主体的关系。 （ ）

20. 技能的掌握与陈述性知识无关。 （ ）

三、简答题（本大题共2小题，每小题5分，共10分）

21. 中小学班主任的工作任务有哪些?（易混）

22. 依据遗忘规律，如何合理地组织复习？

四、材料分析题（本大题共10分）

23. 阅读材料，回答问题。

材料1：“作业是学生在非课堂教学时间完成的专门性智力活动，对于学生建构生活意义，增进学习体验，优化师生关系具有积极作用。”作业的根本目的在于强化学生对所学知识的认知与理解，并培养学生的综合运用能力。

材料2：2017年9月，中共中央办公厅、国务院办公厅印发的《关于深化教育体制机制改革的意见》指出：“提高课堂教学质量，严格按照课程标准开展教学，合理设计学生作业内容与时间，提高作业的有效性。”在2021年全国教育工作会议上，教育部党组书记、部长陈宝生谈到了要管理好中小学生的五件“小事”：作业、睡眠、手机、读物、体质。作业管理至关重要，他强调：“让学校的责任回归学校，让家庭的责任回归家庭，共同引导孩子自主完成、自我管理作业。”

（1）结合材料，谈谈作业的作用。（5分）

（2）你认为教师给学生布置作业有哪些要求?（5分）

2021年内蒙古自治区特岗教师招聘考试真题试卷(三十三)

(满分150分 时间150分钟)

本套试卷共87小题,分为三部分:第一部分教育学,包括单项选择题10小题、多项选择题5小题、判断题10小题、简答题3小题、案例分析题1小题。第二部分教育心理学,包括单项选择题10小题、多项选择题5小题、判断题10小题、简答题3小题、案例分析题1小题。第三部分教育技术学,包括单项选择题10小题、多项选择题5小题、判断题10小题、简答题3小题、论述题1小题。目前已收录84小题。

第一部分 教育学

一、单项选择题(下列每小题列出的四个选项中只有一个是最符合题意的,请将其代码填在括号内。错选、多选或未选均不得分。本大题共10小题,每小题1分,共10分)

1. 最先称“教师是人类灵魂的工程师”的是( )

A. 夸美纽斯 B. 加里宁 C. 苏霍姆林斯基 D. 马卡连柯

2. 苏格拉底“产婆术”所体现的教学原则是( )原则。

A. 巩固性 B. 启发性 C. 循序渐进 D. 理论联系实际

3. 班主任工作的前提和基础是( )(常考)

A. 了解和研究学生 B. 组织和培养班集体

C. 注重培养个别学生 D. 统一各方教育力量

4. 决定着领导权和受教育权的主要因素是( )

A. 社会生产力 B. 社会政治经济制度 C. 教育政策 D. 科技发展水平

5. 现代教育与传统教育的根本区别在于( )

A. 学生的思想教育 B. 学生创新能力的培养

C. 学生想象力的培养 D. 学生实践能力的培养

6. 教师备课、上课的主要依据是( )

A. 课程计划 B. 课程标准 C. 教科书 D. 教案

7. 贯穿于各项教学活动、指导教学工作的基本准则是( )

A. 教学规律 B. 教学原则 C. 教学规则 D. 教学理论

8. 教育目的是社会总需求的集中反映,它集中体现了教育的( )

A. 方式 B. 规律 C. 性质 D. 过程

9. 教学活动的本质是( )(常考)

A. 认识活动 B. 实践活动 C. 交往活动 D. 课堂活动

10. 缺失

二、多项选择题(下列每小题列出的选项中至少有两个是正确的,请将其代码填在括号内。错选、多选或未选均不得分。本大题共5小题,每小题2分,共10分)

11. 奖励或者惩罚应当做到( )

A. 公平 B. 诚信 C. 讲究民主 D. 讲究教育时机

E. 启发诱导

12. 遗传决定论的代表观点包括( )(易混)

A. 白板说 B. 血统论 C. 人分三等论 D. 成熟机制

E. 原罪说

13. 教育学的研究对象是( )

A. 教育状况 B. 教育属性 C. 教育现象 D. 教育问题

E. 教育的特征

14. 现行学校的教学组织形式包括( )

A. 班级授课制 B. 现场教学 C. 小组教学 D. 分层教学

E. 能力教育

15. 讲授法的基本要求有( )

A. 分为讲述、讲演 B. 讲授的内容要有科学性、思想性、系统性

C. 注重启发 D. 讲究语言艺术

E. 写板书

三、判断题(判断下列各题的正误,并在题后的括号内打“√”或“×”。本大题共10小题,每小题1分,共10分)

16. 教师为照顾成绩比较差的学生,在考试中可以降低试卷的难度。(易错) ( )

17. 一个班级的学生群体就是班集体。 ( )

18. 教师的专业性就是精通学科专业知识。 ( )

19. 学生是学习的主体,是具有能动性的教育对象。 ( )

20. 德育就是思想品德教育和心理健康教育。 ( )

21. 学科课程是学校开设的所有课程的总和。 ( )

22. 教材和教科书是一回事,只是在叫法上不同。 ( )

23. 智育等于知识教育。 ( )

24. 隐性课程不属于学校课程资源。 ( )

25. 青少年身心发展的关键期,表明了青少年身心发展具有很大的个体差异性。 ( )

四、简答题(本大题共3小题,第1小题3分,第2小题3分,第3小题4分,共10分)

26. 简述学生文化的特征。

27. 简述教师的职业性质。

28. 简述德育过程基本规律。

五、案例分析题(本大题共10分)

29. 一位教师教"因式分解"这一单元时,发现学生的知识基础差别很大,于是对班里八位成绩好的学生提出了另外不同的要求,允许他们去图书馆自学解决问题,经过自学,这八位学生不仅顺利地完成了学习任务,而且还额外地选编了几十道有代表性的习题交给老师。教师将这些习题有选择地按程度分别介绍给班里其他同学进行练习和讨论,推进了全班同学的学习进度,使全班同学提前五课时完成了教学任务。

请用教学原则的相关知识对上述案例进行分析论述。

第二部分 教育心理学

一、单项选择题(下列每小题列出的四个选项中只有一个是最符合题意的,请将其代码填在括号内。错选、多选或未选均不得分。本大题共10小题,每小题1分,共10分)

30. 人类学习和动物学习有本质上的区别,人类学习的中介是(　　)

A. 技能　B. 语言　C. 思维　D. 经验

31. (　　)是指问题解决中分析问题,抓住问题关键、找出主要矛盾的过程。

A. 发现问题　B. 理解问题　C. 提出假设　D. 验证假设

32. 态度的核心成分是(　　)

A. 认知　B. 情感　C. 动力　D. 行为

33. 创造性思维的核心成分是(　　)

A. 集中思维　B. 发散思维　C. 形象思维　D. 直觉思维

34. 专家型教师比新手型教师在学生自发的讨论中更可能提出教学反馈,这主要体现两者在(　　)方面的差异。(易错)

A. 课时安排　B. 教学过程　C. 策略应用　D. 课后评价

35. 学生掌握了"铜""铁"等概念之后,再学习"金属"概念,这种学习是(　　)

A. 上位学习　B. 下位学习

C. 并列结合学习　D. 派生类属学习

36. 在发现教学中,教师的角色是学生学习的(　　)

A. 促进者和引导者　B. 领导者和参谋

C. 管理者　D. 示范者

37. 根据班杜拉的理论,影响自我效能感的最主要因素是个体自身行为的(　　)(常考)

A. 受教育程度　B. 归因方式　C. 成败经验　D. 判断能力

38. 学生根据生物钟安排学习活动属于学习策略中的(　　)

A. 认知策略　B. 资源管理策略　C. 组织策略　D. 元认知策略

39. 某学生对待事物的态度容易受到同学、老师的影响,善于察言观色,其认知方式属于(　　)

A. 沉思型　B. 场依存型　C. 冲动型　D. 场独立型

二、多项选择题(下列每小题列出的选项中至少有两个是正确的,请将其代码填在括号内。错选、多选或未选均不得分。本大题共5小题,每小题2分,共10分)

40. 下列属于学习的是(　　)

A. 谈虎色变　B. 入乡随俗　C. 上行下效　D. 感觉适应

E. 身体疲劳

41. 缺失

42. 培养良好态度与品德的方法有(　　)

A. 有效的说服　B. 价值辨析　C. 利用群体约定　D. 激发潜能

E. 树立良好的榜样

43. 心智技能与操作技能相比,有(　　)特点。

A. 对象具有观念性　B. 执行具有内潜性

C. 结构具有简缩性　D. 动作具有外显性

E. 运用具有闭合性

44. 自我实现作为一种最高级的需要,包含(　　)

A. 创造的需要　　B. 认知的需要

C. 尊重的需要　　D. 审美的需要

E. 安全的需要

三、判断题(判断下列各题的正误,并在题后的括号内打"√"或"×"。本大题共10小题,每小题1分,共10分)

45. 非正式群体对实现学校教育目标具有破坏性。(易错)　　(　　)

46. 创造性是少数人的天赋,一般人不可能有。　　(　　)

47. 教育心理学是教育学和心理学的交叉学科,但它有自身独特的研究课题。　　(　　)

48. 知识的获得是知识学习的最终阶段。　　(　　)

49. 多种感官参与学习能有效地增强记忆。　　(　　)

50. 心理发展是个体从出生到成年期间所发生的心理变化。　　(　　)

51. 练习是形成各种操作技能不可缺少的关键环节。　　(　　)

52. 当学生把学习成绩不好归结为自己能力低时,他们更可能放弃学习。　　(　　)

53. 操作性条件作用理论强调行为前的强化。　　(　　)

54. 一个测验能够测出其想要测量的东西的程度为信度。　　(　　)

四、简答题(本大题共3小题,第1小题5分,第2小题4分,第3小题3分,共12分)

55. 简述心理健康教育的途径。

56. 简述课堂纪律的类型。

57. 简述影响迁移的主要因素。(常考)

五、案例分析题(本大题共8分)

58. 刘浩是一名小学五年级的学生,数学老师关注他,并且经常表扬他,因此,他上课就积极举手发言。后来换了一位数学老师,不了解刘浩的情况,关注他少了,他就不认真听课,更不举手发言了,而且数学成绩一落千丈。

(1)根据奥苏贝尔的观点,刘浩表现出的内驱力是哪种内驱力? 此内驱力属于哪种学习动机?(3分)

(2)如果你是他的数学老师,你该怎么办?(5分)

第三部分　教育技术学

一、单项选择题(下列每小题列出的四个选项中只有一个是最符合题意的,请将其代码填在括号内。错选、多选或未选均不得分。本大题共10小题,每小题1分,10分)

59. 采用"教育技术"这一名称之前,教育技术学这门学科在中国曾经使用过的通用称谓是(　　)

A. 播音教育　　B. 电视教育　　C. 电化教育　　D. 视觉教育

60. 为了培养学生协作学习能力,教师选择互联网计算机作为教学媒体,教师选择教学媒体的依据是(　　)

A. 教学目标　　B. 教学对象　　C. 教学内容　　D. 教学条件

61. 用多媒体计算机对声音信息进行处理时,必须配置的设备是(　　)

A. 话筒　　B. 扫描仪　　C. 光盘驱动器　　D. 声卡

62. 教师上《背影》这一课前,用了一天时间来通读和理解教材,这属于教学设计环节中的(　　)

A. 学习需要分析　　B. 学习者分析

C. 教学内容分析　　D. 教学目标分析

63. 信息素养的三个基本要素是(　　)

A. 信息获取、信息加工、信息利用　　B. 计算机技术、网络技术、多媒体技术

C. 信息知识、信息能力、信息情意　　D. 智商、情商、德商

64. 学校经常在新生入学时组织摸底考试,这种测试主要体现了教育评价的(　　)

A. 筛选功能　　B. 诊断功能　　C. 激励功能　　D. 反馈功能

65. 常用的图形图像处理软件是(　　)

A. Mind map　　B. Photoshop　　C. Premiere　　D. Excel

66. 对于动作技能要求较高的科目,常采用的教学策略是(　　)

A. 讲授法　　B. 头脑风暴法

C. 示范—模仿策略　　D. 先行组织者策略

67. 教学设计中,确定学习者起点能力时,需要分析学习者的(　　)(易混)

A. 学习需要　　B. 预备技能　　C. 学习风格　　D. 年龄特征

68. 教学媒体可以在课堂教学中发挥很多作用,下列关于教学媒体的作用,理解错误的是(　　)

A. 创设情境　　B. 协作手段　　C. 认知工具　　D. 代替教师

二、多项选择题(下列每小题列出的选项中至少有两个是正确的,请将其代码填在括号内。错选、多选或漏选均不得分。本大题共5小题,每小题2分,10分)

69. 从传播学的角度看,教育是一个复杂的信息传播过程。在这个过程中,影响传播效果的传播者因素有(　　)

A. 传播技巧　　B. 态度　　C. 知识　　D. 社会背景

E. 文化

70. 网络与通讯技术在教育中的应用包括(　　)

A. 多媒体网络教室　　B. 视频点播

C. 校园网　　D. 模式识别

E. 专家系统

71. 根据AECT'94定义,教育技术的研究对象是(　　)

A. 信息技术　　B. 学习资源　　C. 学习过程　　D. 教学规律

E. 教学方式

72. 教学设计前端分析环节包括(　　)

A. 学习需要分析　　B. 学习内容分析

C. 学习者分析　　D. 教学策略制定

E. 教学媒体选择

73. 缺失

三、判断题(判断下列各题的正误,并在题后括号内打"√"或"×"。本大题共10小题,每小题1分,共10分)

74. 教育技术学是教育学的二级分支学科。(　　)

75. 教育技术学的主要目标是促进和改善人类学习的质量。(　　)

76. 课堂教学中选择媒体时,要重视使用多媒体计算机,尽量避免使用黑板、粉笔等传统媒体。(　　)

77. 教学系统设计是一个包括分析、设计、开发、实施和评价教学各步骤的有组织的过程。(　　)

78. 所谓混合学习,就是信息技术与学科课程的整合。(　　)

79. 信息技术对教育的影响都是正面的。(　　)

80. 数字媒体技术就是人工智能技术。(　　)

81. 微课以视频作为主要载体,聚焦于多个教学问题,具有形象生动的特点。(　　)

82. 教育信息化的核心在于技术的应用。(　　)

83. 协作学习是以行为主义学习理论为指导的一种学习策略,它强调对学生的刺激,关注被刺激后学生的反馈。(　　)

四、简答题(本大题共3小题,第1小题3分,第二小题3分,第3小题4分,共10分)

84. 解释终身学习的含义。

85. 简述行为主义学习理论的主要观点。

86. 简述数字媒体的特征。

五、论述题(本大题共10分)

87. 论述信息时代教师角色的转换。

2021年湖北省中小学教师公开招聘考试
综合知识真题试卷(三十四)

(满分100分　时间90分钟)

本套试卷共42小题,包括单项选择题40小题、案例分析题1小题、材料作文题1小题。

一、单项选择题(下列每小题列出的四个选项中只有一个是最符合题意的,请将其代码填在括号内。错选、多选或未选均不得分。本大题共40小题,每小题1.5分,共60分)

1. 2021年,习近平总书记在党史学习教育动员大会上的讲话中强调"政治三力"。"政治三力"是指(　　)

①政治判断力　②政治学习力　③政治组织力　④政治执行力

⑤政治鉴别力　⑥政治领悟力　⑦政治领导力　⑧政治战斗力

A. ①④⑥　B. ②③⑤　C. ③⑥⑦　D. ④⑥⑧

2. 2021年3月,习近平总书记在参加全国政协会议时指出,要从党和国家事业发展全局的高度,坚守为党育人、为国育才,把(　　)融入思想道德教育、文化知识教育、社会实践教育各环节,贯穿基础教育、职业教育、高等教育各领域。

A. 爱国教育　B. 党史教育　C. 立德树人　D. 知行合一

3. 2021年2月23日,教育部召开新闻发布会。会上要求,新学期中小学教育教学要提高教育教学质量,要按照(　　)的要求,细化手机管理措施。

A. 区别管理,有限使用　　B. 有限带入校园,有限带入课堂

C. 家校配合,分段管理　　D. 有限带入校园,禁止带入课堂

4. 2021年3月1日起施行的(　　)规定,学校、教师应当遵守教育规律,依法履行职责,通过积极管教和教育惩戒的实施,及时纠正学生错误言行,培养学生的规则意识、责任意识。

A.《中小学教育惩戒法》　　B.《中小学教育惩戒法征求意见》

C.《中小学教育惩戒条例》　　D.《中小学教育惩戒规则(试行)》

5. 以下关于教育目的的表述,属于社会本位论观点的是(　　)(常考)

A. 个人价值高于社会价值

B. 教育的目的应当依据个人需要来确定

C. 教育的目的在于使人的本能和本性得到发展

D. 教育的目的在于使个人成为公民,为社会做贡献

6. 美国著名教育家杜威认为,最好的教育就是从生活中学习,从经验中学习,教育就是要给儿童提供保证生长或充分生活的条件,这体现的观点是(　　)

A. 教育即经验　　B. 教育即生活

C. 学校即社会　　D. 生活即教育

7. 人们常说"授人以鱼,不如授人以渔",这种说法强调的是教学应当帮助学生(　　)(常考)

A. 发展能力　　B. 学习知识

C. 培养个性　　D. 形成道德

8. 学校开设人口教育课、环境教育课、闲暇与生活方式课等新课程,融合了历史、地理、生物、物理、卫生等学科知识,这类课程属于(　　)

A. 综合课程　　B. 学科课程

C. 活动课程　　D. 分科课程

9. 初中阶段的学生经常会思考"我是谁? 我的未来是什么样的?"等问题。根据埃里克森的人格发展阶段理论,这一阶段学生的主要发展任务是(　　)

A. 获得亲密感,避免孤独感　　B. 获得主动感,克服内疚感

C. 建立同一性,防止角色混乱　　D. 获得信任感,克服不信任感

10. 教学的主要任务在于传授给学生对生活有用的知识,至于学生的智力和能力则无需进行特殊的培养和训练。这种观点属于(　　)(易混)

A. 形式教育论　　B. 生活教育论

C. 自然教育论　　D. 实质教育论

11. 看到老师经常表扬学习成绩优秀的同学,郭同学也想获得老师的表扬,所以下决心努力学习超过同学的学习成就动机是(　　)

A. 认知内驱力　　B. 内部学习动机

C. 附属内驱力　　D. 自我提高内驱力

12. 教师先教给学生水果的英文单词,然后再教给学生荔枝、芒果和菠萝的英文单词,并要求学生把后者纳入前者的类别中,这种知识学习属于(　　)(易混)

A. 上位学习　　B. 下位学习

C. 总括学习　　D. 并列学习

13. 课堂教学中,教室的布置应当简单、朴素、大方,教室的光线要明亮,周围的环境要安静,这样学生更能集中注意力,这主要是排除(　　)的干扰。

A. 内部注意　B. 无意注意　C. 外部注意　D. 有意注意

14. 梁启超认为学习不必太求猛进，像装罐头，塞得越多越急，不见得便会受益。这反对的是(   )

A. 启发式教育　　B. 合作式教育　　C. 填鸭式教育　　D. 探究式教育

15. 美国学者福勒和布朗将教师成长划分为三个阶段，教师能考虑到学生的个别差异，认识到不同年龄阶段的学生存在着不同的发展水平，具有不同的情感社会需求。因此，能够因材施教。这属于教师成长的(   )阶段。

A. 关注情境　　B. 关注学生

C. 关注生存　　D. 关注自我

16. 大学生暑假实践、毕业实习、田间实习等活动运用的德育方法是(   )

A. 实际锻炼法　　B. 说服教育法

C. 榜样示范法　　D. 角色扮演法

17. 教育信息化的发展迎来了教育形式和学习方式的重大变革，以下关于教育信息化的说法，错误的是(   )

A. 教育信息化要求全面运用线上教育技术

B. 教育信息化是教育领域深刻改革的体现

C. 教育信息化的基本特征是开放、共享、交互、协作

D. 教育信息化的技术特点是数字化、网络化、智能化和多媒体化

18. 某教师未经学生的允许，私自将学生的作品编入自己的著作，对该老师的这种做法，以下判断正确的是(   )

A. 侵犯了学生的财产权　　B. 侵犯了学生的名誉权

C. 侵犯了学生的著作权　　D. 侵犯了学生的人身权

19. 当小花同学没有参与集体活动时，老师不评价她，而是表扬其他小朋友；当小花同学想要加入集体活动时，老师会欢迎她的加入，并给予肯定。这种引导方式属于(   )(常考)

A. 消退　　B. 习得　　C. 负强化　　D. 正强化

20. 两位同学在课上讲小话，老师罚他们打扫卫生，这两位同学不仅没有好好打扫，还把水泼到课桌上。王老师看见后非常生气，罚两位同学在操场上跑步十圈才能回家。关于王老师的做法，下列判断正确的是(   )

A. 不合理，对学生的惩罚应当适当

B. 不合理，不应对学生实施体罚或变相体罚

C. 合理，通过惩罚能让两位同学意识到自己的错误

D. 合理，通过惩罚能让两位同学更有集体意识和责任感

21. 钟同学热情活泼、爱交际、有同情心、思想活跃，但也容易出现变化无常、粗枝大叶、浮躁等问题。由此可判断，钟同学所属的气质类型是(   )

A. 多血质　　B. 黏液质　　C. 胆汁质　　D. 抑郁质

22. 语文老师李某想参加“如何创新语文教学”的专题培训，但学校以语文教师不足，培训效果不佳为由不予批准。学校这一做法(   )

A. 正确，教师应以学校教学大局为重　　B. 错误，但学校不予批准的理由充分

C. 正确，当前许多进修培训实效性不强　　D. 错误，学校侵犯了教师进修培训权

23. 刘同学的数学成绩不理想，每次只能刚刚及格，他认为是因为自己运气不好。刘同学的归因属于(   )(常考)

A. 外部归因　　B. 内部归因　　C. 稳定归因　　D. 可控归因

24. 生物课上，张老师常常通过实物、标本等形式让学生对植物的形态和构造获得更清晰的了解。这说明张老师贯彻的教学原则是(   )(常考)

A. 启发性原则　　B. 循序渐进原则　　C. 直观性原则　　D. 因材施教原则

25. “教师既要培育学生成才，又要培育学生成人。”这体现的是教师职业道德中(   )的内涵。

A. 乐教勤业　　B. 人格示范　　C. 教书育人　　D. 爱国守法

26. 某教师在管理班级时总是给学生充分的自由，一切活动由学生自己进行，同时既不鼓励学生，也不批评学生。这位教师的管理方式属于(   )(易混)

A. 民主型　　B. 放任型　　C. 专制型　　D. 开放型

27. 精细加工策略可以帮助学生将他们已经知道的东西和要学习与记忆的东西联系起来。通过对材料进行精细加工或补充，学生可以建构起材料的意义并沿着记忆连续体存储新信息。以下情形属于精细加工策略的是(   )(易错)

A. 语文老师在讲解唐诗时提倡“书读千遍，其义自见”

B. 数学老师常采用画示意图的方式来帮助学生理解题目

C. 英语老师在讲解单词“gas”时让学生默写词义辅助理解

D. 物理老师在讲解完光学原理后让学生复述

28.《易经·系辞传下》有云：“易之为书也，不可远；为道也，屡迁。变动不居，周流六虚，上下无常，刚柔相易，不可为典要，唯变所适。”其要义借鉴到教学中，即要做到(   )

A. 善于突破，与时俱进　　B. 坚守传统，不可盲动

C. 注重实践，知行合一　　D. 坚持平等，有教无类

29. 位于亚洲和非洲的分界线上，连接地中海和红海的世界贸易重要航道是(   )

A. 苏伊士运河　　B. 直布罗陀海峡　　C. 巴拿马运河　　D. 霍尔木兹海峡

30. 杜甫诗句"会当凌绝顶，一览众山小"所描写的名山是(　　)(易混)

A. 衡山　　B. 华山　　C. 恒山　　D. 泰山

31. 下列没列入世界非物质文化遗产名录的是(　　)

A. 宣纸传统制作技艺　　B. 粤剧

C. 古琴艺术　　D. 少林功夫

32. 文学作品能够反映时代的风貌。如果想了解中国古代封建社会家族衰落与更迭的过程，最适合阅读的作品是(　　)

A.《红楼梦》　　B.《三国演义》　　C.《水浒传》　　D.《儒林外史》

33. 下列选项与句子"干将为利，名闻天下，匠以治木，不如斤斧"所体现的哲理不相同的是(　　)

A. 割鸡焉用牛刀　　B. 药对方，一口汤；不对方，一水缸

C. 象牙再好，总不能镶在口里　　D. 月圆则缺，器满则倾

34. 初二年级林同学经常出入酒吧、游戏厅等娱乐场所，父母却放任不管。根据《中华人民共和国预防未成年人犯罪法》，正确的处理方式是(　　)

A. 由公安机关对其父母予以罚款　　B. 由人民政府对其父母予以训诫

C. 由公安机关对其父母予以训诫　　D. 由人民政府对其父母予以罚款

35. 在传统文化教学实践活动中，以下行为不适宜的是(　　)

A. 把学生的书法作品张贴在宣传栏供广大师生品鉴

B. 让学习古筝的学生经常参加商业演出

C. 让爱好汉文化的学生着汉服在校园拍照

D. 组织学生参与清明黄帝陵祭祖大典

36. 12岁的小李同学为庆祝小学毕业，与几个同班好友一起去江边大排档聚餐，以下行为合法的是(　　)

A. 小李找烟酒店老板买了一包烟　　B. 同学让小李买一箱啤酒

C. 小李在烧烤店买了500元羊肉串　　D. 聚餐后一起去KTV唱歌

根据以下资料回答第37～38题。

根据国家统计局发布的《中华人民共和国2020年国民经济和社会发展统计公报》显示，2020年全国居民人均可支配收入32189元，比上年增长4.7%，扣除价格因素，实际增长2.1%。全国居民人均可支配收入中位数27540元，增长3.8%。

按常住地分，城镇居民人均可支配收入43834元，比上年增长3.5%，扣除价格因素，实际增长1.2%。城镇居民人均可支配收入中位数40378元，增长2.9%。农村居民人均可支配收入17131元，比上年增长6.9%，扣除价格因素，实际增长3.8%。农村居民人均可支配收入中位数15204元，增长5.7%。城乡居民人均可支配收入比值为2.56，比上年缩小0.08。

按全国居民五等份收入分组，低收入组人均可支配收入7869元，中间偏下收入组人均可支配收入16443元，中间收入组人均可支配收入26249元，中间偏上收入组人均可支配收入41172元，高收入组人均可支配收入80294元。全国农民工人均月收入4072元，比上年增长2.8%。

2020年全国居民人均消费支出21210元，比上年下降1.6%，扣除价格因素，实际下降4.0%。其中，人均服务性消费支出9037元，比上年下降8.6%，占居民人均消费支出的比重为42.6%。按常住地分，城镇居民人均消费支出27007元，比上年下降3.8%，扣除价格因素，实际下降6.0%；农村居民人均消费支出13713元，比上年增长2.9%，扣除价格因素，实际下降0.1%。全国居民恩格尔系数为30.2%，其中城镇为29.2%，农村为32.7%。

37. 2019年农村居民人均可支配收入为(　　)

A. 14384元　　B. 16025元　　C. 17131元　　D. 30744元

38. 根据给定资料，以下说法正确的是(　　)

A. 2020年农村居民人均可支配收入增幅低于全国人均水平

B. 2020年城镇居民人均可支配收入增幅高于全国人均水平

C. 2020年城镇居民人均消费支出降幅低于全国人均水平

D. 2020年农村居民人均消费支出增幅高于全国人均水平

根据以下材料回答第39～40题。

China has expressed "grave concern" over Japan's decision to dump nuclear wastewater into the sea and urged the Japanese government to take a responsible attitude towards its own people and the international community, the Ministry of Ecology and Environment said.

Despite opposition from its own people and doubts from the international community, the Japanese government unilaterally made the decision without fully consulting neighboring countries and the international community and without exhausting the means of safe disposal, the ministry told Xinhua.

"As a close neighbor of Japan and a stakeholder, we are seriously concerned about this decision," said a spokesperson with the ministry.

It is hoped that the Japanese government will conduct further in-depth study and deliberation of various means of safe disposal and discharge paths, release information in a comprehensive and timely manner, and make prudent decisions after full consultation with stakeholders, the spokesperson said.

The ministry also said there is a fundamental difference between the wastewater from the Fukushima nuclear plant after the accident and the liquid effluents from the normal operation of nuclear power plants in terms of their source, radionuclide type and difficulty of processing.

The ministry said it will closely follow the situation, carefully assess the possible impact on the marine ecology,strengthen the monitoring of marine radiation,and ensure the safety of China's marine environment.

39. What is not consistent with the passage is( )

A. the Ministry of Ecology and Environment has expressed "grave concern" over Japan's decision to dump nuclear wastewater

B. Japanese government makes prudent decisions after full consultation with stakeholders

C. as a close neighbour of Japan and a stakeholder,China is seriously concerned about this decision

D. Chinese government ensures the safety of China's marine environment

40. The main idea of this passage is( )

A. the Ministry of Ecology and Environment has expressed "grave concern" over Japan's decision to dump wastewater

B. the Japanese government has a responsible attitude towards its own people and the international community

C. China urges "responsible attitude" from Japan on disposal of nuclear wastewater

D. Japanese will ensure the safety of China's marine environment

二、案例分析题(本大题共5分)

41. 凡凡同学刚进班级时,总有些害羞,不愿与其他同学交流,邓老师发现了凡凡同学的情况之后,一直想帮助他建立自信,因为邓老师知道学习知识固然重要,但培养学生健全的人格,促进学生的全面发展更为重要。邓老师发现凡凡同学很喜欢数学后,便提议让凡凡同学当数学课代表,全班同学都表示赞同,但邓老师观察后发现,凡凡同学并没有打开心扉,也没有与其他同学成为好朋友。在校运动会中,邓老师又鼓励凡凡同学参加男子接力跑步比赛,凡凡同学满口答应,并且对邓老师和同学们说:"老师、同学们请放心,我一定会为班级争光的。"邓老师感到很欣慰,认为凡凡同学找到了自己的闪光点,同时凡凡也希望能够为班集体贡献出自己的力量,这是融入班级的最好体现。凡凡同学所在的小组取得好成绩之后,全班同学都向他们表示祝贺,凡凡同学也开始跟同学们打成一片。凡凡同学的妈妈为表示感谢,在教师节时给邓老师发微信红包,希望邓老师更加"关照"凡凡同学,邓老师拒收并回复道:"谢谢您对我工作的肯定,关爱学生是老师的责任,我以后会努力做得更好。"

问题:请从教师职业道德的角度对邓老师的职业行为进行评价。

三、材料作文题(本大题共35分)

42. 请阅读以下材料,并根据要求作文。

小男孩走出大门,返身向四楼阳台上的我招手,说:"再见!"

那是好多年前的事了,那个早晨是他开始上小学的第二天。

我其实仍然可以像昨天一样再陪他一次,但我却狠下心来,看他自己单独去了,他有属于他的一生,是我不能相陪的,母子一场,只能看做一把借来的琴弦,能弹多久,便弹多久,但借来的岁月毕竟是有其归还期限的。

他欢然地走出长巷,很听话地既不跑也不跳,一副循规蹈矩的模样。我一人怔怔地望着尤加利树下细细的朝阳而落泪。

想大声地告诉全城市,今天早晨,我交给你们一个小男孩,他还不知恐惧为何物,我却是知道的,我开始恐惧自己有没有交错?

我把他交给马路,我要他遵守规则沿着人行道而行,但是匆匆的路人啊,你们能够小心一点吗?不要撞到我的孩子,我把我至爱的交给了纵横的道路,容许我看见他平平安安地回来!

我不曾搬迁户口,我们不要越区就读,我们让孩子读本区内的国民小学,而不是某些私立明星小学,我努力去信任教育当局,而且是以自己的儿女为赌注来信任的——但是,学校啊,当我把我的孩子交给你,你保证给他怎样的教育?今天清晨,我交给你一个欢欣诚实又颖悟的小男孩,多年以后,你将还我一个怎样的青年?

他开始识字,开始读书,当然他也要读报纸,听音乐或者看电视、电影。古往今来的撰述者啊!各种方式的知识传递者啊!我的孩子会因你们得到什么呢?你们将饮之以琼浆,灌之以醍醐,还是哺之以糟粕?他会因而变得正直忠信,还是学会奸滑诡诈?当我把我的孩子交出来,当他向这世界求知若渴,世界啊,你给他的会是什么呢?

世界啊,今天早晨,我,一个母亲,向你交出她可爱的小男孩,而你将还我一个怎样的人呢?

根据材料,自选角度,自拟题目,写一篇1000字左右文章(诗歌除外,文体不限)。

2021年辽宁省沈阳市特岗教师招聘考试真题试卷(三十五)

(满分100分　时间90分钟)

本套试卷共100小题,均为客观题,包括单项选择题75小题、多项选择题25小题。

一、单项选择题(在下列每小题列出的四个选项中只有一个是最符合题意的,请将其代码填在括号内。错选、多选或未选均不得分。本大题共75小题,每小题0.93分,共69.75分)

1. 从古至今,无数教育学家在探索"如何教育""如何教育好学生"的课题中付出了精力。一位教育学家出版了《大教学论》,揭开了教育学独立的序幕,他也因此被评为"教育学之父"。这位教育学家是(　　)

A. 苏格拉底　B. 夸美纽斯　C. 苏霍姆林斯基　D. 赫尔巴特

2. 美国教育洋溢着民主色彩,英国教育重在培养绅士。这体现了(　　)对教育的影响。

A. 文化传统　B. 文化知识　C. 文化模式　D. 文化水平

3. 国家中小学网络云平台于2020年2月17日正式开通,上线了4649课时的小学、初中、高中各学段主要学科课程学习资源和丰富的专题教育资源。秋季学期,课程学习资源实现了从疫情期间应急方案到精品课程的全面升级,将互联网和教育更好地结合起来。互联网+教育的要求不包括(　　)

A. 精心设计育人为本的课程　B. 体现高标准要求

C. "双审"保证课程质量　D. 以互联网替代学校

4. 我国唐代文学家韩愈明确提出"性之品有三":上品性善,生来具有仁、义、礼、智、信五种道德;中品五德有所欠缺,性可善可恶;下品五德都不具备,性恶。并且强调上品与下品之间不可移。这种观点与影响人的发展因素理论中的(　　)相符。

A. 内发论　B. 外铄论

C. 教育万能论　D. 多因素相互作用论

5. 教育目的是把受教育者培养成为一定社会需要的人的总要求,(　　)是实现我国教育目的的根本途径。(常考)

A. 坚持社会主义方向　B. 教育与生产劳动相结合

C. 重视科技在教育中的地位　D. 遵循受教育者身心发展的规律

6. 我国现行学制分初、中、高三级教育。初等教育阶段普及初等义务教育,中等教育阶段包括普通中学、职业学校或职业高中等,高等教育阶段包括大学和专门学院、成人院校等。这一学制既给予公民以全面的普通文化知识教育,又按照国家建设需要,培养各类专业技术人才。这种学制是(　　)

A. 单轨制　B. 双轨制　C. 分支型学制　D. 现代型学制

7. 主张学校课程尤其要关注城市问题、犯罪问题、交通拥挤、环境问题、家庭破裂、文化娱乐等的课程理论是(　　)

A. 人本主义课程理论　B. 后现代主义课程理论

C. 社会改造主义课程理论　D. 经验主义课程理论

8. 为了让每个学生都能展现自己独特的一面,赵老师组织学生参加创新实践活动——"我是小画家",鼓励大家观察身边的事物,创造多样的作品。赵老师设定的课程目标属于(　　)(易混)

A. 普遍性目标　B. 行为性目标

C. 生成性目标　D. 表现性目标

9. 下列关于显性课程与隐性课程的说法,错误的是(　　)

A. 隐性课程对于某一个或某几个课程主体来说是内隐的、无意识的

B. 显性课程的实施总是伴随着隐性课程

C. 隐性课程不能转化为显性课程

D. 显性课程是以直接的、明显的方式呈现的课程

10. 李老师在每个新章节学习前,会认真制定课程目标和教学计划,在实施过程中,会严格地执行课程方案,并以课程实施过程中实现预定的课程方案的程度来衡量课程实施成功与否。这属于课程实施的(　　)

A. 忠实取向　B. 创生取向

C. 相互调适取向　D. 缔造取向

11. 新课程改革强调要改变课程管理过于集中的状况,实行(　　)(常考)

A. 国家、地方、校长三级管理　B. 国家、地方、教师三级管理

C. 国家、校长、教师三级管理　D. 国家、地方、学校三级管理

12. 素质教育与我国经济社会的现代化发展相适应,是以培养学生的(　　)为重点的教育。

A. 自主性　B. 创新精神和实践能力

C. 学习能力　D. 综合素质

13. 下列关于分科课程优点的说法中,有误的一项是(　　)(易错)

A. 有助于突出教学的逻辑性和连续性

B. 有助于体现教学的专业性、结构性和学术性

C. 有助于组织教学与评价,便于提高教学效率

D. 有助于压缩课时,减轻学生负担

14. 随着社会经济的发展,国家对教育的投入也逐年递增,我们可以明显感受到学生学习环境得

到了显著改善,教学设施也变得越来越现代化。按照课程资源的功能特点划分,教学环境及设备设施属于(　　)

A. 素材性课程资源　　B. 条件性课程资源

C. 文字性课程资源　　D. 非文字性课程资源

15. 在教学《轴对称图形》时,王老师戴着不对称的眼镜,穿着扣错扣眼的上衣和卷着一条裤管的裤子走进教室,学生哄堂大笑,王老师从追问笑因引出轴对称图形,再引导学生观察人体并说出哪些是对称的。王老师这样的导入方式属于(　　)

A. 直接导入　　B. 温故导入　　C. 情境导入　　D. 故事导入

16. 某中学为了提高学生的学习成绩,为每一个学生量身定制一套学习内容,让每一位学生都能按自己的学习进程学习,并开设小班教学,配备专业的班主任老师进行指导,这体现了以(　　)为中心的教学设计依据。

A. 学校资源　　B. 教材内容的特点

C. 教师的教学风格　　D. 学生年龄特征和个别差异

17. 教材是教学过程中的重要资源,下列关于教材的表述正确的是(　　)

A. 教材是教师唯一的教学内容　　B. 教材是教师进行教学的唯一依据

C. 教材是学生学习的唯一材料　　D. 教材是统筹教学和各种活动的根据

18. 在学习"能源与可持续发展"一章时,张老师说"能源是能够提供能量的资源",然后让学生讨论能源的类型。张老师主要运用了(　　)策略。(易错)

A. 问题教学　　B. 行为练习

C. 先行组织者　　D. 教学言语循环

根据下列案例,回答19~21题。

数学老师李老师在讲授相向而行的行程问题时,为帮助学生们认识该问题的特点,使用了如下教学方法:先在幻灯片上画一条线段表示两地之间的距离,然后出示两个小人,通过幻灯机显示在屏幕上。

19. 案例中李老师运用的主要教学方法是(　　)

A. 谈话法　　B. 演示法　　C. 讲授法　　D. 练习法

20. 该教学方法主要体现了(　　)的教学原则。

A. 教学相长　　B. 因材施教　　C. 直观性　　D. 量力性

21. 关于该方法的优点及局限性,下列说法错误的是(　　)

A. 可以使学生获得丰富的感性材料,加深对事物的印象

B. 可以激发学生的学习兴趣,集中注意力,使所学的知识易于巩固

C. 容易使学生对教学的认知停留在表象上

D. 使用极其广泛,所有的学习内容都能使用该方法

22. 刘老师在生物课上讲解细胞免疫时,以新冠疫苗为专题,分小组让学生收集整理相关资料,出一份宣传接种新冠疫苗的手抄报,并在课上以报告会的形式进行汇报。刘老师采用的方法是(　　)

A. 系统传授法　　B. 专题讨论法

C. 学科渗透法　　D. 学习诊断法

23. 将预设的材料按照逻辑顺序分为不同的单元,并且将其内容组织成一系列的问题与答案,只有在正确地回答了来自前一个单元的问题之后,学生才能学习新的单元。这种教学组织形式的理论依据是(　　)

A. 程序教学　　B. 认知结构教学

C. 非指导性教学　　D. 主知主义教学

24. 按照教师组织教学活动中所要求实现的不同认识任务,可以划分出教学过程中学生认识的不同阶段,包括引起学习动机、领会知识、巩固知识、运用知识、检查知识。对此下列说法中错误的是(　　)

A. 运用知识是教学的中心环节

B. 学习动机是推动学生学习的一种内部动力

C. 巩固知识往往渗透于教学全过程,不一定是一个独立的环节

D. 领会知识包括使学生感知和理解教材

25. 教育测验的编制是一项系统工程,需要按照一定的科学程序进行。对于测验编制者而言,编制某项测验时,首先要明确的问题是(　　)

A. 测验的对象　　B. 测验的性质

C. 测验的属性　　D. 测验的目的

26. 卢老师决定以笔试的形式测试学生们的上课成果,但是考试成绩出来后,他发现学生们的成绩普遍偏低。这说明卢老师的测试缺乏(　　)(易混)

A. 精度　　B. 信度　　C. 区分度　　D. 难度

27. 考试题目类型大体可分为客观题和主观题两类,关于主观题的特点,下列说法错误的是(　　)

A. 测验评分与记分误差控制得好

B. 适合考察分析综合能力等较为复杂的心智技能

C. 可以获得较为丰富的作答反应过程资料

D. 内容和形式更接近教学与实践中的问题情境

28. 李老师是高一(三)班的英语老师,为了解班上学生能否听懂所学内容,在讲完某单元后,李老师便设计了一段听力材料,让学生听材料后回答问题。李老师的这种评价方式属于(　　)

A. 形成性评价　　B. 标准性评价　　C. 总结性评价　　D. 诊断性评价

29. 学生的学习不仅要掌握知识经验，而且要发展能力，同时还要培养良好品德，形成科学的世界观和人生观，促进健康人格的发展，这体现出学生学习具有(　　)的特点。

A. 多重目的性　　B. 一定程度的被动性

C. 计划性和组织性　　D. 以掌握间接经验为主

30. 王老师在教学过程中总是及时发现同学们的问题，热情帮助同学们调整学习方式，改进学习方法，提高学习效率。王老师的这种行为，属于教学过程结构中的(　　)

A. 引导学生领会知识　　B. 巩固知识

C. 运用知识　　D. 检查知识

31. 张老师是某重点大学数学系的博士毕业生，她认为自己的专业领域知识已经能满足教学需要，而且课堂上有太多的不可控因素，要依据教师随机应变的能力处理。所以张老师认为，如果有高水平的专业知识，能出色地应对各种突发事件，教师并不需要把时间花在教学设计上。下列关于教学设计的观点，颇为合理的是(　　)

A. 科学可行的教学设计能够消除教学的盲目性和失控性，提升教学质量

B. 虽然教学设计并不一定能在课堂教学中起作用，但教学设计依然是每个教师应尽的义务

C. 教学设计虽然无法完全消除教学的不稳定性，但可以提供相对稳定可控的施教框架

D. 教学设计的主要功能是调整教师的知识结构，帮助教师取得更好的专业发展

32. 有的学生悟性强、理解能力强、对知识接受快，有的则不然；有的学生养成了良好的学习习惯，有的则随意懒散。这说明(　　)

A. 学生存在遗传差异　　B. 学生存在个体差异

C. 学生存在成长环境差异　　D. 学生存在社会角色差异

33. 学生张亮乱扔垃圾，被老师教育后改正了，可是过了一段时间后，他的老毛病又犯了，老师应该加强其(　　)的培养。(常考)

A. 道德认识　　B. 道德情感

C. 道德意志　　D. 道德行为

34. 小刚在上课的时候，总是喜欢用手戳别的同学，影响别人上课，坐在小刚周围的很多同学都表示不满，班主任王老师把班里一直表现良好的李明同学调换到小刚旁边，并时不时表扬李明上课认真听讲，从不分心。小刚看到李明的良好表现，也逐步改掉了不良习惯。王老师这是运用了(　　)

A. 表征性奖励法　　B. 强化暂停法

C. 榜样示范法　　D. 过错矫正法

35. 刚入职的杨老师，下课后经常询问学生是否适应自己的授课方式、是否喜欢自己的言语表达方式，生怕学生不喜欢自己，这表明杨老师最可能处于教师成长过程中的(　　)阶段。

A. 关注学生　　B. 关注情境　　C. 关注生存　　D. 关注生活

36. 静静老师对班长说："班上的事情你们做主就好了，我都支持你们。"随后又给出了自己制定的详细规则让班长照做。由此可知，静静老师的领导方式最可能是(　　)

A. 民主型　　B. 强制专断型

C. 仁慈专断型　　D. 放任自流型

37. 针对班上学生不同的发展水平，班主任要提出不同的发展要求，运用不同的方法进行教育。对此，下列说法不正确的是(　　)

A. 班主任应克服对优秀生的迁就心理、偏爱心理和麻痹心理

B. 中等生不会出大问题，班主任应对他们放任自流

C. 班主任应善于发现中等生的特长，鼓励他们积极进取

D. 班主任要营造互助之风，反对对后进生的歧视

38. 学习的"自然展开说"由(　　)提出。他认为教育的最终目的应是培养自然人，即身心和谐而健康发展的人，而要达到培养自然人的目的，必须实施自然主义教育，让儿童在生活和活动中自然地进行学习。

A. 桑代克　　B. 卢梭　　C. 沃尔夫　　D. 赫尔巴特

39. "教学相长""长善救失""道而弗牵""强而弗抑""开而弗达"这些教育学的观点是在(　　)中提出的。(常考)

A.《学记》　　B.《大学》

C.《孟子》　　D.《劝学》

40. 杨老师正在给学生上课，突然在教室门口出现了一位学生家长，大家纷纷将目光转向了该家长。这种注意属于(　　)

A. 无意注意　　B. 持续性注意

C. 有意注意　　D. 有意后注意

41. 张老师在给学龄期的学生布置任务时，非常注重结合学生自身的能力，给予其恰当的挑战和可以完成的任务，以保障学生在学习上的积极性，这是因为此阶段的学生面临(　　)的冲突。

A. 基本的信任感对基本的不信任感　　B. 自主感对羞怯感

C. 主动感对内疚感　　D. 勤奋感对自卑感

42. 李娟在阅读鲁迅的《阿Q正传》时，脑海中浮现出阿Q先生的形象，李娟的这种想象属于(　　)

A. 无意想象　　B. 幻想　　C. 创造想象　　D. 再造想象

43. 有的人能歌善舞，具有很高的音乐才能；有的人能说会道，善于与人相处，表现出较高的人际交往水平。这体现的是个性心理特征中的(　　)

A. 能力　　B. 天赋　　C. 性格　　D. 信念

44. 语文课上，同学们先学习了诗人李白的一生，然后再学习有关杜甫的生平。根据认知同化的

过程，这是一种(　　)(常考)

A. 发现学习　　B. 组合学习　　C. 上位学习　　D. 下位学习

45. 一个英语单词如果有两个月时间没有对其进行复习，很多同学很可能会无法正确拼写出这个英语单词，但是学会骑自行车的同学就算有两个月不骑车，还是能骑得很好。这种“骑车”现象反映的是记忆类型中的(　　)

A. 情绪记忆　　B. 逻辑记忆

C. 动作记忆　　D. 语词记忆

46. 一个人过分害怕在大型公众场合下演讲或作报告，这时我们让他先和一个人练习讲述，然后再让他在小组中讲述和交流，逐渐让他能够敢于站上一个几十人的班级的讲台演讲或作报告，最后慢慢地让他在公众场合下尝试着演讲或作报告，消除他的恐惧和紧张心理。这样的改变行为的方法属于(　　)

A. 代币奖励法　　B. 暴露疗法

C. 系统脱敏法　　D. 肯定性训练

47. 奥苏贝尔从学习进行的方式、学习材料与学习者原有知识的关系两个维度对认知领域的学习进行了分类。根据该分类，下列属于机械的接受学习的是(　　)

A. 记乘法表　　B. 科学研究　　C. 运用公式解题　　D. 设计实验

48. 临近期末，小明认为只要自己坚持每天练习一篇算术题，一定能在数学考试中取得好成绩，根据班杜拉的自我效能感理论，小明的效能感属于(　　)

A. 成就期待　　B. 目标期待　　C. 结果期待　　D. 效能期待

49. 某中学每年都要举行高考百日誓师励志动员大会，学校希望通过这一活动缓解学生在高考备战中的紧张情绪，激励高三学生以积极自信的心态迎接高考。根据班杜拉的理论，该校有效利用了(　　)因素来提高学生的自我效能感。(易混)

A. 直接经验　　B. 替代经验　　C. 言语说服　　D. 情绪唤醒

50. 某物理老师在讲授《机械运动》时，用“小小竹排江中游，巍巍青山两岸走”来引入，并提出“为什么青山会在两岸走”的问题，使学生形成学习期望。根据加涅提出的学习过程八阶段理论，此时学生处于(　　)

A. 动机阶段　　B. 领会阶段　　C. 习得阶段　　D. 保持阶段

51. 很多人都曾有过这样的经历，当要做某件事或寻找某样东西时，我们会突然忘记自己想做的事情，但当回到原来的场景时，就可以回忆起。可以解释这种现象的理论是(　　)

A. 消退说　　B. 干扰说　　C. 压抑动机说　　D. 提取失败说

52. 古人认为文章讲究“凤头、猪肚、豹尾”，之所以这么重视文章的首句、首段，与(　　)密切相关。

A. 分化抑制　　B. 延缓抑制　　C. 近因效应　　D. 首因效应

53. 如图，甲乙两组图片中的灰色方块，哪一个更亮一些，哪一个较暗呢？如果不借助工具，我们会感觉甲图中的方块比乙图中的更亮一些，像这种深色背景上灰色显亮、浅色背景上灰色显暗的现象，体现了感觉的(　　)现象。

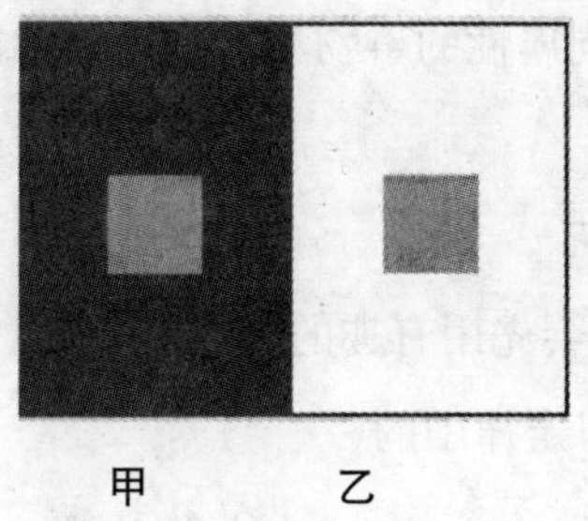

甲　　乙

A. 适应　　B. 对比　　C. 补偿　　D. 后像

54. 一心想考出好成绩的学生在考试前做了充分准备，但往往在考试中不能充分发挥实力，甚至出现不及格的情况，这可能是因为(　　)(常考)

A. 学习动机太弱，降低了学习效率　　B. 学习动机过强，降低了学习效率

C. 学习动机过强，极大地提高了学习效率　　D. 学习动机太弱，几乎没有学习效率

55. 英语对李炜来说一直是个大难题，他尝试了很多种学习方法，成绩都不见起色，这不禁让他怀疑自己学习英语的天赋和能力。根据成败归因理论，能力高低属于(　　)的归因。

A. 内部、稳定、可控制　　B. 内部、稳定、不可控

C. 外部、不稳定、不可控　　D. 外部、不稳定、可控制

56. 即将上初中的学生小蕾在选择哪所学校的问题上苦恼了许久：甲学校师资好但离家远，乙学校离家近但师资不好。小蕾的心理冲突属于(　　)

A. 双趋冲突　　B. 双避冲突　　C. 趋避冲突　　D. 多重趋避冲突

57. 新学期开始了，杨老师发现学生们还没“收心”，无法进入良好的学习状态。于是，她将全班学生分成若干学习小组，以卓越小组、优秀组长、进步之星等评选来激发学生们的学习热情。杨老师激发学生学习动机的措施是(　　)

A. 创设问题情境　　B. 开展竞赛评比

C. 学习动机迁移　　D. 及时反馈结果

58. 下列选项中，采取了精加工策略的是(　　)(常考)

A. 王燕边听英语边在本子上做笔记

B. 小蒙睡前在心里默读了一遍今天学习的古诗词

C. 高考前，小红搬到安静的小区以复习功课

D. 小丹将电路知识分成一些小的版块进行学习

59. 有效的时间管理可以促进学习，有效的时间管理策略不包括(　　)

A. 确立有规律的学习时段　　B. 确立切合实际的目标

C. 使用非固定的学习区域　　D. 分清任务的轻重缓急

60. 张静在学习英文“good morning”时，将发音记成了“姑的猫宁”，张静使用的记忆法属于(　　)

A. 关键词法　　B. 位置记忆法　　C. 视觉联想法　　D. 谐音联想法

61. (　　)是指学习把具有共同属性的事物集合在一起加以命名，把不具有此类属性的事物排除出去。

A. 词汇学习　　B. 符号学习　　C. 概念学习　　D. 命题学习

62. 王老师教学生解某类题前，会先用有趣的问题引导，激发学生的兴趣，从而让学生对这类题型有初步的了解，这运用了桑代克学习定律中的(　　)

A. 效果律　　B. 准备律　　C. 练习律　　D. 学习律

63. 某学校为培养学生良好的卫生习惯，制定了一系列班级卫生行为规范以约束学生行为，并且通过多种形式开展卫生知识宣传，让学生明白养成卫生习惯无论对自己、对班级还是对学校而言都有重要意义，规范实行一段时间后，大部分学生都能够做到爱护绿化，不乱扔垃圾，主动打扫，学校里逐渐形成了人人讲卫生的良好局面。该校对学生习惯的培养经历了(　　)三个阶段。

A. 认同→内化→依从　　B. 内化→认同→依从

C. 依从→认同→内化　　D. 内化→依从→认同

64. 在课堂学习中，学生“一题多解”体现的是(　　)

A. 形象思维　　B. 求同思维

C. 发散思维　　D. 惯性思维

65. 布瑞安等人在对收发电报中的动作技能进行研究时发现，被试在收报练习15～28天之间，成绩一度停顿下来，虽有练习但成绩不见提高，该实验表明练习中存在(　　)

A. 练习成绩的平原现象　　B. 练习成绩的马太效应

C. 练习成绩的高原现象　　D. 练习成绩的增长一致性

66. 学生们在练习舞蹈动作时，教练会对学生们的动作进行一些点评和指导，学生们接受的这种信息属于(　　)

A. 增补的反馈　　B. 固有的反馈

C. 随机练习　　D. 区别练习

67. 数学课上学生们在学习了分数乘法后再去进行分数加减法计算时，有的学生竟然将分子与分子、分母与分母分别相加减，这一迁移属于(　　)(易混)

A. 正迁移　　B. 逆向迁移　　C. 负迁移　　D. 纵向迁移

68. 人们看到用筷子演奏的大提琴表演后深感震惊，这是因为看到筷子一般只能想到夹食物这一用途，想不到可以作为乐器演奏歌曲，这种现象属于(　　)

A. 功能固着　　B. 原型启发　　C. 思维发散　　D. 功能变通

69. 漫画中教师的行为违反了《新时代中小学教师职业行为十项准则》中的(　　)的规定。

A. 关心爱护学生　　B. 坚持言行雅正

C. 规范从教行为　　D. 传播优秀文化

70. 教育惩戒须有法可依，教师依法行事，明确职责边界，才能在教育教学和管理中有章可循。下列情形中，属于教师不应该进行教育惩戒的情形是(　　)

A. 学生小明故意扰乱课堂秩序　　B. 学生小强欺凌同学

C. 学生小慧因生病无法完成作业　　D. 学生小龙在同学聚餐时过度饮酒

71. 根据我国《义务教育法》，下列说法错误的是(　　)(常考)

A. 对违反学校管理制度的学生，学校应当予以开除

B. 学校不得分设重点班和非重点班

C. 未完成义务教育的未成年犯所需义务教育经费由人民政府予以保障

D. 学校不得违反国家规定向学生及家长收取费用

72. 杨老师是一位积极上进的好老师，经常报名参加各种教师专业发展的学术会议，并在学术会议中积极与各位专家、学者讨论，发表自己的见解，这是杨老师在行使(　　)的权利。

A. 从事科学研究、学术交流　　B. 指导学生的学习和发展

C. 进行教育教学活动　　D. 按时获取工资报酬

73. 学校应当结合相关课程要求，根据学生的身心特点和成长需求开展以________为核心、以________为重点的法治教育，培养学生树立正确的权利观念，并开展有针对性的预防犯罪教育。(　　)

A. 民法教育　自我保护教育　　B. 刑法教育　生命安全教育

C. 行政法教育　防诈骗教育　　D. 宪法教育　权利与义务教育

74. 《未成年人学校保护规定》指出，学校采集的学生个人信息，不得非法删除、泄露、公开、买卖。若学校泄露、公开了学生的个人信息，则侵犯了学生的(　　)

A. 隐私权　　B. 名誉权

C. 荣誉权　　D. 肖像权

75. 对因不满法定刑事责任年龄不予刑事处罚的未成年人，经专门教育指导委员会评估同意，教育行政部门会同(　　)可以决定对其进行专门矫治教育，专门矫治教育的专门场所实行闭环管理。

A. 公安机关　　B. 人民法院

C. 监察机关　　D. 人民检察院

二、多项选择题(在下列每小题列出的选项中至少有两个是正确的，请将其代码填在括号内。错选、多选或未选均不得分。本大题共25小题，每小题1.21分，共30.25分)

76. 下列教育名言与人物对应正确的有(　　)(易错)

A. 知之者不如好之者，好之者不如乐之者——孔子

B. 师者，所以传道授业解惑也——韩愈

C. 读书之法，在循序而渐进，熟读而精思——朱熹

D. 默而识之，学而不厌，诲人不倦——荀子

77. 下列体现了教育的社会流动功能的有(　　)

A. 朝为田舍郎，暮登天子堂

B. 新竹高于旧竹枝，全凭老干为扶持

C. 试玉要烧三日满，辨材须待七年期

D. 前太守臣逵察臣孝廉，后刺史臣荣举臣秀才

78. 劳动技术教育是全面发展教育的重要组成部分，在我国基础教育阶段，劳动技术教育的培养目标包括(　　)

A. 掌握一定生产劳动的基础知识和基本技能

B. 具有正确的劳动观点、劳动态度

C. 学会赚取零花钱

D. 学会发现生活中的美

79. 课程是随社会发展而变化的，受多种因素影响。制约课程的主要因素包括(　　)(常考)

A. 社会因素　　B. 知识因素

C. 学生因素　　D. 智力因素

80. 评课是教学经验交流常用的形式，其内容包括(　　)

A. 评教师教学的基本素质　　B. 评教学目标

C. 评教学内容　　D. 评教学效果

81. “为了每位学生的发展”是新课程改革的核心理念。“为了每位学生的发展”的基本含义包括(　　)(常考)

A. 关注学生作为“整体的人”的发展

B. 统整学生的生活世界和科学世界

C. 寻求学生主体对知识的建构

D. 致力于塑造学生的消费观

82. 某校以实现“课堂活起来、师生动起来、教学实起来、质量高起来”为目标，将教学过程分为练习、展示、点拨、巩固四个部分，突出了对学生问题意识的培养，满足了学生个性发展的需求。课堂由讲堂变成学堂，学生积极主动地参与到教育教学活动中，真正成为了课堂的主人。该校的课堂教学模式体现的新课程改革倡导的基本理念有(　　)

A. 以学定教　　B. 单一评价

C. 关注学生发展　　D. 以“知识授受”为特征

83. 板书是教师在教学中传输信息的重要手段。下列板书行为正确的有(　　)

A. 合理控制板书的量和字体大小　　B. 板书内容应做到面面俱到

C. 在遇到重难点时及时进行板书　　D. 注重板书层次设计与书写

84. 课堂教学总结是整个课堂教学的有机组成部分。关于课堂总结应注意的问题，下列说法正确的有(　　)

A. 课堂总结要精短简洁，紧扣教学内容

B. 课堂总结要抓住关键，突出重点

C. 课堂总结要注意首尾呼应

D. 为节省时间，尽量避免让学生自己做课堂小结

85. 关于多媒体教学的利与弊，下列说法正确的有(　　)

A. 图文并茂，声像、动画兼备

B. 信息量大，可提高课堂容量

C. 完全依赖多媒体教具，有助于提高教学效果

D. 幻灯片的切换有时不便于学生做笔记

86. 学生自我评价是一种带有浓厚情感体验的自我认识活动，学生自我评价能力的形成条件有(　　)

A. 学生具有一定的意识水平

B. 学生能正确地掌握自我评价的社会性标准

C. 学生以教师的评价为依据

D. 学生掌握和运用恰当的自我评价方法

87. 德育过程是教育者根据一定社会的要求及受教育者思想品德形成的规律，对受教育者有目的地施加影响，通过受教育者能动的认识、体验和实践，从而使其养成教育者所期望的思想品德的教育活动过程。德育过程的主要规律包含(　　)

A. 学生知、情、意、行诸因素统一发展的规律

B. 学生在活动和交往中形成思想品德的规律

C. 学生思想矛盾内部转化规律

D. 学生思想品德形成的长期性和反复性规律

88. 教育是培育人才的事业，教师是教育事业发展的关键。教师劳动的创造性特点表现为(　　)

A. 采用不同的教育方法，使每个学生得到充分的发展

B. 要用自己的知识和言行去影响学生，必须作出示范和表率

C. 范围明确，垄断地从事社会不可缺少的工作

D. 随机应变地采取有效措施应对学生的各种突发情况

89. 技能按其本身的性质和特点可分为动作技能和心智技能。下列属于心智技能的有(　　)(常考)

A. 默读　　B. 跳高

C. 心算　　D. 写作构思

90. 以下关于"支架式教学"的认识中，正确的有(　　)

A. 维果斯基提出的最近发展区理论是支架式教学的理论基础之一

B. 学生既有的知识体系有助于新知识的学习

C. 学生始终在支架作用下学习新知识是支架式教学的最终目的

D. 教师在支架式教学中扮演的是抓手和辅助的角色

91. 学校教育中的性别偏向会影响学生的性别角色社会化过程，要避免教学中的性别偏向，教师应做到(　　)

A. 避免使用含有性别偏向的观点或图片

B. 鼓励学生积极参与不同学科的学习

C. 组织活动时给予男女生同等的参与机会

D. 安排座位时按照男女生不同桌的原则执行

92. 有了要学习的新知识，学生也具备相关的原有知识，要想发生有意义学习，学生可以(　　)

A. 积极复习原有的知识　　B. 把新旧知识联系起来

C. 多与同学进行课外活动　　D. 尽快忘记已有知识以避免干扰

93. 加涅将智慧技能分成了四类，分别是辨别、概念、规则和高级规则，并指出四类之间存在层次关系。下列关于这四类的层次关系的说法，正确的有(　　)

A. 高级规则学习以简单规则学习为先决条件

B. 简单规则学习以概念学习为先决条件

C. 辨别学习以概念学习为先决条件

D. 概念学习以高级规则学习为先决条件

94. 问题解决有多种途径，但问题解决有其共同的基本特征。下列属于问题解决特征的有(　　)(易错)

A. 问题情境性　　B. 目标指向性

C. 操作序列性　　D. 认知操作性

95. 小学生的亲社会行为随着年龄、社会认知、教育和环境的变化而变化，培养学生的亲社会行为可采取的有效策略包括(　　)

A. 树立正确的班级舆论　　B. 强化学生的责任心

C. 训练学生的社会技能　　D. 选择合理的训练方法

96. 小华、小敏、小英是一起长大但性格迥异的好朋友，小华沉默寡言、踏实稳重，小敏能说会道、活泼好动，小英则冲动易怒、精力旺盛，由此可以看出这三个孩子的气质类型包括(　　)(常考)

A. 黏液质　　B. 多血质

C. 胆汁质　　D. 抑郁质

97. 教师队伍承载着国家的希望、民族的未来。习近平总书记提出的(　　)的"四有好老师"标准是教师的立身之本和立业之基。如果没有这个基础导向，教师职业发展就会成为无源之水、无本之木。

A. 有理想信念　　B. 有道德情操

C. 有扎实学识　　D. 有仁爱之心

98.《大中小学劳动教育指导纲要(试行)》中强调，将劳动教育纳入人才培养全过程，丰富、拓展劳动教育实施途径，下列属于劳动教育途径的有(　　)

A. 独立开设劳动教育必修课　　B. 在学科专业中有机渗透劳动教育

C. 在课外校外活动中安排劳动实践　　D. 在校园文化建设中强化劳动文化

99. 我国相关法律规定，考生有下列(　　)行为的，组织考试的教育考试机构可以取消其相关考试资格或者考试成绩。

A. 非法获取考试试题或者答案　　B. 携带或者使用考试作弊器材、资料

C. 让他人代替自己参加考试　　D. 未在规定的座位参加考试

100. 教育是社会主义现代化建设的基础，对(　　)具有决定性意义，国家保障教育事业优先发展。

A. 提高人民综合素质　　B. 促进人的全面发展

C. 增强中华民族创新创造活力　　D. 实现中华民族伟大复兴

2021年重庆市特岗教师招聘考试真题试卷(三十六)

(总分100分　时间90分钟)

本套试卷共80小题,包括单项选择题60小题、多项选择题10小题、材料分析题10小题。

一、单项选择题(下列每小题四个选项中只有一个符合题意,请将其代码填在括号内。错选、多选或未选均不得分。本大题共60小题,每小题1分,共60分)

1. 教育的本质特点是(　　)

A. 影响人的身心发展　　B. 促进经济发展

C. 有目的地培养人　　D. 繁荣社会文化

2.《礼记·大学》阐述的"大学之道"是(　　)

A. 在亲民,在明明德,在止于至善　　B. 在亲民,在明人伦,在锲而不舍

C. 在化民,在明明德,在锲而不舍　　D. 在化民,在明人伦,在止于至善

3. 一般认为,西方最早论述教育问题的专著是(　　)(常考)

A.《政治学原理》　　B.《理想国》

C.《巨人传》　　D.《论演说家的教育》

4. 教育活动中,师生共同认识的客体要素是(　　)

A. 教师　　B. 学生

C. 教育内容　　D. 教育方法

5. 提出"白板学说"和"绅士教育"思想的教育家是(　　)

A. 卢梭　　B. 培根

C. 康德　　D. 洛克

6. 教育与生产劳动相分离的时代是(　　)

A. 原始社会　　B. 社会主义社会

C. 封建社会　　D. 资本主义社会

7. 以杜威为代表的现代教育学派倡导的"三中心"是(　　)(常考)

A. 儿童中心、教材中心、课堂中心　　B. 教师中心、经验中心、课堂中心

C. 儿童中心、经验中心、活动中心　　D. 教师中心、教材中心、课堂中心

8. 制约一个社会教育性质的根本因素是(　　)

A. 生产力发展水平　　B. 政治经济制度

C. 科学技术　　D. 文化传统

9. 学校教育注重"环境育人",教学设施环境属于学校文化中的(　　)

A. 物质文化　　B. 制度文化　　C. 精神文化　　D. 行为文化

10. 现代教育把学校分成小学、初级中学、高级中学,其主要依据是人发展的(　　)(易错)

A. 阶段性　　B. 顺序性

C. 不平衡性　　D. 个别差异性

11. 在教育目标系统中,体现各级各类学校人才培养特殊要求的是(　　)

A. 教育目的　　B. 培养目标

C. 课程目标　　D. 教学目标

12. 通常把一个国家各级各类学校系统的总体称为(　　)

A. 国民教育制度　　B. 学校教育制度

C. 教育管理体制　　D. 学校教育机构

13. 小学生具有"向师性",这就要求教师要重视发挥教师劳动的(　　)(常考)

A. 创造性　　B. 复杂性　　C. 示范性　　D. 长效性

14. 规定每门课程的性质、课程目标、内容框架并提出教学实施建议的文件是(　　)

A. 课程计划　　B. 教案　　C. 课程标准　　D. 考试大纲

15. 某省编写了反映本省历史发展、文化习俗、经济社会发展、风景名胜、历史名人等内容的教材,并在本省所有中学开设课程学习。这种课程属于(　　)

A. 国家课程　　B. 地方课程　　C. 校本课程　　D. 生本课程

16. 教学活动的中心环节是(　　)(常考)

A. 备课　　B. 上课　　C. 课后辅导　　D. 考试

17. 当前我国中小学实施的"研究性学习"属于(　　)

A. 学科课程　　B. 分科课程

C. 选修课程　　D. 综合实践活动课程

18. 高中新生入学,学校对学生进行"摸底考试",了解学生的学业基础。这种评价属于(　　)

A. 诊断性评价　　B. 形成性评价

C. 总结性评价　　D. 个体内差异评价

19. 对班级授课制进行系统阐释的教育家是(　　)(常考)

A. 裴斯泰洛齐　　B. 斯宾塞　　C. 夸美纽斯　　D. 杜威

20. 张老师在生物课上讲到袁隆平时,介绍了杂交水稻培育的科学原理,高度赞扬了他心系国家粮食安全,勤勉奉献一生并获得"共和国勋章"的感人事迹,同学们受到了极大鼓舞。张老师的教学主要体现了(　　)

A. 科学性和思想性相统一原则　　B. 巩固性原则

C. 直观性原则　　D. 因材施教原则

21. 评价和衡量一个人道德发展水平的根本标志是(　　)

A. 道德认知　　B. 道德情感　　C. 道德意志　　D. 道德行为

22. 为了调查中学生节假日的课外生活安排,调查组老师在校园中心广场给路过的同学发放了200张问卷。这种调查抽样方式是(　　)

A. 简单随机抽样　　B. 分层随机抽样

C. 多段抽样　　D. 整群抽样

23. 学生在学习中遇到困难或环境出现干扰学习的因素时,仍能自觉、自动地将心理过程集中指向老师所讲的内容。这种现象叫做(　　)

A. 随意后注意　　B. 随意注意

C. 不随意注意　　D. 不随意后注意

24. 有一种记忆系统的特点是:保持时间为几十至几百毫秒,存储形式为视觉表象和声音表象,如果不被注意或编码,就会自动消退。此种记忆系统是(　　)

A. 瞬时记忆　　B. 工作记忆　　C. 短时记忆　　D. 长时记忆

25. 人伤感时,会见花落泪,对月伤怀。这表现出的情绪状态属于(　　)(常考)

A. 表情　　B. 激情　　C. 心境　　D. 应激

26. 人们通常认为美国人热情,英国人保守,法国人浪漫。这种现象称为社会认知信息整合过程中的(　　)(易混)

A. 首因效应　　B. 近因效应

C. 晕轮效应　　D. 社会刻板印象

27. "窥一斑而见全豹"所描述的人的知觉特征是(　　)

A. 整体性　　B. 选择性　　C. 理解性　　D. 恒常性

28. 离差智商决定于(　　)

A. 个体在相同条件团体中的相对位置　　B. 个体的智龄状态

C. 个体心理年龄与实足年龄的比率　　D. 个体间正态分布的形式

29. "性格决定命运",这说明人格具有(　　)

A. 独特性　　B. 稳定性　　C. 复杂性　　D. 功能性

30. 人们习惯于用老方法解决新问题,原因在于人们解决问题会受到(　　)

A. 心理定势的影响　　B. 功能固着的影响

C. 无关信息的干扰　　D. 问题表征的影响

31. 下列选项中,不能解释"狼孩""豹孩""猪孩"回归人类社会后难以适应的原因的选项是(　　)

A. 人类个体早期经验的剥夺

B. 先天遗传是个体心理发展的关键

C. 个体心理发展离不开人类社会环境与教育影响

D. 个体心理发展中存在关键期

32. 过度学习能增强记忆效果。一般来说,最佳过度学习的比例是过度学习(　　)

A. 10%　　B. 30%　　C. 50%　　D. 70%

33. 下列关于智力与创造性关系的描述中,正确的选项是(　　)(易错)

A. 高创造力必有高智力　　B. 高智力必定产生高创造力

C. 低智力也能产生高创造力　　D. 创造力大小与智力高低无关

34. 研究发现,在简单的活动中,工作效率随动机强度的增强而提高;但当活动难度加大时,动机强度应(　　)

A. 降低　　B. 升高

C. 保持不变　　D. 无所谓

35. 人类短时记忆的容量有一定的限度,其容量为(　　)

A. 7±2个组块　　B. 8±2个组块

C. 9±2个组块　　D. 10±2个组块

36. 心理学家皮亚杰认为,7~12岁的儿童认知发展阶段处于具体运算阶段。这个时期儿童思维发展特点之一是(　　)

A. 自我中心　　B. 不守恒　　C. 守恒　　D. 不可逆

37. 医生根据病人的体温、血压、心电图等资料确诊病患,反映的思维特征是(　　)

A. 间接性　　B. 概括性

C. 预见性　　D. 抽象性

38. 差别感觉阈限指的是(　　)(易混)

A. 人对刺激物的感觉能力　　B. 最小可觉察的刺激量

C. 刚能引起差别感觉的最小差异量　　D. 人对差别的感觉能力

39. 学生通过对多个大小不一的圆的实际测量,独立探索出圆的周长和直径之间的比值接近一个常数3.14。这种学习属于(　　)

A. 被动学习　　B. 机械学习

C. 接受学习　　D. 发现学习

40. "小亮下午放学时感到很饿,一进门就闻到厨房里飘出香味,推测出妈妈已回家且已做好饭菜,感到非常高兴。"请判断小亮下述心理活动中哪一种属于思维活动(　　)

A. 感到很饿　　B. 闻到饭菜香味

C. 知道妈妈已回家且已做好饭菜　　D. 感到高兴

41. 一名学生回答问题时反应比较快，但由于急于求成，因此精确性差。该生的认知方式属于(　　)

A. 沉思型　　B. 场独立型　　C. 同时型　　D. 冲动型

42. 科尔伯格使用"海因兹偷药"的故事来研究儿童的道德判断。有些孩子认为海因兹不应该偷药，因为偷东西的行为不能得到普遍赞扬。持这种看法的孩子，其道德判断发展水平处于(　　)

A. 前习俗水平　　B. 习俗水平

C. 后习俗水平　　D. 公正水平

43. 钢笔、铅笔、毛笔、签字笔、圆珠笔等各种笔，虽然外观不一、特点各异，但其共同属性是"可以写字"。这种在头脑中把各种事物与现象的共同特征和属性提取出来，舍弃个别特征和属性的过程是(　　)

A. 分析　　B. 综合　　C. 抽象　　D. 概括

44. 马斯洛需要层次中，由低到高排列的第四层次为(　　)(常考)

A. 归属与爱的需要　　B. 自我实现的需要

C. 安全的需要　　D. 尊重的需要

45. 下列选项中，属于《中国教育现代化2035》提出的推进教育现代化基本理念的是(　　)

A. 更加注重关爱学生　　B. 更加注重教育公平

C. 更加注重知行合一　　D. 更加注重科学施教

46. 下列选项中，属于《中国教育现代化2035》提出的2035年主要发展目标的是(　　)

A. 建成具有国际影响力的职业教育大国

B. 建成世界先进水平的高等教育强国

C. 建成全球化背景下的创新型人才强国

D. 建成服务全民终身学习的现代教育体系

47.《中国教育现代化2035》提出要创新人才培养方式，在教学方式上推行(　　)

A. 灌输式、探究式、参与式、自主式　　B. 启发式、探究式、参与式、合作式

C. 自主式、模仿式、参与式、合作式　　D. 启发式、自主式、参与式、质疑式

48.《加快推进教育现代化实施方案(2018～2022年)》在推进基础教育巩固提高的任务中提出：着力减轻中小学生过重课外负担，支持中小学校普遍开展(　　)

A. 课外辅导工作　　B. 课后服务工作

C. 家长辅导工作　　D. 线上助学工作

49. 根据《教育法》的规定，学校的基本教育教学语言文字是(　　)

A. 地方通用语言文字　　B. 国家通用语言文字

C. 汉语言文字　　D. 当地民族语言文字

50. 下列选项中，受教育者依据《教育法》享有的权利是(　　)(常考)

A. 参加教育教学计划安排的各种活动　　B. 养成良好的思想品德和行为习惯

C. 遵守学校的管理制度　　D. 完成规定的学习任务

51.《教育法》规定，学校及其他教育机构在不影响正常教育教学活动的前提下，应当积极参与当地的(　　)

A. 勤工俭学活动　　B. 社会公益活动

C. 社会助学活动　　D. 社会培训活动

52. 根据《教师法》的规定，教师受聘任教、晋升工资、实施奖惩的依据是(　　)

A. 教师考核结果　　B. 教师业务水平

C. 教师工作态度　　D. 教师教学能力

53.《义务教育法》规定，为保障居住分散的适龄儿童、少年入学接受义务教育，县级人民政府根据需要设置(　　)

A. 半日制学校　　B. 全日制学校

C. 寄宿制学校　　D. 九年一贯制学校

54.《义务教育法》规定，县级人民政府部门应当均衡配置本行政区域内学校师资力量，组织校长、教师的(　　)

A. 学习和培训　　B. 沟通和合作

C. 培训和流动　　D. 交流和互访

55.《义务教育法》规定，国家鼓励义务教育阶段的教科书(　　)

A. 成本定价　　B. 循环使用　　C. 自行编写　　D. 自主选用

56. 如果未成年人合法权益受到侵犯，根据《未成年人保护法》的规定，有权予以劝阻、制止或向有关部门提出检举或控告的是(　　)

A. 父母或其他监护人　　B. 学校或其他教育机构

C. 公益组织或其他社会团体　　D. 任何组织或个人

57.《未成年人保护法》规定，学校安排未成年学生参加集会、文化娱乐、社会实践等集体活动，应当有利于未成年人的健康成长，防止发生(　　)

A. 工作责任事故　　B. 人身安全事故

C. 治安事件　　D. 突发事件

58. 某中学李老师为了上好每一节课，做好充分的课前准备，向40分钟要质量，精心设计教学环节和课程结构。根据《中小学教师职业道德规范》的规定，该教师的行为符合下列哪一项教师职业道德规范(　　)

A. 爱岗敬业　　B. 关爱学生　　C. 教书育人　　D. 为人师表

59. 初中学生李某课上扰乱教学秩序，下课后，王老师罚其做"下蹲起立"100次。根据《中小学教师职业道德规范》的规定，该教师违反了下列哪一项职业道德规范(　　)

A. 爱岗敬业　B. 关爱学生　C. 教书育人　D. 为人师表

60. 某中学李老师介绍班上的学生参加校外培训机构的培训，李老师的做法违反了《新时代中小学教师职业行为十项准则》中的哪一项要求(　　)

A. 潜心教书育人　B. 坚持言行雅正

C. 坚守廉洁自律　D. 规范从教行为

二、多项选择题(下列各题有两个或两个以上正确答案，请将其代码填在括号内。错选、少选、多选或未选均不得分。本大题共10小题，每小题2分，共20分)

61. 在学制发展历史上形成的典型学制是(　　)(常考)

A. 双轨制　B. 单轨制　C. 分支制　D. 矩形制

62. 从课程分类看，中小学语文、数学课属于(　　)

A. 学科课程　B. 必修课程　C. 国家课程　D. 活动课程

63. 学校德育的内容包括(　　)

A. 思想观念　B. 政治意识　C. 法制意识　D. 道德修养

64. 下列描述能力的选项中，属于智力范畴的有(　　)

A. 绘画能力　B. 音乐能力　C. 言语能力　D. 运算能力

65. 学生为了下个月的英语四级考试而努力学习英语。这种学习动机属于(　　)

A. 外在学习动机　B. 内在学习动机

C. 近景的学习动机　D. 远景的学习动机

66. 下列选项中，属于程序性知识的有(　　)

A. 勾股定律　B. 圆的面积公式　C. 解题策略　D. 记忆方法

67. 下列选项中，属于学习现象的有(　　)(易错)

A. 蚂蚁搬家　B. 解数学题

C. 膝跳反射　D. 读书写字

68. 下列选项中，不属于加德纳的"多元智力理论"中的智力类型的有(　　)

A. 音乐智能　B. 液态智能　C. 数理逻辑智能　D. 操作智能

69. 下列选项属于《中国教育现代化2035》提出的推进教育现代化基本原则的是(　　)

A. 坚持党的领导　B. 坚持服务人民

C. 坚持公益普惠　D. 坚持统筹推进

70. 根据《中小学教师职业道德规范》的规定，"爱国守法"的具体要求有(　　)(易混)

A. 热爱祖国，热爱人民，拥护中国共产党领导，拥护社会主义

B. 全面贯彻国家教育方针，自觉遵守教育法律法规，依法履行教师职责权利

C. 不得有违背党和国家方针政策的言行

D. 不利用职务之便谋取私利

三、材料分析题(下列每小题四个选项中至少有一个答案是符合题目要求的，请将其代码填在括号内。错选、多选、未选均不得分；少选且选择正确的，每个所选答案得0.5分。本大题共10小题，每小题2分，共20分)

阅读材料，完成第71～73题。

班主任张老师发现李晓最近一段时间上语文课总是不停地在书上写写画画，老师讲课的时候也不抬头听。一次上课，张老师走到他的座位前，发现他把书上的人物插图都改成了他喜欢的动画人物形象。看到老师发现了他的"秘密"，他赶紧把书藏起来了。下课后，张老师让李晓去办公室找他，当李晓怀着忐忑不安的心情来到办公室时，张老师并没有批评他，而是和颜悦色地说："我看了你画的卡通人物，画得很好的，你的绘画能力很不错。"他很不好意思地说："张老师，对不起，我不该在书上乱涂乱画。"张老师拍拍他的肩膀说："能认识到问题就好，不过老师希望你可以继续画下去。"李晓瞪大了眼睛疑惑地看着老师，张老师继续说："不是让你在书上画，你有这么好的绘画基础，我希望你来负责下一期班级黑板报的制作。同时我让其他几个同学协助你。"几天以后，李晓认真负责地完成了黑板报制作，并在学校评比中获得了优秀奖。从那以后，他对语文课程的学习变得认真了，美术作品也多次得到美术老师的表扬并参加学校展览。慢慢地，他变成了一个积极向上的好学生，并在期末被评选为"优秀学生"。

71. 本材料中体现的德育方法有(　　)

A. 说服教育法　B. 实际锻炼法

C. 参观法　D. 品德评价法

72. 本材料体现的德育原则有(　　)

A. 发扬积极因素克服消极因素原则

B. 尊重信任学生与严格要求学生相结合原则

C. 因材施教原则

D. 教育影响的连贯性与一致性原则

73. 本材料体现的德育途径有(　　)

A. 思想品德课　B. 班主任工作

C. 社会实践活动　D. 课外活动

阅读材料，完成第74～76题。

周老师在教学生学习了杜甫的诗歌《绝句》的基本大意后，她问孩子们："你们还有什么问题吗？"李萱同学举手说："请问老师，杜甫是在成都哪里看到的雪山啊？我去成都玩过几次都没有在市里面

看到雪山。""好的,同学们想不想看看在成都市区的人们用相机拍下的'窗含西岭千秋雪'的景象?""想!"于是周老师打开事先准备好的一组高清图片,呈现了晴朗天气下,都市高楼和远处的西岭雪山交相辉映的美丽场景。这让孩子们非常轻松地想象起一千多年前诗人在窗前远眺雪山的情景。"老师,我有一个问题!"王浩举手说,"那'门泊东吴万里船'又如何解释呢?成都的船怎么能开到东吴呢?""老师,我知道!"地理迷张东兴奋地举手说:"我可以打开电脑上的地图来解释这句诗。""好的,我们欢迎张东来当小老师。"张东熟练地操作电脑地图软件,边操作边讲解:"从府南河出发,可以到岷江,再顺流而下,到乐山再到宜宾就汇入长江,再到重庆,出万州三峡就到东吴地界。"他的话音刚落,教室里响起了热烈掌声……

74. 本材料中,周老师运用的教学方法有(　　)

A. 讲授法　　B. 谈话法

C. 演示法　　D. 实习作业法

75. 本材料体现周老师运用的教学原则有(　　)

A. 直观性原则　　B. 启发性原则

C. 循序渐进原则　　D. 巩固性原则

76. 本材料体现的教学过程的规律有(　　)

A. 教师主导作用与学生能动性相结合　　B. 间接经验与直接经验相结合

C. 掌握知识与发展智力相结合　　D. 掌握知识与思想教育相结合

阅读材料,完成第77~78题。

王老师有两个学生。李倩生性活泼好动,上课发言很积极,总是没有等老师讲完问题就举手甚至直接站起来回答问题;为人很热情,性格很直率,精力很旺盛;理解问题比别人快些,但比较粗心大意,并固执己见;情绪产生快而强烈,情绪自控能力较差,比较冲动、急躁、冒失。王明却对事物观察敏锐,想象丰富;情绪体验很深刻,多愁善感、敏感多疑;有些不合群、优柔寡断,做事稳重踏实,认真仔细;在活动中不敢表现自己,做事小心谨慎,缺乏自信,遵守纪律。面对两位个性差异很大的学生,王老师有些束手无措。

77. 下列有关李倩和王明气质的描述,正确的有(　　)

A. 李倩的气质属于多血质,王明的气质属于抑郁质

B. 李倩的气质属于胆汁质,王明的气质属于抑郁质

C. 李倩的气质优于王明的气质

D. 李倩和王明的气质差异跟他们的先天因素有关

78. 下面关于对待这两位学生的教育建议,正确的有(　　)

A. 对待李倩,教师应避免和她直接冲突

B. 当王明犯错误的时候,教师采用惩戒的手段是非常必要的

C. 教师应该多给王明创设同伴合作机会

D. 教师可以让李倩承担一些班级事务

阅读材料,完成第79~80题。

贾德在1908年所做的"水下击靶"实验,是经验类化说的经典实验。他以五年级和六年级学生作为被试,把他们分为两组。要求他们练习用标枪投中水下的靶子。主试给第一组学生充分解释水的折射原理,而不对第二组学生说明水的折射原理,他们只能从尝试中获得一些经验。在开始投掷练习时,靶子在水下1.2英寸处,两组学生的成绩相同。接着,条件变化了,水下1.2英寸处的靶子被移到水下4英寸处。这时两组学生的成绩便表现了明显的差异:没有了解折射原理的学生,他们投掷水下1.2英寸靶子时的练习不能帮助改进投掷水下4英寸的练习,错误持续发生;而了解了折射原理的学生则迅速适应了水下4英寸的条件,投掷水下4英寸靶子的练习成绩更好。

79. 贾德的实验解释了学习迁移的原因。下列选项中,能正确描述贾德的迁移理论的有(　　)

A. 迁移是无条件的,自动发生的

B. 两种学习存在共同成分是迁移发生的关键

C. 学习者能概括出两种学习的共同成分是迁移发生的关键

D. 概括化的经验或原理在迁移中有重要作用

80. 下列有关教师促进学习迁移的教学措施中,符合贾德迁移理论的措施有(　　)

A. 重视基本原理的教学

B. 加强教材中概念、原理和各章节之间的联系

C. 关注难度训练,学习越难的材料,迁移越容易

D. 培养和提高学生的概括能力

2021年江西省中小学教师招聘考试教育综合基础知识真题试卷(三十七)

(满分100分　时间120分钟)

本套试卷共57小题,分为两部分:第一部分客观题,包括单项选择题30小题、多项选择题20小题;第二部分主观题,包括判断分析题5小题、论述题1小题、案例分析题1小题。

第一部分　客观题

一、单项选择题(在下列每题的四个选项中,只有一个是最符合题意的,将其选出并把它的标号写在括号内。错选、多选或未选均不得分。本大题共30小题,每小题1分,共30分)

1.《学记》是中国古代也是世界上最早的专门论述教育问题的论著,其思想观点不包括(　　)

A.古之王者,建国君民,教学为先　　B.教也者,长善而救其失者也

C.蓬生麻中,不扶而直　　D.道而弗牵,强而弗抑,开而弗达

2.关于教育,下列观点表述错误的是(　　)(易混)

A.斯宾塞提出,科学知识最有价值

B.亚里士多德提出,教育应该由国家负责

C.卢梭提出泛智教育,主张把一切知识教给一切人

D.福禄贝尔是教育史上第一个承认游戏对幼儿有教育价值的学者

3.关于教育与社会发展的关系,下列观点表述错误的是(　　)

A.统治阶级可以利用经济手段来控制教育的发展方向

B.学校设置课程门类及其难易程度,可以不受生产力发展水平的制约

C.受教育权是判断教育性质的主要标志之一

D.文化观念会影响人们对教育的态度和行为

4.相信每一个学生,特别是某些方面有缺陷的学生,通过其他方面的努力,能够达到正常发展水平。这是人的身心发展的(　　)对教育提出的要求。

A.顺序性　　B.阶段性

C.不均衡性　　D.互补性

5.关于人的发展,下列观点不正确的是(　　)

A.遗传素质的成熟程度为一定年龄阶段的人的身心发展提供了可能

B.个体无法控制的社会环境,对人的发展的影响是盲目的、自发的

C.所有学校教育都能对人的发展起主导作用

D.主观能动性通过活动表现出来

6.党史教育属于新时代我国中小学德育内容中的(　　)

A.生态文明教育　　B.社会主义核心价值观教育

C.中华优秀传统文化教育　　D.理想信念教育

7.关于教育目的,下列观点表述错误的是(　　)

A.我国课程目标经历了从"双基"到"三维目标",再到"核心素养"的变化

B.教学目标是课程目标在每一个教学时段的分解和具体化

C.国家推行的教育目的,代表教育部门对受教育者的总要求

D.教育目的的确定要符合不同类别教育对象的不同需要

8.下列关于教师职业,表述不正确的观点是(　　)(易错)

A.春秋时期,私学教师逐渐成为一种行业

B.世界上最早的师范教育机构诞生于法国

C.《关于教师地位的建议》提出,教师工作应被视为一种专业

D."学在官府,以吏为师",成为古代社会教育的重要特点

9.关于教学组织形式,下列表述不正确的观点是(　　)

A.班级授课制可以采用"马蹄式"安排学生座位

B.个别教学有利于拔尖人才的培养

C."走班制"实行大、小班上课的多种教学形式

D.分组教学容易造成学生的心理不平衡

10.我国第八次课程改革是规模最大、影响最为深广的课程改革,以下观点不属于本次课程改革价值追求的是(　　)

A.我国课程体系必须追求国际性与民族性的内在统一

B.课程体系应该为学生创设促进个性发展的社会情境

C.谋求部分条件优越的适龄儿童享受高质量的基础教育

D.自由的日常交往视为重要的课程资源

11.下列关于德育,表述不正确的观点是(　　)(易混)

A.爱国主义教育在我国学校德育中处于核心地位

B.思想品德教育过程即思想品德形成过程

C.道德教育实质上就是教学生如何做人的教育

D.社会的时代特征决定了德育内容的针对性

12. 关于班级活动设计与组织的过程,表述错误的观点是(　　)

A. 班级活动设计应该选择学生关心的热点问题

B. 班级活动主题可以从传统教育中拓展而来

C. 班主任要适当对班级活动过程做出示范

D. 班级活动外部联络应该由本班学生完成

13. 关于德育原则,下列观点错误的是(　　)

A. 严格要求学生就是对学生提出合理的要求

B. 有针对性地依据学生个性特点进行教育是贯彻长善救失原则的具体要求

C. 对学生进行正面赏识是贯彻疏导性原则的具体要求

D. 给后进生委托相应任务,实施直接锻炼是贯彻知行统一原则的要求

14. 关于教师职业道德,下列观点不正确的是(　　)(易混)

A. 教师既要享受权利,也应当履行义务。但是,教师在道德上的义务具有无偿性的特点

B. 教师在教育教学活动中所体现出的道德属于公德

C. 教师有什么样的职业指导思想和目标,就会有什么样的职业作风

D. 惟有学而不厌的先生才能教出学而不厌的学生。这是教师职业道德中关于意识自觉性的要求

15. 关于教育法规,下列论述不正确的是(　　)

A.《中华人民共和国教师法》是1995年9月1日起施行的

B. 对于品行不良、侮辱学生造成恶劣影响的教师可以撤销其教师资格

C.《中华人民共和国义务教育法》是教育单行法律

D.《中华人民共和国教育法》第十九条规定:国家实行九年制义务教育制度

16. 14岁的刘某在放学路上遭遇车祸,抢救无效不幸身亡。根据《学生伤害事故处理办法》,认定学校(　　)

A. 承担全部责任　　B. 承担次要责任

C. 不承担法律责任　　D. 承担主要责任

17.《中共中央 国务院关于全面深化新时代教师队伍建设改革的意见》提出要"提高教师(　　)和职业道德水平摆在首要位置,把社会主义核心价值观贯穿教书育人全过程"。

A. 思想政治素质　　B. 学科专业水平

C. 个人综合素质　　D. 个人创新能力

18. 根据加涅的学习层次分类观点,学生学习桑代克的效果律属于(　　)(易混)

A. 连锁学习　　B. 言语联想学习

C. 规则的学习　　D. 解决问题的学习

19. 在学校教育中,应根据学生年龄、性别、种族等特点,运用不同学习动机类型来激发学生学习。提出该观点的心理学家是(　　)

A. 布鲁纳　　B. 斯金纳

C. 苛勒　　D. 奥苏伯尔

20. 高创造力者的个性因素不包括(　　)

A. 能容忍模糊与错误　　B. 比一般人更爱幻想

C. 很少考虑自己在他人心目中的形象　　D. 以简单的方式处理复杂的问题

21. 想知道学生在班级中的排名,应该使用(　　)评价。

A. 常模参照　　B. 标准参照

C. 诊断性参照　　D. 总结性参照

22. 操作性条件反射与经典性条件反射的区别,不包括(　　)(易错)

A. 反应的后天性与先天性　　B. 新的S-R联结是否形成

C. 强化物是否出现在新的反应前　　D. 无条件刺激是否明确

23.(　　)主张通过在真正现场活动中获取、发展和使用认知工具来进行特定领域的学习。

A. 抛锚式学习　　B. 认知学徒式学习

C. 随机通达学习　　D. 支架式学习

24. 关于韦纳的归因理论,以下表述正确的是(　　)(常考)

A. 所有稳定性因素都是内在因素　　B. 所有内在因素都是稳定性因素

C. 所有内在因素都是可控因素　　D. 所有可控因素都是内在因素

25. 一个测验实际测到的内容与所要测量的内容之间的吻合程度属于(　　)

A. 信度　　B. 效度

C. 区分度　　D. 难度

26. 利用现代科学技术使知识以活动的方式展现在学生面前,这是利用了感觉的(　　)

A. 强度律　　B. 差异律

C. 活动律　　D. 组合律

27. 学生中流传的俏皮话"大考大玩、小考小玩、不考不玩"。这种现象属于(　　)

A. 耶克斯—多德森定律　　B. 皮格马利翁效应

C. 罗森塔尔效应　　D. 晕轮效应

28. 关于记忆,下列观点不正确的是(　　)

A. 瞬时记忆加以注意能转入短时记忆

B. 短时记忆是经过加工之后的记忆

C. 长时记忆是保持一分钟以上的记忆

D. 瞬时记忆、短时记忆和长时记忆中，短时记忆的容量最小

29. 培养勤奋感的最佳时期是(　　)

A. 2～3岁　　B. 4～5岁　　C. 6～11岁　　D. 12～18岁

30. 利用流程图来帮助记忆。这属于(　　)

A. 位置记忆策略　　B. 生成性学习策略

C. 组织策略　　D. 监控策略

二、多项选择题(在下列每小题列出的选项中至少有两个是正确的，请将其代码填在括号内。错选、多选或未选均不得分。本大题共20小题，每小题1分，共20分)

31. 下列关于教育的内涵，表述正确的观点是(　　)(易错)

A. “教育”一词最早出自“得天下英才而教育之，三乐也”

B. 西方观点认为，教育是“把受教育者内在的东西引导出来”

C. 赫尔巴特认为，教育是经验的改造或改组

D. 目的性、计划性和组织性是学校教育具有的特点

32. 下列关于学校教育的产生，表述正确的观点是(　　)

A. 西方严格意义上的学校教育系统形成于17世纪初期

B. 古代埃及的苏美尔学校被认为是人类最早出现的学校

C. 中国的学校教育正式产生于商代

D. 体脑分工和专职教师的出现是学校产生的客观条件

33. 下列关于教育的发展，表述正确的观点是(　　)

A. 中国隋唐时期，已经出现了完备的“六学二馆”的官学体系

B. “七艺”是中世纪骑士教育的主要内容

C. 普遍实施中等义务教育是近代社会教育的主要特征

D. 人文教育和科学教育携手并进是现代社会教育的特征

34. 关于人的发展，下列表述错误的是(　　)

A. 高尔顿认为“一两的遗传胜过一吨的教育”

B. 卢梭提出了著名的“白板说”

C. 吴伟士认为，人的发展等于遗传和环境的乘积

D. 董仲舒的“性三品”学说，突出“命定”因素在人发展中的作用

35. 教育目的的生活本位论的代表人物有(　　)(常考)

A. 卢梭　　B. 斯宾塞

C. 杜威　　D. 涂尔干

36. 下列关于素质教育，表述错误的观点是(　　)

A. 教育自身存在不能够适应社会发展的问题是素质教育产生的重要背景

B. 素质教育主要是面向健康的学生

C. 素质教育不是一种具体的教育模式

D. 素质教育就是要消灭考试制度

37. 关于学生，下列表述不正确的观点是(　　)

A. 不承认学生的主体地位，再好的教学计划也会落空

B. 学生最主要的权利是生存权

C. 受教育权是学生的权利，但不是学生的义务

D. 现代中小学学生学习目的多元化，具有鲜明的自我利益特征

38. 关于学制，下列表述正确的观点是(　　)(易混)

A. 壬子癸丑学制规定了义务教育的年限

B. 特殊学校和特殊班级的设立，可以不考虑学生一般的身心发展规律

C. 义务教育年限的长短成为一个国家教育发展程度的重要标志之一

D. 壬戌学制又称“五三三”制

39. 关于课程，下列表述正确的观点是(　　)

A. 新课程规定，小学高年级至高中设置的综合实践活动均为必修课程

B. 当前我国课程标准就是指学科课程标准或教学大纲

C. 校内外所有的资源都可以成为课程资源

D. 综合实践活动课程具有连续性特点

40. 关于班主任，下列论述不正确的是(　　)

A. 我国中小学正式设立班主任的时间是1951年

B. 班主任应该进行个性化班级文化建设

C. 班主任可以通过对知情者的调查，从侧面了解学生

D. 班主任应该主动与家长联系，但可以不经常与学生所在的社区进行联系

41. 关于德育中的实践锻炼法，以下表述正确的有(　　)

A. 遵守纪律是一种实践锻炼　　B. 学习活动是学生最经常的实践锻炼方式

C. 它是解决道德上知行脱节的最重要方法　　D. 学生亲身参与了实践活动就能够产生实际效果

42. 下列关于教学过程，表述不正确的观点是(　　)

A. 教学过程是学生的一种特殊认识过程　　B. 教学过程是知与不知的矛盾转化过程

C. 学生掌握知识就能够形成相应的能力　　D. 感知教材和领会教材属于教学过程的巩固阶段

43. 下列关于慕课,表述不正确的观点是(　　)

A. 慕课即为大规模在线开放课程,可以根据用户自愿原则收取少量费用

B. 慕课平台一般都限制注册人数

C. 慕课平台核心课程资源主要以30~35分钟视频为主

D. 目前慕课的主讲教师大多由名师担任

44. 关于教师职业道德规范,下列论述正确的是(　　)

A. 教师不断提高教学质量,属于教师诚信的具体表现

B. 少数任课教师让所教的学生接受自己的有偿家教,违反了师德中为人师表的要求

C. 某教师在课堂上散布与国家政策法规不一致的言论,违反了师德中爱国守法的要求

D. 爱岗敬业是教师职业道德的基本要求

45.《新时代中小学教师职业行为十项准则》的基本内容包括(　　)(常考)

A. 坚定政治方向　　B. 传播优秀文化

C. 严格要求学生　　D. 加强安全防范

46. 以下观点,论述正确的是(　　)

A.《中华人民共和国未成年人保护法》中的"未成年人"是指未满十六周岁的公民

B.《中华人民共和国预防未成年人犯罪法》第四十五条规定:"对于已满十四周岁不满十六周岁未成年人犯罪的案件,一律不公开审理

C.《中共中央 国务院关于深化教育教学改革全面提高义务教育质量的意见》提出坚持"五育"并举,全面发展素质教育

D.《中华人民共和国教师法》规定了教师的六大权利和六大义务

47. 关于人际交往,下列说法正确的是(　　)

A. 人际关系深浅的标志是双方的情感卷入水平

B. 自我暴露与熟悉程度之间呈U型关系,即人们对很熟悉的或很陌生的人更会自我暴露

C. 在稳定交往阶段,交往双方的人际安全感已经确立

D. 双方关系发生实质性变化的阶段是情感交流阶段

48. 关于学习理论,下列观点表述正确的是(　　)

A. 托尔曼认为,学习是有目的的行为,而不是盲目的

B. 布鲁纳认为,学习内容是学习者通过发现而获得

C. 有意义的自由学习观是奥苏伯尔提出的

D. 学习是通过尝试—错误来实现的,这是早期认知主义的观点

49. 关于认知发展,下列观点表述正确的是(　　)

A. 皮亚杰认为,图式最初来自于环境适应

B. 学生已有的准备状态就是新的教学的出发点

C. 只要教学内容和方法得当,系统的学校教育可以起到加速认知发展的作用

D. 同化就是与环境达到平衡的过程

50. 关于感觉,下列表述错误的是(　　)

A. 暗适应是视觉感受性降低的过程

B. 明适应比暗适应要花费更长的时间

C. 刺激强度太强或太弱都不会产生感觉

D. 煤炭在晚上看起来比白天更黑,但不认为这是两种煤炭。这是感觉的对比

第二部分　主观题

三、判断分析题(判断正误并说明理由。本大题共5小题,每小题4分,共20分)

1. 校长是一个学校的灵魂。教师应该绝对服从校长的安排,支持其工作。

2. 针对人口出现零增长或负增长现象,未来教育发展的战略重点要放在教育的量的发展上。(易混)

3. 教师和家长应尽量为学生提供各种各样的活动和交往,来促进学生道德发展。

4. 班集体的核心队伍由班干部组成。所以,班主任建立班集体的核心队伍就是要加强班干部的选拔和培养。

5. 强化一定能够增强学生的学习动机。

四、论述题(本大题共12分)

在促进迁移的教学中,如何贯彻理论联系实际的教学原则?

五、案例分析题(本大题共18分)

某校教研组举行教研活动,要求大家结合自己的教学实践发表看法。

姜老师谈到了对学生进行思想品德教育过程中实施教育惩戒规则时的困惑与委屈。姜老师说:"我的班上有个叫小明的留守学生,非常调皮捣蛋,经常迟到早退,偷拿同学铅笔,与男同学打架,欺负女同学,学习成绩很差。多次警告无效后,我对他进行了罚站、罚抄、罚跑、打手心和打脸,甚至在班上公开说他无可救药。我花了很多时间和精力,但出力不讨好,小明反而很记恨我,他的家长也不理解我。我自己也感到非常委屈。"

张老师谈了如何帮助班上的"差生"小华进行转变的一些做法。如主动与小华交朋友、课后经常与其谈心、让成绩好的小红与他结对子、帮助他制订学习计划、鼓励他参与热点问题讨论、兑现奖罚诺言等。

刘老师就如何关爱学生,谈了一些自己的体会和做法:由于自己喜爱教育事业、喜爱学生,所以能够做到关心爱护每位学生、凡事多替学生着想、不轻易侵犯学生的合法权益;控制自己的不良情绪、从不辱骂和讽刺学生。目前,她与班上学生的关系非常融洽,学生给她起了一个外号"最美妈妈"。刘老师的发言,赢得大家的热烈掌声。

请根据上述材料,回答以下问题:

(1)请运用教育学理论并结合本案例,阐述姜老师使用教育惩戒时未能遵循哪些要求?(6分)

(2)请运用教育心理学理论并结合本案例,阐述张老师是如何培养学生良好的态度与品德?(8分)

(3)请运用教师职业道德修养理论并结合本案例,阐述刘老师是如何遵循"关爱学生"的师德规范要求的?(4分)

2020年河南省特岗教师招聘考试真题试卷(三十八)

(满分150分　时间120分钟)

本套试卷共41小题,包括单项选择题20小题、判断题15小题、案例分析题3小题、论述题1小题、教学设计题1小题、教育写作1小题。

一、单项选择题(请在每小题的四个选项中选出一个正确答案,并将正确选项的字母写在括号内。不选、错选或多选者,该题无分。本大题共20小题,每小题2分,共40分)

1. 2020年5月18日,国家主席习近平在第73届世界卫生大会视频会议开幕式上的致辞题目是(　　)

A.《携手抗疫,共克时艰》

B.《论坚持推动构建人类命运共同体》

C.《团结合作战胜疫情,共同构建人类卫生健康共同体》

D.《论坚持全面深化改革》

2. 2019年11月,中共中央、国务院印发了《新时代爱国主义教育实施纲要》,提出新时代爱国主义教育需要长期坚持的主题是(　　)

A. 实现中华民族伟大复兴的中国梦　　B. 爱党爱国爱社会主义

C. 维护祖国统一和民族团结　　D. 立足中国又面向世界

3. 以法律形式规定了我国教育基本制度的是(　　)

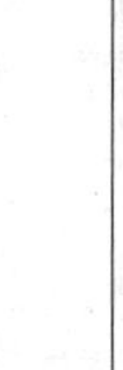

A.《中华人民共和国未成年人保护法》　　B.《中华人民共和国教育法》

C.《中华人民共和国教师法》　　D.《中华人民共和国义务教育法》

4. 下列选项中,不属于发散思维的是(　　)

A. 研究人员提出多种解决问题的设想

B. 学生从多种解题方法中筛选出一种最佳解法

C. 教师设想多种教学改革方案

D. 作家为了提高写作水平进行一事多写

5. 中小学在职教师有偿补课主要违反的教师职业道德规范是(　　)(易混)

A. 爱岗敬业　　B. 为人师表

C. 教书育人　　D. 关爱学生

6. 在教师的支持和帮助下,学生通过主动探究,获取知识和能力的教学方法是(　　)

A. 范例教学法　　B. 程序教学法

C. 暗示教学法　　D. 发现法

7. 下列选项中,不是出自《论语》的是(　　)

A.“敏而好学,不耻下问”

B.“君子博学而日参省乎己,则知明而行无过矣”

C.“学而不厌,诲人不倦”

D.“知之为知之,不知为不知,是知也”

8. 下列选项中的教育名著与作者对应不正确的是(　　)(易错)

A.《大教学论》——夸美纽斯　　B.《民主主义与教育》——杜威

C.《爱弥儿》——卢梭　　D.《给教师的一百条建议》——赞科夫

9.“不论教育者怎样研究教育学理论,如果他没有教育机智,他就不可能成为一个优秀的教育实践者。”这句话说明教师劳动具有(　　)

A. 创造性　　B. 长期性

C. 示范性　　D. 广延性

10. 下列选项中,关于学科课程和活动课程的描述不正确的是(　　)(易错)

A. 学科课程更关注知识结构与逻辑　　B. 活动课程更关注学生的间接经验

C. 活动课程所获结论有时可能有误　　D. 两类课程既相互区别又相辅相成

11. 在教育中把儿童当作儿童,而不当作“小大人”。这表明个体身心发展具有(　　)

A. 均衡性　　B. 互补性

C. 阶段性　　D. 不平衡性

12. 关于班级组织的社会化功能,下列选项中描述不正确的是(　　)

A. 塑造主导价值观　　B. 培养交往技能

C. 助力个性养成　　D. 形成角色认同

13. 初中生常常被“我到底是谁?”“我将成为什么样的人?”之类的问题困扰。根据埃里克森的理论,其面临的主要冲突是(　　)

A. 亲密感对孤独感　　B. 勤奋感对自卑感

C. 信任感对不信任感　　D. 同一性对角色混乱

14. 某同学一次考试成绩不理想,就认为是自己能力不行。按照动机的归因理论,该同学的归因模式属于(　　)

A. 内控——稳定性　　B. 内控——不稳定性

C. 外控——稳定性　　D. 外控——不稳定性

15. 下列选项中,不属于心智技能的是(　　)

A. 感知声音　　B. 计算题目　　C. 记忆公式　　D. 阅读文章

16. 王老师经常鼓励胆小的同学在课堂上大胆表达自己的观点,并对其发言行为加以表扬,使其克服了胆怯心理。王老师运用的方法是(　　)

A. 自我控制法　　B. 强化法　　C. 系统脱敏法　　D. 代币法

17. 教师把零散的、枯燥的信息编成歌谣、口诀,帮助学生提高记忆效果的学习策略是(　　)

A. 组织策略　　B. 元认知策略

C. 复述策略　　D. 精细加工策略

18. 学过长方形的面积计算公式后,再学习正方形的面积计算公式。这种学习类型是(　　)

A. 上位学习　　B. 下位学习　　C. 并列学习　　D. 结合学习

19. 下列选项中,最能体现斯金纳的操作性条件作用理论在教育上应用的是(　　)

A. 确定教学主题　　B. 更新教学内容

C. 塑造学生行为　　D. 了解学生态度

20. 下列选项中,关于流体智力和晶体智力说法正确的是(　　)

A. 流体智力与个体的天赋有关

B. 晶体智力较少依赖文化和知识的内容

C. 流体智力在人的一生中一直在发展

D. 晶体智力是在信息加工和问题解决过程中表现出的能力

二、判断题(判断下列命题的正误,正确的请在题后的括号打"√",错误的打"×"。本大题共15小题,每小题1分,共15分)

1.《中华人民共和国民法典》是新中国第一部以法典命名的法律。(　　)

2. 适龄儿童、少年因身体状况需要延缓入学或者休学的,其父母或其他法定监护人应当提出申请,由学校批准。(　　)

3. 15岁初中生小明辍学去工厂打工挣钱,工厂可以雇用他。(　　)

4. 通过培养人来促进政治、经济、文化、科技的发展是教育的社会功能。(　　)

5. 启发式教学是一种具体的教学方法。(易错)(　　)

6. 从研究方法上来看,行动研究属于量化研究。(　　)

7. 非制度化教育推行的理念是"教育不应再限于学校的围墙之内"。(　　)

8. 某中学组织学生赴大别山革命老区接受红色教育的方法属于实践锻炼法。(易混)(　　)

9. 教师要根据学习任务的不同难度,恰当控制学生学习动机的激发程度。(　　)

10. 教师对做事总是虎头蛇尾的学生应着重培养其意志品质的自制性。(　　)

11. 教师对学生作业采用"错一罚十"的做法是违背记忆规律的。(　　)

12. "感时花溅泪,恨别鸟惊心"说明人的情绪和情感具有感染性。(　　)

13. 认知方式有优劣之分,沉思型优于冲动型,场独立型优于场依存型。(　　)

14. 教师让学生根据文章标题猜测文中内容的创造性训练方法是自我设计训练。(　　)

15. 小张成为教师后要求自己的行为与教师角色保持一致,其态度处于依从阶段。(　　)

三、案例分析题(本大题共3小题,每小题10分,共30分)

1. 李老师参加了某教育学会组织的为期一天的学术研讨会,事先未向学校请假,也未向学校领导请示派人代课,导致他所任教的两个班各有一节缺课。学校发现后,按照本校的教学管理规定,认定为教学事故。李老师对学校认定意见不服,向学校的主管部门提出申诉,要求撤销对其教学事故的认定,其申诉理由是依据《中华人民共和国教师法》规定:"教师享有从事科学研究、学术交流,参加专业的学术团体,在学术中充分发表意见的权利。"

请结合案例运用法律法规知识分析。

(1)该教师有权利对学校的认定意见提出申诉吗?(5分)

(2)该校的主管部门会同意他的申诉要求吗? 为什么?(5分)

2. 近年来,人工智能的发展环境发生了深刻的变化,呈现出深度学习、跨界融合、人机协同、自主操控等新特征。在可预见的未来,诸如超市收银员、银行柜台服务人员、高速公路收费人员、餐饮服务人员等,将会被人工智能部分或全部取代。但是,根据一项国际研究的预测和分析,未来二十年最不容易被人工智能取代的职业之一是教师职业。

请结合案例运用教育学知识分析:人工智能时代教师职业角色的"不变"与"变化"各是什么?

3. 阿西莫夫是世界著名的科普作家。有一次，一位汽车修理工对他说：“有一位聋哑人，想买几根钉子，就来到商店，对售货员做了一个这样的手势：左手食指立在柜台上，右手握拳做出敲击的样子。售货员见状，先给他拿来一把锤子，聋哑人摇摇头。于是售货员就明白了，他想买的是钉子。聋哑人刚买好钉子，走出商店，接着进来一位盲人。这位盲人想买一把剪刀，请问：盲人将会怎样做？”阿西莫夫顺口答道：“盲人肯定会这样——”，他伸出食指和中指，做出剪刀的形状。听了阿西莫夫的回答，汽车修理工笑着说：“盲人想买剪刀，只需开口说‘我买剪刀’就行了，他干嘛要做手势呀？”

请结合案例运用心理学知识分析。

(1)该案例反映了什么心理效应?(5分)

(2)该心理效应对学生的学习有什么影响?(5分)

四、论述题(本大题共10分)

请结合实际，论述运用榜样示范法的基本要求。

五、教学设计题(本大题共15分)

为贯彻落实《中共中央国务院关于全面加强新时代大中小学劳动教育的意见》《大中小学劳动教育指导纲要(试行)》，全面提高学生劳动素养，某乡村小学拟开展“公益劳动周”活动。在“公益劳动周”活动开始前，班主任李老师想通过主题班会的形式，使学生们进一步认识该公益劳动，积极参加公益劳动。

相关情况：活动对象为小学五年级学生，班级人数为40人。

请你根据上述材料完成主题班会的方案设计。

六、教育写作(本大题共40分)

阅读下面材料，根据要求写作。

要保证贫困山区的孩子上学受教育，有一个幸福快乐的童年。(习近平)

下一代要过上好生活，首先要有文化，这样将来他们的发展就完全不同……把贫困地区孩子培养出来，这才是根本的扶贫之策。(习近平)

抓好教育是扶贫开发的根本大计，要让贫困家庭的孩子都能接受公平的有质量的教育，起码学会一项有用的技能，不要让孩子输在起跑线上，尽力阻断贫困代际传递。(习近平)

综合上述材料，你有怎样的感触及思考？请联系实际，写一篇不少于600字的文章。

要求：选好角度，确定立意，自拟标题；除诗歌外，文体不限。

2020年河北省特岗教师招聘考试真题试卷(三十九)

(满分150分　时间120分钟)

本套试卷共31小题,包括单项选择题15小题、填空题10小题、简答题2小题、材料分析题1小题、案例分析题1小题、教学设计题1小题、写作题1小题。

一、单项选择题(在下列每小题列出的四个选项中只有一个是最符合题意的,请将其代码填在括号内。错选、多选或未选均不得分。本大题共15小题,每小题2分,共30分)

1. 规定了我国学生申诉制度的法律文件是(　　)

A.《中华人民共和国教育法》　B.《中华人民共和国教师法》
C.《中华人民共和国义务教育法》　D.《中华人民共和国未成年人保护法》

2. 依法聘任义务教育阶段校长的组织或单位是(　　)

A. 县级人民政府　B. 县级人民政府教育行政部门
C. 市级人民政府　D. 市级人民政府教育行政部门

3. 对于违法犯罪的未成年人,应该坚持的原则是(　　)

A. 教育惩罚并用　B. 惩罚为主,教育为辅
C. 教育为主,惩罚为辅　D. 视具体情况而定

4. "捧着一颗心来,不带半根草去"体现了陶行知先生具有(　　)

A. 高深的教育理论素养　B. 过硬的教育功底
C. 崇高的职业道德精神　D. 无私的公民奉献理念

5. 新课程改革强调,教学过程中的交互活动的主要方法是教师的(　　)

A. 知识灌输　B. 引导示范　C. 技能传递　D. 演说讲解

6. 提出"把一切事物教给一切人类的全部艺术"的教育著作是(　　)(易混)

A.《雄辩术原理》　B.《普通教育学》　C.《教育漫话》　D.《大教学论》

7. 属于典型的遗传决定论观点的是(　　)(常考)

A."龙生龙,凤生凤,老鼠生来会打洞"　B."人类之所以千差万别,就是由于教育之故"
C."严师出高徒""棍棒底下出孝子"　D."发展等于遗传与环境之和"

8. 有关学制的叙述,正确的是(　　)

A. 我国是单轨制的典型国家
B. 我国正式实施的第一个现代学制是壬寅学制
C. 我国历史上的壬戌学制是以日本为蓝本的
D. 美国是单轨学制的代表国家

9. 通过对学生的作业本、试卷等进行分析研究,找到学生学习成绩优秀、良好、不合格的原因,这种方法属于(　　)

A. 观察法　B. 实验法　C. 文献法　D. 调查法

10. 班主任工作的首要任务是(　　)

A. 组织建立良好的班集体　B. 抓好学生的学习
C. 组织学生的活动　D. 评定学生的操行

11. 个人按自定标准评价自己的行为之后,在心理上对自己所做的奖励的强化属于(　　)

A. 负强化　B. 间接强化　C. 外部强化　D. 自我强化

12. 格塞尔的双生子爬梯实验说明了(　　)

A. 遗传的重要性　B. 环境对个体发展的影响
C. 成熟对个体发展的影响　D. 教育的重要性

13. "鱼与熊掌不可兼得"是一种(　　)

A. 双避式冲突　B. 趋避式冲突
C. 双趋式冲突　D. 双重趋避式冲突

14. 下面说法中正确的是(　　)

A. 发现学习就是有意义学习,接受学习就是机械学习
B. 接受学习在很大程度上是机械的,发现学习是有意义的
C. 接受学习和发现学习都存在有意义学习和机械学习之分
D. 只有接受学习存在有意义学习和机械学习之分

15. 教师的注意力特征主要表现在(　　)能力上。

A. 注意的广度　B. 注意的分配
C. 注意的转移　D. 注意的稳定性

二、填空题(在下列每小题的空格中填上正确答案。错填、不填均不得分。本大题共10小题,每空2分,共20分)

16. 2014年第30个教师节前夕,习近平总书记考察北京师范大学时发表重要讲话,勉励广大师生做"四有"好老师。这"四有"是有________、有道德情操、有扎实学识、有仁爱之心。(常考)

17. 党的十九大报告指出:"国家繁荣、民族振兴、教育发展,需要我们大力培养造就一支师德高尚、业务精湛、结构合理、充满活力的高素质________教师队伍,需要涌现一大批好老师。"

18.《中华人民共和国教育法》规定:"教育应当坚持________,对受教育者加强社会主义核心价值观教育,增强受教育者的社会责任感、创新精神和实践能力。"

19. 马克思主义关于人的全面发展理论是我国________的理论基础。(常考)

20. “一把钥匙开一把锁”反映了德育的________原则。

21. 教育者通过班级组织向学生传授科学文化知识,使之形成社会生活的基本技能,这是班级组织________功能的体现。

22. 把两个或两个以上年级的儿童合编在一个班级,采用直接教学和布置、完成作业轮流交替的方式,在同一节课内由一位教师对不同年级学生进行教学的组织形式是________。

23. 思维的基本形式包括________、判断和推理。

24. 学习策略可分为________、元认知策略和资源管理策略三种。

25. 马斯洛认为人的基本需要有五种:生理的需要、安全的需要、归属和爱的需要、________和自我实现的需要。

三、简答题(本大题共2小题,每小题10分,共20分)

26. 简述在教学中贯彻思想性和科学性相统一原则的基本要求。(常考)

27. 简述良好的记忆品质表现在哪些方面。

四、材料分析题(本大题共15分)

28. 1994年1月正式施行的《中华人民共和国教师法》第三条规定,教师是履行教育教学职责的专业人员,承担教书育人,培养社会主义事业建设者和接班人、提高民族素质的使命。教师应当忠诚于人民的教育事业。

请你谈一谈对上述材料的理解。

五、案例分析题(本大题共15分)

29. 近些年,许多地方的老师在中小学考试、考核当中,喜欢直接从实体店或者网上购买或者选择现成的试卷来测验学生学业成绩,以此来查漏补缺。尽管出发点是好的,但是最容易忽视学生对某个科目的实际掌握情况和运用能力。比如,出现难题怪题,题干中描述的内容学生没见过或不熟悉,或者一味地以名校名家编制的试题为主,使得部分学生对学习和考试产生畏难情绪,影响学习效率等。

针对上述材料,请你谈一谈教师在编制测验时应该注意的事项。

六、教学设计题(本大题共20分)

30. 2020年10月1日是中华人民共和国成立71周年,为进一步加强思想道德建设,激发学生的爱国主义情感,增强集体荣誉感,某学校拟开展“庆国庆”班级活动,请你以此为主题,设计一节40分钟的小学生班会活动。

要求包括:题目设计、活动目的设计、活动过程与内容设计。

七、写作题(本大题共30分)

31. 请根据以下材料,写一篇不少于800字的论述文,题目自拟。

2020年春季学期,因为“新冠肺炎”疫情的特殊性,许多中小学除毕业班外,其他年级基本没有复学复课,“停课不停学”成为各级教育行政部门对学校、老师等的基本要求。为此,学校、老师、家长积极行动起来,开设“网课”成为解决“停课不停学”的最佳手段和措施。这个春季学期,无论是城市还是乡村,“线上教学”都成为中小学教学中的正常现象。

2020年贵州省特岗教师招聘考试真题试卷(四十)

本套试卷包括教师综合素质和专业知识两部分,目前仅收录教师综合素质部分的试题。该部分共13小题,包括单项选择题10小题、简答题2小题、案例分析题1小题。

一、单项选择题(本大题共10小题,每小题1分,共10分。在每小题的四个备选答案中选出一个正确答案,并将正确答案的序号填入括号内。错选、多选或未选均不得分)

1. 教师上课时所使用的课件、视频、投影、模型等教学资源属于(　　)

A. 教材　B. 教案　C. 教科书　D. 学案

2. 提出"从做中学""儿童中心"思想的教育家是(　　)(常考)

A. 夸美纽斯　B. 赫尔巴特　C. 杜威　D. 涂尔干

3. 我国在世界各地开办孔子学院,向各国人民介绍中国文化。这表明教育具有文化(　　)

A. 创造功能　B. 传播功能　C. 筛选功能　D. 更新功能

4. 我国全面发展教育中,起保证方向和保持动力作用的是(　　)(易混)

A. 智育　B. 德育　C. 体育　D. 劳动技术教育

5. "读万卷书,行万里路"反映的教学原则是(　　)

A. 直观性原则　B. 启发性原则

C. 理论联系实际原则　D. 循序渐进原则

6. 学校应当尊重未成年学生受教育的权利,关心、爱护学生,对品行有缺点、学习有困难的学生,应当耐心教育、帮助,不得歧视,(　　)

A. 对严重违纪的未成年学生可以开除

B. 为了保证教学质量,对不守纪律的未成年学生可以采取特别措施

C. 不得违反法律和国家规定开除未成年学生

D. 不得未向上级部门请示就开除未成年学生

7. 学生在探索未知事物时表现出的兴趣、好奇心和求知欲,这属于(　　)

A. 道德感　B. 理智感　C. 美感　D. 成就感

8. "鱼和熊掌不可兼得"属于意志斗争中的(　　)(常考)

A. 双避冲突　B. 趋避冲突　C. 多重趋避冲突　D. 双趋冲突

9. 注意保持在某种事物或某种活动上的时间长短的品质是(　　)(常考)

A. 注意的广度　B. 注意的分配　C. 注意的稳定性　D. 注意的转移

10. 2019年6月23日,《中共中央国务院关于深化教育教学改革全面提高义务教育质量的意见》明确提出"制定实施细则,明确教师(　　)。"

A. 教育惩戒权　B. 惩罚权　C. 教育惩罚权　D. 教育权

二、简答题(本大题共2小题,每小题5分,共10分)

11. 简述中小学教师应具备的基本能力。

12. 简述影响中小学生心理健康的主要因素。

三、案例分析题(本大题共10分)

13. 某日下午,杨老师把没有完成课后作业的小学三年级学生李同学叫到讲台前,然后向全班同学下达任务:"每个人去打李同学5个耳光或用教鞭打手掌,谁打得不狠就打谁。"结果,全班30名学生,除了另外5个没有做完作业的同学外,其余24名同学全部动了手。最后,杨老师也亲自动手打了李同学。挨打后,李同学的脸和手掌疼痛难忍,但杨老师还要求他坐好并认真听课,直到放学。回家时,他走到家门口就嚎啕大哭,泪流满面。李同学的母亲发现其脸部和手掌出现大面积红肿,有的部分已经成了紫红色。李同学的母亲带他去医院看医生,并了解相关原因。最后李同学告诉母亲:"我不想去上学了,想转班或转学。"

(1)从教师职业道德的角度,分析材料中杨老师的教育行为所存在的问题。(5分)

(2)如果你是李同学的班主任,你将如何来协调处理这件事情。(5分)

2020年陕西省中学特岗教师招聘考试真题试卷(四十一)

(满分100分　时间120分钟)

本套试卷共63小题,包括单项选择题50小题、多项选择题10小题、论述题2小题、案例分析题1小题,目前已收录62小题。

一、单项选择题(在下列每小题列出的四个选项中只有一个是最符合题意的,请将其代码填在括号内。错选、多选或未选均不得分。本大题共50小题,每小题1分,共50分)

1.“孟母三迁”的故事反映了(　　)对人的重要影响。

A. 教育　B. 环境　C. 遗传　D. 家庭教育

2.“教育即生活”“学校即社会”“从做中学”是(　　)的重要主张。

A. 实践教育学派　B. 实证教育学派

C. 传统教育学派　D. 实用主义教育学派

3. 教师是教育工作的组织者、领导者,在教育过程中起(　　)

A. 主导作用　B. 决定作用　C. 主体作用　D. 基础作用

4.《论语》提出“不愤不启,不悱不发”。这体现了(　　)教学原则。(常考)

A. 巩固性　B. 因材施教

C. 循序渐进　D. 启发性

5.“揠苗助长”违背了人的身心发展的(　　)规律。

A. 顺序性　B. 不平衡性　C. 阶段性　D. 个别差异性

6. 把课程分为学科课程、活动课程和综合课程的标准是(　　)(易错)

A. 管理层次　B. 课程任务　C. 组织核心　D. 表现形式

7.(　　)是班级管理的核心力量,是班主任的左膀右臂。

A. 班长　B. 班委会　C. 家委会　D. 优秀学生

8. 被称为“教育心理学之父”的是(　　)(常考)

A. 冯特　B. 皮亚杰　C. 桑代克　D. 斯金纳

9. 下列哪种情况发生了学习(　　)

A. 小李从亮处进入教室,视力显著提高　B. 小明喝醉酒后脾气暴躁

C. 小张服用兴奋剂后百米赛跑夺得冠军　D. 小红模仿医生给布娃娃看病

10. 古时对“戴罪立功”的人一般会“从轻发落”。这种“从轻发落”是(　　)

A. 消退　B. 惩罚　C. 正强化　D. 负强化

11. 奥苏伯尔认为学生的学习主要是(　　)

A. 有意义的机械学习　B. 有意义的发现学习

C. 有意义的接受学习　D. 接受学习和发现学习

12. 根据耶克斯—多德森定律,中考之前教师应该将学生的动机水平调控在(　　)水平。

A. 较低　B. 中等　C. 较高　D. 极高

13. 下列选项中,不属于学习迁移现象的是(　　)

A. 学了英语之后,再学法语就比较容易

B. 学会骑自行车后,再学骑摩托车就比较快

C. 由于画画好,小张在美术课上表现得很好

D. 由于从小喜欢剪草,小王长大后成了出色的理发师

14. 人们习惯了用杯子喝水,却想不到把杯子倒扣过来当烛台。这属于(　　)(常考)

A. 定势　B. 功能固着　C. 缺乏生活经验　D. 粗心大意

15. 中学生品德形成的标志是(　　)

A. 道德信念树立　B. 价值内化形成

C. 道德评价能力形成　D. 道德行为习惯形成

16. 王老师会布置比课堂练习难一些的课后作业,学生只要通过思考、请教其他老师以及其他同学就能解决。王老师利用了(　　)来促进学生学习。

A. 搭建支架　B. 先行组织者　C. 最近发展区　D. 控制点

17. 布鲁纳认知结构理论中的编码系统是指(　　)

A. 对相关事物的类别做出有层次结构的安排

B. 对不同事物的类别做出相同种类的安排

C. 对相关事物的类别做出有范围大小的安排

D. 对同类事物做出不同层次结构的安排

18. 小明在考试过程中暂时跳过不会做的题,先做简单的题。这说明小明已经掌握了学习策略中的(　　)

A. 组织策略　B. 问题解决策略　C. 元认知策略　D. 精细加工策略

19.“十年树木,百年树人”体现的是教师劳动的(　　)的特点。

A. 连续性和艰苦性　B. 长期性和复杂性

C. 艺术性和创造性　D. 主体性和示范性

20.(　　)是教师的神圣职责和义务,也是对教师最基本的职业道德要求。

A. 传授知识　B. 开发学生智力　C. 教书育人　D. 训练学生技能

21.(　　)是教育工作者道德觉悟的综合表现,是教师的道德灵魂。

A. 教师修养　B. 教师能力　C. 教师威信　D. 教师良心

22. 从客观要求和内容来说,(　　)是教师的一种职责、使命或任务,具有不以人们的主观意志为转移的客观的约束力,因而就存在着道德意识强制的因素,获得了"道德命令"的性质。

A. 教师公正　B. 教师义务　C. 教师荣誉　D. 教师素养

23."教育技艺的全部奥秘就在于有一颗挚爱儿童的心"出自(　　)

A. 马卡连柯　B. 第斯多惠　C. 克鲁普斯卡娅　D. 苏霍姆林斯基

24."无贵无贱,无长无少,道之所存,师之所存也。"这句话与(　　)教育理念相关。

A. 因材施教　B. 教学相长　C. 循序渐进　D. 启发引导

25. 教师职业不同于其他任何职业的基本特点,就在于它是(　　)的。

A. 创造性　B. 复杂性　C. 培养人　D. 长期性

26. 教师职业道德(　　)是教师对职业道德规范和要求的正当性、合理性等发自内心的坚定信念。

A. 规范　B. 信念　C. 意志　D. 情感

27. 教师职业道德评价的依据是教师教育行为的(　　)

A. 动机和效果的统一　B. 规范

C. 准则　D. 基本要求

28.(　　)是教师职业道德认识的理性阶段,是道德认识的概括化过程。(易错)

A. 培养道德情感　B. 坚定道德信念

C. 磨炼道德意志　D. 掌握道德概念

29. 教师职业道德评价的内在形式是(　　)

A. 自我评价　B. 社会评价　C. 学生评价　D. 他人评价

30. 教师职业道德内化是教师(　　)的重要条件。(易混)

A. 个体道德品质形成　B. 个体道德人格完善

C. 个体道德由他律向自律转化　D. 个体道德意志形成

31.(　　)是教师应当具备的职业道德,它是处理教师与教师集体关系、与同事及各方面关系,做好教育工作的重要保证。

A. 严谨笃学　B. 乐教敬业

C. 自尊自律　D. 团结协作

32. 调整教育过程参与者之间的各种人际关系,并为这些关系规定原则与规范的是(　　)

A. 教育公平　B. 教育公正　C. 教育人道主义　D. 依法执教

33. 下列关于教师公正的表述中正确的是(　　)(易错)

A. 教师公正是教育公正的核心内容,包含更多的教育制度内涵

B. 教师公正是教师的一种主体自觉性,不影响教育公正

C. 教师公正是教师个体能动性的具体表现

D. 教师公正与教师对教育规律和每个学生情况的认识水平无关

34. 缺

35. 我国教育法律的渊源不包括(　　)

A. 宪法　B. 教育法律

C. 教育行政法规　D. 教育学权威著作

36.《中华人民共和国宪法》第四十九条规定,父母有(　　)未成年子女的义务。

A. 抚养教育　B. 抚养训诫　C. 教育引导　D. 照料训诫

37. 初中生小明经常去学校图书馆借阅书籍进行课外阅读,班主任以影响学习为由,禁止小明借阅。根据《中华人民共和国教育法》的规定,班主任侵犯了小明的(　　)

A. 申诉救济权　B. 物质帮助权

C. 获得公正评价权　D. 使用教育资源权

38. 我国的教育基本法是(　　)(常考)

A.《中华人民共和国教师法》　B.《中华人民共和国教育法》

C.《中华人民共和国义务教育法》　D.《中华人民共和国未成年人保护法》

39.《中华人民共和国义务教育法》规定,凡年满六周岁的儿童,(　　)应当送其入学接受并完成义务教育。

A. 当地政府　B. 所在街道办

C. 其父母或其他法定监护人　D. 当地教育局

40. 初中生小强经常违反学校的纪律规定,学校下列做法中正确的是(　　)

A. 批评教育,不得开除　B. 严重违纪时,可以体罚

C. 严重违纪时,可勒令其退学　D. 严重违纪时,可强制其转学

41. 初一学生严某在体育课上与同学樊某打赌抓单杠,后因未抓稳从单杠上摔下来,掉落在堆放建筑材料的场地上,骨折住院。下列说法正确的是(　　)

A. 严某与他人打赌导致骨折,故严某承担全部责任

B. 樊某与严某打赌,故樊某承担所有责任

C. 学校提供的场地有不安全因素，故学校承担部分责任

D. 此事故因严某与樊某打赌所致，故学校不承担责任

42. 某县退休教师余某自编初中地理教材，欲在该县推广。对于余某自编教材的做法，下列说法正确的是(　　)

A. 可以使用，鼓励教师进行教学研究　　B. 可以使用，只要正式出版即可

C. 不得使用，国家实行教科书审定制度　　D. 不得使用，余某权威性不够

43. 教师李某根据班级实际情况进行教学改革，下列说法正确的是(　　)

A. 李某行使了教师的正当权利，应予以鼓励

B. 李某不应改革，教师无权改革

C. 李某不应改革，违背教育规律

D. 李某行使了教师的正当权利，每一位教师都必须进行教学改革

44. 教师如有品行不良、侮辱学生等恶劣行为，由(　　)撤销其教师资格。(易混)

A. 所在学校　　B. 所在街道办

C. 县级以上人民政府教育行政部门　　D. 当地人民法院

45.《国家中长期教育改革和发展规划纲要(2010～2020年)》提出，教育改革发展的核心任务是(　　)

A. 提高质量　　B. 促进公平　　C. 改革创新　　D. 育人为本

46. 宋老师喜欢写作，有一次他把班里学生受到处罚的全部过程写了下来，并连同学生的照片和姓名发到当地报纸的时事板块。关于宋老师的做法，以下说法正确的是(　　)

A. 做法不妥，侵犯了学生的隐私权　　B. 做法不妥，但是没有侵犯到学生的权利

C. 做法妥当，新闻就是要真实　　D. 做法妥当，教师要教育学生

47. 根据教育法律法规，以下说法正确的是(　　)

A. 教师不得惩罚学生　　B. 教师不得体罚学生

C. 教师不得惩戒学生　　D. 教师不得教育学生

48. 以下不符合《中华人民共和国未成年人保护法》的规定的是(　　)

A. 尊重未成年人的人格尊严　　B. 适应未成年人身心发展的规律和特点

C. 教育与惩罚相结合　　D. 教育与保护相结合

49. 根据《中华人民共和国教师法》第十七条规定，教师的聘任应当遵循(　　)的原则，由学校和教师签订聘任合同，明确规定双方的权利、义务和责任。

A. 育人为本　　B. 友好协商　　C. 双方地位平等　　D. 自愿

50.《中华人民共和国教育法》第五条对教育方针作出了规定，“教育必须为社会主义现代化建设服务、为人民服务，必须与(　　)和社会实践相结合，培养德、智、体、美等方面全面发展的社会主义建设者和接班人。”

A. 思想政治教育　　B. 生产劳动

C. 生活实践　　D. 科学理论

二、多项选择题(下列各题的选项中有两个或两个以上是符合题意的，请将其代码填在括号内。多选、少选或错选均不得分。本大题共10小题，每小题2分，共20分)

51. 1922年颁布的“壬戌学制”又被称为“新学制”。该学制提出的标准有(　　)(易错)

A. 适应社会之需要　　B. 发挥平民教育精神

C. 谋个性之发展　　D. 注意生活教育

52. 教育目的的功能有(　　)

A. 导向功能　　B. 示范功能

C. 调控功能　　D. 评价功能

53. 教育的经济功能包括(　　)

A. 提高国民文化素质和劳动生产能力，培养各类专业人才

B. 培养符合一定阶级需要的政治管理人才，保证一定社会政治的巩固与稳定

C. 通过科学技术人才发展科学技术，促进经济发展

D. 提高全民文化素养，促进社会政治民主化建设

54. 皮亚杰的认知发展理论将个体的认知发展分为(　　)

A. 感知运动阶段　　B. 前运算阶段

C. 具体运算阶段　　D. 形式运算阶段

55. 桑代克提出学习要遵循的原则有(　　)

A. 准备律　　B. 练习律

C. 效果律　　D. 强化律

56. 班杜拉的观察学习理论的强化形式有(　　)

A. 直接强化　　B. 外在强化

C. 替代性强化　　D. 自我强化

57. 教师公正的确立是由多方面的因素决定的。这些因素包括(　　)(易错)

A. 社会教育制度

B. 教育职业劳动目的

C. 教师对教育规律和每个学生情况的认识水平

D. 教师觉悟的提高

58. 教师“爱岗敬业”的基本要求是(　　)

A. 热爱教育,乐于从教　　B. 教书育人,尽职尽责

C. 学而不厌,诲人不倦　　D. 勤奋钻研,科学施教

59. 教育法律法规与教育政策的区别主要表现在(　　)

A. 制定机关不同　　B. 制定程序不同

C. 表现形式不同　　D. 执行方式不同

60. 教师王某经常在上课期间接打电话、上网聊天,影响了教学效果。为此,学校解聘了王某。下列说法错误的是(　　)

A. 学校可以解聘王某,因其违反教师职责

B. 学校不得解聘王某,只能劝其改正

C. 王某可以提出申诉,因为申诉是教师的权利

D. 王某不得提出申诉,因为他违反了工作纪律

三、论述题(本大题共2小题,每小题10分,共20分)

61. 教学是学校教育中最基本的活动,是教育工作的主体部分,是教育的基本途径。请谈一谈你对教学工作基本环节的认识。

62. 学生的不良行为主要是指学生经常违反道德准则或犯较严重的道德过错,有的甚至处在犯罪的边缘或已经有轻微的犯罪行为。如果你是一名中学教师,将采取哪些措施来矫正学生的不良行为?

四、案例分析题(本大题共10分)

63.

两个迟到的学生

冬天的早晨,一个学生迟到了,拿着油条匆忙跑进教室。任课的张老师看见了,不高兴地说:“把油条扔进垃圾桶,学习不好就知道吃!”这位学生愤愤地把油条扔进了垃圾桶里。

另一个班的一个学生也迟到了,并且也带着早点跑进了教室。任课的李老师拿出干净的纸巾说:“来,把早点放到纸巾上,先上课,等下课后你到我办公室吃吧。”该学生踏踏实实地上完这节课,下课后来到了老师的办公室。老师给他倒了杯热水并说:“今天上学迟到是起床晚了吗?”学生一边吃一边说,老师一边向他了解情况一边嘱咐学生该注意的问题。学生吃完早点,喝了热水,感谢老师后高高兴兴地继续上课去了。

问题:

(1)分析案例中两位教师的做法,你认为哪位教师的做法更好?为什么?(5分)

(2)结合以上案例,谈一谈建立良好师生关系的策略。(5分)

2020年黑龙江省小学特岗教师招聘考试真题试卷(四十二)

本套试卷共73小题,目前已收录67小题,包括判断题27小题、单项选择题12小题、多项选择题15小题、简答题6小题、论述题4小题、案例分析题2小题、情境分析题1小题。

一、判断题(判断下列各题的正误,并在题后的括号内打"√"或"×"。本大题共27小题,每小题1分,共27分)

1. 教学永远具有教育性,这是教学活动的一条基本规律。 ( )
2. 1986年,我国小学教育被纳入义务教育体系。 ( )
3. 依据三级课程管理制度,课程可分为国家课程、地方课程、校本课程。 ( )
4. 《学记》是世界上最早的教育著作。 ( )
5. "经验+反思=成长"公式是由布鲁纳提出的。 ( )
6. "不闻不若闻之,闻之不若见之"体现了理论联系实际原则。 ( )
7. "十年树木,百年树人"体现了教师劳动的复杂性。 ( )
8. 卢梭的著作有《教育论》。 ( )
9. 政治是制约教育的根本因素。(易错) ( )
10. 德育是学校教育的中心工作。 ( )
11. 《中华人民共和国义务教育法》是我国教育事业改革与发展的根本大法。 ( )
12. 开放式问卷提供可供选择的答案。 ( )
13. 教师职业道德和其他职业道德的区别是爱岗敬业。(常考) ( )
14. "捧着一颗心来,不带半根草去"体现了教师职业道德修养。 ( )
15. 班级常规管理是指班主任既通过对集体的管理去间接影响个人,又通过对个人的直接管理去影响集体,从而把对集体和个人的管理结合起来的管理方式。 ( )
16. 课外活动是培养全面发展人才不可缺少的途径,是课堂教学的补充,是丰富学生精神生活的重要组成部分,但不是学校实践活动的一部分。 ( )
17. 在教育工作中要做到因材施教、长善救失,这是因为人的身心发展具有差异性。 ( )
18. "染于苍则苍"体现了环境决定人的身心发展。 ( )
19. 一个人渴望在考试中得到高分,并且为此而努力,那么得高分是他的主导动机。 ( )
20. "富贵不能淫,贫贱不能移,威武不能屈"体现了态度与品德形成的认同阶段。 ( )

21. 皮亚杰运用"海因茨偷药"的故事研究道德发展阶段。(常考) ( )
22. 在学校心理健康教育过程中,教育者可以将学生的心理问题告诉班主任和家长。 ( )
23. 学校可以对国家课程进行删减。 ( )
24. 二十一世纪教育应该与互联网相结合。 ( )
25. 我国第一部诗歌总集是《离骚》。 ( )
26. 《史记》是我国第一部纪传体史书。 ( )
27. 文艺复兴是欧洲近代史的开端。 ( )

二、单项选择题(下列每小题列出的四个选项中只有一个是最符合题意的,请将其代码填在括号内,错选、多选或未选均不得分。本大题共12小题,每小题2分,共24分)

28. 提出"白板说"的是( )(常考)

A. 华生　B. 洛克　C. 卢梭　D. 格塞尔

29. 将"以人为本"的思想运用到教学上,要求教师做到( )

A. 一切以教材为中心　B. 因材施教
C. 统筹兼顾　D. 立足长远

30. 最早系统论述了终身教育的教育家是( )

A. 巴班斯基　B. 赫尔巴特　C. 赞科夫　D. 保罗·朗格朗

31. 学生最主要的权利是( )

A. 人格尊严权　B. 受教育权　C. 名誉权　D. 隐私权

32. 乌申斯基指出,儿童是依靠形式、颜色、声音和感觉来进行思维的,所以他主张在教学中遵循( )

A. 因材施教原则　B. 启发性原则
C. 巩固性原则　D. 直观性原则

33. "温故而知新"体现了教学的( )原则。

A. 直观性　B. 启发性　C. 巩固性　D. 循序渐进

34. 教师在课上用击鼓传花的方式引入了课堂内容。这是采用了( )

A. 直接导入　B. 游戏导入　C. 问题导入　D. 情境导入

35. "纸上得来终觉浅,绝知此事要躬行"体现的德育原则是( )

A. 知行统一原则　B. 因材施教原则
C. 集体教育和个别教育相结合原则　D. 疏导原则

36. 人的一生中存在两个高速发展期:新生儿期与青春期。这是身心发展( )规律的反映。

A. 顺序性　B. 阶段性　C. 不平衡性　D. 个别差异性

37. 主张教育万能论的是( )

A. 霍尔　B. 华生　C. 高尔顿　D. 孟子

38. 2008年神舟七号发射升空，(　　)首次实现了太空行走。

A. 杨利伟　B. 翟志刚　C. 费俊龙　D. 景海鹏

39. 下列哪一句是描写重阳节的诗句(　　)

A. 千门万户曈曈日，总把新桃换旧符

B. 遥知兄弟登高处，遍插茱萸少一人

C. 月色灯山满帝都，香车宝盖隘通衢

D. 天上若无修月户，桂枝撑损向西轮

三、多项选择题(在下列每小题列出的选项中至少有两个是正确的，请将其代码填在括号内。多选、少选、不选、错选均不得分。本大题共15小题，每小题2分，共30分)

40. 教学评价的基本内容包括(　　)

A. 学生学业评价

B. 课堂教学评价

C. 教师评价

D. 学生心理评价

41. 2014年，第三十个教师节来临之际，习近平在同北京师范大学的师生代表座谈时提出了关于"四有"教师的论述。"四有"教师包括(　　)(常考)

A. 有良好的品质

B. 有道德情操

C. 有扎实学识

D. 有仁爱之心

42.《国家中长期教育改革和发展规划纲要(2010～2020年)》指出，"严格教师资质，提升教师素质，努力造就一支(　　)的高素质专业化教师队伍"。

A. 师德高尚

B. 业务精湛

C. 结构合理

D. 充满活力

43. 马克思关于人的全面发展学说的内涵包括(　　)

A. 人的身心素质的全面发展

B. 人的各种能力的全面发展

C. 个性和社会性的统一

D. 集体一致性

44. 新型师生关系中，教师的角色应该是(　　)

A. 朋友　B. 助手　C. 权威　D. 导师

45. 下列属于班级管理内容的有(　　)

A. 班级组织建设

B. 班级目标管理

C. 班级教学管理

D. 班级活动管理

46. 下列选项中属于个人本位论代表人物的有(　　)(易混)

A. 裴斯泰洛齐　B. 赫尔巴特　C. 孔德　D. 福禄贝尔

47. 下列选项中属于心理过程的是(　　)

A. 认知过程

B. 情绪情感过程

C. 意志过程

D. 思维过程

48. 学生根据地图方位来回忆省级行政区的名称，这一过程不属于(　　)的学习。(易错)

A. 言语信息

B. 智慧技能

C. 认知策略

D. 动作技能

49. 下列选项中，属于道德情感的表现形式的是(　　)

A. 直觉的道德情感

B. 想象的道德情感

C. 伦理的道德情感

D. 观念的道德情感

50. 学校心理辅导的基本原则包括(　　)

A. 面向全体学生原则

B. 整体性原则

C. 差异性原则

D. 学生主体性原则

51. 下列选项中属于"初唐四杰"的是(　　)

A. 王勃

B. 孟浩然

C. 杨炯

D. 李贽

52. 下列选项中属于茅盾的著作的是(　　)

A.《子夜》

B.《林家铺子》

C.《四世同堂》

D.《幻灭》

53. 下列选项中，属于"四书"的是(　　)(常考)

A.《大学》

B.《论语》

C.《学记》

D.《中庸》

54. 下列选项中，属于"四大悲剧"的是(　　)

A.《哈姆雷特》

B.《奥赛罗》

C.《麦克白》

D.《亨利四世》

四、简答题(本大题共6小题，每小题5分，共30分)

55. 简述《小学教师专业标准(试行)》中关于教师专业能力的构成。

56. 简述家校合作的主要途径。

57. 简述小学德育的方法。(常考)

58. 简述现代教师的角色定位。

59. 简述教师根据遗忘规律指导学生进行复习的策略。(常考)

60. 简述心理健康的标准。

五、论述题(本大题共4小题,每小题10分,共40分)

61. 论述坚持“五育”并举,全面发展素质教育的策略。

62. 论述20世纪以来教育发展与改革呈现的新特点。

63. 论述学校班级管理中存在的问题及解决策略。

64. 结合实际情况,论述教师激发学生学习兴趣的策略。

六、案例分析题(本大题共2小题,每小题10分,共20分)

65. 刘老师发现小月同学有些自卑,便决定召开一次主题班会活动,帮助同学们克服自卑心理。在班会上,刘老师让每个人在自己的背后贴一张纸,由其他同学在纸上写出他的优点。小月看到自己的纸条上写着"帮助班级浇花""帮助同学答疑"……她才发现原来自己也是有很多优点的。后来小月的自卑心理渐渐改善了,学习的积极性也提高了。

问题:请从学生观的角度评价刘老师的教学行为。

66. 王老师发现班级里有些同学的成绩不太理想,就和他们进行了沟通,了解到他们因为父母不在身边,一直和爷爷奶奶居住,无论是物质上还是情感上都没有得到很好的照顾。王老师决定,如果他们的期末考试成绩较期中考试成绩有很大的进步,就给予他们奖励。

问题:请从动机理论的角度评价王老师的行为,并谈谈教师激发学生学习动机的策略。

七、情境分析题(本大题共20分)

67. 于老师在山村支教时,发现明明同学语文基础薄弱,语文学习存在一定的困难。有一次,于老师偶然发现明明非常喜欢唱歌,于是他突发奇想,借鉴《经典永流传》这一节目的形式,将诗词谱成曲,让明明在班级中演唱,赢得了同学们热烈的掌声,由此激发了明明学习语文的兴趣。为了更好地把握诗词中的情感,明明课后查阅了大量的资料,拓展了语文文学常识,进一步激发了学习兴趣。

问题:(1)分析上述案例中老师的教学行为。(10分)

(2)结合案例,谈谈如何落实因材施教。(10分)

2020年黑龙江省中学特岗教师招聘考试真题试卷(四十三)

(总分200分　时间150分钟)

本套试卷共73小题,包括判断题30小题、单项选择题15小题、多项选择题15小题、简答题6小题、论述题4小题、案例分析题2小题、情境分析题1小题。

一、判断题(判断下列各题的正误,并在题后的括号内打"√"或"×"。本大题共30小题,每小题1分,共30分)

1. 上课是教学工作的中心环节。(常考)　(　　)
2. 孔子的学说以"仁"为最高道德标准。　(　　)
3. 遗传素质具有可塑性。　(　　)
4. 小兵注视发光的灯泡几秒钟后再闭上眼睛,就会在眼前的黑色背景上产生与灯泡相似的光亮。这种现象是感觉适应。　(　　)
5. 根据注意有没有自觉的目的性以及所需的意志努力的程度,注意可分为无意注意和有意注意。　(　　)
6. 直观动作思维是3岁前儿童的主要思维形式。　(　　)
7. 教育公平是社会公平的重要基础,教育公平的关键是结果公平。　(　　)
8. 教师的基本权利是管理学生权。　(　　)
9. 新中国第一位获得"人民艺术家"称号的作家是老舍。　(　　)
10. 失明的人听力敏锐体现了个体身心发展规律中的不平衡性。(易混)　(　　)
11. 对教育活动起主导作用的是教育内容。　(　　)
12. 英国的斯宾塞是最早提出"什么知识最有价值"这一经典课程论命题的学者。　(　　)
13. 学习的认知理论强调学习是外在心理结构的形成、丰富或改组的过程。　(　　)
14. 人的情绪情感不是无缘无故凭空产生的,而是由一定的刺激引起的。　(　　)
15. 职业倦怠指个体在长期的职业压力下,缺乏应对资源和应对能力而产生的身心耗竭状态。(　　)
16. 教师的职业行为要求教师做到言传身教,体现了教师的示范者角色。　(　　)
17. 教师自我教育能力的核心是反思能力。　(　　)
18. 《中华人民共和国义务教育法》的立法宗旨是保障适龄儿童、少年接受义务教育的权利,保证义务教育的实施,提高全民族素质。　(　　)

19. 任何组织或者个人不得招用未满十八周岁的未成年人。　(　　)
20. 《中华人民共和国教师法》规定,"教师故意不完成教育教学任务给教育教学工作造成损失的"属于违法行为。　(　　)
21. 古代所说的"三更"指的是二十一点到二十三点。　(　　)
22. 从课程的呈现状态看,校风、学风、师生关系属于隐性课程。　(　　)
23. "不闻不若闻之,闻之不若见之""闻之而不见,虽博必谬",这强调的教学原则是理论联系实际原则。　(　　)
24. 网络成瘾又称网络依赖,是指不健康的、病态的、强迫性的过度使用互联网的行为。　(　　)
25. 《孙子兵法》是由孙膑编写的。　(　　)
26. 病毒的发现者为巴斯德。　(　　)
27. 陶行知所说的"捧着一颗心来,不带半根草去"体现了崇高的教师职业道德。(常考)　(　　)
28. 中国生物医学界第一个获得诺贝尔奖的是陈竺。　(　　)
29. 距地球最近的恒星是火星。　(　　)
30. 提出"和为贵"的人是老子。　(　　)

二、单项选择题(在下列每小题列出的四个选项中只有一个是最符合题意的,请将其代码填在括号内。错选、多选或未选均不得分。本大题共15小题,每小题2分,共30分)

31. 学生在课堂上表现出发呆、心不在焉、胡思乱想等注意力涣散的行为属于课堂问题行为中的(　　)

A. 外向性问题行为　　B. 内向性问题行为
C. 行为过度问题行为　　D. 寻求注意问题行为

32. 从教育目的价值取向来看,下列选项中属于个人本位论的代表人物的是(　　)(易混)

A. 裴斯泰洛齐　　B. 托马斯·阿奎那
C. 涂尔干　　D. 凯兴斯泰纳

33. 建筑工人根据工程师的设计图纸来建造大楼的过程属于(　　)

A. 有意注意　　B. 再造想象　　C. 无意注意　　D. 创造想象

34. 老师一边讲课一边观察学生们的表情,以了解学生是在认真听讲还是上课走神。老师利用的是(　　)(常考)

A. 注意的分散　　B. 注意的稳定性
C. 注意的转移　　D. 注意的分配

35. 从性质命题的种类来看,"教师是人类灵魂的工程师"属于(　　)

A. 否定命题　　B. 肯定命题　　C. 单称命题　　D. 特称命题

36. 下列选项中,(　　)是鲁迅先生的作品。

A.《追求》　B.《家》　C.《朝花夕拾》　D.《平凡的世界》

37. 每个学生之间都存在差异,因此教师要做到(　　)

A. 抓关键期　B. 因材施教　C. 鼓励自信　D. 学会面对挫折

38. 主张"把一切知识教给一切人"的教育家是(　　)

A. 蔡元培　B. 卢梭　C. 康德　D. 夸美纽斯

39. 教师在教学活动开始前,通过测验对学生学习准备程度做出鉴定。这属于(　　)(常考)

A. 形成性评价　B. 诊断性评价　C. 总结性评价　D. 个体内差异评价

40. 某学生在学习过程中依据所学内容画出逻辑关系图。这属于(　　)

A. 元认知策略　B. 精加工策略　C. 复述策略　D. 组织策略

41. 小于总怀疑自己的手没洗干净,便反复洗手。这属于(　　)

A. 不良习惯　B. 焦虑　C. 强迫行为　D. 强迫观念

42. "教学有法,但无定法"说明教师劳动具有(　　)(常考)

A. 间接性　B. 复杂性　C. 创造性　D. 示范性

43. 我国教育的根本法是(　　)

A.《中华人民共和国宪法》　B.《中华人民共和国教育法》

C.《中华人民共和国教师法》　D.《中华人民共和国未成年人保护法》

44. 第一次鸦片战争爆发的时间是(　　)

A. 1840年　B. 1856年　C. 1910年　D. 1937年

45. 以下属于"五经"的是(　　)

A.《论语》　B.《春秋》　C.《中庸》　D.《大学》

三、多项选择题(下列每小题列出的四个选项中至少有两个是正确的,请将其代码填在括号内。错选、多选、少选或未选均不得分。本大题共15小题,每小题2分,共30分)

46.CIPP评价模式的步骤包括(　　)(常考)

A. 背景评价　B. 输入评价　C. 过程评价　D. 成果评价

47.《国家中长期教育改革和发展规划纲要(2010～2020年)》提出,要努力造就一支高素质专业化教师队伍,具体要求包括(　　)

A. 提高质量　B. 师德高尚　C. 结构合理　D. 业务精湛

48. 中小学开设的心理健康教育课的主要类型有(　　)

A. 心理健康活动课　B. 心理健康学科渗透课

C. 心理健康教育主题班会课　D. 心理健康校外课

49. 人的性格结构包括(　　)

A. 态度特征　B. 意志特征　C. 情绪特征　D. 理智特征

50. 马克思关于人的全面发展的思想内涵有(　　)

A. 人的身心素质的全面发展

B. 人的能力的充分发展

C. 个人素质能力与全体社会成员素质能力的统一发展

D. 人际交往范围的发展

51. 皮亚杰将儿童的认知发展划分为(　　)(常考)

A. 感知运动阶段　B. 前运算阶段

C. 具体运算阶段　D. 形式运算阶段

52. 教师职业行为中,关于风度仪表的要求是(　　)

A. 服饰整洁高雅　B. 教态愉快亲切

C. 举止稳重端庄　D. 待人处事真诚热情

53. 教师对学生课堂问题行为处理的基本策略有(　　)

A. 积极防范　B. 行为矫正　C. 负向强化　D. 必要的惩戒

54. 下列选项属于《学记》中的观点的是(　　)

A. 建国君民,教学为先　B. 明人伦

C. 师严然后道尊,道尊然后民知敬学　D. 化民成俗,其必由学

55. 记忆是编码、存储、提取的过程,与之对应,记忆过程分为(　　)

A. 识记　B. 保持　C. 加工　D. 再现

56. 学习动机影响学习活动,其功能主要有(　　)

A. 离散　B. 指向　C. 调节　D. 激发

57. 预防未成年人犯罪的方法有(　　)(易错)

A. 教育性预防方法　B. 惩戒性预防方法

C. 保护性预防方法　D. 抄写性预防方法

58. 逻辑规律包括(　　)

A. 同一律　B. 发展律　C. 矛盾律　D. 排中律

59. 信息处理能力包括(　　)

A. 信息筛选能力　B. 信息分析能力

C. 信息传递能力　D. 信息存储能力

60. 记叙文的表达方式有(　　)

A. 叙述　B. 整合　C. 迁移　D. 描写

四、简答题（本大题共6小题，每小题5分，共30分）

61. 简述习近平总书记提出的“四有”好老师的基本内涵。（常考）

62. 简述注意的稳定性及其影响因素。（常考）

63. 简述教师的义务包括哪些方面。

64. 简述中学教学过程实施的基本环节。

65. 简述问题解决的基本步骤。

66. 简述教师课件设计的基本原则。

五、论述题（本大题共4小题，每小题10分，共40分）

67. 论述启发性原则的内涵及基本要求。

68. 论述新时代教师专业发展的核心要素。

69. 论述培养学生创造性的措施。（常考）

70. 论述构建积极师生关系的策略。（常考）

六、案例分析题(本大题共2小题,每小题10分,共20分)

71. 小佳毕业后成了一名特岗教师。上岗后,小佳格外珍惜当老师的机会,她勤奋努力,虚心向优秀教师学习,经常看"一师一优课"视频,仔细研究教材教法,观摩优秀课堂教学,但是所带班级的成绩还是不理想。自己对待工作认真负责,在工作中向优秀教师学习,并且还是师范院校毕业生,为什么教学效果不理想呢?为此,小佳陷入了迷茫……

问题:

(1)结合案例,分析小佳教学效果不理想的原因。(6分)

(2)请提出改进教学的建议。(4分)

72. 小钟同学学习认真,平时各科成绩都不错,但每次期中、期末考试前,他都会烦躁、睡不好觉、心慌、心悸、出虚汗、大脑一片空白,最后导致考试成绩不理想。

问题:

(1)从学生因学习压力大而产生的心理问题角度出发,分析小钟同学考试焦虑的主要原因。(6分)

(2)作为老师,应如何帮助学生应对考试焦虑?(4分)

七、情境分析题(本大题共20分)

73. 在纪念改革开放40周年的大会上,上海语文特级教师于漪作为基础教育改革先进人物的唯一代表上台领奖。看到90岁的老人仍坚守在教学第一线,我心中充满了敬意。于老师从教60多年,从未体罚过学生,她用心关爱每一位学生,不让任何一名学生掉队,并且一直潜心于语文教学科研的第一线。这是一位值得敬佩的长者,也是需要我们学习的优秀榜样。聆听完于老师的事迹,我心潮澎湃。我告诉自己也要成为一名像于漪一样的老师。

问题:

(1)根据上述情境,请结合实际,阐述教师如何树立个人从教的职业理想。(10分)

(2)根据上述情境,请结合实际,论述教师应树立怎样的学生观。(10分)

2020年安徽省特岗教师招聘考试真题试卷(四十四)

本套试卷包括教育综合知识和学科专业知识两部分,目前仅收录教育综合知识部分的试题。该部分共23小题,包括单项选择题12小题、判断题8小题、简答题2小题、材料分析题1小题。

一、单项选择题(下列每小题列出的四个选项中只有一个选项符合题意,将其选出并把其标号写在括号内。错选、多选或未选均不得分。本大题共12小题,每小题1分,共12分)

1.《新时代中小学教师职业行为十项准则》明确提出,落实立德树人根本任务,遵循教育规律和学生成长规律,因材施教,教学相长。这体现的行为准则是(　　)

A. 自觉爱国守法　　B. 潜心教书育人

C. 坚持言行雅正　　D. 规范从教行为

2.《中小学德育工作指南》明确了德育的总体目标,其中,要求增强中国特色社会主义(　　)(易混)

A. 道路自信、理念自信、文化自信、制度自信

B. 道路自信、思想自信、发展自信、文化自信

C. 道路自信、文化自信、思想自信、制度自信

D. 道路自信、理论自信、制度自信、文化自信

3. 教育机构或学校为了实现教育目的而制定的有关课程设置、教学顺序、学时分配以及课程管理等方面的指导性文件是(　　)

A. 课程标准　　B. 教学设计

C. 课程方案　　D. 教科书

4. 某教师使用不同的教材,在一节课中对同一教室里的不同年级的学生分别进行教学。从教学组织形式分析,该教师运用的主要是(　　)(常考)

A. 复式教学　　B. 分组教学

C. 现场教学　　D. 个别教学

5. 教师应该成为学科领域的“临床专家”,像名医那样进行“精神诊断”“精准施治”和“科学组方”。这主要体现了教师的(　　)

A. 理论素养　　B. 能力素养

C. 研究素养　　D. 道德素养

6. 有的学生好动,有的学生好静;有的学生善于“学中做”,有的学生则喜欢“做中学”。这表明人的发展具有(　　)

A. 顺序性　　B. 阶段性

C. 个别差异性　　D. 互补性

7.“宁凿一口井,不挖一条沟”用于教育科研选题,要求选题的(　　)

A.“立足”要高　　B.“射点”要准

C.“切口”要小　　D.“方向”要正

8. 某教师在上游记类课时,常先用幻灯片向学生呈现该地的四季美景照片。这种直观手段是(　　)(常考)

A. 实物直观　　B. 模像直观

C. 言语直观　　D. 动作直观

9. 今年春天“停课不停学”期间,很多中小学生努力克服各种困难,坚持不间断地线上学习。这体现了意志的(　　)

A. 独立性　　B. 果断性

C. 坚韧性　　D. 自制性

10. 学业求助属于学习策略中的(　　)

A. 复述策略　　B. 精加工策略

C. 组织策略　　D. 资源管理策略

11. 小明总有些新点子,课堂上回答问题时,常常与众不同,切中要害,这体现了创造性思维的(　　)(易混)

A. 独特性　　B. 变通性

C. 流畅性　　D. 自制性

12. 小张毕业后,刚到学校任教时,比较孤单,常常想念以前的大学同学,也时常想家,根据马斯洛的需要层次理论,此时小张缺失的需要是(　　)

A. 求知需要　　B. 自我实现需要

C. 尊重需要　　D. 归属与爱的需要

二、判断题(判断下列各题的正误,并在题后的括号内填“√”或“×”。本大题共8小题,每小题1分,共8分)

13. 班主任进行个别教育就是做好学习困难学生的思想教育工作。(　　)

14. 中小学教师职业道德考核实行师德一票否决制,每年考核一次。(易混)(　　)

15. 教学模式即教学环节。(　　)

16. 课程随着社会生产力和科学文化水平的发展而变化,不受人的身心发展规律的制约。(　　)

17. 思维定势总是阻碍问题的有效解决。 ( )

18. 心智技能也称认知技能。 ( )

19. 根据卡特尔的观点，流体智力在人的一生中一直在发展。 ( )

20. 情绪和情感反映的是客观事物和主体需要之间的关系。 ( )

三、简答题(本大题共2小题，每小题5分，共10分)

21. 教学方法的选择依据有哪些?

22. 教师应如何做到“为迁移而教”?

四、材料分析题(本大题共10分)

23. 阅读材料，回答问题。

减负是社会各界比较关注的话题，家长普遍反映课业负担越减越重，课外培训班越来越多。2019年6月，中共中央国务院印发了《关于深化教育教学改革全面提高义务教育质量的意见》，提出“坚决防止学生学业负担过重”“防止增加孩子过重课外负担”“坚决治理校外违规培训和竞赛行为”等具体意见。

(1)关于课业负担，你是如何理解的?(5分)

(2)依据“综合施策，系统减负”思路，列举减轻过重课业负担的具体途径。(5分)

2020年内蒙古自治区特岗教师招聘考试真题试卷(精编)(四十五)

本套试卷共76小题,目前已收录60小题,分为三部分:第一部分教育学,包括单项选择题5小题、多项选择题5小题、判断说理题5小题、名词解释2小题、简答题3小题、案例分析题1小题。第二部分教育心理学,包括单项选择题10小题、多项选择题5小题、判断题5小题、简答题4小题、论述题1小题。第三部分教育技术学,包括单项选择题2小题、多项选择题3小题、填空题4小题、简答题4小题、论述题1小题。

第一部分 教育学

一、单项选择题(下列每小题列出的四个选项中只有一个是最符合题意的,请将其代码填在括号内。错选、多选或未选均不得分。本大题共5小题,每小题1分,共5分)

1.“自然主义教育”理论的倡导者是( )

A. 夸美纽斯 B. 卢梭 C. 裴斯泰洛齐 D. 斯宾塞

2.( )是人的身心发展的物质基础。

A. 个体主观能动性 B. 遗传素质 C. 环境因素 D. 教育

3. 决定教育的规模和速度的因素是( )(常考)

A. 生产力的发展水平 B. 社会政治经济制度

C. 文化 D. 人口

4. 课外活动是对课堂教学的一种( )

A. 延伸 B. 发展 C. 必要补充 D. 改革形式

5. 对学生进行德育的特殊途径是( )

A. 劳动 B. 课外活动与校外活动

C. 团队活动 D. 班主任工作

二、多项选择题(下列每小题列出的选项中至少有两个是正确的,请将其代码填在括号内。错选、多选、少选或未选均不得分。本大题共5小题,每小题2分,共10分)

1. 教师课堂教学语言的规范性要求具有( )

A. 科学性 B. 艺术性 C. 思想性 D. 启发性

E. 严肃性

2. 班主任了解学生最常用的工作方法应包括( )

A. 观察法 B. 家访 C. 谈话法 D. 调查访问法

E. 书面材料和学生作品分析

3. 某种意义上讲课程就是文化,文化发展对学校课程产生的影响主要体现在( )

A. 课程内容的丰富 B. 国家对课程的控制权

C. 课程结构的更新 D. 为课程改革提供物质基础

E. 课程改革由受教育者完成

4. 按照系统要素分析的观点,德育过程的基本要素应包括( )(常考)

A. 德育规律 B. 教育者 C. 受教育者 D. 德育内容

E. 德育方法

5. 教师职业成长应具备的专业条件包括( )

A. 政治思想素养 B. 职业道德素养

C. 教育科学知识素养 D. 广博的文化素养

E. 教育专业素养

三、判断说理题(判断对错并说明理由。判断正确,理由正确得2分,理由不正确得1分;判断错误得0分。本大题共5小题,每小题2分,共10分)

1. 概括地讲,学校德育就是学校的思想政治教育。

2. 课程改革的背景下,强调教育要回归儿童的生活和实际,因此儿童在学校的主要任务就是学习直接经验。

3.“教学有法,但无定法”说明教师课堂教学方法的选择和运用是率性而为的。

4. 简要地说,智力就是指学生的聪明程度。(易错)

5. 探究式教学和接受式教学是两种完全不同的教学方法。

四、名词解释(本大题共2小题,每小题2分,共4分)

1. 教育学

2. 教学原则

五、简答题(本大题共3小题,每小题3分,共9分)

1. 简述教育的文化功能。(常考)

2. 简述教学工作的基本环节。(常考)

3. 简述班级管理的效能。

六、案例分析题(本大题共7分)

一位中学生在自己的日记里这样写道:"我觉得给我们上课的老师,他们工作得很辛苦、很可怜,也很无奈。他们一个个像走马灯似的走进来走出去,口若悬河,给我们留下来那么多知识,但是我们就是不学习。老师,您该气坏了吧!"

请你用讲授法的优缺点对上述案例中教师上课的利与弊进行分析评价。

第二部分 教育心理学

一、单项选择题(下列每小题列出的四个选项中只有一个是最符合题意的,请将其代码填在括号内。错选、多选或未选均不得分。本大题共10小题,每小题1分,共10分)

1. 某学生认为考试成功是自己学习能力强,这是将成功归因为(　　)的因素。

A. 内部、不稳定、可控　　B. 外部、稳定、可控

C. 内部、稳定、不可控　　D. 外部、不稳定、不可控

2. 在学习过程中,学习者采用在主题句下画线的方法来帮助学习。这种学习策略属于(　　)

A. 组织策略　　B. 精加工策略

C. 资源管理策略　　D. 复述策略

3. 人的生理自我是在(　　)成熟。

A. 一岁　　B. 三岁左右　　C. 六岁左右　　D. 七岁左右

4. 学生在学习"鸟"的概念以后,再学习"百灵鸟"的概念。这属于(　　)(常考)

A. 上位学习　　B. 并列学习　　C. 下位学习　　D. 组合学习

5. 低年级的小学生擅自离开座位,老师忽略他们的行为,转而表扬那些坐着不动的学生,之后离开座位的学生也不擅自离开座位了。这表明那些离开座位的学生受到了(　　)

A. 直接强化　　B. 自我强化　　C. 替代强化　　D. 延时强化

6. 根据皮亚杰的认知发展阶段理论,儿童与别人顺利交往,实现社会化的重要条件是(　　)

A. 客体永久性　　B. 去自我中心　　C. 思维可逆性　　D. 群集结构形成

7. 操作性条件作用理论的创立者是(　　)

A. 斯金纳　　B. 巴甫洛夫　　C. 艾利斯　　D. 贾德

8. 衡量教师是否成熟的主要标志是能否自觉地关注(　　)(常考)

A. 教材　　B. 生存　　C. 学生　　D. 情境

9. 小刚帮妈妈洗碗,不小心打碎了十个碗;小强趁妈妈不在家偷吃果酱,打碎了一个碗。某儿童如果认为小刚的结果更严重,请你从道德发展阶段理论的观点来判断该儿童属于哪个阶段(　　)

A. 自律阶段　　B. 他律阶段　　C. 具体运算阶段　　D. 前运算阶段

10. 以词汇、实物、图片、图表、图形等为内容的学习均属于(　　)

A. 概念学习　　B. 命题学习　　C. 符号学习　　D. 并列结合学习

二、多项选择题(下列每小题列出的选项中至少有两个是正确的,请将其代码填在括号内。错选、多选或未选均不得分。本大题共5小题,每小题2分,共10分)

1. 学生习得的平行四边形的知识对学习梯形知识很有帮助。这种现象属于(　　)(易错)

A. 正向迁移　　B. 负向迁移　　C. 顺向迁移　　D. 逆向迁移

E. 垂直迁移

2. 资源管理策略包括(　　)

A. 学习时间管理策略　　B. 学习环境管理策略

C. 学习努力和心境管理策略　　D. 学习工具的利用策略

E. 社会性人力资源的利用策略

3. 标准化成就测验的优越性有(　　)

A. 客观性　　B. 主观性　　C. 计划性　　D. 可比性

E. 随意性

4. 心理发展的不平衡性体现在(　　)

A. 个体不同系统在发展速度上的不同　　B. 个体不同系统在发展的起止时间上的不同

C. 个体不同系统在到达成熟时期上的不同　　D. 个体不同系统在发展优势领域的不同

E. 同一机能特性在发展的不同时期有不同的发展速率

5. 动机的功能有(　　)

A. 激活功能　　B. 适应功能　　C. 支持功能　　D. 强化功能

E. 指向功能

三、判断题(判断下列各题的正误,并在题后的括号内打"√"或"×"。本大题共5小题,每小题1分,共5分)

1. 影响自我效能感的最主要因素是个体自身行为的成败经验。(　　)

2. 教育心理学研究的核心内容是教学过程。(　　)

3. 定势只有消极作用。(　　)

4. 具体运算阶段的儿童的思维是以命题形式进行的。(　　)

5. 试误式解决问题是动物解决问题的特征,顿悟式解决问题是人类解决问题的特征。(易错)(　　)

四、简答题(本大题共4小题,共15分)

1. 简述学习策略的特征。(4分)

2. 简述教育心理学的作用。(4分)

3. 简述教师成长与发展的基本途径。(4分)(常考)

4. 简述心智技能培养的基本要求。(3分)

五、论述题(本大题共8分)

举例说明如何运用代币奖励法改变儿童的不良行为习惯。

第三部分　教育技术学

一、单项选择题(下列每小题列出的四个选项中只有一个是最符合题意的,请将其代码填在括号内。错选、多选或未选均不得分。本大题共2小题,每小题1分,共2分)

1. 教育技术学中05定义研究对象的概念是(　　)

A. 最优的技术　　B. 合适技术支持的　　C. 技术　　D. 其他

2. 教学策略的选择方式包括预设性和(　　)

A. 生成性　　B. 传递性　　C. 组织性　　D. 管理性

二、多项选择题(下列每小题列出的选项中至少有两个是正确的,请将其代码填在括号内。错选、多选或未选均不得分。本大题共3小题,每小题2分,共6分)

1. 美国学者把教育技术应用于解决教学问题的基本指导思想概括为(　　)(常考)

A. 以学习者为中心　B. 以教师为中心　　C. 运用系统方法　　D. 依靠资源

E. 依靠工具

2. "经验之塔"理论中,观察的经验有(　　)(易混)

A. 电视、电影　　B. 参观、旅行　　C. 做的经验　　D. 视觉符号

E. 言语符号

3. 信息化教学资源的特点有(　　)(易混)

A. 环境的虚拟性　　B. 资源的全球性　　C. 资源的全面性　　D. 学习的自主性

E. 教学资源使用的灵活性

三、填空题(在下列每小题的空格中填上正确答案。错填、不填均不得分。本大题共4小题,每小题1分,共4分)

1. 94定义中的研究对象是学习过程和学习资源,研究范畴是设计、开发、运用、管理、评价,这五个范畴之间是________的关系。

2. 远程教育是教与学活动的________。

3. 按照教学中问题范围、大小的不同,教学系统设计可以分为三个层次:以产品为中心的层次、以________为中心的层次、以系统为中心的层次。(常考)

4. ________是视听教育理论的核心,它构成戴尔的《教学中的试听方法》全书的基本架构。

四、简答题(本大题共4小题,每小题4分,共16分)

1. 简述传播理论对教学活动的指导意义。(常考)

2. 简述交互式电子白板的应用趋势。

3. 简述信息化教学设计应遵循的基本原则。

4. "课程本位的信息技术整合观"需要注意哪些问题?

五、论述题(本大题共14分)

试述在"直播+线下课堂"的混合式学习中,教师应如何提高学生的学习积极性。

2020年海南省特岗教师招聘考试真题试卷(精编)(四十六)

本套试卷共50小题，包括单项选择题30小题、判断题10小题、多项选择题10小题，目前已收录35小题。

一、单项选择题(在下列每小题列出的四个选项中只有一个是最符合题意的，请将其代码填在括号内。错选、多选或未选均不得分。本大题共30小题，每小题2分，共60分)

1. 陶行知说：“教师必须具有健康的体魄、农人的身手、科学的头脑、艺术的兴味和改造社会的精神。”这体现了教师职业劳动的(　　)

A. 创造性　B. 综合性　C. 长期性　D. 示范性

2. 下列选项中，(　　)不属于《中华人民共和国教育法》中规定的我国教育基本制度。

A. 学业证书制度　B. 国家教育考试制度

C. 教师培训制度　D. 教育督导制度

3. “情人眼里出西施”“一俊遮百丑”反映的是(　　)

A. 首因效应　B. 近因效应　C. 晕轮效应　D. 投射倾向

4. 将课程理念转化为课程实践活动的“桥梁”是(　　)

A. 课程计划　B. 课程标准　C. 课程设计　D. 课程类型

5. 学生利用头脑中的概念、理论知识来解决问题，这种思维是(　　)

A. 直观动作思维　B. 具体形象思维

C. 抽象逻辑思维　D. 发散思维

6. 2019年湖北省义务教育学校教师公开招聘考试属于(　　)(易混)

A. 相对性评价　B. 绝对性评价

C. 个体内差异评价　D. 目标参照性评价

7. 狼孩卡玛拉出现心理障碍的主要原因是(　　)

A. 缺乏营养　B. 遗传因素　C. 狼的影响　D. 缺乏社会性刺激

8. 2019年6月，中共中央、国务院印发了《关于深化教育教学改革全面提高义务教育质量的意见》，提出“坚持‘五育’并举，全面发展素质教育”。具体措施包括(　　)

A. 突出德育实效；提升智育水平；强化体育锻炼；增强美育熏陶；加强劳动教育

B. 突出德育实效；提升智育水平；开足体育课时；增强美育熏陶；加强劳动教育

C. 完善德育体系；提升德育水平；开足体育课时；增强美育熏陶；加强劳动教育

D. 完善德育体系；提升智育水平；强化体育锻炼；增强美育熏陶；加强劳动教育

9. 小明去年骑自行车摔成重伤，今年看到自行车就感觉到害怕、紧张。这种记忆属于(　　)

A. 动作记忆　B. 情绪记忆　C. 逻辑记忆　D. 语义记忆

10. 小华看到同桌因助人为乐被班主任表扬，于是受到鼓励的他也去模仿此类行为。小华模仿他人助人为乐，这种行为是受到了(　　)

A. 替代强化　B. 自我强化　C. 模仿强化　D. 直接强化

11. 董老师总是希望在课堂上尽可能地满足学生爱与被爱的需要。董老师的做法体现了下列哪种取向的课堂管理模式(　　)

A. 建构主义取向　B. 行为主义取向

C. 认知主义取向　D. 人本主义取向

12. 中学生小孙最近心里很矛盾。他觉得未来的自己应该是一名科学家，但又觉得自己能力有限，梦想遥不可及。根据埃里克森的人格发展阶段论，当前他的主要发展任务是(　　)

A. 获得勤奋感　B. 克服内疚感

C. 避免孤独感　D. 建立自我同一性

13. 我国幅员辽阔，各地区在各方面的差异较大。为了使教学不脱离实际，必须补充必要的乡土教材。这是为了贯彻(　　)的教学原则。(常考)

A. 直观性　B. 启发性

C. 循序渐进　D. 理论联系实际

14. 关于流体智力和晶体智力，下列说法错误的是(　　)(易混)

A. 流体智力需要较少的专业知识

B. 流体智力在人的一生中都在增长

C. 晶体智力是在学习、生活和劳动中形成的能力

D. 词汇、审美问题等属于晶体智力

15. 学生在解答问题时喜欢“一题多解”，探求多种答案。这种思维方式是(　　)

A. 发散思维　B. 聚合思维

C. 概括思维　D. 间接思维

16～30. 缺

二、判断题(判断下列各题的正误，并在题后的括号内填“√”或“×”。本大题共10小题，每小题1分，共10分)

31. 最近发展区的概念及相关理论是由著名的心理学家皮亚杰提出的。(　　)

32. 教育机智是教师劳动创造性的主要表现之一。 ( )

33. 从小学至高中阶段作为选修课程设置的综合实践活动,其内容包括信息技术教育、研究性学习、社区服务与社会实践、劳动与技术教育。 ( )

34. 未成年人的信件除了其亲生父母可开拆、查阅以外,其他人或组织都不可以开拆、查阅。( )

35. "教育不应该限于学校围墙之内"体现的是非制度化教育的思想主张。 ( )

36. 心理定势对于解决问题只有积极作用,没有消极作用。 ( )

37. 学校组织学生参加研学旅行,这是一种旨在运用实践锻炼法培养学生品德的教育形式。 ( )

38. 说教材是说课最基本的内容,即说"教什么"的问题。 ( )

39. 新课程改革提倡的学习方式,包括自主学习、接受学习和探究学习。(常考) ( )

40. 遗传是影响个体发展的决定因素。 ( )

三、多项选择题(下列每小题列出的选项中至少有两个是符合题意的,请将其选出并把它的标号填在括号内,错选、多选、少选或未选均不得分。本大题共10小题,每小题3分,共30分)

41. "把学生看成具有独立意义的人",这句话的基本含义有( )

A. 每个学生都是独立的,是不以教师的意志为转移的客观存在

B. 学生是学习的主体

C. 每个学生都有自身的独特性

D. 学生是责权的主体

42. 我国实行的教育制度包括( )

A. 义务教育制度 B. 职业教育制度和继续教育制度

C. 学业证书制度 D. 教育督导制度和教育评估制度

43. 下列选项中,属于推进义务教育均衡发展的措施的是( )

A. 教师配置向农村倾斜 B. 鼓励发达地区支援欠发达地区

C. 促进农科教结合 D. 加快薄弱学校改造

44. 下列属于正迁移的是( )(常考)

A. 数学审题技能的掌握对物理、化学审题的影响

B. 在学校爱护公物的言行影响在校外规范自己的行为

C. 外语学习中,词汇的掌握对阅读的影响

D. 学习汉语拼音发音对英语字母发音的影响

45. 下列属于劳动技术教育的内容的有( )(易错)

A. 自我服务性的劳动技术 B. 手工艺性的劳动技术

C. 工农业生产性的劳动技术 D. 社会服务性的劳动技术

46. 实验表明,处于学习材料中间部分的内容记忆效果较差,原因是( )

A. 前摄抑制 B. 倒摄抑制

C. 屏蔽抑制 D. 中间抑制

47.《中小学教师职业道德规范》中明确规定教师职业道德的内容包括( )

A. 教书育人 B. 爱岗敬业

C. 关爱学生 D. 因材施教

48. 班级授课制的主要特征体现在( )

A. 教师固定 B. 时间、场所固定

C. 学生固定 D. 内容固定

49. 榜样示范法在德育中非常重要。下列体现了榜样示范法的有( )(易混)

A. 孟母三迁 B. 桃李不言,下自成蹊

C. 让学校的每一面墙壁都开口说话 D. 其身正,不令而行;其身不正,虽令不从

50. 校本课程是促进学校特色发展的重要途径。下列说法正确的是( )

A. 校本课程开发必须落实为相关的校本课程书面教材

B. 校本课程开发可以借助校外专家的指导

C. 应该加强一线教师课程开发能力的建设

D. 地方教育行政部门应该鼓励因校制宜开发校本课程

2020年吉林省特岗教师招聘考试真题试卷(四十七)

本套试卷包括学科专业知识和教育专业基础知识两部分,目前仅收录教育专业基础知识部分的试题。该部分共24小题,包括判断题10小题、单项选择题10小题、简答题2小题、论述题1小题、案例分析题1小题。

一、判断题(判断下列各题的正误,正确的打“√”,错误的打“×”。本大题共10小题,每小题1分,共10分)

1.《中华人民共和国教师法》规定,教师的平均工资水平应当不低于或者高于国家公务员的平均工资水平,并逐步提高。( )

2. 教育必然对社会物质生产起积极作用。( )

3. 学生是教育教学活动的主体,在教育教学活动中起主导作用。( )

4. 教科书是根据国家教育方针和课程标准编写的。( )

5. 定势对问题解决有积极的影响,也有消极的影响。( )

6. 根据耶克斯—多德森定律,学习动机越强,学习效果越好。(常考) ( )

7. 儿童总是把英文字母念成汉语拼音,这种现象是负迁移。( )

8. 儿童写完作业后,家长就允许他看一会儿动画片。这是运用了负强化的方法。( )

9. 消极情绪都是对人有害的。( )

10. 心理辅导老师帮助小明同学改变了不合理的观念,进而解决了其心理问题。这种心理辅导方法是系统脱敏法。( )

二、单项选择题(下列每小题四个选项中只有一个符合题意,请将其代码填在括号内。错选、多选或未选均不得分。本大题共10小题,每小题1分,共10分)

11. 标志着教育学发展进入科学化时期的著作是赫尔巴特在1806年出版的( )

A.《教育漫话》

B.《大教学论》

C.《普通教育学》

D.《经验与教育》

12. 为增强课程对地方、学校及学生的适应性,《基础教育课程改革纲要(试行)》规定在课程管理方面实行三级课程管理机制。其中,“三级”指的是国家、地方和( )(常考)

A. 教育行政部门　B. 市级政府　C. 县级政府　D. 学校

13. 综合实践活动是国家必修课程,其实施阶段是( )(易错)

A. 从小学一年级至高中三年级

B. 从小学一年级至初中三年级

C. 从小学一年级至小学六年级

D. 从小学三年级至高中三年级

14. 教育随着人类的产生而产生,并在人类社会的发展过程中不断演变。以下关于教育本质的描述,不正确的是( )

A. 教育是有目的、有计划、有组织地培养人的社会实践活动

B. 教育以对人的身心发展产生影响为直接目标

C. 教育活动通过培养人而作用于社会,促进社会发展

D. 教育不是人类社会特有的现象,动物世界也存在各种各样的教育

15. 教师按照学科知识内在的逻辑顺序和学生认识能力的发展顺序进行教学。这体现了教学的( )

A. 因材施教原则　B. 循序渐进原则

C. 方向性原则　D. 伦理性原则

16. 夏天我们看见穿白色衣服的人时,觉得他干净清爽。这种现象反映了感觉的( )(常考)

A. 对比　B. 补偿

C. 联觉　D. 适应

17. 学生一边听课,一边记笔记。这反映了注意的( )

A. 广度　B. 稳定性

C. 分配　D. 转移

18. 短时记忆的容量是( )

A. 6±2组块　B. 7±2组块

C. 8±2组块　D. 9±2组块

19. 记笔记主要运用的认知策略是( )(常考)

A. 精加工策略　B. 组织策略

C. 资源管理策略　D. 元认知策略

20. 布鲁纳认为,学习的实质就是( )

A. 模仿　B. 建立刺激与反应的联结

C. 在主体内部构造完形　D. 主动地形成认知结构

三、简答题(本大题共2小题,每小题4分,共8分)

21. 课程开发的主要影响因素有哪些?

22. 早期的学习迁移理论主要有哪几种?

四、论述题(本大题共6分)

23. 论述生产力发展水平对教育发展的作用。(常考)

五、案例分析题(本大题共6分)

24. 阅读下面的案例,回答问题。

在一个寒冬的早晨,同学们在进行早读。我刚来到教室,手插在裤兜里,一个学生随后走进教室。我大声说:"××,你为什么又迟到?把手放下站好……"这时,我听到有人嘀咕:"老师自己也迟到了……"这事儿使我陷入深思,一些平时看起来微不足道的事情,结果对学生造成了不良影响。课上,有的学生被叫到讲台板演,写完后随手把粉笔往台上一扔,没有轻轻地放回粉笔盒;小干部用教鞭敲击讲台,要同学安静下来……这不都是我的行为在学生身上的再现吗?我感到,教师的一举一动都要十分审慎,不容有丝毫的懈怠。

请根据《中小学教师职业道德规范》(2008年修订)的要求,从教师职业道德的角度,结合材料,分析"我"的教育行为。

2020年湖北省义务教育学校教师公开招聘考试
综合知识真题试卷(四十八)

本套试卷共41小题,目前已收录35小题,包括单项选择题34小题、材料作文1小题。

一、单项选择题(下列每小题列出的四个选项中只有一个是最符合题意的,请将其代码填在括号内。错选、多选或未选均不得分。本大题共34小题,每小题1.5分,共51分)

1. 2020年1月1日,习近平总书记在新年贺词中指出,2020年是脱贫攻坚决战决胜之年,我们将全面建成(　　),实现第一个百年奋斗目标。

A. 共产主义　　B. 经济军事强国　　C. 小康社会　　D. 社会主义强国

2. 2020年2月12日,国务院联防联控机制召开新闻发布会,介绍教育系统疫情防控有关情况。教育部明确要求各地延迟开学,国家中小学(　　)于2月17日开通,免费供各地选择使用。

A. 网络云平台　　B. 老师来开课　　C. 人人学平台　　D. 学习强国

3. 2020年2月11日,世界卫生组织总干事谭德塞在瑞士日内瓦宣布,将正在肆虐全球的新型冠状病毒感染的肺炎命名为“(　　)–19”。

A.COVID　　B. Smallpox　　C. PLAGUE　　D. HIV

4. 教师在教学中应保护学生安全,关心学生健康,维护学生权益;不讽刺、挖苦、歧视学生,不体罚或变相体罚学生。这体现的是(　　)的道德规范要求。(常考)

A. 爱国守法　　B. 爱岗敬业　　C. 关爱学生　　D. 终身学习

5. 学生在教师的指导下,为解决某个问题进行探讨、辩论,从而达到相互启发、集思广益的目的。这种教学方法是(　　)

A. 实习作业法　　B. 讨论法　　C. 演示法　　D. 练习法

6.《中华人民共和国义务教育法》规定,凡年满________周岁的儿童,其父母或者其他法定监护人应当送其入学接受并完成义务教育;条件不具备的地区的儿童,可以推迟到________周岁。(　　)

A. 六;七　　B. 七;八　　C. 五;六　　D. 六;八

7. “君子如欲化民成俗,其必由学乎”“古之王者,建国君民,教学为先”体现的教育目的观为(　　)(常考)

A. 政治本位论　　B. 社会本位论　　C. 个人本位论　　D. 科学本位论

8. 李老师经常关注如何教好每一堂课,以及班级大小、时间压力和备课材料是否充分等问题。这说明李老师处于教师专业发展的(　　)

A. 关注生存阶段　　B. 关注情境阶段　　C. 关注学生阶段　　D. 关注自我阶段

9. 语文课上两位同学一直在小声说话不听老师讲课,老师要求他们站起来听课,过了一会儿对他们说:“如果你们表现得好一点,我就不让你们罚站了。”

这种方式属于(　　)

A. 正强化　　B. 负强化　　C. 消退　　D. 习得

10. 张某在担任某县一中语文教师期间取得了研究生入学资格,学校以张某服务期未满、学校语文教师不足为由不批准张某在职学习。张某欲以学校剥夺其参加进修权利为由提出申诉,受理申诉的机构应当是(　　)

A. 县教育局　　B. 县政府　　C. 市教育局　　D. 县一中

11. 马卡连柯说:“儿童集体里的舆论力量,完全是一种物质的、实际上可以感触到的教育因素。”这句话提示在教育过程中(　　)

A. 要充分发挥班集体的教育功能,使之成为真正的教育力量

B. 要通过转化个别学生,促进班集体的管理与发展

C. 要制定规章制度管理好学生的日常行为

D. 班主任要充分掌握管理的主动权

12. 十岁的小明与妈妈吵架后一气之下离家出走,跑到同学小华家要求借宿一晚,小华的父母答应了。关于小华的父母对小明的留宿行为,以下说法不正确的是(　　)

A. 应当征得小明的父母或其他监护人的同意

B. 在二十四小时内通知小明父母或其他监护人

C. 在二十四小时内向所在学校或公安机关报告

D. 出于保护未成年人的目的,应当鼓励和支持

13. 关于我国特别行政区享有的自治权,下列说法错误的是(　　)

A. 享有行政管理权、立法权、独立的司法权以及终审权

B. 可以以自己的名义与别国签订双边经济、贸易等协定

C. 有单独的财税制度、货币发行体系和金融政策决定权

D. 其财务收入先扣除自用部分,只将余额上缴中央政府

14. 一位英语老师在讲解“gas”这一单词时,提示同学们其发音和汉语“该死”相似,所以我们可以想象为“煤气能毒死人”。这种认知策略属于(　　)

A. 复述策略　　B. 精细加工策略

C. 组织策略　　D. 资源管理策略

15. (　　)是近代德国著名的心理学家和教育学家,在世界教育史上被认为是“现代教育学之父”。

A. 杜威　　B. 赫尔巴特　　C. 班杜拉　　D. 夸美纽斯

16. 下列成语与相关历史人物对应错误的是( )

A. 曹操——望梅止渴 B. 赵括——投笔从戎

C. 孔明——草船借箭 D. 文同——胸有成竹

17. 九年级的王同学多次违反校规校纪,屡教不改,学校不可以采取的措施是( )

A. 开除学籍 B. 批评教育 C. 予以警告 D. 通知家长

18. "自然后果"法是指孩子犯了错误之后,不去制止或者责罚,而是让他亲身体验并承担错误所造成的不良后果,从中接受教训。它是由教育家( )提出来的一种教育方式。

A. 斯宾塞 B. 卢梭 C. 洛克 D. 苏霍姆林斯基

19. 某地教育行政部门在暑假组织如何激发学生学习动机的培训,要求该地所有青年教师参加,该教育行政部门的做法( )(常考)

A. 错误,占用教师休息时间 B. 错误,应由所在学校决定

C. 正确,教师应终身学习 D. 正确,教师应该无私奉献

20. 明朝医药学家李时珍编著的( ),分类科学严密,包含药物数目众多,文笔流畅生动,被誉为"东方医药巨典"。

A.《千金方》 B.《神农本草经》

C.《伤寒杂病论》 D.《本草纲目》

21. ( )是第一个把美育概念引入我国,并对美育的独特性质和独特地位作进一步阐述的思想家。

A. 蔡元培 B. 梁启超 C. 王国维 D. 黄炎培

22. ( )是指在教学活动结束后为判断其效果而进行的评价,包括一个单元、一个模块或一个学期的教学结束后对最终结果所进行的评价。

A. 诊断性评价 B. 形成性评价 C. 终结性评价 D. 过程性评价

23. 只考虑评价对象应达到的水平而不受评价对象在其特定整体中位置的影响,这种评价属于( )

A. 相对性评价 B. 绝对性评价 C. 终结性评价 D. 常模性评价

24. 李明同学在生活中乐于助人,经常参加志愿者活动,王老师鼓励全班同学向李明同学学习,其运用的德育方法是( )

A. 角色扮演法 B. 实际锻炼法

C. 榜样示范法 D. 说服教育法

25. 根据《中华人民共和国教师法》规定,下列属于教师义务的是( )

A. 参与学校的民主管理 B. 参加进修或者其他方式的培训

C. 评定学生的品行和学业成绩 D. 制止侵犯学生合法权益的行为

26. 2020年是"十三五"规划收官之年,也是脱贫攻坚决战决胜之年。在陕西考察期间,习近平总书记再度强调,要全面落实党中央决策部署,确保完成决战决胜脱贫攻坚目标任务。其中实现脱贫的根本之策是( )

A. 易地搬迁 B. 青山绿水

C. 解决就业 D. 发展产业

27. 下列选项与"天行有常,不为尧存,不为桀亡",所表达的哲学道理,最为相近的是( )

A. 天不言而四时行,地不语而百物生 B. 黑发不知勤学早,白首方悔读书迟

C. 卧看满天云不动,不知云与我俱东 D. 不识庐山真面目,只缘身在此山中

28.《中华人民共和国义务教育法》规定凡是年满六周岁的适龄儿童、少年因身体状况需要延缓入学或休学的,其父母或者其他法定监护人应当提出申请,由( )批准。(常考)

A. 当地乡镇人民政府或县级人民政府教育行政部门

B. 当地中小学、村委会或居委会等一线基层部门

C. 当地乡镇人民政府或省级人民政府教育行政部门

D. 当地县级人民政府或省级人民政府教育行政部门

29. 有机蔬菜光鲜亮丽,农药化肥等残留少,谁看着都喜欢,更想购买,但较高的价格却让很多普通消费者望而却步。对消费者这种矛盾心理产生的原因,以下分析正确的是( )

A. 未来收入预期影响人们当前的消费 B. 商品的高品质决定了商品的高价格

C. 供求关系对商品的价格有直接影响 D. 消费者的收入是消费的基础和前提

30. 在传统文化学习实践活动中,学生为步行街商店撰写的对联,不合适的是( )

A. 为水果店写对联:素以为绚花逊色,馨而且暖玉生香

B. 为茶叶店写对联:素雅为佳松竹绿,幽淡最奇芝兰香

C. 为鲜花店写对联:奇花异草增春色,雅菊幽兰缀市容

D. 为书店写对联:锦绣成文原非我有,琳琅满架惟待人求

根据以下材料回答31~32题。

教育部近日发布了2019年全国教育经费执行情况统计快报。经初步统计,2019年全国教育经费总投入为50175亿元,比上年增长8.74%。其中,国家财政性教育经费为40049亿元,比上年增长8.25%。2019年全国学前教育、义务教育、高中阶段教育、高等教育经费总投入分别为4099亿元、22780亿元、7730亿元、13464亿元,比上年分别增长11.63%、9.12%、7.53%、11.99%。根据统计快报,2019年全国幼儿园、普通小学、普通初中、普通高中、中等职业学校、普通高等学校生均教育经费总支出均比上年有所增长,增幅分别为11.33%、5.92%、5.63%、8.10%、7.36%、6.60%。

31. 2018年,全国义务教育经费总投入约为( )亿元。

A. 3671 B. 20876 C. 7188 D. 4614

32. 根据所给资料,以下说法正确的是(　　)

A. 2019年全年经费总投入增长速度超过义务教育经费总投入增长速度

B. 2019年高中阶段教育经费总投入低于学前教育经费总投入

C. 2019年全国普通小学生均教育经费总支出较上年有所下降

D. 2019年全国幼儿园生均教育经费总支出较上年有所增长

根据以下资料回答第33~34题。

You probably know about the Titanic,but it was actually just one of three state-of-the-art(最先进的)ocean ships back in the day. The Olympic class included the Olympic,the Britannic and the Titanic. What you may not know is that the Titanic wasn't even the flagship of this class.All in all,the Olympic class ships were marvels of sea engineering,but they seemed cursed to suffer disastrous fates.

The Olympic launched first in 1910,followed by the Titanic in 1911,and lastly theBritannic in 1914. Stretching 269. 13 meters,the Olympic class ships were wonders of naval technology,and everyone thought that they would continue to be so for quite some time. However,all suffered terrible accidents on the open seas. The Olympic got wrecked before the Titanic did,but it was the only one to survive and maintain a successful career of 24 years. The Titanic was the first to sink after famously hitting a huge iceberg in 1912. Following this disaster,the Britannic hit a naval mine in 1916 and subsequently sank as well.

The Olympic suffered two crashes with other ships an went on to serve as a hospital ship and troop transport in World War Ⅰ. Eventually,she was taken out of service in 1935,ending the era of the luxurious Olympic class ocean liners .

33. What does the passage say about the three Olympic class ships(　　)

A. They performed marvelously on the sea

B. They could all break the ice in their way

C. They all experienced terrible misfortunes

D. They were models of modern engineering

34. What happened to the ship the Olympic in the end(　　)

A. She was used to carry troops

B. She was sunk in World War I

C. She was converted into s hospital ship

D. She was retired after her naval service

二、材料作文(本大题共40分)

请阅读以下材料、并根据要求作文。

[材料一]国家教育部指出,“十三五”教育信息化工作要强化深度应用、融合创新,大力提升信息化在推进教育公开、提高教育质量中的效能;要运用信息技术来设计和推进“教改”“课改”,促进教学方法、管理模式以及教育服务供给方式的变革。2020年初,全国大中小学校推迟开学,2. 65亿名在校生转向线上课程,在线教育应用呈现爆发式增长。中国互联网信息中心发布的第45次《中国互联网络发展状况统计报告》显示,截至2020年3月,我国在线教育用户规模达4. 23亿户,较2018年底增长110. 2%,占网民整体的46. 8%。当前,数字化技术不断取得新的突破,为深化教育改革带来新的机遇,智慧校园是未来教育发展的必然趋势。

专家表示,教师队伍的建设离不开人工智能,要大力提升教师信息素养,推动教师主动适应信息化技术的变革。

[材料二]随着云计算、大数据、移动互联网、人工智能等现代化科技的发展和应用,“互联网+”与“教育”的融合渗透不断深入,信息化教育在内涵、深度和质量上也不断发展,教育教学系统的结构和形态正在发生变革与转型,逐步形成新的教育理念和模式。

某学校积极顺应时代发展,组织教师开展智慧课堂教师培训。培训结束后一位教师表示:“在科技飞速发展的今天,教师不能只停在原有知识的认识上,要不断地完善和充实自己。现在的学生非常聪明,能通过互联网等多种途径学到许多知识。因此教师必须有一种超前意识,同时,良好的信息素养是教师终身学习,不断完善自身的需要。”

[材料三]以下是一则小学数学的智慧案例。

在自主思索、协作交流环节,引导学生自主探究生活中的角,辨别哪些是角,并能够指出角的各部分名称,最后学会如何画角等。学生利用PAD进行拍照并上传教师端展示探索成果。

在交流展示、评价反思环节,教师端下发画板题,小组长通过局域网上传探究结果。在此过程中,教师主要通过终端监控和即时巡视指导的方式发挥监督的作用,保证探究活动的正常运行,有利于学生形成时间观念和小组责任感。

接下来,教师通过电子书包端IRS互动反馈系统,设置抢答环节。教师抛出问题,学生利用电子书包快速抢答。同时,为检验每个同学的知识掌握情况,设置统一答题环节。最后,教师引导学生自学云端书柜拓展资源,可以与同桌分享发现的问题或者了解到的相关知识,为下一节课的学习做准备。传统的课堂教学一味地强化练习,学生会觉得枯燥与恐惧。而学生在轻松自由的氛围中采取的小组抢答、限时统一答题的方式,有助于对知识的强化巩固,即时反馈学生的学习结果,不断加深学生对角的认识。

作答要求:请阅读以上材料,以“智慧教育与教师专业发展的关系”为主题,自选角度,自拟题目,写一篇1000字左右的议论文。

2020年辽宁省辽阳市特岗教师招聘考试真题试卷(四十九)

(满分100分　时间120分钟)

本套试卷共120小题,包括单项选择题100小题、多项选择题20小题。

一、单项选择题(在下列每小题列出的四个选项中只有一个是最符合题意的,请将其代码填在括号内。错选、多选或未选均不得分。本大题共100小题,每小题0.8分,共80分)

1. 提出"教育就是把一切事物教给一切人类的全部艺术"的教育家是(　　)

A. 赫尔巴特　B. 杜威　C. 夸美纽斯　D. 布鲁纳

2. 教育目的的本质是(　　)

A. 培养社会精英　B. 提高人口素质

C. 促进社会发展　D. 培养社会所需要的人

3. 我国近代教育史上,被毛泽东称颂为"学界泰斗,人世楷模"的教育家是(　　)(易混)

A. 陶行知　B. 杨贤江　C. 蔡元培　D. 徐特立

4. 义务教育的基本特征主要包括(　　)

①强制性　②普遍性　③公共性　④选择性　⑤终身性

A. ①②③　B. ①②④　C. ①③⑤　D. ②③④

5. 小学教师经常采用贴小红花、插小红旗等方式鼓励学生为班级做好事,这种教育方式是(　　)(常考)

A. 品德评价　B. 榜样示范　C. 情感陶冶　D. 实际锻炼

6. 小学生学习"三角形的内角和是180°",这在奥苏贝尔的有意义学习分类中属于(　　)

A. 概念学习　B. 符号学习　C. 表征学习　D. 命题学习

7. 课程实践中,不适合评价"情感态度与价值观"目标达成度的方法是(　　)

A. 课堂观察　B. 活动记录

C. 标准化测验　D. 课后访谈

8. 法国文学家加缪获得诺贝尔奖后,第一时间给他的小学老师写了一封感谢信,这反映了教师劳动具有(　　)

A. 复杂性　B. 长期性　C. 创造性　D. 示范性

9. 下列选项中体现了教学原则中的量力性原则的是(　　)

A. 温故而知新　B. 语之而不知,虽舍之可也

C. 欲速则不达　D. 不愤不启,不悱不发

10. 在学习成败归因影响学习动机的诸因素中,激励作用最大的是(　　)(易错)

A. 运气好坏　B. 能力高低　C. 任务难度　D. 努力程度

11. 王老师在教授《落花生》一课时,让学生谈谈做人该做"落花生"这样的人还是做学霸,大家各抒己见,王老师运用的教学方法是(　　)

A. 讲授法　B. 讨论法　C. 谈话法　D. 发现法

12. 在谈到小明的英语学习情况时,英语任课教师认为小明又没有及格,让他很无奈,班主任刘老师则认为,小明这一次的成绩比上一次高了20多分,有很大进步,值得表扬。英语任课教师和班主任对小明的评价分别属于(　　)(易错)

A. 目标参照性评价、个体内差异评价　B. 常模参照性评价、个体内差异评价

C. 诊断性评价、绝对性评价　D. 诊断性评价、相对性评价

13. 地理课上,赵老师利用地图和模型呈现出黄土高原千沟万壑的地形。这种直观教学手段属于(　　)

A. 实物直观　B. 模像直观　C. 言语直观　D. 实验直观

14. "记录在纸上的思想就如同某人留在沙滩上的脚印,我们也许能看到他走过的路径,但若想知道他在路上看见了什么东西,就必须用我们的眼睛。"这番话道出了(　　)的重要价值。

A. 自主学习　B. 合作学习　C. 探究学习　D. 连续学习

15. 近一段时间,班上流行大操大办生日的风气,孩子过生日家长们纷纷比阔。在班会上,班主任孙老师对这种情况进行了批评,要求大家力行节俭。孙老师的做法体现了教师是(　　)

A. 文化知识的传播者　B. 高尚情操的塑造者

C. 社会风气的改造者　D. 学生品行的引导者

16. 小学生学写新字时,先听教师讲解,观察教师书写示范。这时的技能学习阶段处于(　　)

A. 操作定向　B. 操作模仿　C. 操作整合　D. 操作熟练

17. 班主任李老师在利用现代通讯方式联系家长的同时,坚持定期家访,研究学生个性特点,制定班级管理规则。对李老师的做法,下列说法不正确的是(　　)

A. 管理班级实现了优化高效　B. 注重教师专业能力提升

C. 教育学生做到了因材施教　D. 注重家校沟通的多元化

18. 某偏远山区,交通不便,儿童居住较为分散,为保障当地适龄儿童接受义务教育,根据《中华人民共和国义务教育法》的规定,县级人民政府可以采取的措施是(　　)

A. 设置走读学校　B. 设置寄宿制学校　C. 设置家庭学校　D. 设置半日制学校

19. 《学记》中的"君子之教,喻也"所蕴含的教学原则是(　　)

A. 直观性原则　B. 因材施教原则　C. 启发性原则　D. 循序渐进原则

20. 在教《圆的周长》时,张老师将"掌握圆的周长计算公式"拟定为教学目标之一。该目标属于(　　)

A. 知识与技能目标　B. 过程与方法目标

C. 思想与方法目标　D. 情感态度与价值观目标

21. 在小学科学教材中，先呈现动植物的基本知识，接着是与动植物有关的生态系统知识，再是与人类有关的生态系统知识，这种课程内容的组织形式属于(　　)

A. 直线式　B. 螺旋式　C. 并列式　D. 循环式

22. 传统教育学派代表人物赫尔巴特主张的“三中心”是指(　　)(常考)

A. 教师中心、教材中心和课堂中心　B. 学生中心、教材中心和课堂中心

C. 管理中心、活动中心和教学中心　D. 管理中心、服务中心和教学中心

23. 苏联教育学家赞科夫倡导的是(　　)

A. 发现学习理论　B. 教学过程最优化理论

C. 教学与发展理论　D. 范例教学理论

24. 18世纪法国思想家卢梭认为“儿童的自然”决定教育目的。这种教育目的价值取向属于(　　)

A. 个人本位论　B. 社会本位论　C. 国家本位论　D. 生活本位论

25. 学校德育工作中经常采用的表扬与批评、奖励与处分的德育方法属于(　　)

A. 说服教育法　B. 品德评价法　C. 榜样示范法　D. 情感陶冶法

26. “知子莫若父，知女莫若母”说明家庭教育比学校教育更具有(　　)

A. 先导性　B. 感染性　C. 权威性　D. 针对性

27. 把学习过程概括为“学—思—行”的统一过程的教育家和思想家是(　　)(常考)

A. 孔子　B. 孟子　C. 荀子　D. 墨子

28. 认为我国现代教育的目的是“做人，做中国人，做现代中国人”的教育学家是(　　)

A. 陈鹤琴　B. 梁启超　C. 蔡元培　D. 陶行知

29. 中学教学工作应形成一个有机的整体，其中心部分是(　　)

A. 备课　B. 上课　C. 布置作业　D. 评定成绩

30. (　　)是学校管理的基本途径，在管理活动中占有中心地位。

A. 控制　B. 激励　C. 交流　D. 沟通

31. 在教学过程中，素质教育强调的是(　　)，而不是简单地获得结果。

A. 记忆知识　B. “发现”知识　C. 积累知识　D. 搜集知识

32. 在教学过程中，教师为了让学生更好地理解抽象的概念、原理性知识，常常会让学生联系自己的实际生活中的相关情境或者设置模拟情境，这主要体现的是教学过程中(　　)的特点。

A. 知、情、意的统一　B. 掌握知识与发展智力相统一

C. 间接经验与直接经验相结合　D. 教师主导作用与学生主体作用相统一

33. 在教学过程的基本阶段中，属于中心环节的是(　　)(常考)

A. 领会知识　B. 巩固知识　C. 引起学习动机　D. 运用知识

34. 在我国古代教育文献《学记》中要求“学不躐等”“不陵节而施”，提出“杂施而不孙，则坏乱而不修”。这体现了教学应遵循(　　)

A. 启发性原则　B. 巩固性原则　C. 因材施教原则　D. 循序渐进原则

35. 衡量教师教学和学生学习质量的标准是(　　)

A. 教学计划　B. 教学大纲　C. 教科书　D. 考试成绩

36. 运用先进典型对学生进行思想品德教育，这种德育方法是(　　)

A. 引导法　B. 榜样法　C. 谈话法　D. 讨论法

37. 制定教学计划的首要问题是(　　)(易混)

A. 课程设置　B. 学科顺序　C. 课时分配　D. 学年编制

38. 马克思主义认为，造就全面发展的人的唯一途径和方法是(　　)

A. 开展网络课程　B. 加强现代科学教育

C. 教育与生产劳动相结合　D. 高等学校扩招

39. 在教育活动中，教师负责组织、引导学生沿着正确的方向，采用科学的方法，获得良好的发展。这句话的意思是说(　　)

A. 学生在教育活动中是被动的客体　B. 教师在教育活动中是被动的客体

C. 要充分发挥教师在教育活动中的主导作用　D. 教师在教育活动中不能起到主导作用

40. 班集体形成的基础是(　　)

A. 明确的共同目标　B. 平等、心理相容的氛围

C. 共同的生活准则　D. 一定的组织结构

41. “视其所以，观其所由，察其所安”这句话反映了德育的(　　)

A. 导向性原则　B. 疏导性原则

C. 尊重学生与严格要求学生相结合原则　D. 因材施教原则

42. 罗杰斯提出的“以学生为本”“让学生自发地学习”“排除对学习者自身的威胁”的教学原则属于(　　)

A. 结构主义课程模式　B. 发展性教学模式

C. 最优化教学模式　D. 非指导性教学模式

43. 最早倡导教育实验，并提出“实验教育学”这个名称的是德国教育家(　　)

A. 梅伊曼　B. 拉伊　C. 赫尔巴特　D. 康德

44. 人们常说：“三翻六坐八爬叉，十二个月喊爸爸。”这一说法所体现的儿童身心发展规律是(　　)

A. 稳定性　B. 顺序性　C. 不平衡性　D. 个别差异性

45. 一节课中最基本的组成部分是(　　)

A. 组织教学　B. 讲授新教材　C. 巩固新教材　D. 检查复习

46. 德育的个体发展功能的发挥应注意(　　)

A. 强调德育的外在强制性　B. 注意功能实现的间接性

C. 注重个体的享用性　D. 尊重学习个体的主体性

47. 班级文化是班级中教师和学生共同创造出来的联合生活方式，不包括(　　)

A. 班级环境布置　B. 班级人际关系和班风

C. 班级制度与规范　D. 教师与个别学生的亲密关系

48. "道之所存,师之所存也"这句话反映了教师职业角色中的(　　)

A. 传道者角色　B. 示范者角色　C. 授业、解惑者角色　D. 研究者角色

49. 下列关于学生学业成绩评定,正确的叙述是(　　)(易错)

A. 评定学生学业成绩,一般采用百分制记分法和等级制记分法

B. 一般来说,题的数量越多、便于给小分的用等级制较便利

C. 题的数量不多、开卷、理解和灵活运用的题目用百分制较方便

D. 在成绩评定时,不能把等级制换算成一定的分数

50. (　　)是严密组织起来的传授系统知识、促进学生发展的最有效的形式。

A. 教学　B. 教育　C. 自学　D. 智育

51. (　　)是全部教育活动的主题和灵魂,是教育的最高理想。(常考)

A. 教育方针　B. 教育政策　C. 教育目的　D. 教育目标

52. 悦耳美妙的轻音乐能使人产生春风拂面之感,这种心理现象属于(　　)

A. 直觉　B. 错觉　C. 幻觉　D. 联觉

53. 在下列各种学习动机中,属于内在动机的是(　　)

A. 班级排名　B. 老师表扬　C. 家长奖励　D. 学习兴趣

54. 学生学习了自然数以后,再学习整数。这种学习属于(　　)(易错)

A. 上位学习　B. 下位学习　C. 类属学习　D. 组合学习

55. 为便于学生理解和记忆,教师将某个英语单词编成小故事。这是运用了(　　)

A. 复述策略　B. 组织策略　C. 精加工策略　D. 元认知策略

56. 在心理辅导中,小学生有时会把辅导老师当成自己的父母,以获得情感的满足。这种心理现象属于(　　)

A. 共情　B. 移情　C. 同情　D. 亲情

57. 学生课前预习,带着不懂的问题上课,以便更有针对性地注意听讲。这种注意方式属于(　　)

A. 有意注意　B. 无意注意　C. 无意后注意　D. 有意后注意

58. 艾宾浩斯遗忘曲线表明,遗忘的速度是不均衡的,呈现的趋势是(　　)

A. 先慢后快　B. 匀速加快　C. 先快后慢　D. 匀速减慢

59. 钱老师上课时经常先提出问题让大家思考一会儿,然后再叫学生回答,以使学生的心理活动更好地维持在教学活动中。钱老师所采用的课堂管理方式是(　　)

A. 团体警觉　B. 替代强化　C. 最小干预　D. 处理转换

60. 方华的情绪兴奋快而强,容易冲动,常常是爆发式的,并伴随有明显的外部表现。她的气质类型属于(　　)(常考)

A. 胆汁质　B. 多血质　C. 黏液质　D. 抑郁质

61. 张老师在设置教学目标时,会考虑学生的现有知识水平,也考虑他们在老师的指导下可以达到的水平。维果斯基将这两种水平之间的差距称为(　　)

A. 教学支架　B. 最近发展区　C. 先行组织者　D. 自我差异性

62. 郭阳同学近来总是不由自主地重复洗手,即便是洗了几遍仍然认为没洗干净。明知没有必要,却不能控制自己,这说明他可能患了(　　)

A. 抑郁症　B. 焦虑症　C. 强迫症　D. 恐怖症

63. 皮格马利翁效应的主要启示是,教师对学生应该(　　)

A. 鼓励合作学习　B. 给予积极期望　C. 提出纪律要求　D. 引导发现学习

64. "学习过程就是尝试错误的过程",这一观点属于哪种学习理论(　　)(易混)

A. 行为主义　B. 认知主义　C. 人本主义　D. 建构主义

65. 李老师对自己的教学能力十分自信,认为自己能教好学生。这主要反映了他的哪种心理特征(　　)

A. 教学责任感　B. 教学幸福感　C. 教学理智感　D. 教学效能感

66. 有的学生在课上从不主动举手要求回答教师的提问,但始终注视着教师,这种注意属于(　　)状态。

A. 真正的注意　B. 表面上的不注意　C. 表面上的注意　D. 真正的不注意

67. 在小学儿童的感觉中,(　　)占很重要的地位。

A. 视觉　B. 听觉　C. 肤觉　D. 运动觉

68. 考试中因没有复习到而答不出、想不起来的问题叫(　　)性遗忘。(易错)

A. 暂时　B. 永久　C. 一般　D. 特殊

69. 从爱听童话、神话故事发展到爱听英雄模范故事,这是想象(　　)发展的表现。

A. 有意性　B. 现实性　C. 创造性　D. 概括性

70. "月晕而风,础润而雨"反映了(　　)

A. 思维的概括性　B. 思维的灵活性　C. 思维的间接性　D. 思维的直接性

71. 随着知识经验的积累,儿童情感的分化逐渐精细、准确。以笑为例,小学儿童除了会微笑,大笑外,还会羞涩地笑、偷笑、嘲笑、冷笑等。这说明小学儿童情感的(　　)得到发展。

A. 丰富性　B. 深刻性　C. 可控性　D. 稳定性

72. "前怕狼,后怕虎""顾虑重重",这是意志品质(　　)差的表现。(常考)

A. 自觉性　B. 果断性　C. 自制性　D. 坚持性

73. 苏联心理学家阿格法诺夫做出的"拾火柴"实验是(　　)

A. 观察法实验　B. 自然实验

C. 实验室实验　D. 自然实验与实验室实验相结合

74. 教育心理学的研究和其他科学研究都应遵循的基本原则是(　　)

A. 客观性原则　B. 系统性原则　C. 教育性原则　D. 发展性原则

75. 提出学习过程应始终以人为本,必须重视学习者的意愿、情感、需要等的学习观的是(　　)

A. 罗杰斯　B. 布鲁纳　C. 班杜拉　D. 斯金纳

76. 小学生的个性倾向性主要表现在(　　)

A. 需要、动机、世界观　　B. 理想、信念、世界观

C. 兴趣、动机、世界观　　D. 兴趣、爱好、理想

77. "自信、坚强、勤奋"描写的是人的哪种心理特征(　　)

A. 气质　　B. 性格　　C. 能力　　D. 动机

78. 我国古代对于学习有"温故知新""举一反三"的说法，从迁移的观点看，"温故知新"属于(　　)(常考)

A. 顺向正迁移　　B. 顺向负迁移　　C. 逆向正迁移　　D. 逆向负迁移

79. 教师在让学生比较讲台面、桌面、教室地面、墙面和操场等的面积大小后概括出"面积就是平面图形或物体表面的大小"。这种学习属于(　　)

A. 归属学习　　B. 归总学习　　C. 联合学习　　D. 机械学习

80. 对于那些达不到的目标，有些人倾向于贬低目标的重要性，认为目标不值得追求。这种现象称为(　　)

A. 酸葡萄心理　　B. 甜柠檬心理　　C. 压抑作用　　D. 否认作用

81. "掩耳盗铃""眼不见为净"的心理现象是(　　)

A. 压抑作用　　B. 否认作用　　C. 反向作用　　D. 投射作用

82.《中华人民共和国义务教育法》颁布的时间是(　　)

A. 1983年　　B. 1986年　　C. 1993年　　D. 2006年

83. 我国首次以法律形式明确规定"国家实施教师资格制度"的文件是(　　)

A.《教师资格条例》　　B.《教师资格认定的过渡办法》

C.《〈教师资格条例〉实施办法》　　D.《中华人民共和国教师法》

84. 下列做法中没有违反相关法律规定的是(　　)

A. 学生王某不遵守课堂纪律，被任课教师罚站3小时

B. 初中生李某偷窃老师500元钱，学校将其开除

C. 赵某为减轻家庭经济负担，让13岁的儿子辍学打工

D. 人民法院对17岁的张某抢劫一案进行了不公开审理

85. 校风、教风和学风是学校文化的重要构成部分，就课程类型而言，它们属于(　　)

A. 学科课程　　B. 活动课程　　C. 显性课程　　D. 隐性课程

86. 教师魏某工作消极，多次旷工给学校教学工作造成严重损失，依据《中华人民共和国教师法》，学校可以采取的措施是(　　)(常考)

A. 对魏某予以解聘　　B. 给予魏某行政处罚

C. 对魏某予以罚款　　D. 要求魏某悔过

87. 小学生梁某欺凌同学，扰乱课堂纪律，学校经过研究决定将其开除。该校做法(　　)

A. 不合法，学校只能劝退学生　　B. 不合法，学校不得开除学生

C. 合法，学校有教育学生的权利　　D. 合法，学校有处分学生的权利

88. 习近平总书记在2016年教师节讲话中指出，教师要做学生发展的"引路人"，其内容是(　　)

①做学生锤炼品格的引路人　②做学生学习知识的引路人　③做学生提升能力的引路人

④做学生创新思维的引路人　⑤做学生奉献祖国的引路人

A. ①②③④　　B. ①②③⑤　　C. ①②④⑤　　D. ①③④⑤

89. 新修订的《义务教育法》对义务教育阶段学校收费的规定是(　　)

A. 收学费，不收杂费　　B. 收杂费，不收学费

C. 不收学费、杂费　　D. 不收书本费、杂费

90. 近年来，越来越多"一带一路"沿线国家的留学生来我国学习，并把中国文化带回自己的祖国，这反映了教育具有(　　)

A. 文化传承功能　　B. 文化制造功能　　C. 文化更新功能　　D. 文化传播功能

91. 师德的灵魂是(　　)(常考)

A. 关爱学生　　B. 提高修养　　C. 加强反思　　D. 提高业务水平

92. 教师对(　　)是职业道德的最高境界。(易错)

A. 事业的无私奉献　　B. 学生的真诚热爱　　C. 同事的团结协作　　D. 自己的严格要求

93. 孔夫子所说的"其身正，不令而行，其身不正，虽令不从"，从教师的角度来说可以理解为(　　)

A. 走路身体一定要端正

B. 对学生下命令一定要正确

C. 自己做好了，不用教育学生，学生自然会做好

D. 教师自己以身作则，其一言一行都会对学生产生巨大的影响

94. 从教师个体职业良心形成的角度看，教师的职业良心首先会受到(　　)

A. 社会生活和群体的影响　　B. 教育对象的影响

C. 教育法规的影响　　D. 教育原则的影响

95. 习近平总书记在2014年教师节讲话中指出"四有"好老师标准，其主要内容是(　　)(常考)

①有理想信念　②有道德情操　③有扎实学识　④有实践能力　⑤有仁爱之心

A. ①②③④　　B. ①②③⑤　　C. ①③④⑤　　D. ②③④⑤

96. 当今教师在教学中提倡反思性教学，是古代先贤的什么行为在当代的延伸(　　)

A. 诲人不倦　　B. 反躬自省　　C. 教学相长　　D. 为人师表

97.《学记》中说："相观而善之谓摩"，这是指教学中要(　　)

A. 互相观察，互相模仿　　B. 相互观摩、切磋

C. 互相观摩，从而变得善良　　D. 注重教材教法分析

98. 表示传统师德非常重视严于律己、身体力行、为人表率的模范作用的先哲名言是(　　)

A. 躬自厚而薄责于人　　B. 三人行必有我师焉

C. 学而时习之　　D. 见贤思齐

99. 教师的师德修养,只有在(　　)中才能得到不断的充实、提高和完善。

A. 学习　　B. 交往　　C. 思考　　D. 实践

100. 有人说"同行是冤家""教会了徒弟,饿死了师傅""文人相轻",这些错误观念与(　　)相违背。

A. 谦虚为怀,自知之明　　B. 相互帮助,通力合作

C. 严于律己,以诚待人　　D. 学习先进,共同提高

二、多项选择题(下列每小题列出的四个选项中至少有两个是正确的,请将其代码填在括号内。错选、多选、少选或未选均不得分。本大题共20小题,每小题1分,共20分)

101. 教育目的指明了受教育者的(　　)

A. 发展方向　　B. 发展阶段　　C. 发展结果　　D. 发展进程

102. 课的类型是根据(　　)来确定的。

A. 教学内容　　B. 课的具体任务　　C. 学科特点　　D. 教学目的

103. 伴随社会、经济、文化发展及教育思想的转变,师德内涵不断融入了哪些新的东西(　　)

A. 具有鲜明时代特色的思想　　B. 具有鲜明时代特色的流行文化

C. 具有鲜明时代特色的观念　　D. 具有鲜明时代特色的道德意识

104. 现代教育的特征主要有(　　)

A. 公共性和生产性　　B. 公益性和免费性　　C. 科学性　　D. 国际性

105. 孔子的教育主张包括(　　)

A. 兼爱　　B. 学而不思则罔,思而不学则殆

C. 有教无类　　D. 教学相长

106. 确定课程目标的依据主要有________、________、________三个方面。(　　)

A. 对学生的研究　　B. 对教师的研究　　C. 对社会的研究　　D. 对学科的研究

107. "人文关怀"是教育的魅力追求,它强调的是(　　)

A. 对人的尊重、理解、关心和爱护　　B. 歧视差生

C. 发挥人的自由创造精神　　D. 发挥人的主体性

108. 教师专业化应符合的条件有(　　)

A. 具有专门的知识技能

B. 以奉献和服务精神为核心理念的职业道德

C. 有为学生和社会所公认的复杂知识技能权威和影响力

D. 具有充分的自治和自律性

109. 教育中培养学生主体性的措施有(　　)(常考)

A. 建立民主和谐的师生关系,重视学生自学能力的培养

B. 重视学生主体参与课堂、获得体验

C. 尊重学生的个性差异,进行针对性教育

D. 教育目标要反映社会发展需要

110. 班主任工作内容有(　　)

A. 了解和研究学生　　B. 组织和培养班集体

C. 做好学生家长工作　　D. 做好个别学生的教育工作

111. 教师职业道德修养的基本原则有(　　)

A. 建立可行目标,坚持不懈努力　　B. 坚持知与行的统一

C. 坚持动机和效果的统一　　D. 坚持继承和创新相结合

112. 1995年颁布的《中华人民共和国教育法》规定的我国现行教育基本制度有(　　)

A. 学位制度　　B. 学业证书制度　　C. 成人教育制度　　D. 职业教育制度

113. 学生最喜欢上肖老师的课,因为他上课的时候学生可以自由地看小说、玩手机或者睡觉,肖老师认为自己只要认真把知识讲清楚就行了,学生听不听课是他们自己的事,纪律管理应该是班主任负责。他的这种做法(　　)

A. 没有认真履行教师的权利　　B. 没有认真履行教师的义务

C. 没有认真履行教师的职责　　D. 没有落实教育教学任务

114. 教育心理学对教育实践具有(　　)作用。

A. 描述　　B. 解释　　C. 验证　　D. 预测

115. 根据个人心理活动的倾向性,可以把人的性格分为(　　)

A. 独立型　　B. 外倾型　　C. 内倾型　　D. 顺从型

116. 下列属于正迁移的是(　　)(常考)

A. 数学审题技能的掌握对物理、化学的影响

B. 在学校爱护公物的言行影响在校外规范自己的行为

C. 外语学习中,词汇的掌握对阅读的影响

D. 学习汉语字母发音对英语字母发音的影响

117. 青春期常见的消极心理表现有(　　)

A. 烦恼　　B. 孤独　　C. 表态　　D. 偏激

118. 空间知觉包括(　　)

A. 形状知觉　　B. 大小知觉　　C. 深度知觉　　D. 方位知觉

119. 正强化包括(　　)(常考)

A. 奖学金　　B. 对成绩的认可　　C. 表扬　　D. 发放奖品

120. 社会主义教师职业道德修养的主要内容包括(　　)

A. 政治素质　　B. 业务素质　　C. 心理素质　　D. 文化组织

2020年重庆市特岗教师招聘考试真题试卷(五十)

(满分100分　时间90分钟)

本套试卷共80小题,包括单项选择题60小题、多项选择题10小题、材料分析选择题10小题。

一、单项选择题(下列每小题列出的四个选项中只有一个最符合题意,请将其代码填在括号内。错选、多选或未选均不得分。本大题共60小题,每小题1分,共60分)

1. 一般认为,世界上最早论述教育问题的专著是(　　)

A. 中国古代的《学记》　　B. 柏拉图的《理想国》

C. 夸美纽斯的《大教学论》　　D. 斯宾塞的《教育论》

2. 以赫尔巴特为代表的传统教育的三中心是(　　)(常考)

A. 学生中心、经验中心、课堂中心　　B. 教师中心、教材中心、经验中心

C. 学生中心、活动中心、经验中心　　D. 教师中心、教材中心、课堂中心

3. 古代学校教育出现的时期是(　　)

A. 原始社会　　B. 奴隶社会

C. 封建社会　　D. 资本主义社会

4. 制约教育发展水平和规模的根本因素是(　　)

A. 生产力发展水平　　B. 政治制度

C. 科学知识　　D. 人口数量

5. 科学知识再生产的主要途径是(　　)

A. 社会实践　　B. 调查研究

C. 职业培训　　D. 学校教育

6. 教育教学设施属于学校文化中的(　　)

A. 物质文化　　B. 制度文化

C. 精神文化　　D. 传统文化

7. 青春期的孩子在各方面的发展比其他时期更加迅猛。这体现了个体身心发展的(　　)(常考)

A. 阶段性　　B. 顺序性　　C. 不平衡性　　D. 整体性

8. 教师在班级管理中采用"一刀切、一锅煮"的做法,违背了个体身心发展的(　　)

A. 阶段性　　B. 顺序性

C. 不平衡性　　D. 个别差异性

9. 从宏观到微观,以下教育目标排列正确的是(　　)

A. 教育目的—培养目标—课程目标—教学目标

B. 教学目标—课程目标—培养目标—教育目的

C. 教育目的—课程目标—教学目标—培养目标

D. 教学目标—培养目标—课程目标—教育目的

10. 习近平同志在2018年全国教育大会中指出,要培养(　　)的社会主义建设者和接班人。

A. 德智体美平均发展　　B. 德智体美全面发展

C. 德智体美劳全面发展　　D. 德智体美劳平均发展

11. 马克思认为,实现人的全面发展的根本途径是(　　)

A. 教育与生产劳动相结合　　B. 知识分子与工人农民相结合

C. 教育与社会实践活动相结合　　D. 体力劳动与脑力劳动相结合

12. 纪律和法制教育属于(　　)

A. 美育　　B. 体育　　C. 德育　　D. 智育

13. 以英国为首的西欧国家建立的现代学校教育制度是(　　)

A. 单轨制　　B. 双轨制

C. 分支型学制　　D. 结合制

14. "十年树木,百年树人"体现的教师劳动特点是(　　)(常考)

A. 创造性　　B. 复杂性　　C. 示范性　　D. 长期性

15. 中小学学科教材编写的直接依据是(　　)

A. 课程计划　　B. 义务教育法

C. 课程标准　　D. 教学大纲

16. 校风、教风、学风是学校文化的一部分。就课程类型而言,它们属于(　　)

A. 学科课程　　B. 活动课程　　C. 显性课程　　D. 隐性课程

17. 教学活动的首要环节是(　　)

A. 备课　　B. 上课　　C. 课外辅导　　D. 考试

18. 苏格拉底创立"产婆术"开展教学,这体现了(　　)

A. 因材施教原则　　B. 启发性原则

C. 循序渐进原则　　D. 直观性原则

19. 中小学教学活动的基本组织形式是(　　)

A. 个别教学　　B. 班级授课制

C. 复式教学　　D. 小组教学

20. 学期结束时，张老师为本学期学习进步最明显的学生颁发“进步奖”。这属于(　　)(易混)

A. 诊断性评价　　B. 绝对评价

C. 相对评价　　D. 个体内差异评价

21. 小明不能按时起床，上学总是迟到。他一次又一次立志要早起，但总不能坚持。因此，需要培养他的(　　)

A. 道德认知　　B. 道德情感

C. 道德意志　　D. 道德行为

22. 在教育教学实践中，由教育实践工作者与教育专家合作，针对教育实践中存在的问题提出改进计划，通过实施不断修正计划最终解决学校教育实践问题。这种研究方法是(　　)

A. 观察法　　B. 调查法　　C. 行动研究法　　D. 教育实验法

23. “眼观六路，耳听八方”体现了注意的(　　)

A. 稳定性　　B. 集中性　　C. 分配　　D. 转移

24. 吃了糖之后紧接着吃橘子会觉得特别酸。这种现象是(　　)(常考)

A. 感觉适应　　B. 感觉融合

C. 联觉　　D. 感觉对比

25. 晓东记英文单词时，如果不经过复述，就只能在头脑中保持几十秒。这属于(　　)

A. 瞬时记忆　　B. 短时记忆　　C. 长时记忆　　D. 感觉记忆

26. 小明既不想完成作业又不想被老师惩罚，这种心理现象属于(　　)

A. 双趋冲突　　B. 双避冲突

C. 趋避冲突　　D. 多重趋避冲突

27. 小李接到高考录取通知书已经十多天了，心情仍非常愉悦，就连往常很平淡的事情也会引起愉悦的心情。这种情绪状态属于(　　)

A. 激情　　B. 心境　　C. 应激　　D. 热情

28. 李红最近有一个毛病，写作业时总觉得不整洁，擦了写，写了又擦，反反复复。她明知这样做没有必要，就是控制不住。她可能患上了(　　)

A. 抑郁症　　B. 焦虑症　　C. 强迫症　　D. 恐惧症

29. 小明热爱集体，学习认真，对自己要求非常严格。这属于性格结构特征中的(　　)

A. 态度特征　　B. 情绪特征

C. 理智特征　　D. 意志特征

30. “入芝兰之室，久而不闻其香；入鲍鱼之肆，久而不闻其臭”是一种(　　)

A. 感觉适应　　B. 明适应　　C. 暗适应　　D. 感觉对比

31. 小红去过北京天安门广场，她对天安门广场的记忆属于(　　)

A. 形象记忆　　B. 语词记忆

C. 情绪记忆　　D. 程序记忆

32. “推陈出新”“前所未有”体现了创造性思维的(　　)

A. 新颖性　　B. 适应性　　C. 科学性　　D. 发散性

33. 利用已有的知识经验，从问题提供的各种信息中寻找最佳答案的思维方式是(　　)

A. 直觉思维　　B. 聚合思维

C. 抽象思维　　D. 发散思维

34. 最能反映“最近发展区”的核心思想的是(　　)(常考)

A. 棍棒出孝子　　B. 兴趣是最好的老师

C. 不愤不启，不悱不发　　D. 让孩子跳一跳，才能够得到桃子

35. 小明看到校园欺凌的新闻后非常愤怒。这属于品德结构里面的(　　)

A. 道德认知　　B. 道德情感

C. 道德意志　　D. 道德动机

36. 在墙壁涂满黄色的教室里，学生会感到温暖，这属于(　　)

A. 感觉适应　　B. 感觉对比　　C. 联觉　　D. 感觉综合

37. 东东解出了一道难题，心情很愉悦。这属于(　　)

A. 理智感　　B. 道德感　　C. 美感　　D. 应激

38. 小明智力年龄10岁，实际年龄8岁，则其比率智商为(　　)

A. 80　　B. 100　　C. 120　　D. 125

39. 根据马斯洛的需要层次理论，吃、喝、睡眠的需要属于(　　)

A. 生理需要　　B. 安全需要

C. 尊重需要　　D. 归属与爱的需要

40. 小明努力学习考了100分，妈妈表扬了他，于是小明继续努力学习。这体现了桑代克的(　　)

A. 准备律　　B. 练习律　　C. 效果律　　D. 首因律

41. 教师给学生呈现了各种圆和工具，让学生利用这些资料独立探索圆的意义。这属于(　　)

A. 接受学习　　B. 发现学习

C. 被动学习　　D. 机械学习

42. 初中生学英语时，对英语字母的记忆受到了以前学过的汉语拼音的干扰。这是(　　)

A. 前摄抑制　　B. 倒摄抑制

C. 记忆衰退　　D. 记忆简化

43. 下列属于心智技能的是(　　)

A. 游泳技能　　B. 开车技能

C. 弹琴技能　　D. 解题技能

44. 某老师在教学时采用列提纲的方式归纳要点。他所采用的教学策略是(　　)(常考)

A. 精细加工策略　　B. 组织策略

C. 元认知策略　　D. 阅读理解策略

45.《中国教育现代化2035》中指出,义务教育的发展目标是(　　)

A. 全面普及　　B. 城乡统一　　C. 优质均衡　　D. 优质公平

46.《中国教育现代化2035》明确了推进教育现代化的基本原则。下列属于推进教育现代化基本原则的是(　　)

A. 坚持依法治教　　B. 坚持循序渐进

C. 坚持协同推进　　D. 坚持公益普惠

47.《中国教育现代化2035》指出,建设高素质专业化创新型教师队伍,评价教师素质的第一标准是(　　)

A. 教学能力　　B. 学术水平

C. 工作实绩　　D. 师德师风

48.《中共中央 国务院关于深化教育教学改革全面提高义务教育质量的意见》指出,义务教育阶段学校对考试成绩实行(　　)

A. 综合评价　　B. 等级评价　　C. 定性评价　　D. 多元评价

49.《中华人民共和国教育法》规定,教育活动必须符合(　　)

A. 国家和人民的利益　　B. 国家和社会的公共利益

C. 国家和集体的利益　　D. 国家和受教育者的利益

50. 根据《中华人民共和国教育法》的规定,学校及其他教育机构应以适当方式为受教育者及其监护人了解受教育者的学业成绩及其他有关情况提供(　　)

A. 措施　　B. 渠道　　C. 援助　　D. 便利

51. 根据《中华人民共和国教育法》的规定,学生享有在学业成绩和品行上(　　)

A. 获得客观评价的权利　　B. 获得公正评价的权利

C. 获得合理评价的权利　　D. 获得科学评价的权利

52. 下列属于教师义务的是(　　)

A. 评定学生成绩　　B. 参加专业的学术团体

C. 执行学校的教学计划　　D. 参加进修培训

53. 根据《中华人民共和国教师法》的规定,教师故意不完成教育教学任务给教育教学工作造成损失,将给予其(　　)(常考)

A. 行政处罚或行政处分　　B. 行政处分或解聘

C. 刑事处分或行政处罚　　D. 行政处罚或解聘

54. 根据《中华人民共和国义务教育法》的规定,不得将学校分为(　　)

A. 重点学校和非重点学校　　B. 示范学校和非示范学校

C. 城市学校和乡镇学校　　D. 公办学校和民办学校

55. 小学生刘某多次偷窃其他同学的东西,下列学校的做法中合理的是(　　)

A. 责令退学　　B. 劝说转学

C. 开除学籍　　D. 记过处分

56. 依据《中华人民共和国未成年人保护法》的规定,保护未成年人工作应当遵循的原则是(　　)

A. 国家保护　　B. 教育与保护相结合

C. 全社会共同保护　　D. 尊重与保护相结合

57. 依据《中华人民共和国未成年人保护法》的规定,教师不得披露未成年学生的(　　)

A. 兴趣爱好　　B. 表现情况

C. 不良行为　　D. 个人隐私

58. 小刘老师上课无教学方案,不及时批改学生作业,不按时完成教学任务,违背了教师职业道德规范中的(　　)

A. 爱岗敬业　　B. 关爱学生

C. 教书育人　　D. 为人师表

59. 王老师认为成绩好的才是好学生,因此只以成绩好坏来评价学生。王老师的做法违背了教师职业道德规范中的(　　)(常考)

A. 爱岗敬业　　B. 关爱学生　　C. 教书育人　　D. 为人师表

60. 教师潜心钻研业务体现了教师职业道德规范中的(　　)

A. 关爱学生　　B. 爱岗敬业

C. 教书育人　　D. 终身学习

二、多项选择题(下列各题的选项中有两个或两个以上是符合题意的,请将其代码填在括号内。错选、少选、多选或未选均不得分。本大题共10小题,每小题2分,共20分)

61. 下列属于学校教育制度规定的内容的有(　　)

A. 各级各类学校的性质　　B. 学校培养目标

C. 教学方法　　D. 修业年限

62. 下列属于三维课程目标的是(　　)(常考)

A. 知识与技能　　B. 过程与方法

C. 情感态度与价值观　　D. 文化与思想

63. 学校教学过程作为特殊的认识过程,其特殊性体现在(　　)

A. 认识的间接性　　B. 认识的交往性

C. 认识的简捷性　　D. 认识的独立性

64. 下列属于真正的创造行为的是(　　)

A. 鲁班发明锯子　　B. 科学家发现活化石

C. 陶渊明发现桃花源　　D. 爱因斯坦发现相对论

65. 下列属于内部感觉的是(　　)

A. 视觉　　B. 运动觉　　C. 机体觉　　D. 平衡觉

66. 下列选项中属于下位学习的是(　　)

A. 学习了蔬菜再来学习白菜　　B. 学习了白菜再来学习蔬菜

C. 学习了哺乳动物再来学习鲸鱼　　D. 学习了猫和狗再来学习哺乳动物

67. "为中华之崛起而读书"属于(　　)(易混)

A. 高尚的学习动机　　B. 低级的学习动机

C. 内部学习动机　　D. 外部学习动机

68. 下列属于一般能力的是(　　)

A. 观察力　　B. 记忆力

C. 节奏感　　D. 曲调感

69.《中国教育现代化2035》提出的推进教育现代化的基本理念包括(　　)

A. 更加注重以德为先　　B. 更加注重因材施教

C. 更加注重面向人人　　D. 更加注重创造力

70.《中华人民共和国教育法》规定,国家实行(　　)

A. 教师资格制度　　B. 教师聘任制度

C. 教师选拔制度　　D. 教师职务制度

三、材料分析选择题(下列每小题列出的四个选项中至少有一个答案是符合题目要求的,请将其代码填在括号内,错选、多选、未选均不得分。本大题共10小题,每小题2分,共20分)

美国女作家海伦·凯勒小时候因为生病被夺去视力和听力,但她并没有向命运屈服,她的父母也没有放弃对她的关心和教育,为她请来家庭教师进行耐心的教导。在教师的精心教导下,海伦·凯勒以坚韧的毅力克服了常人难以克服的困难,逐步学会了识字和说话,并进入学校,完成了大学学业,成为一名作家,撰写了大量脍炙人口的作品。她的事迹也在全世界广泛传播,激励着世人。

71. 上述材料中,海伦·凯勒的成长事迹带来的教育启示有(　　)

A. 主观能动性是人发展的强大精神动力

B. 教育对人的发展起着决定作用

C. 人的实践是把发展可能性变成现实性的关键因素

D. 人的发展离不开良好环境的支持

李老师是一名新入职的初中女教师,她非常希望得到学生的接纳和认同。她和学生打成一片,下课和学生一起做活动、玩游戏,积极关注并深入了解学生的想法,参与学生各种兴趣话题的讨论,深受学生的喜欢。

72. 以下关于李老师教育行为的分析,正确的有(　　)

A. 李老师的做法体现了民主平等的师生观

B. 李老师的做法体现出她处于教师成长的"关注生存"阶段

C. 李老师的做法降低了教师的权威

D. 了解、调查、研究学生是搞好师生关系重要的前提

某小学在探索新课程改革的过程中,对课程进行了大力改革,减少课程门数,把原有的多门课程整合成6门具有综合性的课程,并且要求习惯于之前单一学科教学的老师从事多学科的教学,在全国引起了较大的反响。

73. 根据新课程改革理念,以下关于该小学课程改革的分析正确的有(　　)

A. 该校的改革体现了新课程关于"小学课程以综合化为主"的思想

B. 该校的改革削弱了国家课程的地位

C. 该校的改革有利于教师的专业发展,促进教师学习和成长

D. 该校的改革体现了学校在课程改革中的主动性和创造性

在关于"如何使用物理教科书"的研讨中,三位中学教师分别说出了以下观点。张老师说:"教科书是国家组织专家编写的,我们就应该忠实地、原原本本地去执行它。"李老师说:"教科书固然重要,但是我们不能照本宣科,我们要尊重教科书,但是也要根据学校、学生和老师的实际情况进行调整。"王老师说:"我平时教学更多的是以课标为指引,创造性地利用教科书,而不是被动受制于教科书。"

74. 以下对几位教师关于教科书使用观点的分析正确的是(　　)

A. 张老师的观点体现了课程实施的"忠实取向"

B. 李老师的观点体现了课程实施的"相互适应取向"

C. 王老师的观点体现了课程实施的"创生取向"

D. 只有"创生取向"才是符合新课程改革的理念

张老师在讲授《桂林山水》这篇课文时，给学生播放与教材内容相关的桂林山水的视频。播放之前她告诉学生，要根据自己的预习和视频的内容积极思考并提出问题。视频放完后，学生纷纷提问："桂林的山的形态为什么和重庆的不一样？""象鼻山的鼻子形状是怎么形成的？"……同学们带着浓厚的兴趣进入了课程学习。课程学完后，张老师布置了课外任务，让同学们用自己喜欢的方式当一回小导游，介绍桂林山水，可以用制作课件或视频、写解说词、画旅游地图等方式完成。

75. 张老师的教学过程体现的教学原则有( )

A. 直观性、形象性原则 B. 因材施教原则

C. 科学性和思想性相统一的原则 D. 启发性原则

初二学生张明学习成绩不好，上课不认真，做作业马虎，与班上同学关系也不是很好。但是他爱好体育，喜欢打篮球。新学期学校开展班级篮球比赛，王老师认为这是一个改变张明的好机会，于是便让张明组织班级篮球队，希望通过这个任务来帮助他改进和成长。刚开始，张明很担心自己不能完成任务，王老师便派体育委员协助他。在张明的组织和带领下，班级篮球队取得了学校联赛的亚军，班上的同学非常感谢张明。从那以后，他渐渐融入了班集体，学习也有了进步。

76. 王老师改变张明的事例体现了( )的德育原则。

A. 尊重热爱与严格要求相结合

B. 发扬积极因素与克服消极因素相结合

C. 教育影响的一致性和连贯性

D. 批评教育与严格管理相结合

某班有两位同学，甲生常常表现为对事物观察敏锐，敏感多疑，体验深刻，想象丰富，在活动中不敢表现自己，做事小心谨慎，缺少自信，在课堂上遵守纪律；而乙生常常表现为动作迅速，精力充沛，热情洋溢，爱发脾气，情绪产生快而强，难以自制，理解问题常比别人快，活泼直率，粗心大意，坚持己见。

77. 根据上述材料，对两位同学的气质类型分析正确的是( )

A. 甲生的气质是多血质，乙生的气质是黏液质

B. 甲生的气质是抑郁质，乙生的气质是胆汁质

C. 甲生的气质类型比乙生的气质类型好

D. 乙生的气质类型比甲生的气质类型好

小明的考试成绩总是不理想。妈妈问他："怎么没有考好啊？"小明有时候说"这次考试运气太差，试卷有点看不清楚"，有时候说"我们老师出的题目太难了"，有时候则说"我们班上学习成绩好的同学也没考好"等等。一学期下来，小明的考试成绩仍然不理想。

78. 下列有关小明的学习结果归因的分析，正确的有( )

A. 小明对学习结果的归因属于内部归因

B. 小明对学习结果的归因属于外部归因

C. 小明应该把学习结果归因为内部、可控的因素，如"努力"

D. 小明应该把学习结果归因为内部、不可控的因素，如"智商"

1968年，美国著名的心理学家罗森塔尔做了一个实验。他从小学的每个年级抽出部分学生，进行所谓的预测未来发展的测试，然后将学生名单交给任课教师。实际上，罗森塔尔并未做任何测验，只是随机抽取了部分学生的名字。这些学生中，有的是教师预料到的，有的则不然。过了一学期后重新测验，结果发现那些被随机抽到的学生因无形中受到了教师的激励，各方面都获得了较大的进步，成绩明显提高。

79. 根据罗森塔尔的实验分析，下列选项正确的有( )

A. 这个材料说明了教师期望会影响学生的发展

B. 这个材料说明了心理暗示会影响学生的发展

C. 这个材料说明了教育中要善用激励的手段

D. 这个材料说明了教师的教学能力会影响学生的发展

1920年，在印度西北部的山区发现了两个"狼孩"。被解救回来后，人们发现她们带有狼的习性，比如用四肢行走、膝盖着地，用嘴舔地面上的水，不肯穿衣服，怕强光，深夜嚎叫等。其中一个名叫卡玛拉的女孩大约七八岁，其智力仅相当于人类社会中6个月婴儿的智力水平。卡玛拉在人类社会生活了8年，在她16岁去世时，她仍然不能流畅地与人进行语言交流，她的智商只相当于三四岁的孩子。

80. 根据印度狼孩的材料，下列有关人的发展的表述正确的有( )

A. 这个材料说明了人的发展具有关键期

B. 这个材料说明了影响人的心理的因素除了遗传，还有社会环境

C. 这个材料说明了即使错过心理发展的关键期，也能得到良好的发展

D. 这个材料说明了在人的心理发展中，遗传起决定作用

2020年江西省中小学教师招聘考试教育综合基础知识真题试卷(五十一)

（总分100分　时间120分钟）

本套试卷共57小题，分为两部分：第一部分客观题，包括单项选择题30小题、多项选择题20小题；第二部分主观题，包括判断分析题5小题、论述题1小题、案例分析题1小题。

第一部分　客观题

一、单项选择题(在下列每题的四个选项中，只有一个是最符合题意的，将其选出并把它的标号写在括号内。错选、多选或未选均不得分。本大题共30小题，每小题1分，共30分)

1.《中华人民共和国义务教育法》第三十五条规定，学校和老师按照确定的教育教学内容和课程设置开展教育教学活动，保证达到国家规定的(　　)要求。

A. 全面发展　B. 教书育人　C. 素质教育　D. 基本质量

2.《中华人民共和国教育法》第三十六条规定，学校及其他教育机构中的教学辅助人员和其他专业技术人员实行(　　)制度。

A. 教育职员　B. 专业技术职务聘任

C. 职业人员任用　D. 国家工作人员任用

3. 德育过程是学生在(　　)中形成思想品德规律的过程。(常考)

A. 活动和交往　B. 内部矛盾转化

C. 自我反思　D. 课堂学习

4. 教育的生物起源论和心理起源论的共同特点是它们都否认了(　　)

A. 教育的社会性　B. 教育的自然性

C. 教育的阶级性　D. 教育的生产性

5. "时教必有正业，退息必有居学"，说明了教学要做到(　　)

A. 及时性　B. 循序渐进

C. 课内与课外相结合　D. 长善救失

6. 研究表明，人出生以后的第一年和青春期是身高增长的高峰期，而成年人的身高逐渐停止了增长，这说明人的身心发展具有(　　)的特征。

A. 顺序性　B. 不平衡性　C. 互补性　D. 个体差异性

7. 对于西方政治文明，应取其精华，弃其糟粕，而后进行普及。这体现的教育功能是(　　)

A. 传递、保存文化功能　B. 选择、提升文化功能

C. 传播、丰富文化功能　D. 创造、更新文化功能

8. 以下教学评价不属于依据评价作用来划分的是(　　)(常考)

A. 总结性评价　B. 形成性评价

C. 诊断性评价　D. 外部评价

9. 王老师在工作中为人师表，表明了他践行了教师职业道德的(　　)

A. 基本要求　B. 本质要求

C. 内在要求　D. 动力要求

10. 教师要处理好与学生家长的关系，以下方式不正确的是(　　)

A. 主动加强联系，谋求共同立场　B. 尊重并且迁就，待人公正平等

C. 征求意见建议，谋求支持配合　D. 教育学生尊重家长，提高父母威信

11. 普通话水平属于教师专业素质中的(　　)

A. 职业道德　B. 专业知识

C. 专业技能　D. 文化修养

12. 1916年(　　)的出版，在20世纪教育学发展历史上具有里程碑意义。

A. 斯宾塞《教育论》　B. 赫尔巴特《普通教育学》

C. 凯洛夫《教育学》　D. 杜威《民主主义与教育》

13. 依据费斯勒的教师生涯循环论，如果教师出现"做一天和尚撞一天钟"的心态。表明其处于(　　)(易混)

A. 生涯低落阶段　B. 稳定和停滞阶段

C. 生涯挫折阶段　D. 生涯退出阶段

14. 在教育目的价值取向中，属于社会本位论的代表人物是(　　)

A. 洛克　B. 涂尔干　C. 卢梭　D. 福禄贝尔

15. 在我国，"义务教育"一词最早出现在(　　)中。

A.《奏定学堂章程》　B.《钦定学堂章程》

C.《试办义务教育章程案》　D.《强迫教育章程》

16. 全面领会和理解新课程结构有三把"钥匙"，它不包括(　　)

A. 均衡性　B. 综合性　C. 选择性　D. 全面性

17. 列宁指出："我们需要用基本事实的知识来发展和增进每个学习者的思考力"这句话阐明了(　　)

A. 直接经验与间接经验的关系　B. 教师主导与学生主体的关系

C. 掌握知识与提高能力的关系　D. 智力活动与非智力活动的关系

18. 语文老师利用课程中语言文字的思想道德教育因素，潜移默化地对学生进行世界观、人生观和价值观的引导，该老师运用的学科德育渗透途径是(　　)

A. 挖掘教材的德育因素　　B. 注重教法的德育效果

C. 发挥教师的道德示范　　D. 加强教学的德育工作

19. 心理学成为独立学科(　　)年以后，西方出版了第一本以教育心理学命名的专著。

A. 80　　B. 24　　C. 50　　D. 97

20. 心理过程包括(　　)

A. 认知过程、情感过程、行为过程　　B. 知觉过程、情感过程、行为过程

C. 感觉过程、知觉过程、意志过程　　D. 认知过程、情感过程、意志过程

21. 一种学习对另一种学习起促进作用的迁移是(　　)

A. 顺向迁移　　B. 逆向迁移　　C. 正迁移　　D. 负迁移

22. 广义学习是指人或动物在生活过程中凭借经验产生的(　　)相对持久性的变化。

A. 知识　　B. 智力　　C. 行为　　D. 行为或行为潜能

23. (　　)是操作技能不可缺少的关键环节，也是操作技能形成的基本途径。(常考)

A. 指导　　B. 发现　　C. 练习　　D. 反馈

24. 依从是态度和品德形成的第一阶段，它包括(　　)

①从众　②内化　③服从　④认同

A. ①②　　B. ②③　　C. ①③　　D. ②④

25. 布鲁纳认为，教学的最终目标在于理解学科的(　　)

A. 认知结构　　B. 基本结构　　C. 基本思想　　D. 方法论

26. (　　)是个体在生活过程中形成的对现实稳定的态度以及与之相适应的习惯化的行为方式。(常考)

A. 能力　　B. 性格　　C. 气质　　D. 个性

27. 一份试卷的难度指数越大，说明这份试卷(　　)(易错)

A. 越难　　B. 越容易　　C. 适中　　D. 不确定

28. 某学生在学习井冈山精神的内容时，各取一字"坚定信念、艰苦奋斗、实事求是、敢闯新路、依靠群众、勇于胜利"读成"艰苦事，敢考虑"来帮助记忆，这里应用的学习策略是(　　)

A. 记忆术　　B. 做笔记　　C. 提问　　D. 生成性学习

29. 态度的行为成分是指个体准备对某对象做出某种反应的(　　)(易错)

A. 行为方式　　B. 意向或意图　　C. 行为习惯　　D. 语言或行为

30. 有一份试题，某学生第一次测验得90分，一个月后再测还得90分，说明这份试题有很高的(　　)

A. 难度　　B. 区分度　　C. 效度　　D. 信度

二、多项选择题(在下列每小题列出的选项中至少有两个是正确的，请将其代码填在括号内。错选、多选或未选均不得分。本大题共20小题，每小题1分，共20分)

31. 学生伤害事故的范围仅限于对(　　)的伤害。

A. 生命权　　B. 财产权　　C. 身体权　　D. 健康权

32.《中华人民共和国未成年人保护法》第二十条规定，学校应当与未成年学生的父母或者其他监护人互相配合，保证未成年学生的(　　)时间，不得加重其学习负担。

A. 劳动　　B. 睡眠　　C. 娱乐　　D. 体育锻炼

33. 影响课程发展的外部因素有(　　)

A. 社会因素　　B. 儿童因素

C. 知识因素　　D. 课程理论

34.《中小学教师职业道德规范》中"爱岗敬业"这一条目的要求包括(　　)(易混)

A. 忠诚于人民教育事业，志存高远，勤恳敬业，甘为人梯，乐于奉献

B. 对工作高度负责，认真备课上课，认真批改作业，认真辅导学生

C. 不得体罚和变相体罚学生

D. 不得敷衍塞责

35. 教师职业道德修养的特点包括(　　)

A. 内省性　　B. 自主性　　C. 实践性　　D. 持恒性

36.《中共中央国务院关于深化教育教学改革全面提高义务教育质量的意见》对"促进信息技术与教育教学融合作用"做了规定，提出要(　　)

A. 提升教师教学水平　　B. 推进"教育+互联网"发展

C. 加快数字校园建设　　D. 加强信息化终端设备及软件管理

37. 教育发展经历了多个阶段，以下属于萌芽阶段的代表作的是(　　)

A.《论语》　　B.《学记》

C.《雄辩术原理》　　D.《教育漫话》

38. 学校教育在人的发展中起主导作用，即学校教育对人的发展具有主要的导向性的作用，这是因为(　　)

A. 学校教育具有明确的目的性和方向性

B. 学校教育可以抓住儿童受教育的最佳时期

C. 学校教育具有高度的组织性

D. 学校教育具有较强的计划性和系统性

39. 专制型师生关系下，学生的典型表现有(　　)(易错)

A. 学生不仅道德差，而且学习也差　　B. 推卸责任是常见的事情

C. 学生易激怒，不愿合作　　D. 教师一离开课堂，学习就明显松垮

40. 根据资源的功能特点，课程资源可分为（　）

A. 素材性课程资源　　B. 显性课程资源

C. 条件性课程资源　　D. 隐性课程资源

41. 下列行为能体现李老师在教学中贯彻了启发性教学原则的是（　）

A. 调动学生学习的主动性

B. 引导学生独立思考，发展学生的逻辑思维能力

C. 培养学生独立解决问题的能力

D. 发扬教学民主，建立民主平等的师生关系

42. 以下属于中华优秀传统文化教育的有（　）

A. 人格修养教育　　B. 家国情怀教育

C. 职业规划教育　　D. 社会关爱教育

43. 以下方老师的教育行为属于艺术浸染的有（　）

A. 带领学生朗诵诗句　　B. 组织学生欣赏画展

C. 课前播放红色歌曲　　D. 组织学生打扫卫生

44. 班级管理的功能包括（　）（常考）

A. 有助于实现教学目标，提高学习效率

B. 有助于加强学生控制，保障班级发展

C. 有助于维持班级秩序，形成良好班风

D. 有助于锻炼学生学习能力，学会自治自理

45. 强调学习是认知结构变化的心理学家有（　）

A. 华生　　B. 加涅　　C. 罗杰斯　　D. 奥苏伯尔

46. 以下关于关键期的说法正确的是（　）（易错）

A. 关键期是个体对某种刺激特别敏感的时期

B. 过了关键期，同样的刺激对个体影响很小

C. 4～5岁是学习书面语言的关键期

D. 关键期是绝对的，一旦错过关键期，再努力学习，也无济于事

47. 对于那些高水平、复杂的技能，以下哪些方式不能较好地进行测量（　）

A. 选择题　　B. 填空题　　C. 简答题　　D. 论述题

48. 马斯洛的需要层次理论认为，自我实现是一种高级的需要，它包括（　）

A. 认知需要　　B. 审美需要

C. 创造需要　　D. 自尊与自爱的需要

49. 我国教育心理学家主张把学习分为（　）

A. 知识的学习　　B. 技能的学习

C. 情感的学习　　D. 行为规范的学习

50. 影响迁移的因素有（　）（易错）

A. 相似性　　B. 原有的认知结构

C. 学习的定势　　D. 外界的提示与帮助

第二部分　主观题

三、判断分析题（判断正误并说明理由。本大题共5小题，每小题4分，共20分）

1. 循循善诱，诲人不倦，是教师开展教书育人工作的目标指向。

2. 教师备课就是备教材。（常考）

3. 学生问老师竹子的竹筒有没有空气，老师没有回答他，而是引导学生自己思考，学生试过摇、敲、破的方法，最后想到将竹筒放进水里，学生看到有水泡冒出来，非常兴奋。从情感的社会角度看，这种兴奋是一种道德感。

4. 学习动机是直接推动学习行为的原因和动力。

5. 试误学习的过程中，学习者对刺激情境做出反应之后，能够获得满意的结果时，联结力量就会增强，这符合桑代克联结学习的练习律。(常考)

四、论述题(本大题共12分)

结合班主任的素质要求、工作内容与方法，论述如何做一名班主任。

五、案例分析题(本大题共18分)

江苏省泰州市某小学美丽的校园内，建有本草园、蝴蝶园、果树园等三个可供学生亲近并在其中劳作的园子。从此，学校的亲近自然课程、生产劳动课程如火如荼地开展了起来。学生积极参加班级课程和社团课程的学习，对大自然充满了好奇与向往，并在翻地、浇水、施肥、剪枝等过程中养成了积极的劳动态度和良好的劳动习惯。师生还就实践中遇到的问题进行了探索，如就“挂在树梢上的果子采不到”开发了STEM(STEM是科学、技术、工程、数学四门学科英文首字母的缩写)课程，并让学生尝试制作采果子的工具，从而培养了学生从真实情景中发现问题、解决问题的能力，发展了学生对知识的综合运用能力，学生合作、分享、进取等良好的个性品质也日渐养成。

请根据上述材料，回答以下问题：

(1)2019年6月23日教育部颁布了《中共中央　国务院关于深化教育教学改革全面提高义务教育质量的意见》，要求坚持“五育”并举，其中在“加强劳动教育”方面提出了哪些要求?(5分)

(2)上述案例中的劳动教育，运用了哪些综合实践活动的方式?(6分)

(3)结合案例谈谈如何进行创造力个性的塑造?(7分)

2020年宁夏回族自治区特岗教师招聘考试真题试卷(五十二)

本套试卷包括教育综合基础理论和学科专业知识两部分,目前仅收录教育综合基础理论部分的试题。该部分共30小题,包括单项选择题20小题、判断题10小题。

一、单项选择题(在下列每小题列出的四个选项中只有一个是最符合题意的,请将其代码填在括号内。错选、多选或未选均不得分。本大题共20小题,每小题3分,共60分)

1. 基础教育课程改革的核心理念是(　　)(常考)

A. 为了改革教育评价制度

B. 为了提高教师教学质量

C. 为了提高学生的学习成绩

D. 为了每一位学生的发展

2. 从教师与学生关系的视角看,教师是学生学习的(　　)

A. 研究者　　B. 开发者

C. 促进者　　D. 建设者

3. 学生基于自身兴趣,在教师指导下确定研究专题,主动地解决问题的学习是(　　)

A. 创作学习　　B. 研究性学习

C. 小组学习　　D. 实践学习

4. 教师职业道德的核心是(　　)

A. 关爱学生　　B. 为人师表

C. 爱岗敬业　　D. 团结协作

5. 教育机智体现了教师劳动的(　　)特点。(常考)

A. 示范性　　B. 连续性

C. 复杂性　　D. 创造性

6. 2019年6月23日,《中共中央 国务院关于深化教育教学改革全面提高义务教育质量的意见》明确提出坚持"五育"并举,全面发展素质教育,"五育"指的是(　　)

A. 教育、智育、体育、美育、劳动教育

B. 教育、智育、体育、心育、劳动教育

C. 德育、智育、体育、美育、劳动教育

D. 德育、智育、体育、心育、劳动教育

7. "其身正,不令而行;其身不正,虽令不从"反映的德育方法是(　　)(常考)

A. 说理教育法　　B. 榜样示范法

C. 陶冶教育法　　D. 自我修养法

8. "教学过程是教师与学生以课堂为主渠道的交往过程",这一命题中对师生关系的正确理解是(　　)

A. 教师主体与学生客体的关系

B. 教师客体与学生主体的关系

C. 教师主导与学生主体的关系

D. 教师与学生是交互主体的关系

9. 教学工作的中心环节是(　　)(常考)

A. 备课　　B. 上课

C. 布置作业　　D. 成绩评定

10. 班主任做好班级工作的前提和基础是(　　)

A. 了解和研究学生　　B. 组织和培养班集体

C. 做好个别教育　　D. 协调各方面教育影响

11. 学校全体成员或部分成员习得且共同具有的思想观念和行为方式称为(　　)

A. 学校规范　　B. 学校制度

C. 学校传统　　D. 学校文化

12. 教育家第斯多惠说:"一个坏的教师奉送真理,一个好的教师则教人发现真理。"这句话体现了教学的(　　)

A. 直观性原则　　B. 启发性原则

C. 因材施教原则　　D. 巩固性原则

13. 某校在实施一项帮助问题学生的特殊教育计划时,泄露了一些学生的家庭困难和个人生理缺陷等信息,导致这些学生的尴尬和不安,甚至有学生再也不愿意上学。根据联合国《儿童权利公约》,这所学校的做法违背了(　　)

A. 儿童最大利益原则

B. 无歧视原则

C. 尊重儿童权利与尊严原则

D. 尊重儿童观点原则

14. 老师正在上课，一位迟到的学生推门而入，大家不约而同地朝门口看去，这种现象是(　　)(常考)

A. 无意注意　　B. 随意注意

C. 有意注意　　D. 有意后注意

15. 当你非常熟悉的人换了服装和改变发型之后，你依然能认出他，这利用了知觉的(　　)

A. 选择性　　B. 理解性

C. 整体性　　D. 恒常性

16. 学生先学习加减法再学习乘除法，这种由易到难的学习过程属于(　　)

A. 纵向迁移　　B. 横向迁移

C. 同化性迁移　　D. 顺应性迁移

17. 学生背诵较长的课文时，中间段落遗忘的多，首尾段落记忆效果好，这种情况被称为(　　)

A. 剧场效应　　B. 鲶鱼效应

C. 期望效应　　D. 系列位置效应

18. 一年级小学生在计算时，需借助头脑中的小棒等实物表象才能完成计算任务，这说明他的思维类型是(　　)(易混)

A. 动作思维　　B. 形象思维

C. 抽象思维　　D. 发散思维

19. 某个学生遇到难题时，会仔细思考，甚至连最喜爱的动画片也不去看，这表明该学生具备(　　)的品质。

A. 独立性　　B. 果敢性

C. 坚持性　　D. 自制性

20. 如果在这次招聘考试中能够很好地测出你所具备的教师素养和专业水平，则表明该次考试具备很好的(　　)

A. 难度　　B. 区分度

C. 效度　　D. 信度

二、判断题(判断下列各题的正误，并在题后的括号内打"√"或"×"。本大题共10小题，每小题3分，共30分)

21.《论语》是孔子撰写的有关哲学、政治、伦理和教育的著作。(　　)

22. 新课程改革的核心目标是课程结构的转变。(易混)(　　)

23. 义务教育最基本的特点是强制性。(　　)

24. 陶行知留学美国多年，师从杜威并深受其影响，他的生活教育理论是杜威教育理论的翻版。(易混)(　　)

25. 立德树人是教育的一般任务。(　　)

26. 教师在教育过程中要尊重学生的自尊心，就不应该对学生进行惩罚。(　　)

27. 加强和改进未成年人思想道德建设是一项重大而紧迫的战略任务，学校要把德育工作贯穿于教育教学的各个环节。(　　)

28. 具有高创造力的人，一般具有中等以上的智力。(　　)

29. 人格是在先天禀赋的基础上形成的，不受社会文化的影响。(　　)

30. 发散思维的变通性是指对同一问题从不同角度探寻出不同类型的答案。(　　)

2019年河南省特岗教师招聘考试真题试卷(五十三)

(满分150分　时间120分钟)

本套试卷共41小题,包括单项选择题20小题、判断题15小题、案例分析题3小题、论述题1小题、教学设计题1小题、教育写作1小题。

一、单项选择题(请在每小题的四个选项中选出一个正确答案,并将正确选项的字母写在括号内。不选、错选或多选者,该题无分。本大题共20小题,每小题2分,共40分)

1. 在2018年召开的全国教育大会上,习近平总书记对教育的地位和作用作出全新判断,首次提出(　　)

A. 教育事关社会稳定、家庭幸福　　B. 教育是十年树木、百年树人的事业

C. 教育为学生终身发展奠定基础　　D. 教育是国之大计、党之大计

2. 2019年2月中共中央、国务院印发了《中国教育现代化2035》,下列选项中属于推进教育现代化基本理念的是(　　)

A. 服务国家人民　B. 体现前瞻引领　C. 注重面向人人　D. 突出改革创新

3. 2019年6月中共中央、国务院印发了《关于深化教育教学改革全面提高义务教育质量的意见》,《意见》提出坚持"五育"并举,全面发展素质教育。其具体措施包括(　　)

A. 突出德育实效、提升智育水平、强化体育锻炼、增强美育熏陶、加强劳动教育

B. 突出德育实效、提升智育水平、开足体育课时、增强美育熏陶、加强劳动教育

C. 完善德育体系、提升德育水平、开足体育课时、增强美育熏陶、加强劳动教育

D. 完善德育体系、提升智育水平、强化体育锻炼、增强美育熏陶、加强劳动教育

4. 教师职业道德评价最根本的指导思想和原则是(　　)(易混)

A. 社会主义科学性　B. 社会主义教育性　C. 社会主义方向性　D. 社会主义发展性

5. 为了保证教育教学活动的顺利开展,教师在不违背法律限度的前提下,对个别学生的违纪可以采取的手段是(　　)

A. 罚款　B. 惩戒　C. 听课　D. 体罚

6. 对于有严重不良行为的未成年学生,学校和学生监护人应当相互配合加以管教,无力管教的可以(　　)

A. 将其交给警察管教　　B. 将其送专门学校继续接受教育

C. 劝其退学　　D. 取消学籍

7. 教师不仅要在课内、校内发挥影响力,还要进行家访,协调学校、家庭、社会的教育影响,这体现的教师劳动特点是(　　)

A. 广延性　B. 长期性　C. 示范性　D. 复杂性

8. 课前学生自学教学视频等教学资源,课堂上师生开展作业答疑、协调探究和互动交流等活动,这种教学模式是(　　)(易错)

A. 翻转课堂　B. 视频教学　C. 范例教学　D. 程序教学

9. 中小学开设的研学旅行课程属于(　　)

A. 活动课程　B. 学科课程　C. 选修课程　D. 分科课程

10. 教育要培养的是中国特色社会主义事业的建设者和接班人,而不是旁观者和反对派,这句话深刻揭示了教育的(　　)

A. 经济属性　B. 政治属性　C. 文化属性　D. 科技属性

11. 提出强调学生亲自去发现问题的结论和规律,使自己成为发现者的观点的教育家是(　　)

A. 布卢姆　B. 斯金纳　C. 布鲁纳　D. 斯宾塞

12. 学生形成各种操作技能不可缺少的关键环节是(　　)(常考)

A. 示范要领　B. 讲解要点　C. 反馈信息　D. 适当练习

13. 下列选项中关于学生奖励和惩罚的观点正确的是(　　)

A. 多使用外部奖励不会削弱内部动机　　B. 惩罚比奖励的效果更好

C. 奖励和惩罚不需要考虑个别差异　　D. 奖励比惩罚的效果更好

14. "我好开心,今天我当值日生,老师表扬了我"这句话反映的是学生自我意识中的(　　)

A. 自我认识　B. 自我监控　C. 自我调节　D. 自我体验

15. 我们常用电吹风来吹头发,却没有想过用它来烘干潮湿的衣服,这种心理现象属于(　　)

A. 问题表征　B. 原型启发　C. 功能固着　D. 高原现象

16. 教师在课堂上提问一些有难度的问题时,通常会不由自主地将眼光停留在那些优秀的学生身上,这种现象反映的是(　　)

A. 从众效应　B. 首因效应　C. 期望效应　D. 投射效应

17. 体育活动中,老师让胆小害怕的学生先看别的同学练习,再让他尝试简单练习,然后进行难度大的练习,多次练习后学生在面对难度大的练习时也不害怕了,这种消除恐惧心理的方法是(　　)(易混)

A. 心理放松法　B. 系统脱敏法　C. 注意转移法　D. 意志锻炼法

18. 教师在教生字的时候,把容易写错的笔划用彩笔标出来,这是利用知觉的(　　)

A. 理解性　B. 选择性　C. 整体性　D. 恒常性

19. 小明解答出一道困惑自己许久的难题时,无比兴奋、激动的情感体验称为(　　)

A. 理智感　B. 道德感　C. 美感　D. 责任感

20. 小学低年级学生在教师指导下进行识字学习时，有的按字音归类识字，有的按偏旁结构归类识字，这种学习策略是(　　)

A. 组织策略　　B. 元认知策略　　C. 资源管理策略　　D. 精细加工策略

二、判断题(判断下列命题的正误，正确的请在题后的括号选择“A”，错误的选择“B”。本大题共15小题，每小题1分，共15分)

1. 2019年4月召开的河南省教育大会确定了“加快推进教育现代化，建设教育强省”的奋斗目标。(　　)

2.《关于深化教育教学改革全面提高义务教育质量的意见》中提出，为了推进国际交流，有条件的义务教育学校可以引进境外课程，使用境外教材。(　　)

3. 对于无故旷课的中小学生，教师和学校要及时与其父母或其他法定监护人取得联系。(　　)

4. 实施素质教育就是要学生什么都学，什么都学好。(常考)(　　)

5. 班主任工作的中心环节是做好“后进生”的转化教育工作。(　　)

6. 反思有助于教师把经验与理论联结起来，从而更加有效地运用自己的专业技能。(　　)

7. 学校开展劳动教育，只是让学生掌握一定的生活劳动知识和技能，为未来职业教育打好基础。(　　)

8. 教师不仅是课程的实施者，也是课程的开发者。(常考)(　　)

9. 根据耶克斯—多德森定律，当学生学习较容易的任务时，教师应尽量使学生紧张一些。(　　)

10. 场依存者通常以内在动机为主，对学习材料本身感兴趣。(　　)

11. 平行四边形知识的掌握影响着菱形的学习属于自上而下的迁移。(　　)

12. “笨鸟先飞”“勤能补拙”强调了非智力因素的作用。(　　)

13. “落叶知秋”说明思维具有直观性。(　　)

14. 教师能否自觉关注学生是衡量教师是否成熟的标志。(　　)

15. 小学生常认为听父母和老师的话就是好孩子，说明其道德发展处于自我中心阶段。(　　)

三、案例分析题(本大题共3小题，每小题10分，共30分)

1. 河南省镇平县高丘镇黑虎庙小学校长张玉滚，不忘初心，扎根深山18年，奋斗在乡村教育第一线。他勤恳敬业，乐于奉献，对工作高度负责，他潜心钻研业务，苦练教学本领，千方百计上好每一堂课。山区学校寄宿学生多，他学缝衣做饭；学生家庭困难，他慷慨解囊；山区不通车，他用扁担把学生教材和学习用品挑进大山。用无怨无悔的坚守和付出照亮山区孩子的求学之路。18年来，他教过500多名学生，培养出16名大学生，有的还读了研究生。他先后被誉为“全国优秀教师”“全国师德标兵”“时代楷模”“感动中国2018年度人物”。

请结合材料，运用教师职业道德的知识，对该案例进行分析。

2. 小刚的成绩在班上一直不好，特别是数学每次考试不是个位数就是十几分。一次考试后，老师说：“小刚真笨！”他一生气，决心下一次一定要考好。于是他加倍努力，终于考了80分，较之前有了很大进步。小刚心想，这次老师一定会表扬我了吧。可是出乎他的意料，老师却说：“别人都考了90多分，你怎么才考了80分？”

结合材料，运用基础教育课程改革的评价理念对案例进行分析。

3. 雨后，一只蜘蛛艰难地向墙上已经支离破碎的网爬去，由于墙壁潮湿，蜘蛛爬着爬着就会掉下来，但它就是不放弃，就这样，蜘蛛一次次掉下来，又一次次地向上爬……这一情景被两个考试失利的学生看到了，一个学生叹气说，我就像这只蜘蛛一样，总是遭遇挫折和失败，回天无力呀!另一个学生则被蜘蛛屡败屡战的精神所感动，他承认这正是自己所缺少的，无论遇到什么样的困难，只要自己坚强起来，不轻言放弃，就一定会成功!

请结合材料，运用心理学知识对该案例进行分析。

四、论述题（本大题共10分）

请结合新时代立德树人的要求，论述学校德育的主要途径。（常考）

五、教学设计题（本大题共15分）

根据所提供的教学材料和相关情况，完成教学设计。

教学材料：某版本《品德与社会》四年级上册编排了“安全地生活”主题单元，其中一节是“与陌生人交往的时候”，主要内容为我们经常与陌生人打交道：走在路上，可能会有人向我们问路；在公共场所里，有时会有一些不认识的人，主动和我们说话……当我们与陌生人打交道的时候，怎样才能做到既热情大方懂礼貌，又能保护自己，不上当受骗呢？

相关情况：授课对象为某乡村小学四年级学生，人数40人。

请设计一个体验活动方案，写出活动内容、形式和具体做法。

六、教育写作（本大题共40分）

①要立志，立鸿鹄志，做奋斗者。（习近平）

②捧着一颗心来，不带半根草去。（陶行知）

③让生命与使命同行。（于漪）

综合上述材料，你有怎样的感触及思考？请联系实际，写一篇不少于600字的文章。要求：选好角度，确定立意，自拟题目；诗歌除外，文体不限。

2019年河北省特岗教师招聘考试真题试卷(五十四)

(满分150分　时间120分钟)

本套试卷共26小题,包括单项选择题15小题、辨析题5小题、简答题2小题、材料分析题1小题、案例分析题2小题、写作题1小题。

一、单项选择题(在下列每小题列出的四个选项中只有一个是最符合题意的,请将其代码填在括号内。错选、多选或未选均不得分。本大题共15小题,每小题2分,共30分)

1. 学校及其他教育机构在法律上享有的,为实现其办学宗旨,独立自主地进行教育教学管理,实施教育活动的资格和能力,一般叫(　　)

A. 学校自主权　B. 教学自主权　C. 教育自主权　D. 办学自主权

2. 1986年颁布实施,2006年修订的教育法律是(　　)

A.《中华人民共和国教育法》　B.《中华人民共和国义务教育法》

C.《中华人民共和国教师法》　D.《中华人民共和国职业教育法》

3. 教师职业道德区别于其他职业道德的显著标志是(　　)

A. 为人师表　B. 清正廉洁　C. 敬业爱业　D. 团结协作

4.《中小学教师职业道德规范》中明确规定:“不讽刺、挖苦、歧视学生,不体罚或变相体罚学生。”这属于以下哪项内容(　　)(常考)

A. 爱国守法　B. 爱岗敬业　C. 关爱学生　D. 教书育人

5. 师德修养不断得到提高和完善的最有效途径是(　　)

A. 实践　B. 学习　C. 教学　D. 反思

6. 新课程的一个重要变化就是把沿袭多年的“教学大纲”改为(　　)

A. 教科书　B. 教学参考书　C. 课程计划　D. 课程标准

7. 下列选项中不属于课程标准性质的是(　　)

A. 可评估性　B. 家长可参与性　C. 可完成性　D. 可伸缩性

8. 在人类历史上,最早出现的专门论述教育问题的著作是(　　)(常考)

A.《论语》　B.《理想国》　C.《学记》　D.《大学》

9. 以下不在学校教育的三个基本要素内的是(　　)

A. 教育者　B. 教育对象　C. 教育内容　D. 教育过程

10. 学校体育能够使学生在劳累之后在体力和精神上得到恢复和放松,这体现了学校体育的(　　)

A. 娱乐功能　B. 教育功能　C. 健体功能　D. 价值功能

11. 张老师编制了一份算数试卷对小学生进行考查,由于卷中出现了一些生字而影响了学生的数学考试成绩。说明这份试卷的(　　)

A. 实用性差　B. 可信度低　C. 有效性差　D. 区分度低

12. “其进锐者,其退速。”这句话推及到教学过程中来理解,违背了(　　)(常考)

A. 巩固性原则　B. 循序渐进原则　C. 可接受性原则　D. 因材施教原则

13. 教育心理学研究的核心内容是(　　)

A. 学习过程　B. 教学过程　C. 育人过程　D. 评价过程

14. “角”这一概念的学习对“钝角”“锐角”“直角”概念的学习产生的影响属于(　　)

A. 负迁移　B. 非特殊成分的迁移　C. 横向迁移　D. 纵向迁移

15. 生活中所谓的“爱屋及乌”反映的知觉印象是(　　)

A. 首因效应　B. 晕轮效应　C. 近因效应　D. 刻板效应

二、辨析题(请把你的判断结果填写在相应位置上,并简要说明理由。每小题3分,共15分。其中判断结果2分,说明理由1分;判断失误,该题不得分)

16. 教师考核可以由学校自主进行。

17. 只要进行教育,就会对儿童发展产生积极作用。(常考)

18. 劳动教育就是让青少年到生产劳动第一线参加劳动。

19. 以学业成绩好坏评价学生,往往使某些学生受打击。

20. 两种学习材料的相似度越高越容易产生正迁移。(易错)

三、简答题(本大题共2小题,每小题10分,共20分)

21. 简述影响个体发展的主要因素及其作用。(常考)

22. 简述教师反思的几个环节。

四、材料分析题(本大题共15分)

23. 一对双胞胎兄弟是篮球爱好者,一天骑自行车上学途中,发现一篮球场上正在举行篮球比赛,便停下来观看,比赛结束后才赶紧骑车到学校,因此迟到了。老师问起来,小哥俩撒谎说路上车爆胎了,因为要修理车胎耽误了时间。

老师的处理方法是:把小哥俩分别请进两个办公室,询问并让他们写下:在哪个地方爆的胎?爆的是前胎还是后胎?在哪个修车点修的?总共花了多少钱?然后老师根据他们写的情况向家长和修车点具体进行了沟通,并根据实际情况对小哥俩进行了教育,此后老师继续对他们进行了积极地关注和引导。

问题:请结合材料,分析老师是如何贯彻"在教育过程中尊重和发挥儿童主体性"这一要求的。

五、案例分析题(本大题共2小题,每小题15分,共30分)

24. 王立家很小的时候母亲离家出走,跟着因身体有残疾而劳动能力严重受限的父亲相依为命,早早地担起了家庭生活的重担。王立家进入学校后,学校了解到这一情况,专门成立了一个从学校管理层到班主任与学科教师及学生同伴的特别关爱小组,多年来一直坚持通过定期家访、与村干部沟通、与其邻居交流等方式聚集多方力量给王立家送去关怀和帮助,鼓励他自立自强,即使王立家犯错误时,也是正面教育和耐心引导。王立家不负众望,在学校认真听从老师的教诲,刻苦努力学习,还特别关心学校与班集体,并积极帮助其他同学,受到了大家的一致称赞。

问题:请你用"教育影响的一致性和连贯性"的德育原则,对上述内容进行分析。

25. 某初中二年级期中考试结束之后,老师召集几名考得不太理想的学生谈话。小乐来到老师办公室,满脸笑意。对老师的每一句话都积极附和,并表示一定按照老师的要求做,努力克服缺点,向学习好的同学看齐。但以后的学习中老问题还是经常出现。小强还没等老师说完,就满脸涨红,急切地插话,说老师判卷有问题,认为老师偏心,老师对自己有看法等,咋咋呼呼,没完没了。小旭对待老师的谈话却一个字也不回答,只是偶尔点点头,看到老师说完了,连个道别都没有,就蔫蔫地走了。小冬进门之后默默地站在一旁,满脸的忧伤,天塌了似的,老师说了半天,他一点反应也没有,不知道是听进去了还是没有听进去。

问题:

(1)请分别指出小乐、小强、小旭、小冬的气质类型。

(2)老师该如何结合他们的气质类型特点,对他们进行教育管理。

六、写作题(本大题共40分)

26. 根据以下材料,写一篇不少于800字的论述文,题目自拟。

2018年9月10日,全国教育大会在北京召开,中共中央总书记、国家主席、中央军委主席习近平出席会议并发表重要讲话。他强调,建设社会主义现代化强国,对教师队伍建设提出新的更高要求,也对全党全社会尊师重教提出新的更高要求。人民教师无上光荣,每个教师都要珍惜这份光荣,爱惜这份职业,严格要求自己,不断完善自己。

2019年陕西省小学特岗教师招聘考试真题试卷(精编)(五十五)

本套试卷共64小题,目前已收录56小题,包括单项选择题42小题、多项选择题10小题、论述题2小题、案例分析题2小题。

一、单项选择题(在下列每小题列出的四个选项中只有一个是最符合题意的,请将其代码填在括号内。错选、多选或未选均不得分。本大题共42小题,每小题1分,共42分)

1. 在小学生身心发展过程中起主导作用的是(　　)

A. 家庭教育　　B. 社会教育
C. 社区教育　　D. 学校教育

2. 提出"儿童中心论""从做中学"教育思想的人是(　　)

A. 赫尔巴特　　B. 杜威　　C. 夸美纽斯　　D. 陶行知

3. "以身为教""为人师表"体现的是教师劳动的(　　)(常考)

A. 创造性　　B. 长期性
C. 示范性　　D. 复杂性

4. 一切教育活动的出发点和归宿是(　　)

A. 教育目的　　B. 教学模式
C. 教学方法　　D. 教学原则

5. 中国近代教育史上第一部由国家颁布并实施的学制是(　　)(易混)

A. 癸卯学制　　B. 壬子癸丑学制
C. 壬戌学制　　D. 壬寅学制

6. 小学教学中,教师为了强调教学重点,在书写板书时用彩色粉笔标注重点,以示区别,这是对感觉(　　)规律的应用。

A. 适应　　B. 对比　　C. 后像　　D. 联觉

7. 班主任直接负责学生在学校的健康与全面发展,其工作的核心内容是(　　)

A. 了解和研究学生
B. 做好个别学生的教育工作
C. 协调学生与各科任课老师的关系
D. 组织与培养班集体

8. 整个小学时期,小学生的思维由以具体形象思维为主要形式过渡到以抽象逻辑思维为主要形式,但是思维仍带有(　　)

A. 很高自觉性　　B. 无自觉性
C. 很少具体性　　D. 很大具体性

9. 小刚在没有督促的情况下,独立自主地完成老师布置的作业,这反映了小刚意志品质的(　　)(易混)

A. 自觉性　　B. 果断性
C. 自制性　　D. 坚持性

10. 老师对于上课认真听讲、遵守纪律的同学及时地进行表扬和肯定,这属于(　　)

A. 分化　　B. 泛化
C. 正强化　　D. 负强化

11. 学生为完成学习任务和作业,应保持的最佳学习效率的动力水平是(　　)(常考)

A. 低动力水平　　B. 高动力水平
C. 中等动力水平　　D. 零动力水平

12. 小学生在正常条件下,一节课的有效注意时间为(　　),所以小学的教学多采用综合课的方式进行。

A. 5~10分钟　　B. 10~15分钟
C. 10~20分钟　　D. 10~30分钟

13. "世界上没有两片完全相同的树叶",这体现了个人人格的(　　)

A. 稳定性　　B. 整合性
C. 功能性　　D. 独特性

14. "亲其师,信其道"体现了(　　)的作用。

A. 道德认识　　B. 道德情感
C. 道德动机　　D. 道德意识

15. 下列哪项不属于小学生的认知过程(　　)

A. 感知觉　　B. 记忆　　C. 思维　　D. 气质

16. "最近发展区"的观点是由哪位心理学家提出的(　　)

A. 杜威　　B. 弗洛伊德
C. 赫尔巴特　　D. 维果斯基

17. 根据埃里克森的人格发展理论,小学生面临的心理危机是(　　)(常考)

A. 主动感对内疚感　　B. 勤奋感对自卑感
C. 自我同一性对角色混乱　　D. 亲密感对孤独感

18. 三年级的小学生媛媛为了巩固学习效果,她放学回家后会将每天所学的知识给爸爸妈妈讲一遍,这种学习策略是( )

A. 复述策略　　B. 精加工策略

C. 组织策略　　D. 元认知策略

19. 学生会根据老师的期待调整自己的行为,这是( )

A. 罗森塔尔效应　　B. 首因效应

C. 光环效应　　D. 后因效应

20. 根据奥苏贝尔的学习理论,学生学习的实质是( )

A. 有意义接受学习　　B. 有意义发现学习

C. 发现学习　　D. 探究学习

21.《陕西省中小学幼儿园安全管理办法》规定,严格执行大型活动审批制度。学校组织500人以上大型活动必须报县( )批准后组织实施并做好预案。

A. 公安局　　B. 教育局

C. 人民法院　　D. 人民政府

22. 1981年1月1日,新中国第一部教育法律( )正式实施。

A.《中华人民共和国学位条例》

B.《中华人民共和国教师法》

C.《中华人民共和国义务教育法》

D.《中华人民共和国教育法》

23. 我国《未成年人保护法》中所称未成年人是指( )

A. 未满12周岁的公民　　B. 未满14周岁的公民

C. 未满16周岁的公民　　D. 未满18周岁的公民

24. 国家对教师实行的特定的职业许可制度为( )(易错)

A. 教师职务制度　　B. 教师资格制度

C. 教师聘任制度　　D. 教师培训制度

25. 根据我国《教育法》规定,学校及其他教育机构自( )取得法人资格。

A. 申请之日

B. 开学之日

C. 批准设立或者登记注册之日起

D. 第一次招生之日

26.《中华人民共和国教师法》适用于( )

A. 在中小学从事教学工作的教师

B. 在各级各类学校和其他教育机构中专门从事教育教学工作的教师

C. 在学校工作的所有人员

D. 在教育机构从事教学工作的教师

27.《中华人民共和国预防未成年人犯罪法》第二十六条规定,禁止在中小学校附近开办营业性歌舞厅、( )以及其他未成年人不适宜进入的场所。

A. 营业性游戏厅　　B. 餐厅

C. 健身房　　D. 书店

28. 小红参加教师资格考试作弊,被发现后其考试成绩作废,( )内不能参加教师资格考试。(常考)

A. 1年　　B. 3年　　C. 5年　　D. 7年

29. 某小学为了加强对学生的管理,要求各班"民主选差生",并将当选者的名单贴在班级公告栏内。根据我国《宪法》和《义务教育法》的规定,该校的做法侵犯了学生的( )

A. 受教育权　　B. 物质帮助权

C. 人格尊严权　　D. 申诉权

30. 张老师在教学之余,将自己教育教学中的成功经验总结升华,撰写成论文并成功发表,张老师行使了《教师法》赋予教师的( )

A. 教育教学自主权　　B. 学术自由权

C. 教育教学管理权　　D. 培训进修权

31. 根据我国《教师法》规定,教师应履行的义务有:遵纪守法和完成教育教学工作的义务,不断提高思想政治觉悟和教育教学业务水平的义务,( )的义务。

A. 自主组织课堂教学和使用不同教学方法

B. 尊重学生人格和保护学生

C. 获取劳动报酬和提高薪资

D. 参加学术交流活动和外出培训

32. 有人说教师的工作如同农民种庄稼,既要有日常的辛勤付出,如浇水、施肥、除草等,也要抓收获的关键时刻,这样才能保证有丰厚的收成。这种比喻体现的是教师职业道德的( )规范。

A. 教书育人　　B. 为人师表

C. 终身学习　　D. 爱国守法

33. 在教师管理学生的过程中,普遍受学生欢迎的管理模式是( )

A. 对立型　　B. 民主型　　C. 放任型　　D. 专制型

34. 教师在教育教学过程中要处理好多种人际关系,其中最核心的是要处理好和( )的关系。

A. 同事　　B. 领导　　C. 学生　　D. 家长

35. 王老师在长期的教育教学实践中，能结合自己的特长，加工改组教学内容，面对不同学生的特点采取不同的教学方法。王老师的这种做法体现了教师劳动的(　　)特点。

A. 时间的延续性和空间的广延性　　B. 示范性

C. 成果的滞后性、隐含性　　D. 创造性

36. 教师在如何对待自己的职业和职责上，存在着四种不同的境界，其中最理想的境界是(　　)

A. 乐教　　B. 谋生

C. 履职　　D. 厌教

37. 学生犯错时老师应采取的正确方式是(　　)

A. 通知学生家长来学校，惩罚学生

B. 及时主动与家长沟通，提出建议，共同引导

C. 通知家长，管教好后再送回来

D. 严厉批评，甚至讽刺挖苦学生

38. 教育部在修订《中小学教师职业道德规范》(旧规范)的基础上，在(　　)年正式发布并实施新规范。

A. 1997年　　B. 2008年

C. 2009年　　D. 2012年

39. 赵老师在长期的教育教学工作中，既遵循了教育教学的基本规范，又遵守了相关的法律法规。赵老师的做法体现了(　　)的要求。

A. 爱岗敬业　　B. 为人师表

C. 教书育人　　D. 依法执教

40. 孔子曰："其身正，不令而行；其身不正，虽令不从。"这体现了教师职业道德中(　　)规范的要求。

A. 为人师表　　B. 爱国守法

C. 爱岗敬业　　D. 终身学习

41. 以前人们说："要给学生一杯水，教师要有一桶水。"但现在人们又说："要给学生一杯水，教师要有一眼泉。"这要求教师严格遵守教师职业道德的(　　)规范。

A. 关爱学生　　B. 终身学习

C. 依法执教　　D. 爱岗敬业

42. 某校在评价教师职业道德水平时，先由教师自己打分，然后依次由同行、专家打分。这种评价方式是(　　)

A. 形成性评价　　B. 常模参照性评价

C. 自评与他评相结合　　D. 绝对性评价

二、多项选择题(下列各题的选项中有两个或两个以上选项符合题意，请将其代码填在括号内。多选、少选、错选均不得分。本大题共10小题，每小题2分，共20分)

43. 我国新型师生关系的特点有(　　)

A. 尊师爱生　　B. 民主平等

C. 教学相长　　D. 师道尊严

44. 中小学课程内容的表现形式有(　　)

A. 课程计划　　B. 课程标准

C. 课程模式　　D. 教材

45. 讲授法是教师用语言系统连贯地向学生传授知识，发展智力的方法。它包括的形式有(　　)(易错)

A. 讲述　　B. 讲解

C. 讲读　　D. 讲演

46. 能够解释学生在学习中遗忘原因的学说有(　　)

A. 干扰说　　B. 压抑说

C. 衰退说　　D. 同化说

47. 儿童的学习态度在学龄初期初步形成，下列属于小学儿童学习态度的有(　　)

A. 对老师的态度　　B. 对作业的态度

C. 对班集体的态度　　D. 对分数的态度

48. 皮亚杰通过大量观察和实验，按照儿童智慧发展的水平，将儿童心理发展划分为感知运动阶段、前运算阶段、具体运算阶段和形式运算阶段。其中，具体运算阶段的特点是(　　)(常考)

A. 建立守恒概念　　B. 以自我为中心

C. 形成群集结构　　D. 思维具有可逆性

49. 根据《中华人民共和国教育法》的规定，受教育者的平等权利主要表现在(　　)

A. 入学方面　　B. 成绩方面　　C. 升学方面　　D. 就业方面

50. 下列学生伤害事故中，根据我国《学生伤害事故处理办法》的规定，学校应当依法承担法律责任的情形有(　　)

A. 小学五年级学生小明在体育课上练习爬绳时，爬绳突然断了导致肢体受伤

B. 小学三年级学生小华在学校食堂用餐后出现呕吐情况，被诊断为食物中毒

C. 小学四年级学生小丽患有先天性心脏病，家长未告知学校，小丽在校突发心脏病死亡

D. 小学三年级一班班主任患急性肝炎并传染给学生

51. 教师职业道德的基本范畴包括(　　)

A. 职业权利　　B. 职业义务

C. 职业良心　　D. 职业公正

52. 提升教师职业道德修养水平的方法主要有(　　)

A. 内省　　B. 确立目标,不懈努力

C. 践行　　D. 努力学习,提高认知

三、论述题(本大题共2小题,每小题9分,共18分)

53. 凡事预则立,不预则废。教学工作也是如此,结合自己所学的专业,谈谈小学教师如何做好备课工作。(常考)

54. 结合小学儿童注意的特点,谈谈如何利用注意的规律组织小学教学。

四、案例分析题(本大题共12分)

孙老师是一位经验丰富的小学语文老师,对所带班级有充分了解,并能有针对性地进行教学。一天,他在给学生布置语文作文作业的时候说:"春天到了,请同学们利用周末走向大自然,仔细观察并完成一篇记录和描写春天的作文。"紧接着,孙老师根据全班学生的能力分别提出了要求,他对学习程度低的学生说:"请你们在感受春天的同时,用手机如实拍下春天的景象,录下百鸟的声音。"对学习程度中等的学生说:"请你们用自己的语言描写出春天的景象。"对学习程度较高的学生说:"请你们引用借鉴中外名句描写美丽的春天。"

请根据案例,回答以下问题。

55. 请问此案例中孙老师在教学中贯彻了哪些教学原则,并解释其含义。(8分)

56. 结合案例,谈谈教师在贯彻教学原则时的要求是什么?(4分)

2019年黑龙江省中学特岗教师招聘考试真题试卷(五十六)

(满分200分　时间180分钟)

本套试卷共73小题,包括判断题30小题、单项选择题15小题、多项选择题15小题、简答题6小题、论述题4小题、案例分析题2小题、教学情境分析1小题。

一、判断题(判断下列各题的正误,并在题后的括号内填"√"或"×"。本大题共30小题,每小题1分,共30分)

1. 2006年6月,第十届全国人大常委会第二十二次会议修订的《中华人民共和国义务教育法》明确规定"义务教育必须贯彻国家的教育方针,实施素质教育",这表明素质教育被上升为国家意志。(　　)

2. 学生的全面发展不包含个性发展,个性发展是前提,只有个性发展之后的发展,才是真正的全面发展。(　　)

3. 教师在观察学生的过程中,要注重有意观察、系统观察与重点观察,不用随机观察与片段观察。(　　)

4. 教师的教育信念是支配教师行为和教师成长的内驱力。(　　)

5. 教师专业发展的途径包括教师的职前教育、新教师入职辅导、在职培训和自我教育。(常考)(　　)

6. 能否自觉关注学生是衡量一个教师是否成熟的重要标志。(　　)

7. 终身学习是教师职业的必然要求。(　　)

8. 《中华人民共和国教育法》的适用范围为中华人民共和国境内的各级各类教育,军事学校教育由中央军事委员会根据《中华人民共和国教育法》的原则规定,宗教学校教育由国务院另行规定。(　　)

9. 教书育人原则体现着教育活动中最重要、最基本的道德关系要求,对教师的思想、言论和行动具有最根本、最普遍的指导性和制约性。(　　)

10. 教师的道德品质是教师职业人格的基本行为特征。(易错)(　　)

11. 西方教育史上第一本专门的教育论著是《理想国》。(　　)

12. 教育能够使潜在的劳动力转化为现实的劳动力,这说明教育具有政治效益。(　　)

13. "蓬生麻中,不扶而直;白沙在涅,与之俱黑。"这说明环境对人的发展有重要影响。(常考)(　　)

14. 学制规定的内容就是各级各类学校的入学条件和修业年限。(　　)

15. 教学过程的中心环节是运用知识。(常考)(　　)

16. 辐合思维是指把问题所提供的各种信息聚合起来,朝着同一个方向得出一个正确答案的思维方式,其特点是求异和创新。(　　)

17. 动机强度越高,问题解决的效率越高。(　　)

18. 行为主义学习理论认为,一切学习都是通过条件作用,在刺激和反应之间建立直接联结的过程。(　　)

19. 奥苏伯尔认为学生的学习主要是一种有意义的接受学习。(　　)

20. 气质无好坏之分,性格有好坏之分。(常考)(　　)

21. 功能固着是一种特殊的定势,它对问题解决总是起着消极的作用。(　　)

22. 维果斯基的"最近发展区"告诉我们教学应该走在发展的后面。(　　)

23. 诺贝尔一生拥有355项专利发明,其中电灯是最为著名的一项。(　　)

24. 长揖是古时不分尊卑的相见礼,拱手高举,自上而下。(　　)

25. 《声声慢》《醉花阴》是李清照的代表作品。(　　)

26. 茅盾的《蚀》包括《幻灭》《动摇》《追求》三部作品。(　　)

27. 意识流小说一般着重表现人物的意识流动,展示恍惚迷离的心灵世界,以象征暗示、内心独白、自由联想为主要特征。(　　)

28. 我国现存皇家园林中保存最完整的一座古典园林是御花园。(　　)

29. 下雨—地湿,白菜—萝卜,这两个是相同关系的类比推理。(　　)

30. 议论文的三要素是论点、论据、论证。(　　)

二、单项选择题(下列每小题列出的四个选项中只有一个是最符合题意的,请将其代码填在括号内,错选、多选或未选均不得分。本大题共15小题,每小题2分,共30分)

31. 下列属于教师核心素养的是(　　)

A. 知识素养　　B. 能力素养　　C. 人格素养　　D. 教育素养

32. 初中生王某因违反学校制度被开除,该校的做法(　　)

A. 正确,王某违反了管理制度　　B. 不正确,义务教育阶段学校不得开除学生

C. 正确,管理学生天经地义　　D. 不正确,应该向上一级教委起诉王某

33. 某学校因财政紧缺,对非正式在编的教师暑假和寒假的工资不予发放,该校的做法(　　)

A. 不正确,违反了《中华人民共和国教师法》

B. 不正确,违反了《中华人民共和国义务教育法》

C. 正确,学校参考公司,上班工作有酬劳,寒暑假不上班,自然没有酬劳

D. 正确,因为没有正式编制,所以没有寒暑假工资

34. 中小学教师资格认定的部门是(　　)

A. 国务院

B. 县级以上地方人民政府

C. 县级以上地方人民政府教育行政部门

D. 县级以上地方人民政府教育行政部门组织有关主管部门

35.《中小学班主任工作条例》规定，担任一个班级的班主任时间一般应(　　)

A. 连续一学年以上　　B. 连续两学年以上

C. 连续三学年以上　　D. 连续四学年以上

36. 我国第一个正式实施的现代学制是(　　)(常考)

A. 壬寅学制　　B. 癸卯学制　　C. 壬戌学制　　D. 壬子癸丑学制

37. 班主任工作的中心环节(　　)

A. 组织班会　　B. 建立学生档案

C. 全面了解研究学生　　D. 组织和培养班集体

38. 布鲁纳认为学习的实质是(　　)

A. 构造一种完形　　B. 主动地构建认知结构

C. 形成刺激与反应的联结　　D. 对环境条件的认知

39. 曹雪芹先生写《红楼梦》的时候，想象出林黛玉和薛宝钗等众多人物的形象。这个过程体现的想象是(　　)

A. 再造想象　　B. 科学幻想　　C. 无意想象　　D. 创造想象

40. 小红把"1616""1818""1919"三个时间归为一类去进行记忆，她使用的学习策略是(　　)

A. 复述策略　　B. 精细加工策略　　C. 组织策略　　D. 计划策略

41. 世界上创造专利数最多的发明家是(　　)

A. 居里夫人　　B. 牛顿　　C. 爱因斯坦　　D. 爱迪生

42. 古代年龄称谓中"不惑之年"指的是(　　)

A. 30岁　　B. 40岁　　C. 50岁　　D. 60岁

43. 创作"大江东去，浪淘尽，千古风流人物"这一千古名句的诗人是(　　)

A. 辛弃疾　　B. 陆游　　C. 苏轼　　D. 杜牧

44. 下列文学常识说法正确的是(　　)

A. 鲁迅，原名周树人，中国文学家、思想家和革命家，作品有短篇小说集《呐喊》和《彷徨》，散文诗集《野草》，散文集《朝花夕拾》

B. 老舍，原名舒庆春，字舍予，著有短篇小说《骆驼祥子》《寒夜》

C. 茅盾，原名沈德鸿，字雁冰，著有长篇小说《平凡的世界》

D. 路遥，原名王卫国，著有长篇小说《子夜》，短篇小说《林家铺子》《农村三部曲》

45. 下列作品中属于雨果创作的是(　　)

A.《巴黎圣母院》　　B.《双城记》　　C.《欧也妮·葛朗台》　　D.《呼啸山庄》

三、多项选择题(下列每小题列出的选项中至少有两个是正确的，请将其代码填在括号内，错选、多选、少选或未选均不得分。本大题共15小题，每小题2分，共30分)

46. 关注学生的全面发展主要是指(　　)

A. 关注每一位学生　　B. 关注学生的情绪生活

C. 关注学生的情感体验　　D. 关注学生的道德生活

E. 关注学生的人格养成

47. 下列陈述正确的有(　　)

A. 爱国守法是教师职业的基本要求　　B. 爱岗敬业是教师职业的本质要求

C. 关爱学生是师德的灵魂　　D. 教书育人是教师的天职和道德核心

E. 终身学习是教师职业的必然要求

48. 教师的正式交流学习途径有(　　)

A. 听课　　B. 评课　　C. 座谈会　　D. 讲课

E. 专题讲座

49.《中华人民共和国教师法》规定，学校或者其他教育机构应当对教师的哪些方面进行考核(　　)(常考)

A. 政治思想　　B. 业务水平　　C. 工作态度　　D. 工作成绩

E. 学生考试成绩

50. 理想的师生关系是一种使彼此感到愉悦、相互吸引的融洽和睦关系。下列陈述中不属于理想师生关系的有(　　)

A. 以年青一代成长为目标的社会关系　　B. 以直接促进学生发展为目标的教育关系

C. 以提高分数为目标的辅导关系　　D. 以学生听话为目标的人际关系

E. 以教师绝对权威为目标的人际关系

51. 某中学李老师时常看偶像剧，看追明星的有关新闻，家人说他这么大年龄的人了，还搞这些小孩喜欢的东西。李老师说，为了能跟学生对上话才这样做的。下列说法正确的有(　　)

A. 李老师与时俱进，了解学生所思所想

B. 李老师教学有法，用学生喜欢的方式切入教学

C. 李老师自己喜欢偶像剧和追星，用学生喜欢当借口

D. 李老师不务正业，用旁门左道进行教学

E. 李老师大可不必如此，照书讲即可

52. 义务教育的基本特点有(　　)(常考)

A. 强制性　　B. 选拔性

C. 普及性　　D. 公益性

E. 自愿性

53. 选择和运用教学方法的依据有(　　)

A. 教学目标　B. 教学内容特点　C. 学生的实际特点　D. 教师的自身素质

E. 教学环境条件

54. 元认知策略可分为(　　)(常考)

A. 组织策略　B. 计划策略　C. 监控策略　D. 调节策略

E. 精细加工策略

55. 知觉的基本特征有(　　)

A. 知觉选择性　B. 知觉理解性　C. 知觉恒常性　D. 知觉整体性

E. 知觉操作性

56. 下列关于俄国十月革命的历史意义表述正确的有(　　)

A. 标志着世界反法西斯战争的结束

B. 建立了世界上第一个无产阶级专政的国家

C. 是人类历史上最伟大的社会革命

D. 苏联成为世界工业强国

E. 开辟了世界无产阶级和被压迫民族解放斗争的新纪元

57. 下列属于我国古代"四大发明"的有(　　)

A. 指南针　B. 地动仪　C. 火药　D. 造纸术

E. 印刷术

58. 除夕的传统习俗包括(　　)

A. 吃年夜饭　B. 登高　C. 吃月饼　D. 守岁

E. 喝腊八粥

59. 莫言曾获得2012年诺贝尔文学奖,其"红高粱"系列中篇包括(　　)

A.《红高粱》　B.《高粱酒》　C.《高粱殡》　D.《狗道》

E.《丰乳肥臀》

60. 下列关于《三国演义》的说法,正确的有(　　)

A. 作者为元末明初小说家施耐庵　B. 为中国第一部长篇章回体历史演义小说

C. "三分事实,七分虚构"　D. 历史演义小说的经典之作

E. 是中国历史上最早用白话文写成的章回小说之一

四、简答题(本大题共6小题,每小题5分,共30分)

61. 简述教师的职业价值。

62. 简述教师如何正确处理师生矛盾。

63. 简述学校教育在个体发展中起主导作用的原因。

64. 简述中学生心理健康的标准。

65. 简述促进学习迁移的教学策略。

66. 简述教师应如何激发学生的学习动机。(常考)

五、论述题(本大题共4小题,每小题10分,共40分)

67. 试述加强教师职业道德建设的策略。

68. 试述教师职业行为规范的内容。

69. 试述德育过程的基本规律。(常考)

70. 试述如何利用记忆规律有效组织复习。(常考)

六、案例分析题(本大题共2小题,每小题10分,共20分)

71. 材料一:重点师范大学毕业的唐老师教初中数学。唐老师上课很认真,给同学们布置的作业量非常大。唐老师认为,数学就得多练、多巩固,熟能生巧。但是唐老师所带班级的数学成绩并不突出,唐老师归结为学生太笨,别的班的学生聪明、好教些。

材料二:某初中英语老师王老师在新学期开始上课时发现该班学生普遍对英语学习没有兴趣,王老师绞尽脑汁想出了一个英语学习游戏,每次英语课几乎都上成游戏闯关课,学生乐此不疲。最后,学生在不知不觉间,英语学习兴趣也有了,该班英语成绩也提高了很多。

材料三:某学校初中语文老师马老师大胆改革创新自己的教学模式,尝试让学生讲课,让学生出语文测试卷子、评卷。经过一段时间的运行后,马老师发现全班学生学习语文的主动性非常高,都爱阅读了,通过出卷、改卷,一些同学也下意识地改正了原先一些写字潦草等小毛病。最后该班的语文成绩也提高了很多。

(1)一个好的中学教师应该如何进行教学反思?(3分)

(2)一个好的中学教师如何提高教学效果?(3分)

(3)请给唐老师提出改进教学方法的建议。(4分)

72. 期中数学考卷发下来后,小丽和小青都考得不理想。老师让她们分析原因时,小丽这样说:“因为我这段时间学习太不用功了,我就知道我这次会有麻烦。不过我可不想这样的事情再次发生。”小青说:“我就不是学数学的料,我已经很努力了,可就是学不好,以后也不想在这门课上下功夫了。”

请用韦纳的归因理论来分析以上现象。

七、教学情境分析(本大题共20分)

73. 班里有一位女生经常上课迟到,自习课上又不安心学习,多次跑出教室,科任教师和其他学生都纷纷向班主任反映,希望班主任严肃批评她。班主任了解到她以前挨批评已是“家常便饭”,似乎“习以为常”了,再严厉的教育她好像都不在乎。因此,班主任没有正面批评指责她,而是采取了“旁敲侧击”的方法去教育、影响、鼓励她。一次,班主任因公务上课迟到两分钟,走进教室,便主动向学生检讨,较详细而深刻地分析此事的严重性。老师感叹到,如果所有老师都迟到几分钟,那么要浪费全校同学多少时光?并向学生保证以后决不再出现类似现象,请大家监督,也请大家每天准时上下课。此后那个女生果然不再迟到或早退了。一天放学前,她到班主任办公室,主动承认了以前的错误,并表示以后一定准时到校,言传身教的效果在她身上体现了出来。

(1)结合案例分析班主任老师贯彻了哪些德育原则。(10分)

(2)班主任运用的德育方法是什么?结合该方法的运用要求,分析案例。(10分)

2019年四川省特岗教师招聘考试真题试卷(五十七)

(满分100分　时间120分钟)

本套试卷共43小题,包括单项选择题30小题、判断简析题6小题、简答题5小题、论述题1小题、分析说明题1小题。

一、单项选择题(在下列每小题列出的四个选项中只有一个是最符合题意的,请将其代码填在括号内。错选、多选或未选均不得分。本大题共30小题,每小题1分,共30分)

1. 在世界教育史上,被称为"现代教育学之父"和"科学教育学的奠基人"的是(　　)

A. 洛克　　B. 赫尔巴特

C. 夸美纽斯　　D. 康德

2. 享誉全球的教育著作《爱弥儿》的作者是(　　)(常考)

A. 培根　　B. 赫尔巴特

C. 杜威　　D. 卢梭

3. 某教师认真负责、严谨细致的工作态度对学生产生了潜移默化的积极影响,这体现为(　　)

A. 显性正向功能　　B. 显性负向功能

C. 隐性正向功能　　D. 隐性负向功能

4. 不同时期、地域、民族和阶层中生活的人的思想、品行、才能和习性表现出很大的差别。这种现象表明影响人发展的因素是(　　)

A. 遗传基因　　B. 社会环境

C. 教育影响　　D. 个体实践

5. 学校强调培养具有民主意识的现代公民,这体现了教育的(　　)

A. 政治功能　　B. 文化功能

C. 经济功能　　D. 生态功能

6. 发达国家大多已普及12年义务教育,而发展中国家一般仅普及9年义务教育,这说明从根本上制约教育发展规模和速度的社会因素是(　　)(易混)

A. 政治经济制度　　B. 生产力发展水平

C. 人口数量质量　　D. 社会意识形态

7. 教育目的对整体教育活动努力方向的指向性和结果要求体现了教育目的的(　　)

A. 定向功能　　B. 调节功能

C. 评价功能　　D. 控制功能

8. 我国正式颁布的第一个学制是(　　)(常考)

A. 癸卯学制　　B. 壬寅学制

C. 壬戌学制　　D. 壬子癸丑学制

9. "才高八斗""学富五车"指的是教师的(　　)

A. 道德形象　　B. 人格形象

C. 文化形象　　D. 专业形象

10. 个体的身高、体重有两个发展的高峰期,一个是出生后第一年,另一个是青春期,这主要体现个体发展遵循的规律是(　　)(易混)

A. 顺序性　　B. 阶段性　　C. 不平衡性　　D. 差异性

11. 围绕着学生的需要和兴趣,以活动为组织形式的课程类型属于(　　)

A. 学科课程　　B. 经验课程

C. 综合课程　　D. 融合课程

12. 古希腊哲学家苏格拉底创立了"产婆术",它体现的主要教学方法是(　　)

A. 讲授法　　B. 讨论法　　C. 谈话法　　D. 演示法

13. 陈老师在教学中经常通过口头提问、课堂作业和书面测验等形式对学生的知识和能力进行及时测评与反馈,这种教学评价被称为(　　)

A. 诊断性评价　　B. 相对性评价

C. 终结性评价　　D. 形成性评价

14. 学校教育最基本的组织形式是(　　)

A. 课堂教学　　B. 个性教学

C. 小组教学　　D. 活动教学

15. 班级中有一种群体会自觉、不自觉地与班主任发生对立,如破坏纪律、发牢骚、不参加集体活动等,这种非正式组织属于(　　)

A. 积极型　　B. 娱乐型

C. 消极型　　D. 破坏型

16. 先学习四边形这一概念,再学习正方形、长方形、平行四边形等概念,这种学习属于(　　)

A. 上位学习　　B. 下位学习

C. 并列结合学习　　D. 有意义学习

17. 小辉由于会打羽毛球,很快学会了打网球,这种现象为(　　)

A. 顺向正迁移　　B. 逆向正迁移

C. 顺向负迁移　　D. 逆向负迁移

18. 在老师的指导下，学生采用画示意图的方式对知识进行归纳管理，以促进对所学知识的掌握，学生采用的这种学习策略是(　　)(易错)

A. 复述策略　　B. 精加工策略　　C. 监控策略　　D. 组织策略

19. 为了获得家长或者老师的认可而刻苦学习，根据奥苏伯尔的理论，这种学习动机属于(　　)

A. 认知内驱力　　B. 自我提高内驱力

C. 附属内驱力　　D. 生理内驱力

20. 个体对外界信息的感知、注意、思维、记忆和解决问题时偏爱的信息加工方式是(　　)

A. 认知风格　　B. 性格　　C. 人格　　D. 气质

21. 中学生小张认为遵守交通法规是人人应尽的责任和义务。根据科尔伯格的道德发展阶段论，小张的道德判断处于(　　)

A. 惩罚与服从取向阶段　　B. 相对功利取向阶段

C. 寻求认可取向阶段　　D. 社会契约取向阶段

22. 按照埃里克森人格发展理论，6-11岁的个体心理发展的主要任务是(　　)(常考)

A. 强化主动性　　B. 培养勤奋感

C. 建立自我同一性　　D. 获得亲密感

23. 在归因训练中，老师要求学生尽量尝试“努力归因”，以增强自信心，因为在韦纳的归因理论中，努力属于(　　)

A. 内部的、不稳定的、可控因素　　B. 内部的、不稳定的、不可控因素

C. 内部的、稳定的、可控因素　　D. 内部的、稳定的、不可控因素

24. 小娟写作业时总觉得不整洁，擦了写，写了又擦，反反复复。她明知这样做没有必要，但就是控制不住，她可能出现了(　　)

A. 抑郁症　　B. 焦虑症　　C. 强迫症　　D. 恐惧症

25. 下列选项中处于教育基本法地位的是(　　)

A.《中华人民共和国教师法》　　B.《中华人民共和国教育法》

C.《中华人民共和国义务教育法》　　D.《中华人民共和国未成年人保护法》

26. 某教师积极参加学校工会活动，并对学校的改革发展建设献策，该教师行使的权利是(　　)

A. 教育教学权　　B. 控告检举权

C. 民主管理权　　D. 进修培训权

27. 1995年颁布的《中华人民共和国教育法》第二十五条规定，任何组织和个人不得以营利为目的举办学校和其他教育机构，这条规定属于(　　)

A. 禁止性规范　　B. 义务性规范

C. 权利性规范　　D. 强制性规范

28. 初二学生小宇染上不良行为习惯，学校可以对其依法采取的措施是(　　)

A. 勒令退学　　B. 开除学籍

C. 批评教育　　D. 单独禁闭

29. 我国《教育法》《教师法》规定的教师申诉制度和受教育者申诉制度属于(　　)(易错)

A. 刑事诉讼中的申诉制度　　B. 民事诉讼中的申诉制度

C. 行政诉讼中的申诉制度　　D. 非诉讼的行政申诉制度

30. 在《中小学教师职业道德规范》中，以推进教师专业发展为目的的要求是(　　)

A. 爱岗敬业　　B. 关爱学生　　C. 教书育人　　D. 终身学习

二、判断简析题(请判断每小题的正误，在题后的括号内，正确的画上“√”，错误的画上“×”，无论正误，均要说明理由。本大题共6小题，每小题4分，共24分)

31. 强调学生的主体地位必然削弱教师的主导作用。(　　)

32. 智力水平越高，学习成绩越好。(　　)

33. 负强化和惩罚在本质上是相同的。(常考)(　　)

34. 两种学习材料的相似度越高就越容易产生正迁移。(　　)

35. 教学是学校实现教育目的的基本途径。(常考)(　　)

36. 非正式群体在班级管理中只有消极作用。(　　)

三、简答题(本大题共5小题,每小题5分,共25分)

37. 简述班主任建设和管理班级组织的策略。

38. 简述动作技能形成的一般阶段。

39. 简述教师培养和激发学生学习动机的方法。(常考)

40. 简述影响解决问题的因素。(常考)

41. 简述教育立法的一般程序。

四、论述题(本大题共10分)

42. 试述教师职业道德修养的内容、途径和方法。(常考)

五、分析说明题(本大题共11分)

43.【资料】王某和陆某是某小学六年级的同班同学。某日下午放学前的自由活动时间,在教室里的王某因数学老师要他订正作业,就从自己的座位走上讲台拿作业本,在经过坐在前面的陆某身边时,陆某伸了个懒腰,手中的铅笔尖正巧戳到了王某的左眼。当时,王某只是揉了揉眼睛,没在意,回去也没告诉家人。第二天上课时,班主任发现王某频繁揉眼睛,经过询问得知他左眼被戳的事,但也没有采取任何措施。次日晚上,王某爸爸在家发现王某左眼红肿、流泪,一问才得知真相,立即带儿子到医院治疗。经手术治疗后,王某双眼又并发交感性眼炎,视力急剧下降。医院鉴定王某的左眼视力为0.06,右眼视力为0.2,且不能矫正,左眼眼角膜裂伤,外伤性白内障,双眼交感性眼炎,已达六级伤残,王某病情虽稳定下来,但随时可能再次发作,最终可能导致双目失明。王某在索赔无果的情况下,将同学陆某和学校告上了法庭,要求两位被告进行赔偿。

(1)本案涉及的教育法律关系主体有哪些?(3分)

(2)本案应承担责任的主体有哪些? 各自承担什么责任?(8分)

2019年安徽省特岗教师招聘考试真题试卷(五十八)

本套试卷包括综合知识和专业知识两部分,目前仅收录综合知识部分的试题。该部分共23小题,包括单项选择题12小题、判断题8小题、简答题2小题、材料分析题1小题。

一、单项选择题(下列每小题列出的四个选项中只有一个选项符合题意,将其选出并把其标号写在括号内。错选、多选或未选均不得分。本大题共12小题,每小题1分,共12分)

1. 根据《中华人民共和国教师法》的规定,“遵守宪法、法律和职业道德,为人师表”(　　)

A. 是教师享有的权利

B. 是教师承担的义务

C. 既是教师享有的权利,又是教师承担的义务

D. 既非教师享有的权利,又非教师承担的义务

2.《安徽省中小学办学行为规范(试行)》规定,学校统筹各学科教师作业布置,控制作业数量,提高作业质量。小学三年级至六年级所留的书面家庭作业控制在每天(　　)(常考)

A. 一小时之内　　B. 一个半小时之内

C. 两个小时之内　　D. 两个半小时之内

3. 对教育发展的规模和速度起决定作用的是(　　)

A. 人口的发展　　B. 文化的发展

C. 生产力的发展　　D. 生产关系的发展

4. 虽然世界各国的政治、经济制度等各不相同,但是儿童入学的年龄基本上都是六至七岁,其主要依据是(　　)(易混)

A. 科技发展水平　　B. 文化传统

C. 人的身心发展特点　　D. 生产力发展水平

5. 中小学通过组织“研学活动”以培养学生品德的方法属于德育方法中的(　　)

A. 奖惩法　　B. 制度育德法

C. 明理教育法　　D. 实际锻炼法

6. 探究式教学的起始环节是(　　)

A. 明确问题　　B. 自主探究　　C. 合作交流　　D. 得出结论

7. 为更好地改进教学,因材施教,在学期教学或单元教学开始时,对学生现有知识水平和能力发展进行的评价是(　　)

A. 终结性评价　　B. 诊断性评价

C. 形成性评价　　D. 过程性评价

8. 在记忆事物时,有的人可以过目不忘,而有的人则久难成诵。这种现象显示的记忆特征是(　　)

A. 记忆的敏捷性　　B. 记忆的持久性

C. 记忆的准确性　　D. 记忆的准备性

9. 一首耳熟能详的歌曲不管用什么乐器演奏,人们都能听出来,这是由于(　　)

A. 知觉的选择性　　B. 知觉的理解性

C. 知觉的整体性　　D. 知觉的恒常性

10. 某历史老师在课上讲述南京大屠杀时不禁义愤填膺,声音一度哽咽,这种情绪状态属于(　　)

A. 心境　　B. 热情

C. 激情　　D. 应激

11. 下列各种能力中,属于一般能力的是(　　)

A. 写作能力　　B. 绘画能力

C. 体育能力　　D. 想象能力

12. 会骑自行车的人学骑三轮车往往比不会骑自行车的人更困难,这是因为之前掌握的骑自行车的动作技能对学骑三轮车造成了干扰,这种影响属于(　　)(易错)

A. 顺向正迁移　　B. 顺向负迁移

C. 逆向正迁移　　D. 逆向负迁移

二、判断题(判断下列各题的正误,并在题后的括号内填“A”或“B”。本大题共8小题,每小题1分,共8分)

13. 2018年9月10日,习近平总书记在全国教育大会上强调,坚持中国特色社会主义教育发展道路,培养德智体美劳全面发展的社会主义建设者和接班人。(　　)

A. 正确　　B. 错误

14. 国家在制定教育制度时,只要判断制定的教育制度是否先进就行了。(　　)

A. 正确　　B. 错误

15. 教师劳动的复杂性主要体现在学生情况的复杂性、教师教育任务的多样性和影响学生发展因素的广泛性上。(　　)

A. 正确　　B. 错误

16. 隐性课程并不是真正的课程。(易错)(　　)

A. 正确　　B. 错误

17. 备课就是撰写教案。(　　)

A. 正确　　B. 错误

18. 学生上课时思想开小差,是注意转移的表现。 ( )

A. 正确 B. 错误

19. 意志是个体自觉地确立行动目的,并根据目的支配、调节自己的行动,克服困难,从而实现目标的心理过程。 ( )

A. 正确 B. 错误

20. 赵老师为了调动学生的学习兴趣,让每次单元测验成绩最高的学生轮流当课代表。这种做法激发的是学生学习的内部动机。 ( )

A. 正确 B. 错误

三、简答题(本大题共2小题,每小题5分,共10分)

21. 简述循序渐进教学原则的含义及其贯彻的基本要求。(常考)

22. 什么是创造性思维?如何通过日常教学活动培养学生的创造力?

四、材料分析题(本大题共10分)

23. 阅读材料,回答问题。

王老师和张老师同时入职,各自担任一个平行班的班主任。两位教师都有良好的敬业精神和工作态度,学校领导也很信任他们。

王老师为了把班级带好,几乎把全部精力都投入到班级工作中,找学生谈话,督促学生做作业,管课堂纪律、教室环境卫生等等,甚至亲力亲为,代替学生完成部分学校布置的班级活动任务。

张老师的班级管理风格和王老师有所不同,她尊重每个孩子的个性,注重班集体建设,相信班集体的力量,创造条件让每个孩子在集体中成长成才,几年下来,无论是学生的精神风貌与学业成绩,还是班级的教室环境卫生、体育运动和文艺演出等,张老师所带的班级都走在全校前列,今年张老师还被评选为校级优秀班主任。

一天,两人聊起班主任工作,王老师问:“张老师,你把班级带得那么好,有什么绝招?”张老师说:“其实也没有什么特别的,就是首先要相信每个孩子都是天使,都能成功,同时最主要的是把班集体培养好,发挥班集体的作用。”

(1)请你说说班集体对学生健康成长具有哪些作用。(5分)

(2)如何培养一个良好的班集体?请提出你的建议。(5分)

2019年内蒙古自治区特岗教师招聘考试真题试卷(五十九)

(满分150分　时间150分钟)

本套试卷共78小题,分为三部分:第一部分教育学,包括单项选择题10小题、多项选择题5小题、判断题8小题、填空题5小题、简答题2小题、论述题1小题。第二部分教育心理学,包括单项选择题10小题、多项选择题5小题、判断题5小题、名词解释3小题、简答题2小题、论述题1小题。第三部分教育技术学,包括单项选择题10小题、多项选择题5小题、简答题4小题、论述题2小题。

第一部分　教育学

一、单项选择题(下列每小题列出的四个选项中只有一个是最符合题意的,请将其代码填在括号内。错选、多选或未选均不得分。本大题共10小题,每小题1分,共10分)

1. 依法执教的主体是(　　)

A. 教育主管部门　　B. 学校

C. 教师　　D. 班主任

2. 当外部环境大致相同时,学生的个体需求和动机不同,对教学的态度和行为也不同,这反映了(　　)对身心发展的影响。

A. 遗传素质　　B. 家庭背景

C. 社会环境　　D. 个体主观能动性

3. 教师的劳动成果是学生的品德、知识和能力,而非显性的物质财富,这说明教师劳动具有(　　)

A. 创造性　　B. 长期性　　C. 间接性　　D. 示范性

4. 备课时,教师要按顺序写出三种教学计划,即(　　)(易错)

A. 课时计划、单元计划、学期计划　　B. 学期计划、单元计划、课时计划

C. 单元计划、课时计划、学期计划　　D. 学期计划、课时计划、单元计划

5. 小学教育在义务教育中的地位主要体现在(　　)

A. 普及性、强制性、义务性　　B. 基础性、强制性、义务性

C. 普及性、基础性、强制性　　D. 基础性、普及性、义务性

6. 最先提出教育要适应儿童,主张德智体多方面和谐发展的教育家是(　　)

A. 柏拉图　　B. 亚里士多德

C. 赫尔巴特　　D. 苏格拉底

7. 教学过程三要素是指(　　)

A. 学生、教学目的、教学过程　　B. 学生、教育方法、教学环节

C. 教师、学生、教学内容　　D. 教师、学生、教育评价

8. 克伯屈1918年提出来的教学组织形式是(　　)

A. 道尔顿制　　B. 分组教学

C. 设计教学法　　D. 复式教学

9. 马卡连柯的"平行教育原则"反映了(　　)德育原则。(常考)

A. 因材施教　　B. 尊重信任学生与严格要求学生相结合

C. 科学性与思想性相统一　　D. 集体教育与个别教育相结合

10. 我国教育目的的理论基础是(　　)

A. 素质教育　　B. 创新教育理论

C. 生活教育理论　　D. 马克思关于人的全面发展学说

二、多项选择题(下列每小题列出的选项中至少有两个是正确的,请将其代码填在括号内。错选、多选或未选均不得分。本大题共5小题,每小题2分,共10分)

1. 素质教育的理论要点有(　　)

A. 面向全体学生　　B. 面向有特长的学生

C. 以培养创新精神为重点　　D. 促进个性发展

E. 促进全面发展

2. 教师的专业素养包括(　　)

A. 了解学科的发展脉络　　B. 先进的教育理念

C. 一定的研究能力　　D. 高超的教育能力

E. 丰富的教育理论知识

3. 下列关于掌握知识与发展智力的关系中表述正确的有(　　)

A. 掌握知识是发展智力的基础　　B. 发展智力是掌握知识的基础

C. 发展智力是掌握知识的重要条件　　D. 二者统一于学生的发展

E. 掌握知识就会发展智力

4. 学校课程的设置直接受制于(　　)

A. 教育目的　　B. 培养目标

C. 教学目标　　D. 课程目标

E. 政治制度

5. 启发性教学原则的贯彻要求有(　　)(常考)

A. 重视组织各种复习　　B. 调动学生的主动性

C. 启发学生独立思考　　　　　　　D. 发扬教学民主

E. 鼓励学生将知识创造性地运用于实际

三、判断题(判断下列各题的正误,并在题后括号内打"√"或"×"。本大题共8小题,每小题1分,共8分)

1. 组织教学是在上课开始时进行的,目的在于使学生做好上课准备。(　　)

2. 学生上课听讲,师傅带徒弟,母鸡带小鸡都是教育现象。(易错)(　　)

3. 教育创新一定能推动经济发展。(易错)(　　)

4. 教育目的是整个教育工作的核心,也是教育活动的依据、评判标准、出发点和归宿。(　　)

5. "学然后知不足,教然后知困"体现出师生关系具有教学相长的特点。(　　)

6. 教学中学生学习的主要内容是间接经验。(　　)

7. 新课程改革要求实行国家、地方、学校三级课程管理。因此,学校要依据自身实际情况制定相应的课程标准。(　　)

8. 班主任工作的基础和前提是了解和研究学生。(　　)

四、填空题(在下列每小题的空格中填上正确答案。错填、不填均不得分。本大题共5小题,每小题1分,共5分)

1. "桃李不言,下自成蹊"体现的德育方法是________。

2. 西方第一本教育著作是________。

3. 陶行知曾用松树和牡丹比喻人:用松树的肥料培养牡丹,牡丹会瘦死;用牡丹的肥料培养松树,松树会被烧死。这一比喻所体现的教学原则是________。

4. 学生是学习的________,是具有能动性的教育对象。

5. 课外活动内容和组织形式的确定,主要依据的是学生的________。

五、简答题(本大题共2小题,每小题4分,共8分)

1. 制约课程的因素。

2. 选择与运用教学方法的依据。(常考)

六、论述题(本大题共9分)

学生没完成作业的原因有很多,以下是两段有关的对话。

对话一:

教师甲:"为什么没完成作业?"

学生甲:"不会。"

教师甲:"相同的老师,相同的作业,为什么别人会你不会?"

对话二:

教师乙:"为什么没完成作业?"

学生乙:"作业太多了,昨天写到很晚也没写完。"

教师乙:"相同的老师,相同的作业,相同的时间,为什么别人能写完你就写不完?"

这两段对话算是经典对白了,很多教师对学生的回答不以为然,认为学生在找借口。对话的结果往往是教师义正辞严,学生哑口无言。

(1)你认为教师的反问是否正确,为什么?(3分)

(2)请说出作业布置的基本原则。(6分)

第二部分　教育心理学

一、单项选择题(下列每小题列出的四个选项中只有一个是最符合题意的,请将其代码填在括号内。错选、多选或未选均不得分。本大题共10小题,每小题1分,共10分)

1. 形成各种操作技能不可缺少的关键环节是(　　)

A. 阅读　　B. 练习　　C. 巩固　　D. 内化

2. 2岁是口头言语发展的关键期,表明心理发展具有(　　)

A. 顺序性　　B. 阶段性　　C. 个别差异性　　D. 不平衡性

3. 两种学习之间相互干扰、阻碍称为(　　)

A. 负迁移　　B. 正迁移　　C. 正强化　　D. 负强化

4. 美国心理学家华生为了研究儿童的恐惧心理，在儿童抚摸小白兔时大声敲锣，结果使这个儿童不但对白兔产生了畏惧心理，甚至对其他白色的东西也产生了畏惧心理。这种行为违反了教育心理学研究的哪项原则（　　）

A. 客观性原则　B. 教育性原则　C. 理论联系实际原则　D. 系统性原则

5. 将猫、狗、鼠概括为"动物"的学习属于（　　）（易混）

A. 辨别学习　B. 概念学习　C. 规则或原理学习　D. 言语联结学习

6. 根据皮亚杰的认知发展理论，7～11岁的儿童的认知发展处于（　　）阶段。

A. 前运算　B. 感知运动　C. 具体运算　D. 形式运算

7. "只要考出好成绩就不会挨骂"属于操作条件作用规律中的（　　）

A. 正强化　B. 负强化　C. 惩罚　D. 消退

8. 让学生以某件物品的用途为扩散点，尽可能多地设想它的用途，这是（　　）

A. 集中思维训练　B. 推测与假设训练　C. 自我设计训练　D. 发散思维训练

9. 一般在教学开始前使用，用来摸清学生的现有水平及个别差异，以便安排教学的评价属于（　　）

A. 配置性评价　B. 形成性评价　C. 总结性评价　D. 非正式评价

10. 教学目标设计的首要依据是（　　）

A. 学生的实际　B. 社会的实际　C. 教师的实际　D. 教学内容的实际

二、多项选择题（下列每小题列出的选项中至少有两个是正确的，请将其代码填在括号内。错选、多选或未选均不得分。本大题共5小题，每小题2分，共10分）

1. 人际排斥的特征为（　　）

A. 行为对抗　B. 认知失调　C. 人际距离　D. 情感冲突

E. 情感冷漠

2. 根据认知心理学家的观点，问题解决阶段包括（　　）

A. 发现问题　B. 发挥才能　C. 理解问题　D. 提出假设

E. 检验假设

3. 品德的心理成分包括（　　）

A. 道德认识　B. 道德情感　C. 道德规则　D. 道德原则

E. 道德行为

4. 影响学习者的成败的不可控因素包括（　　）

A. 努力　B. 任务难度　C. 运气　D. 身心状态

E. 外部环境

5. 元认知策略有以下几种（　　）（易混）

A. 计划策略　B. 复述策略　C. 调节策略　D. 监控策略

E. 组织策略

三、判断题（判断下列各题的正误，并在题后括号内打"√"或"×"。本大题共5小题，每小题1分，共5分）

1. 精加工策略是在组织策略基础上的更高级的信息加工策略。（　　）

2. 维果斯基认为，教学应走在学生发展之前，并跨越学生的最近发展区，达到新的发展水平。（　　）

3. 探究学习以学生为主体，能够解放学生的思维；而接受学习不以学生为主体，限制学生的思维。（易错）（　　）

4. 学校心理健康教育的目的是诊治有心理问题的学生。（　　）

5. "上行下效、耳濡目染"属于观察学习。（　　）

四、名词解释（本大题共3小题，每小题3分，共9分）

1. 自我意识

2. 学习策略

3. 态度

五、简答题（本大题共2小题，每小题4分，共8分）

1. 简述激发学习动机的方法。（常考）

2. 简述影响课堂管理的因素。

六、论述题(本大题共8分)

小琪今年上小学三年级,她是一个活泼开朗的小姑娘。她最喜欢的课程是数学,数学课上,她反应很快,喜欢尝试用新方法来解决问题。老师提问时,她总是抢先回答,但也常常答错。

(1)小琪属于何种认知风格?(4分)

(2)基于小琪的认知风格,你认为应如何选择适合她的教育方法?(4分)

第三部分 教育技术学

一、单项选择题(下列每小题列出的四个选项中只有一个是最符合题意的,请将其代码填在括号内。错选、多选或未选均不得分。本大题共10小题,每小题1分,共10分)

1. "我喜欢晚上做作业"这句话描述的是学习者的(　　)特征。

A. 认知发展特征　　B. 学习风格

C. 学习兴趣　　D. 学习动机

2. 以"学"为主的教学设计模式的主要标志是以(　　)学习理论为基础。(易混)

A. 行为主义　　B. 认知主义　　C. 建构主义　　D. 人本主义

3. 不同网站使用不同的后缀结尾,教育机构网站的后缀为(　　)

A. edu　　B. org　　C. com　　D. gov

4. 关于教育技术的研究对象,下列选项最准确的是(　　)

A. 解决教育教学问题的各类技术　　B. 教育思想

C. 教与学的过程和资源　　D. 解决教育教学问题的各种方法

5. 下列有关"信息技术与课程的整合"的选项,正确的是(　　)

A. 信息技术与课程的整合是将各类信息技术融合到各类课程中,使学生从各个方面学好信息技术

B. 信息技术与课程的整合是将各类信息技术融合到各类课程中,建立有效教学方法,利用信息技术促进教学的优化

C. 信息技术与课程的整合是在教师教学过程中,熟练运用计算机等设施

D. 信息技术与课程的整合是说在教学中,运用信息技术比不运用信息技术效果要好

6. 将教学评价分为诊断性评价、形成性评价、总结性评价,其分类标准为(　　)

A. 评价基准　　B. 评价内容

C. 评价功能　　D. 评价分析方法

7. 教学设计过程中,对各设计环节的考虑不适当的一项为(　　)

A. 在教学设计过程中,应当考虑到学习环境的差异,保证设计出的方案能够施行

B. 在课堂设计上,一定要突出以教师为中心来组织和实施教学过程

C. 媒体资源的使用不应简单地追求形式,而要关注其对教学效果的优化

D. 评价学习效果,不应仅仅看学习活动的最终结果,还需要考虑学习者的学习过程

8. 教育技术教材开发的五性原则是(　　)(易混)

A. 科学性、教育性、价值性、经验性、艺术性

B. 教育性、技术性、抽象性、科学性、艺术性

C. 科学性、教育性、艺术性、技术性、经济性

D. 教育性、技术性、价值性、抽象性、经济性

9. 适当的教学媒体能有效地承载和传递教学信息。在教学传播活动中,强调要选择和开发那些"能够创设或提供共同经验的教学媒体",这是教学媒体选择与开发的(　　)

A. 抽象层次原理　　B. 共同经验律　　C. 最大价值律　　D. 科学性原理

10. 下列关于教学媒体的说法中正确的是(　　)(常考)

A. 教学媒体在教学中是可有可无的

B. 在教学中所使用的教学媒体越先进,获得的教学效果就会越好

C. 要综合考虑教学目标、学习者特征以及教学条件等各方面因素来决定所使用的媒体

D. 无论是什么样的媒体,使用总会比不用所获得的教学效果好

二、多项选择题(下列每小题列出的选项中至少有两个是正确的,请将其代码填在括号内。错选、多选或未选均不得分。本大题共5小题,每小题2分,共10分)

1. 按媒体的物理性质分类,现代教学媒体可分为(　　)

A. 光学投影教学媒体　　B. 电声教学媒体

C. 电视教学媒体　　D. 计算机教学媒体

E. 新媒体

2. 2018年教育部研究制定了《教育信息化2.0行动计划》。此计划内容包括(　　)

A. 启动"智慧教育示范区"建设　　B. 推动"互联网+教育"大平台建设

C. 召开中国慕课大会　　D. 推进国家虚拟仿真实验教学项目建设

E. 建立虚拟校园引进数字化资源的体系

3. 学习资源是优化学习过程的重要条件。以下属于学习资源的是(　　)

A. 学习材料　　B. 教师　　C. 认知工具　　D. 教育政策

E. 学习同伴

4. 关于"智慧教室"描述准确的是(　　)

A. 一种新型的教育类型　　B. 多媒体教学系统

C. 数字教室和未来教室的一种形式　　D. 一种数字化学习资源

E. 一种实体式教育技术

5. 图像文件的格式有(　　)

A. JPEG　　B. GIF　　C. WAV　　D. PNG

E. MP3

三、简答题(本大题共4小题,每小题4分,共16分)

1. 简述教学设计的基本过程。

2. 什么是慕课?解释其内涵。(常考)

3. 简述戴尔的"经验之塔"理论。

4. 简要回答建构主义学习理论的主要观点。(常考)

四、论述题(本大题共14分,第1小题8分,第2小题6分)

1. 试述你对教育信息化的整体认识。

2. 任何系统,只有相互结合成一个整体,才能发挥整体的作用,没有整体的结合、没有整体的结构就不可能发挥系统的整体的功能。整体性既是系统的基本特征,也是系统理论的核心。结合实际,用系统的整体性原理分析多媒体课件在教学中的作用。

2019年湖北省义务教育学校教师公开招聘考试综合知识真题试卷(六十)

(满分100分　时间150分钟)

本套试卷共53小题,包括单项选择题40小题、多项选择题10小题、案例分析题2小题、材料作文题1小题。

一、单项选择题(下列每小题四个选项中只有一个符合题意,请将其代码填在括号内。错选、多选或未选均不得分。本大题共40小题,每小题1分,共40分)

1. 习近平总书记指出:脱贫攻坚的标准就是稳定实现贫困人口“两不愁三保障”,“两不愁”是指不愁吃、不愁穿,“三保障”是指(　　)有保障。(常考)

A. 教育、医疗、交通　　B. 义务教育、基本医疗、住房安全

C. 生活、生产、消费　　D. 职业教育、大病统筹、财产安全

2. 2019年2月,中共中央办公厅、国务院办公厅印发了《加快推进教育现代化实施方案(2018~2022年)》(以下简称《实施方案》)。《实施方案》提出要着力减轻中小学生过重课外负担,支持中小学校普遍开展(　　)

A. 课后服务工作　　B. 德育活动

C. 师德师风建设　　D. 教育提升计划

3. 第二届“一带一路”国际合作高峰论坛于4月25日到27日在北京举行,本届高峰论坛的主题是(　　)

A. 数字丝绸之路　　B. 共建“一带一路”、共享合作机遇

C. 绿色丝绸之路　　D. 共建“一带一路”、开创美好未来

4. 在教育教学实践中,有的教师出于各种目的,隐匿、销毁、私拆学生的私人信件,侵犯了学生的(　　)

A. 个人隐私权　　B. 个人财产权

C. 人身自由权　　D. 人格尊严权

5. 西方第一本以“教育心理学”命名的专著《教育心理学》的作者是(　　)

A. 康德　　B. 桑代克

C. 皮亚杰　　D. 夸美纽斯

6.《中华人民共和国义务教育法》明确规定,凡具有中华人民共和国国籍的适龄儿童、少年,不分性别、民族、种族、家庭财产状况、宗教信仰等,依法享有平等接受义务教育的权利,并履行接受义务教育的(　　)

A. 责任　　B. 职责

C. 义务　　D. 要求

7. 学生在教师指导下,使用仪器和设备,观察在石灰水中加入高锰酸钾的反应。这种教学方法是(　　)(易混)

A. 实习作业法　　B. 实验法

C. 演示法　　D. 练习法

8. 苏联教育家苏霍姆林斯基认为,“离开劳动,不可能有真正的教育”。以下不属于学校实施劳动教育价值的是(　　)

A. 育人导向价值　　B. 德育创新价值

C. 综合素质价值　　D. 教学创新价值

9.《礼记·学记》记载:凡学之道,严师为难。师严然后道尊,道尊然后民知敬学。这是强调(　　)

A. 师道尊严　　B. 师生平等

C. 尊卑有序　　D. 身正为范

10. 要从贯彻党的教育方针、促进青少年全面发展,从加强思想政治工作、落实立德树人根本任务,从传承和弘扬中华文化、增强文化自信等三个方面高度重视和加强美育,关键是把握好美育工作基本原则。下列不属于美育工作基本原则的是(　　)

A. 抓住灵魂　　B. 抓好统筹

C. 抓好关键　　D. 抓好艺术

11. 与“小学生阅读不是识字,更不是寻找标准答案”这句话意境最相近的是(　　)

A. 阅读是一种无牵无挂的阅读

B. 阅读只是出于喜欢,而非出于学习语文

C. 语言没有创造力,人的创造力就会打折

D. 学生的课外阅读应该是多元的,应该是尊重孩子之间差异的

12. 急性应激反应即急性应激障碍(ASD),是指在突然遭受到心理创伤后所产生的一种心理障碍,如果不是特别严重,通常可以自行恢复。由此,可以推出(　　)

A. 对朋友进行倾诉是缓解压力不错的选择

B. 儿童、老人这类群体可能更容易出现急性应激反应

C. 这种心理障碍可以出现在任何年龄阶段的个体身上

D. 人们面对一些突发事件时,如果处理不好,容易产生这种应激反应

13. “慕课”是英文MOOC的音译，是Massive Open Online Course的缩写，即大规模在线开放课程。MOOC是基于互联网的课程学习平台，本质上是在线远程教育的一种方式，需要利用网络信息技术搭建应用平台，可以实现足不出户便能学习知识的个人要求。下列不属于“慕课”特性的是(　　)

A. 互动性　　B. 自主性　　C. 自由性　　D. 多样性

14. 下列中国古代著名文学家及其主要作品对应错误的是(　　)

A. 贾谊——《过秦论》　　B. 白居易——《琵琶行》

C. 王勃——《滕王阁序》　　D. 李商隐——《虞美人》

15. 2018年1月，中共中央、国务院颁布的《关于全面深化新时代教师队伍建设改革的意见》要求完善中小学教师准入和招聘制度，结合实际，逐步将幼儿园教师学历提升至专科，小学教师学历提升至师范专业专科和非师范专业本科，初中教师学历提升至(　　)(易错)

A. 本科　　B. 师范专业本科

C. 硕士研究生　　D. 师范专业硕士

16. 小明在上课时经常通过给重点内容画线的方式来加深记忆、帮助理解，这种认知策略属于(　　)

A. 复述策略　　B. 精细加工策略

C. 组织策略　　D. 资源管理策略

17. 书院作为中国古代民间教育机构，是由以下哪位创立成为正式的教育制度的(　　)

A. 王阳明　　B. 朱熹

C. 陆九渊　　D. 王安石

18. 根据《中华人民共和国义务教育法》的规定，学校应当把德育放在首位，寓德育于教育教学之中，开展与(　　)相适应的社会实践活动，形成学校、家庭、社会相互配合的思想道德教育体系，促进学生养成良好的思想品德和行为习惯。

A. 学生年龄　　B. 教学目标

C. 身心健康　　D. 时代要求

19. 2018年4月，教育部发布了《教育信息化2.0行动计划》，提出努力构建“互联网+”条件下的人才培养新模式、发展基于互联网的(　　)新模式、探索信息时代教育治理新模式。

A. 教育服务　　B. 教学改革

C. 教育改革　　D. 教学服务

20. 在我国古代以笔记体裁形式写成的科学典籍中，有一本最早记载了人工磁化的一种简便方法，即“以磁石磨针锋”造指南针。这本典籍是(　　)(易混)

A. 《齐民要术》　　B. 《梦溪笔谈》

C. 《天工开物》　　D. 《徐霞客游记》

21. 根据我国《教师法》的规定，下列不属于教师应当履行的义务是(　　)

A. 参与学校的民主管理

B. 制止有害于学生的行为

C. 组织、带领学生开展有益的社会活动

D. 批评和抵制有害于学生健康成长的现象

22. 当前我国社会的主要矛盾是(　　)

A. 生产力和生产关系、经济基础和上层建筑之间的矛盾

B. 人民日益增长的美好生活需要和不平衡不充分的发展之间的矛盾

C. 人民日益增长的物质文化需要同落后的社会生产之间的矛盾

D. 人民日益增长的物质文化需要和不平衡不充分的发展之间的矛盾

23. 我国提出“美育”的概念，并主张“以美育代宗教”的教育家是(　　)

A. 蔡元培　　B. 梁漱溟

C. 陶行知　　D. 黄炎培

24. 随堂测验属于(　　)(易混)

A. 诊断性评价　　B. 形成性评价

C. 总结性评价　　D. 过程性评价

25. 2019年湖北省义务教育学校教师公开招聘考试属于(　　)(易错)

A. 相对性评价　　B. 绝对性评价

C. 个体内差异评价　　D. 目标参照性评价

26. “组织学生参加多种实际活动”运用的德育方法是(　　)

A. 陶冶教育法　　B. 指导实践法

C. 榜样示范法　　D. 说服教育法

27. 下列选项与“行百里者半于九十”意境相近的是(　　)

A. 不忘初心，方得始终　　B. 越是聪明人，越要懂得如何去下笨功夫

C. 越接近成功越困难，越需要坚持　　D. 成功需要忍受煎熬，耐得住寂寞

28. “消费升级”成为各界关注的热点。2019年一季度，消费结构持续优化升级，消费方式不断创新发展，消费领域新旧动能转换稳步推进，居民消费潜力进一步释放。这说明(　　)

A. 房价将进一步上涨

B. 消费是经济增长最大的贡献力量

C. 我国经济增长速度将进一步加快

D. 消费市场保持平稳向好、稳中回升的良好势头

29. 根据《中华人民共和国义务教育法》的规定，学校有下列哪种情形，由县级人民政府教育行政部门责令限期改正；情节严重的，对直接负责的主管人员和其他直接责任人员依法给予处分(　　)

A. 开除学生的

B. 接受社会组织和个人捐赠的

C. 分设重点班和非重点班的

D. 接收具有接受普通教育能力的残疾适龄儿童、少年随班就读的

30. 下列选项关于边际效用递减规律表述正确的是(　　)(易错)

A. 消费数量少，边际效用低

B. 边际效用的大小，与欲望的强弱呈负相关

C. 边际效用的大小，与消费数量的多少正向变动

D. 边际效用是特定时间内的效用，具有时间性

31. 教育部严禁商业广告、商业活动进入中小学校和幼儿园，杜绝商业行为侵蚀校园。下列活动属于商业活动进入校园的是(　　)

A. 学校发放含地理标志的学生综合素质报告书

B. 志愿者发放印有"希望工程"的助学倡议书

C. 电影公司在校园发放革命题材的电影宣传单

D. 眼科医院在校园发放"珍惜光明"公益广告

32. 根据《中华人民共和国教师法》的规定，教师对学校或者其他教育机构侵犯其合法权益的，或者对学校或者其他教育机构作出的处理不服的，可以向教育行政部门提出申诉，教育行政部门应当在接到申诉的(　　)日内，作出处理。(常考)

A. 十　　B. 十五　　C. 三十　　D. 六十

33. 忘了你们的年纪，变个十足的小孩加入小孩的队伍里去吧！你若变成小孩，便有惊人的________出现：师生立刻成为朋友，学校立刻成为________。

依次填入画横线部分恰当的一组是(　　)

A. 奇迹　乐园　　B. 现象　公园

C. 事情　家园　　D. 喜悦　游园

34. 校园文化活动陶冶情操，有利于促进学生________，但存在重活动而轻反思的倾向。传统文化进入校园更多的是一种熏陶和________，学生的体会和________是最重要的，而学生精神层面要想有大收获，就需要结合文化进校园进行反思。

依次填入画横线部分恰当的一组是(　　)

A. 全面发展　感染　感悟　　B. 身心健康　锤炼　选择

C. 个性展示　体验　参与　　D. 增长才干　锻炼　反思

35. 追赶一束光会是什么样子？假如我们像甲虫爬过弯曲的树叶一样穿过弯曲的空间，我们如何能够发觉这一点？说两个事件同时发生是什么意思？就爱因斯坦而言，好奇心不仅来自于追问神秘现象的欲望，更重要的是，它来自于一种孩子般的惊异感，这种感觉促使他对司空见惯的事物提出质疑，对"普通成年人懒得考虑的"那些概念提出质疑。根据这段话，可推出爱因斯坦(　　)

A. 认为大自然没有多余的属性

B. 要求自由发展科学以及精神的创造性活动

C. 充满激情地反抗任何种类的基于权威的教条

D. 可以从司空见惯的事实中得出别人注意不到的洞见

36. 调查数据显示，大多数教师能够认识到备课的重要性，但是在实际备课中有些教师却耐不住性子、扑不下身子，心态浮躁，不愿深入钻研教材、研究学生、琢磨教法学法。下列选项属于这种不良备课现象的是(　　)

A. 参考教学参考书　　B. 照搬通用教案

C. 忙于事务没时间备课　　D. 基于往年经验备课

根据以下资料回答第37～38小题。

教育部统计数据显示，2017年，全国共有各级各类学校151.4万所，比上年增加2105所；全国各级各类学历教育在校生2.7亿人，比上年增加545.5万人；非学历教育注册人数5465.7万人，比上年增加139.9万人；全国各级各类学校专任教师数1626.9万人，比上年增加48.7万人。

2017年，全国共有义务教育阶段学校21.9万所，比上年减少1.1万所；义务教育阶段招生3313.8万人，比上年增加74.1万人，增长2.3%；在校生1.45亿人，比上年增加293.4万人，增长2.1%。

37. 在2017年，各级各类学校、各级各类学历教育在校生、非学历教育注册人数、各级各学校专任教师数中，增长最快的是(　　)

A. 各级各类学校　　B. 各级各类学历教育在校生

C. 非学历教育注册人数　　D. 各级各类学校专任教师数

38. 根据所给资料，以下说法正确的是(　　)

A. 2017年义务教育阶段学校学生规模有所缩小

B. 2017年全国各级各类学校增速高于在校生增速

C. 2017年非学历教育注册人数增速超过义务教育阶段招生增速

D. 2017年义务教育阶段在校生人数增速远高于全国学历教育在校生增速

根据以下材料回答第39～40小题。

BEIJING, Jan. 9(Xinhua)—China has decided to roll out a new batch of inclusive tax-cutting measures for small and micro businesses,with the goal of saving them a total of 200 billion yuan (about 30 billion U. S. dollars) each year.

The policies will include substantial drops in business income tax rates and a considerable increase in the tax threshold, according to a statement released after a State Council executive meeting chaired by Premier Li Keqiang on Wednesday. More companies will be covered by the favorable policies.

The development of small and micro companies is key to a sound economy and stable employment, according to the meeting.

Small firms with taxable revenues of less than 1 million yuan will see the tax rate fall to 5 percent,and those with revenues above 1 million yuan but lower than 3 billion yuan will have a rate of 10 percent.

More than 95 percent of businesses can enjoy the tax reduction,and 98 percent of which are private enterprises.

The threshold of value-added tax for micro firms and the self-employed will be improved from 30,000 yuan to 100,000 yuan in terms of monthly sales.

Governments will also significantly reduce a basket of taxes on areas including resources and land use for small companies,and roll out favorable policies for investors in tech startups.

All the tax policies will be effective for three years and retrospective from Jan. 1.

The meeting also called for implementation of the recent cut in bank reserve requirement ratios and continuation of prudent monetary policy that would ease financing difficulties for private as well as small and micro firms.

The issuance of 1. 39 trillion yuan in local government bonds will be accelerated,to be completed by the end of September. The funds raised will be used on a priority basis to support projects under construction.

Backed by the bond issuance,a series of projects in transport,water conservation and environmental protection will start construction sooner.

39. In this passage,the main idea is________ (　　)

A. businesses can enjoy the tax reduction

B.China gives more tax breaks to small firms

C. roll out favorable policies of investors in tech startups

D. the development of small and micro companies is key to a sound economy

40. Which of the following statements is true according to the passage(　　)

A. Small firms with taxable revenues of less than 3 million yuan will see the tax rate fall to 5 percent

B. The threshold of value-added tax for Small business will be improved to 30,000 yuan

C. More than 98 percent of businesses can enjoy the tax reduction, and 95 percent of which are private enterprises

D. The funds raised through the issuance of 1. 39 trillion yuan in local government bonds will be used on a priority basis to support projects under construction

二、多项选择题(下列各题有两个或两个以上正确答案,请将其代码填在括号内。错选、少选、多选或未选均不得分。本大题共10小题,每小题1分,共10分)

41. 习近平总书记在学校思想政治理论课教师座谈会上强调,办好思想政治理论课,最根本的是要全面贯彻党的教育方针,解决好(　　)这个根本问题。

A. 培养什么人　　B. 怎样培养人

C. 为谁培养人　　D. 如何培养人

42. 矛盾是事物发展的源泉和动力,它具有普遍性和特殊性,矛盾的特殊性是指(　　)

A. 不同的事物有不同的矛盾

B. 矛盾双方相互排斥、对立

C. 同一事物在发展的不同过程和不同阶段上有不同的矛盾

D. 同一事物中的不同矛盾,同一矛盾的两个不同方面各有其特殊性

43. 马斯洛需要层次理论将人类需求像阶梯一样从低到高按层次分为五种,分别是,生理需求、________、________、尊重需求和自我实现的需求。(　　)

A. 安全需求　　B. 家庭需求

C. 社交需求　　D. 感情需求

44. 根据我国《教育法》的规定,受教育者应当履行的义务有(　　)

A. 遵守法律、法规　　B. 遵守学生行为规范

C. 完成规定的学习任务　　D. 遵守所在学校管理制度

45. 以下属于福禄贝尔教育原则的有(　　)

A. 统一的原则　　B. 顺应自然的原则

C. 发展的原则　　D. 创造的原则

46. 某中学教师巩某在其住宅楼地下室给一些学生补课,并收取补课费,学校可以给予的处理是(　　)

A. 扣发绩效工资　　B. 清退违规所得

C. 年度考核不合格　　D. 警告或记过处分

47. 近期，一名国内知名歌手将正在上初中的女儿送进一家全日制国学女德班(非学历民办培训机构)的新闻引发网上舆论热潮。下列说法正确的是(　　)

A. 是该歌手的自由不能干涉　　B. 国学女德班所在办学机构只能从事培训

C. 应对该办学机构进行调查　　D. 是违反义务教育法的行为

48. 下列对生活常识的理解有误的是(　　)(易错)

A. 食品干燥剂的主要成分是生石灰　　B. 卡介苗是可以预防结核病的疫苗

C. 胃酶片宜在饭前服用　　D. 踝关节扭伤后应及时揉搓、转动

49. 维克多·雨果(Victor Hugo，1802年2月26日~1885年5月22日)，19世纪前期积极浪漫主义文学的代表作家，被人们称为“法兰西的莎士比亚”。下列作品中属于其代表作的有(　　)

A.《悲惨世界》　B.《茶花女》　C.《巴黎圣母院》　D.《三个火枪手》

50. 全球变暖是一种气候变化现象。由于人们过度燃烧石油、煤炭等化石燃料，产生了大量的二氧化碳等温室气体，这些温室气体使地球温度上升，造成全球变暖。全球变暖会产生的影响包括(　　)

A. 引起自然灾害　B. 影响农业生产　C. 改变生态系统　D. 改变冬夏时长

三、案例分析题(本大题共2小题，第1小题12分，第2小题8分，共20分)

1. 小李老师刚来到新班级不久，听说班上有个叫王刚的学生，他学习成绩不好，又很倔强和内向，不爱和同学交往，上课经常不守纪律，影响周围的同学，是班上的一个典型后进生。小李老师通过与其家长联系，了解到王刚的父母均在外打工，他由爷爷奶奶照顾。由于父母远在外地，王刚日常只能通过电话与他们沟通交流，且沟通联系也不经常。爷爷奶奶年纪大又溺爱小孩，无法辅导和检查王刚的学习，导致他经常不交作业或不按时交作业，有时甚至不做作业；作业书写潦草，没有预习习惯，作业中还经常出现偷工减料的情况。

一次小李老师上课时，王刚又拿出自己的小东西玩了起来，还不时地发出“咯咯”的声音。为了完成教学，小李老师忍住脾气没有发火。下课后找他谈话：“听说你有个新朋友，能让我认识一下吗?”然后又询问王刚该怎样玩。考虑到王刚的性格倔强，沉默寡言，小李老师尽量消除师生间的隔膜。然后对他说：“上课玩玩具是不对的，你只顾玩玩具，对老师讲的内容一无所知，你的学习成绩才会差，你想考出好成绩吗？那就要在课堂上专心听讲。”在以后的教学中，小李老师很关注王刚，为他调换座位，让他与自律意识强、品学兼优的同学坐在一起；经常在课上点他起来回答问题，让他主动开口讲话，改变沉默寡言的习惯；课后辅导他的作业，并适当地表扬他，不断提出更高的要求，用关心与关注唤醒和激发王刚的进取心。同时，小李老师建议王刚的父母多与王刚交流，鼓励和督促他积极上进，取得了很好的效果。

问题：

(1)案例中的小李老师运用了哪些德育方法?(8分)

(2)小李老师的做法对你有哪些启示?(4分)

2. 张建华是全国教书育人楷模、河北省保定市阜平县大园小学校长，在乡村讲台一扎根就是25年。刚当老师时，张建华遇到了作文教学的“坎儿”。班上的孩子一写作文就打怵，生编硬造出来，不但空话套话连篇，还没有真情实感。张建华想到了从阅读抓起！只要一进城，张建华必定去书店，自费给孩子们买书，她在班里建起“图书阅览超市”，定期开展“读书漂流”活动，评选“读书达人”，还号召孩子们把“最让自己感动的一本书”捐出来……日日读，月月读，一学年算下来，师生能共读100多本书！

看到学生为了作文素材搜肠刮肚，张建华灵机一动，何不让孩子们写日记，就像他们热衷在网上发帖、跟帖一样？她买来日记本，就放在教室里。

“课间，王坤上去就把王维给抱住了，王维一急给了王坤一脚。”

“明天是第一次月考，我像热锅上的蚂蚁一样害怕。”

孩子们见到什么、想到什么，畅所欲言。除了“主帖”，每篇日记后面还有一串“跟帖”，“盖楼”的有同学、有老师，还有家长：“梁琦，你要好好练字”“同意楼上。梁琦你以后写完了，要念念，看看通不通顺”“打架并非是好事，要勇于改错”……

太好玩了！孩子们乐了，90多个人，分为4组滚动，厚厚的日记本写得密密麻麻，封皮都被磨毛了边。仅2013年、2014年，“滚动日记”就写了厚厚的26本，其中张建华的“跟帖”2000余篇，合计200万字。敢写、会写了，作文咋能学不好?

“要给学生一杯水，老师要有一桶水。”为了教好作文，张建华坚持每天读书一小时，每周读两本教学杂志、每年读10本教育专著，学习笔记每年约20万字。省级课题《贫困山区小学作文研究》、市级课题《小学语文教材作文前置性研究学习》等顺利结题，22篇教学论文获奖，教学成绩连续3年全县第一……2017年7月，“河北省名师张建华工作室”成立了。这位乡村教师，把一所乡村小学的教学经验推广到了全省，建起全省唯一一个设在偏远山区乡村小学的省级名师工作室。

问题：

(1)张建华跨过作文教学“坎儿”的诀窍是什么?(3分)

(2)从文中张建华的事迹里，你认为她作为教师有哪些可贵的品质?(5分)

四、材料作文题(本大题共30分)

请阅读以下材料，并根据要求作文。

【材料一】近年来，电子竞技在青少年群体中十分流行。据中国互联网信息中心(CNNIC)2017年的统计报告，仅中国的7.51亿网民中就有4.2亿人玩游戏，占比过半；从人群结构和游戏类型两个维度统计，青少年群体和电子竞技类游戏在其中的占比也均过半。

前FIFA项目电子竞技职业选手杨子涛说：“如果一个孩子不打游戏，而你身边所有的孩子都在玩王者荣耀，你是不是会觉得你被大家排除在外了？电竞扮演了以前足球、篮球的角色。”

根据企鹅智酷2017年11月份公布的《2017中国体育产业报告》，2016年中国电竞市场的收入已经占到全球总收入的15%，超越其他国家和地区，是世界电子竞技市场中的“龙头老大”。

国家体育总局原信息中心主任丁东表示：“电子竞技受到成长于互联网时代下的青少年的喜爱，80后、90后、00后，他们从很小就接触到互联网，而电子竞技正好契合这样的大环境。”

在发展过程中缺少支持，发展起来之后缺少监管，是电子竞技项目特有的状态。“管不住”的电竞在2017年继续一路狂飙，其势头已经引起了传统体育界的关注。4月，亚奥理事会宣布电子竞技在2022年杭州亚运会上成为正式比赛项目。10月28日，国际奥委会(IOC)在其第六届峰会上发布了一则声明，表示：“具有竞争性的电子竞技，可以被认为是一种体育运动。电子竞技选手为之付出的准备活动、日常训练的强度等，都可以与传统体育项目的运动员相媲美。”此举被认为是国际奥委会对电子竞技项目的正式承认。

【材料二】随着现代科技的发展，电脑几乎普及到每一个家庭。我们许多少年学生也因此迷上了其中的网络电脑游戏。电脑游戏可以使我们多动脑，开拓思维。有的电脑游戏是精灵对战，可以用相克的属性克制对方。有的电脑游戏闯关卡时要想办法才能到达电脑游戏的指定地点。玩电脑游戏还可以放松，当你遇一些不畅快的事情，玩一下电脑游戏，你的不畅快就会像乌云一样散开，让你感到身心愉悦，快乐无比。玩电脑游戏还可以培养团结能力，电脑双人游戏让我们明白平时两人互相帮助，团结起来，才会尝到胜利的喜悦。

玩电脑游戏也存在一些弊端。比如长时间玩电脑游戏会对我们的视力造成危害，使我们的视力急剧下降。如果更长时间的玩电脑游戏就会近视。如果总是玩电脑游戏，不去户外活动活动，身体就易生病。沉浸于电脑游戏甚至会荒废学业。现在有很多同学整天下课就是专门谈论电脑游戏，这关咋打，那关咋玩。上课时脑子里想的都是电脑游戏，老师讲的一点也听不进去。电脑游戏会让我们上瘾，觉得一天没玩就像没有太阳一样暗淡无光，心里空落落的。

【材料三】芮芮是广州一所小学五年级的学生，他在直播节目中说班上很多同学都在玩一款手机游戏，为此还建了微信群、QQ群。有的同学充了上万元买各种“英雄”和“装备”，并不时在群里炫耀。这款游戏里有很多每日任务、每周任务、免费领取金币、抽奖、连续登陆积分、中途下线扣信誉分等设计，让他感觉自己“被控制了”。

很多人吐槽中国教育体制禁锢了学生，中小学生为了释放压力才会更容易沉迷玩手机，其实则不然，国外教育也有同样的困扰。法国教育部长宣布从2018年新学期起，禁止中小学生在学校使用手机。英国限制16岁以下儿童使用手机；芬兰禁止向青少年推销手机服务；意大利禁止学生在教室使用手机；日本禁止中小学生携带手机上学；美国多数学校禁止学生使用手机。

目前，中国的很多家长出于方便联络、帮助学习等多种考虑，为很多中小学生配备了手机。游戏、网络的碎片化信息占用了很多孩子的时间，这对青少年的学习、思维和分析综合能力都有不良影响。让孩子远离手机的危害，已成为家长和学校的共同烦恼。

请阅读以上材料，以“电子游戏与素质教育的关系”为主题，自选角度，自拟题目，写一篇1000字左右的议论文。